编委会

全国普通高等院校旅游管理专业类"十三五"规划教材
教育部旅游管理专业本科综合改革试点项目配套规划教材

总主编

马 勇　教育部高等学校旅游管理类专业教学指导委员会副主任
　　　　中国旅游协会教育分会副会长
　　　　中组部国家"万人计划"教学名师
　　　　湖北大学旅游发展研究院院长，教授、博士生导师

编 委（排名不分先后）

田　里　教育部高等学校旅游管理类专业教学指导委员会主任
　　　　云南大学工商管理与旅游管理学院原院长，教授、博士生导师
高　峻　教育部高等学校旅游管理类专业教学指导委员会副主任
　　　　上海师范大学环境与地理学院院长，教授、博士生导师
韩玉灵　全国旅游职业教育教学指导委员会秘书长
　　　　北京第二外国语学院旅游管理学院教授
罗兹柏　中国旅游未来研究会副会长，重庆旅游发展研究中心主任，教授
郑耀星　中国旅游协会理事，福建师范大学旅游学院教授、博士生导师
董观志　暨南大学旅游规划设计研究院副院长，教授、博士生导师
薛兵旺　武汉商学院旅游与酒店管理学院院长，教授
姜　红　上海商学院酒店管理学院院长，教授
舒伯阳　中南财经政法大学工商管理学院教授、博士生导师
朱运海　湖北文理学院资源环境与旅游学院副院长
罗伊玲　昆明学院旅游管理专业副教授
杨振之　四川大学中国休闲与旅游研究中心主任，四川大学旅游学院教授、博士生导师
黄安民　华侨大学城市建设与经济发展研究院常务副院长，教授
张胜男　首都师范大学资源环境与旅游学院教授
魏　卫　华南理工大学经济与贸易学院教授、博士生导师
毕斗斗　华南理工大学经济与贸易学院副教授
史万震　常熟理工学院商学院营销与旅游系副教授
黄光文　南昌大学旅游学院副教授
窦志萍　昆明学院旅游学院教授，《旅游研究》杂志主编
李　玺　澳门城市大学国际旅游与管理学院院长，教授、博士生导师
王春雷　上海对外经贸大学会展与旅游学院院长，教授
朱　伟　天津农学院人文学院副教授
邓爱民　中南财经政法大学旅游发展研究院院长，教授、博士生导师
程丛喜　武汉轻工大学旅游管理系主任，教授
周　霄　武汉轻工大学旅游研究中心主任，副教授
黄其新　江汉大学商学院副院长，副教授
何　彪　海南大学旅游学院副院长，副教授

全国普通高等院校旅游管理专业类"十三五"规划教材
教育部旅游管理专业本科综合改革试点项目配套规划教材

总主编 ◎ 马 勇

旅游法学

A Coursebook on Tourism Law

主 编 ◎ 王莉霞

华中科技大学出版社
http://www.hustp.com
中国·武汉

图书在版编目(CIP)数据

旅游法学/王莉霞主编． —武汉：华中科技大学出版社，2017.8(2025.1重印)
全国普通高等院校旅游管理专业类"十三五"规划教材
ISBN 978-7-5680-3023-6

Ⅰ．①旅…　Ⅱ．①王…　Ⅲ．①旅游业-法规-中国-高等学校-教材　Ⅳ．①D922.296

中国版本图书馆 CIP 数据核字(2017)第 144980 号

旅游法学
Lüyoufaxue

王莉霞　主编

策划编辑：李　欢　周清涛
责任编辑：封力煊
封面设计：原色设计
责任校对：刘　竣
责任监印：周治超
出版发行：华中科技大学出版社(中国·武汉)　　电话：(027)81321913
　　　　　武汉市东湖新技术开发区华工科技园　　邮编：430223
录　　排：华中科技大学惠友文印中心
印　　刷：武汉邮科印务有限公司
开　　本：787mm×1092mm　1/16
印　　张：22　插页：2
字　　数：534 千字
版　　次：2025 年 1 月第 1 版第 4 次印刷
定　　价：49.80 元

本书若有印装质量问题，请向出版社营销中心调换
全国免费服务热线：400-6679-118　竭诚为您服务
版权所有　侵权必究

Abstract 内容提要

本书分为上、下两篇,共 10 章。上篇总论以旅游法学基本问题、旅游法基础理论,以及旅游法律责任制度为框架,其内容吸收了国内外相关研究的新成果与前沿理论观点;下篇分论以我国《旅游法》为主线,对涉及旅游业发展中的热点法律问题进行分析与探讨,内容包括旅游规划与资源保护、旅游合同、旅游者权益保护、旅游景区管理、旅行社及其从业人员管理、旅游饭店管理、旅游交通运输管理、旅游安全与保险,以及旅游权利救济法律制度等。

本书在编写过程中,既注重法学、管理学和旅游学交叉融合的跨学科理论、研究方法与知识拓展,又重视旅游法律理论和中国旅游业实际问题的结合,以大量具有典型性、时代感的案例佐证,激发学生自主学习的兴趣,突出应用性和实践指导性。本书适合高等院校旅游、酒店、会展、经济学等专业本科高年级学生及研究生使用,也可作为旅游业界管理及经营人员的业务用书,并为致力于旅游法律理论与实践研究的学者们提供帮助。

A coursebook on Tourism Law contains of two parts, a total of ten chapters. The first part is a pandect, which takes the basic issues of tourism law, the basic theory of tourism law, and the tourism legal liability system as a framework and absorbs the new achievements and frontier theories in related research at home and abroad. The next part is a sub-pandect, focusing on the Tourism Law of the People's Republic of China, which analyzes and discusses the hot legal issues in tourism development. The contents include tourism planning and resource protection, tourism contracts, protection of tourists' rights and interests, management of scenic spots, management of travel agencies and practitioners, management of tourism hotels, management of tourism traffic and transportation, tourism safety and insurance, and tourism right relief legal system.

During the process of writing, this book highlights applicability and practice guidance. It not only pays attention to cross-disciplinary theories, research methods and knowledge development, which are an intersection of law, management and tourism, but attaches importance to a combination of theories and practical problems in China's tourism industry, with a large number of typical and contemporary cases to stimulate students' learning interest. It is suitable for senior undergraduate and graduate students with majors in tourism, hotel, MICE, economics and other related professionals, a business book for tourism industry as well, committed to provide the reference for scholars of tourism legal theory and practice.

总 序

旅游业在现代服务业大发展的机遇背景下，对全球经济贡献巨大，成为世界经济发展的亮点。国务院已明确提出，将旅游产业确立为国民经济战略性的支柱产业和人民群众满意的现代服务业。由此可见，旅游产业已发展成为拉动经济发展的重要引擎。中国的旅游产业未来的发展受到国家高度重视，旅游产业强劲的发展势头、巨大的产业带动性必将会对中国经济的转型升级和可持续发展产生良好的推动作用。伴随着中国旅游产业发展规模的不断扩大，未来旅游产业发展对各类中高级旅游人才的需求将十分旺盛，这也将有力地推动中国高等旅游教育的发展步入快车道，以更好地适应旅游产业快速发展对人才需求的大趋势。

教育部2012年颁布的《普通高等学校本科专业目录（2012年）》中，将旅游管理专业上升为与工商管理学科平行的一级大类专业，同时下辖旅游管理、酒店管理和会展经济与管理三个二级专业。这意味着，新的专业目录调整为全国高校旅游管理学科与专业的发展提供了良好的发展平台与契机，更为培养21世纪旅游行业优秀旅游人才奠定了良好的发展基础。正是在这种旅游经济繁荣发展和对旅游人才需求急剧增长的背景下，积极把握改革转型发展机遇，整合旅游教育资源，为我国旅游业的发展提供强有力的人才保证和智力支持，让旅游教育发展进入更加系统、全方位发展阶段，出版高品质和高水准的"全国普通高等院校旅游管理专业类'十三五'规划教材"则成为旅游教育发展的迫切需要。

基于此，在教育部高等学校旅游管理类专业教学指导委员会的大力支持和指导下，华中科技大学出版社汇聚了国内一大批高水平的旅游院校国家教学名师、资深教授及中青年旅游学科带头人，面向"十三五"规划教材做出积极探索，率先组织编撰出版"全国普通高等院校旅游管理类专业'十三五'规划教材"。该套教材着重于优化专业设置和课程体系，致力于提升旅游人才的培养规格和育人质量，并纳入教育部旅游管理专业本科综合改革试点项目配套规划教材的编写和出版，以更好地适应教育部新一轮学科专业目录调整后旅游管理大类高等教育发展和学科专业建设的需要。该套教材特邀教育部高等学校旅游管理类专业教学指导委员会副主任、中国旅游协会教育分会副会长、中组部国家"万人计划"教学名师、湖北大学旅游发展研究院院长马勇教授担任总主编。同时邀请了全国近百所开设旅游管理本科专业的高等学校知名教授、学科带头人和一线骨干专业教师，以及旅游行业专家、海外专业师资等加盟编撰。

该套教材从选题策划到成稿出版，从编写团队到出版团队，从内容组建到内容创新，均展现出极大的创新和突破。选题方面，首批主要编写旅游管理专业核心课程教材、旅游管理专业特色课程教材，产品设计形式灵活，融合互联网高新技术，以多元化、更具趣味性的形式引导学生学习，同时辅以形式多样、内容丰富且极具特色的图片案例、视频案例，为配套数字出版提供技术支

持。编写团队均是旅游学界具有代表性的权威学者,出版团队为华中科技大学出版社专门建立的旅游项目精英团队。在编写内容上,结合大数据时代背景,不断更新旅游理论知识,以知识导读、知识链接和知识活页等板块为读者提供全新的阅读体验。

在旅游教育发展改革发展的新形势、新背景下,旅游本科教材需要匹配旅游本科教育需求。因此,编写一套高质量的旅游教材是一项重要的工程,更是承担着一项重要的责任。我们需要旅游专家学者、旅游企业领袖和出版社的共同支持与合作。在本套教材的组织策划及编写出版过程中,得到了旅游业内专家学者和业界精英的大力支持,在此一并致谢!希望这套教材能够为旅游学界、业界和各位对旅游知识充满渴望的学子们带来真正的养分,为中国旅游教育教材建设贡献力量。

丛书编委会
2015 年 7 月

前言

21世纪，现代旅游服务业体系进入了以智力为支柱，以创新为灵魂，以人才素质和技能为先决，以新知识、新技术、新观念为增长点的时代。以信息化为代表的科技进步和现代商业模式的创新，推动旅游业转型升级，创造出大量新的旅游业态和新的旅游需求，引导旅游新消费，并极大地推动旅游业向现代服务业的运行模式发展。2009年，国务院《关于加快发展旅游业的意见》按照科学发展观的要求，从"大旅游"角度，对旅游业进行了全新的定位，提出"把旅游业培育成国民经济的战略性支柱产业和人民群众更加满意的现代服务业"的两大战略目标，并提出力争到2020年，我国旅游产业规模、质量、效益基本达到世界旅游强国水平。2013年4月25日，《中华人民共和国旅游法》（简称《旅游法》）在经过长期理论研究和实践探索后出台，对中国旅游法制建设具有里程碑意义。该法的亮点：一是采取综合立法模式，将促进法、规范法、保护法融为一体；二是体现"以人为本"的立法精神，在平衡旅游经营者、旅游者、政府三者之间关系的基础上，向保障旅游者权益倾斜；三是注重发挥市场机制的作用，整合旅游产业各要素和旅游活动全环节，明确并细化旅游市场主体间的权利义务关系；四是加强对旅游资源的保护。我国《旅游法》的实施对保障旅游者和旅游经营者的合法权益，规范旅游市场秩序，保护和合理利用旅游资源，促进旅游业持续健康发展，具有重要作用。

目前，我国关于旅游问题的法律研究成果涉及旅游业发展的方方面面，较为广泛。从成果的具体内容分析，更多关注的是对旅游法律规范的阐释，以及旅游活动中的法律现象分析，对旅游法理论体系构建研究、旅游法深层次的理论问题研究，以及创新性研究较少。在研究方法上，由于受研究者教育背景和所处环境的影响，研究视角体现出多样性特点，研究成果较为分散，碎片化现象严重。在具体方法上，定性分析较多，"问题揭示—性质分析—对策研究"框架结构明显，理论与实践结合研究、跨学科综合研究方法较少。总之，目前我国关于旅游问题法律研究的基础较薄弱，特别是从法学或法理学视角的理论研究和应用研究更少，就其成果而言，无论是对旅游立法的理论支撑，还是对旅游业的实践指导作用，都有待进一步提高。

《旅游法学》一书是主编在总结30多年旅游法理论与教学研究的基础上，与团队成员共同合作完成的。本书分为总论和分论，共10章。各章包括学习引导、学习目标、案例导读、本章小结、核心关键词、思考与练习、案例分析等。总论以旅游法学基本问题、旅游法基础理论为切入点，构成主体-行为-法律责任的框架，其内容吸收国内外相关研究的新成果与理论

观点,对涉及旅游法学及其旅游法的基本理论问题进行研究;分论以我国《旅游法》为主线,在总论的基础上,对涉及旅游业实践中的热点法律问题进行分析与探讨,中间穿插诸多注重理论延伸的拓展阅读与结合正文内容的相关案例,引发学习者清晰的学习意向和内容定向,激发读者探究学习的兴趣。本书的主要特点包括以下几点。

1. 重视基本理论的分析与探讨

作为一门新兴学科,旅游法学的学科建设还处于起步阶段,许多重要的理论问题尚未进行系统的研究和探讨,在众多理论问题上还存在分歧与争议。因此,本书注重基本理论的分析与探讨,在对不同学者的观点介绍和对比的同时,将理论与教学有机结合,既确定所需的专业理论知识构建,又注重扩展知识内涵,拓展学生学习视野。

2. 突出理论与旅游业实际问题的结合

本书既强调旅游学、管理学、经济学与法学的跨学科理论和内容交叉研究,又重视旅游法理论和中国旅游业实际问题的结合,以大量的具有典型性、时代感的案例佐证,激发学习者自主学习的兴趣,突出其应用性和实践指导性。

3. 反映旅游法律理论的新成果和旅游立法的新情况

本书在吸收国内外最新研究成果和最新行业实践的基础上,以我国《旅游法》为主线,既对现代旅游业运行中涉及的法律现象和法律原理进行全面透彻的分析,又突出中国旅游业发展中面临的独特问题,关注我国《旅游法》对旅游业带来的影响。本书详细分析旅游法主体的权利义务关系、行为模式及法律责任,积极探讨依法解决旅游纠纷的基本途径与方法,提高学生接受新知识的能力。

4. 注重内容的新颖性与编排体例的合理化

本书在总结入选国家"十一五"、"十二五"规划教材编写经验的基础上,以反映当代旅游专业学生的实际需求为出发点,对内容进行选取和编排。各部分内容既相互独立又相互关联;既体现旅游法律规范的逻辑关系,又以实用、用好为原则;既帮助学生建立完整、系统的旅游法理论体系,又注重培养学生分析问题、解决问题的能力。

本书由西安外国语大学旅游学院王莉霞教授担任主编,主持策划、统稿和审定,并具体撰写第一、二、三、八、九章;西安外国语大学旅游学院相亲亲承担全书英文翻译任务,撰写第六章,校对第四、五、七、十章;陕西省人社厅高原撰写第四、十章;陕西煤业化工集团牛亚楠撰写第五章,校对第一、二、三章;西安外国语大学旅游学院关馨撰写第七章,校对第六、八、九章。

由于旅游法学的学科体系、研究范围与对象、研究方法,以及旅游业发展中的相关法律问题探讨,需要一个理论形成、实践检验、调适和不断完善的过程,书中难免有疏漏偏颇之处,恳请各位专家、学者批评指正。在本书编写过程中,我们借鉴和吸收了国内外专家、学者的研究成果,引用了《中国旅游报》、中国旅游网等媒体的相关资料,在此一并表示衷心感谢!

编　者

2016 年 12 月于西安

Contents / 目 录

01 第一章 旅游法学基本问题
Chapter 1 Basic Problems of Tourism Law

第一节 旅游问题的法律研究 /2
① Legal Research on Tourism Issues

第二节 旅游法学研究对象与方法 /30
② Objects and Methods of Research in Tourism Law

第三节 旅游法学发展趋势 /35
③ Development Trend of Tourism Law

41 第二章 旅游法基础理论
Chapter 2 Basic Theory of Tourism Law

第一节 旅游法的性质与调整对象 /41
① Characteristics and Adjusted Object of Tourism Law

第二节 旅游法要素 /46
② Tourism Legal Element

第三节 旅游法律关系 /51
③ Tourism Legal Relation

63 第三章 旅游法律责任制度
Chapter 3 Tourism Legal Liability System

第一节 法律责任概说 /64
① Legal Liability Preview

第二节 旅游法律责任及其构成 /68
② Tourism Legal Liability and its Constitution

第三节　旅游法律责任的竞合　　　　　　　　　　　　　　　／75
　　　　　Tourism Legal Liability Concurrence

第四章　旅游规划与资源保护法律制度
Chapter 4　Tourism Planning and Resource Protection Legal System

第一节　旅游规划及其资源利用保护　　　　　　　　　　　　／86
　　　　　Tourism Planning and Resource Utilization Protection

第二节　自然保护区与文物保护法律制度　　　　　　　　　　／101
　　　　　Nature Reserves and Cultural Relics Protection Legal System

第三节　城乡规划法律制度　　　　　　　　　　　　　　　　／110
　　　　　Urban and Rural Planning Legal System

第五章　旅游合同法律制度
Chapter 5　Tourism Contracts Legal System

第一节　旅游合同及其类型　　　　　　　　　　　　　　　　／121
　　　　　Tourism Contracts and its Types

第二节　旅游合同的订立和履行　　　　　　　　　　　　　　／128
　　　　　Conclusion and Performance of Tourism Contracts

第三节　旅游合同的变更、解除、转让和终止　　　　　　　　／141
　　　　　Change, Dissolution, Transfer and Termination of Tourism Contracts

第四节　违反旅游合同的责任　　　　　　　　　　　　　　　／145
　　　　　Liability of Breach of Tourism Contracts

第六章　旅游者权益保护法律制度
Chapter 6　Tourists' Rights and Interests Protection Legal System

第一节　旅游权利及其法律依据　　　　　　　　　　　　　　／153
　　　　　Tourism Right and its Legal Basis

第二节　旅游者权益的法律保护　　　　　　　　　　　　　　／157
　　　　　Legal Protection of Tourists' Rights and Interests

第三节　旅游者出入境管理与法律保护　　　　　　　　　　　／170
　　　　　Tourist Entry and Exit Management and Legal Protection

第七章　旅游景区管理法律制度
Chapter 7　Scenic Spots Management Legal System

第一节　旅游景观与旅游景观业　/188
❶　Tourism Landscape and Tourism Landscape Industry

第二节　旅游景区管理法律制度建设　/195
❷　Construction of Scenic Spots Management Legal System

第三节　风景名胜区管理　/203
❸　Scenic Spots Management

第八章　旅游经营管理法律制度
Chapter 8　Tourism Operation and Management Legal System

第一节　旅行社经营管理法律制度　/213
❶　Travel Agencies Operation and Management Legal System

第二节　旅游饭店经营管理法律制度　/231
❷　Tourism Hotels Operation and Management Legal System

第三节　旅游交通运输管理法律制度　/244
❸　Tourism Traffic and Transportation Management Legal System

第九章　旅游安全与保险法律制度
Chapter 9　Tourism Safety and Insurance Management Legal System

第一节　旅游安全管理法律制度　/264
❶　Tourism Safety Management Legal System

第二节　旅游保险法律制度　/279
❷　Tourism Insurance Legal System

第十章　旅游权利救济法律制度
Chapter 10　Tourism Right Relief Legal System

第一节　旅游权利救济制度设计　/300
❶　Tourism Right Relief System Design

第二节　旅游行政救济制度　/312
❷　Tourism Administrative Relief System

第三节 司法救济与仲裁救济制度 /318
③ Judicial Relief and Arbitration Relief System

本课程阅读推荐
Reading Recommendation

332

参考文献
References

334

第一章

旅游法学基本问题

学习引导

旅游法学是旅游管理学与法学结合而形成的交叉性边缘学科,属于法学的一个新的分支学科,是整个法律科学不可分割的一个组成部分。旅游法学主要侧重在一般法学理论指导下,运用法学、旅游学、社会学等社会科学综合研究方法,根据社会的旅游需求,研究探索旅游领域中的法律规范、法律现象及其内在规律,研究成果充实和丰富着整个法学的研究内容,促进法律科学的整体发展。同时,在经济新常态下,旅游社会关系越来越需要法律调整,通过对旅游业发展中法律问题的研究,旅游法学作为以旅游法为主要研究对象,以旅游法制管理为基本内容的社会科学学科,成为旅游管理学完整体系中不可缺少的一个重要方面,并伴随旅游法制建设的完善,其地位日益突显。本章主要介绍中国旅游业发展及其法制化进程、国内外的旅游立法情况,分析旅游法学的研究对象、研究范围与结构,以及研究方法,并对旅游法律问题的研究成果进行归纳、总结和述评,对旅游法学的学科发展定位、研究趋势进行展望。

学习目标

- 旅游问题的法律研究;
- 旅游法学研究对象与方法;
- 旅游法学发展趋势。

第一节 旅游问题的法律研究

一、中国旅游业及其法制化进程

中国现代旅游业开始于改革开放初期,与西方旅游发达国家不同,我国旅游业经历了先入境、后国内、再出境的发展次序。法制,从广义上说,是指国家法律和制度的总称,或者说是一个国家或地区法律制度上层建筑的整个系统。在这个系统中,核心因素是现行法律与政策的体系,以及包括与该体系相适应的意识、制定、实施、解释等系列活动的实践。本书是从狭义角度界定"法制"这个概念的,即旅游业法制化进程,主要是描述与我国旅游业发展历程相关的旅游政策、法律与法规建设。从1978年12月党的十一届三中全会确定改革开放政策到现阶段全面推进法治中国建设,中国旅游业及其法制化的历程可分为市场开发、依法管理、开拓创新、信息化智慧旅游,以及全域旅游等五个阶段。

(一)开发市场、稳步发展阶段(1978—1984年)

党的十一届三中全会以后,我国旅游业进入了稳步发展的阶段,旅游业要变成综合性的行业,将旅游业作为一个经济性产业来发展是邓小平旅游经济思想的重要核心。[①] 1981年10月,国务院《关于加强旅游工作的决定》明确指出,旅游事业在我国既是经济事业,又是外事工作的一部分。我们要从中国的实际出发,逐步走出一条适合国情,日益兴旺发达的中国式的旅游道路,做到政治、经济双丰收。这一阶段,是我国旅游业初创期,以接待入境的国际旅游者为标志,并逐步放宽公民因私出国条件,逐年增加开放地区。1982年,国家将前往港澳的人员分为定居和短期探亲两种类型,同时采取了"组团旅游"、"增加前往港澳口岸"等措施,使矛盾得到缓解。1984年7月至12月,国家旅游局《关于开创旅游工作新局面几个问题的报告》、《关于当前旅游体制改革几个问题的报告》等,在正确认识我国旅游事业的性质、重要性、发展前景、开创新局面的指导思想、旅游体制改革的目标等基础上,对旅游相关行业和领域,如旅游交通、旅游价格、旅游风景区、旅游经营活动、旅游饭店、旅游队伍建设,以及国内旅游和出国旅游等问题进行了规范,迈出了我国旅游法制建设的第一步。

(二)迅速发展、依法管理阶段(1985—1995年)

从1985年到20世纪90年代中期,是我旅游业规模扩张,高速发展,进入法制化管理的十年。1985年12月,国务院原则批准《全国旅游事业发展规划(1986—2000年)》,决定把旅游事业发展规划列入国家的"七五"计划。我国《国民经济与社会发展第七个五年计划》将"旅游"单列出来,提出:大力发展旅游业,增加外汇收入,促进各国人民之间的友好往来;在国家统一规划下,动员各方面的力量,加强旅游城市和旅游区的建设;加快培养旅游人才;扩

---

① 中共中央文献研究室,国家旅游局.邓小平论旅游[M].北京:中央文献出版社,2000.本书收录了邓小平1978年10月至1979年7月关于发展旅游业的5篇谈话,即要大力发展民航、旅游业(1978年10月9日);旅游业要变成综合性的行业(1979年1月2日);旅游事业大有文章可做(1979年1月6日);发展旅游事业,增加国家收入(1979年1月17日);把黄山的牌子打出去(1979年7月15日)。

大旅游商品的生产和销售。旅游业第一次出现在国家发展战略之中,明确了旅游业在国民经济和社会发展战略中的地位和作用,促使旅游走上了产业化的道路。1988年,国务院成立国家旅游事业委员会,发布《关于加强旅游工作的意见》,进一步明确了旅游的行业管理范围和权限,增强了地方发展旅游业的自主性。

1985年5月,国务院发布旅游业第一部行政法规——《旅行社管理暂行条例》,标志着中国旅游业进入了法制化的阶段。1987年,经国务院批准国家旅游局发布《导游人员管理暂行规定》,以及《关于颁发中华人民共和国导游证书的暂行办法》《关于严格禁止在旅游业务中私自收受回扣和收取小费的规定》《关于对全国导游员实行等级评定的意见》《导游员职业等级标准》等系列行政法规和规章。在饭店管理方面,国家旅游局1987年的《旅游涉外饭店星级的划分与评定》,1988年的《评定旅游涉外饭店星级的规定》《评定旅游涉外饭店星级标准》,1993年的《关于加快旅游涉外饭店星级标准的划分》《饭店管理公司管理暂行办法》,并在1997年和2003年,先后对该饭店规定和标准进行了修订,成为我国旅游饭店与国际标准接轨的一个重要步骤,标志着我国在旅游饭店业标准化、规范化、管理科学化等方面跃上新台阶。在中国公民出入境旅游方面,1986年,经国务院批准公安部制定《中国公民因私事往来香港和澳门地区暂行管理办法》,国务院办公厅公布《关于台湾同胞来祖国大陆探亲旅游接待办法的通知》,明确了台湾居民回大陆入境出境管理办法。1991年,国务院发布《中国公民往来台湾地区管理办法》,该《办法》规定大陆居民前往台湾和台湾居民来往大陆的申办程序、证件、通行口岸及具体手续,对保障海峡两岸的交流具有重要的意义。1990年,国家旅游局发布《关于组织我国公民赴东南亚三国旅游的暂行管理办法》,该办法适用的范围为出国探亲旅游,并授权7个旅行社承办此项业务。中国公民出境旅游,从活动形式来看,大体上是沿"港澳游"、"边境游"和"出国游"的顺序逐渐发展起来的;从活动目的来看,是从探亲访友、商贸活动到休闲观光逐渐展开的;从国家政策和管理角度来看,经历了试验、放松到逐渐放开的过程,公民出境旅游实现了依法管理。在旅游安全管理方面,1989年国家旅游局、公安部联合发出《关于进一步加强旅游安全保卫工作的通知》,1990年国家旅游局发布《旅游安全管理暂行办法》,这是对我国多年来旅游安全管理工作的科学总结,旅游安全管理初步纳入规范化、制度化的轨道。此后,国家旅游局于1993—1995年先后发布《重大旅游安全事故报告制度试行办法》《重大旅游安全事故处理程序试行办法》《旅游安全管理暂行办法实施细则》,并与相关部门联合发布《关于加强旅游涉外饭店安全管理严防恶性案件发生的通知》《关于加强宾馆、饭店等旅游设施消防安全工作的通知》《关于游艺机和游乐设施安全监督管理规定的通知》,1995年,公安部颁布《旅馆业治安管理办法》《公共娱乐场所消防安全管理规定》,要求各地采取切实措施,保障来华旅游者的安全。在旅游权利救济方面,为了保护旅游者、旅游经营者的合法权益,及时、公正处理旅游投诉,维护国家旅游声誉,1991年6月,国家旅游局发布了《旅游投诉暂行规定》,这是我国第一部规定旅游者投诉和投诉程序的旅游规章。该规定明确了投诉的受理机关、受理条件和程序、投诉人与被投诉人的权利和义务以及投诉的时效等问题,在实践中被证实是切实可行的。

总之,这一阶段,我国旅游法制建设进入了一个新时期,但从当时实际情况来看,由于各种主客观原因的限制,我国旅游立法存在滞后性、应急性、暂时性,更多关注的是行业行为规范,缺乏对旅游者有针对性的保护,更缺乏适用于全国范围的有权威性的行政法规和旅游基本法。

(三) 稳健提升、开拓创新阶段(1996—2005 年)

稳健提升、开拓创新阶段重要的标志是中国加入世界贸易组织(WTO),政府主导型旅游发展模式取得了成就。2000 年,国家旅游局在全国旅游工作会议上提出了发展战略目标:过去 20 年,我们实现了一个历史性的跨越,从一个旅游资源大国跃升为亚洲的旅游大国;未来 20 年,我们努力奋斗,从亚洲旅游大国建设成世界旅游强国;在国民经济体系中,要从新的经济增长点,培育成为新的支柱产业。[①] 从世界范围来说,从一个旅游大国到一个旅游强国,只靠数量性的增长很难实现,其关键问题是要从规模发展转向追求更强的国际竞争力。2001 年 12 月,我国成为 WTO 正式成员,按照协议,加入成员要在其后的国际贸易中履行既定的权利和义务。旅游服务是国际服务贸易的重要部门,在世贸组织上的国际服务贸易分类表所划分的 11 类 142 项服务项目,"与旅游有关的服务"被单独列为第九大类,包括"饭店(公寓楼)和餐馆"、"旅行社和旅游经营者"、"导游服务"和"其他"等子项目。加入WTO,对中国旅游业的影响是机遇和挑战并存。针对当时旅游业面临的现实问题,国务院发布《关于进一步加快旅游业发展的通知》,为进一步加快旅游业的发展,把我国建设成为世界旅游强国提出战略思想。进入 21 世纪,全球国际旅游业的格局发生了重大变化,欧洲、亚太地区和美洲三足鼎立的局势真正确立,以中国旅游业为中心的亚太地区旅游发展成为世界旅游发展的主要增长点,"中国现象"成为重要话题。中国旅游业也正面临着重大变革,中国共产党的十六大后,旅游业进入开拓创新、科学发展的新阶段,也是中国旅游综合发展水平提升最快的一个历史性阶段。到 2005 年,中国旅游业发展的"十五"规划目标全部实现,在新的五年计划中,国家调整旅游政策,旅游业发展的功能与作用被重新定位,新的发展目标确定。

旅游立法的体系化、权威化是这一阶段的主要特点。为了进一步加强对旅行社和导游人员的管理,保障旅游者和旅行社的合法权益,维护旅游市场秩序,国务院先后修订发布《旅行社管理条例》、《导游人员管理条例》,国家旅游局发布《旅行社管理条例实施细则》、《旅行社质量保证金赔偿暂行办法》、《旅行社质量保证金赔偿试行标准》、《全国旅游质量监督管理机构组织与管理暂行办法》等行政法规和部门规章。此外,1998 年,经国务院批准,国家旅游局和对外经济贸易部联合发布《中外合资旅行社试点暂行办法》,该办法的颁布实施,是我国旅游业对外开放的重大举措,对我国旅游业的发展具有深远影响;2001 年《旅行社投保旅行社责任保险规定》公布实施,要求旅行社代游客购买旅游人身意外险,这是国家旅游局为了有效保护游客和旅行社利益的一个重要举措,该《规定》通过强制经营主体投保责任保险的方式来保护旅游者和旅行社的利益,完全符合国际国内的保险惯例。2002 年,《中国旅游饭店行业规范》施行,适用于中国旅游饭店业协会会员饭店,尚未加入中国旅游饭店业协会的旅游饭店可参照其执行;1999 年,旅游行业的又一国家级标准《旅游区(旅游点)质量等级的划分与评定》出台,提出了我国旅游景区、景点质量等级划分的依据与方法、划分的条件及评定的基本要求,它推动我国旅游景区的管理迈上一个新台阶。

---

① 魏小安,韩健民.旅游强国之路:中国旅游产业政策体系研究[M].北京:中国旅游出版社,2003.

知识活页　《国务院关于进一步加快旅游业发展的通知》

加快旅游业发展的指导思想：

（1）树立大旅游观念，充分调动各方面的积极性，努力扩大旅游发展规模，进一步发挥旅游业作为国民经济新的增长点的作用。加强部门协同和地区合作，有效整合"行、游、住、食、购、娱"等要素，完善旅游产业体系，促进相关产业共同发展。

（2）坚持改革开放，不断深化旅游管理体制和旅游企业改革，进一步扩大旅游业的对外开放，充分发挥市场机制的作用，加强政府的组织协调，开创新型的旅游开发方式、管理方式和服务方式，提高旅游企业的竞争力和旅游业的整体水平。

（3）实施精品战略，努力建设和推出一批在海内外旅游市场上影响大和竞争力强的旅游景区、景点和旅游线路。推进旅游产品多样化，在发展观光旅游并不断注入新内容的同时，积极探索休闲度假旅游、会展旅游等新型旅游方式。开发适销对路的特种旅游产品，以适应不同档次、不同消费兴趣旅游者的需求。

（4）加强横向联合，大力发展区域旅游。各地在发展当地旅游的同时，要加强与调动地区协作配合，互通信息，客源共享，实现优势互补，形成跨地区的旅游联合。

（5）坚持旅游资源的严格保护、合理开发和永续利用相结合的原则，正确处理好自然景观、人文景观的保护、研究、利用的关系，协调好经济效益与社会效益、眼前利益与长远利益、局部利益与全局利益的关系，实现旅游业的可持续发展。

（6）把发展旅游与加强社会主义精神文明建设紧密结合起来，通过旅游活动弘扬民族优秀文化，加强爱国主义教育，促进中际经济文化交流。

资料来源：http://www.gov.cn/gongbao/content/2001/content_60814.htm。

（四）旅游信息化、智慧化阶段（2006—2014年）

现代旅游服务业体系进入了以智力为支柱，以创新为灵魂，以人力素质和技能为先决，以新知识、新技术、新观念为增长点的时代，以信息化为代表的科技进步和现代商业模式的创新，推动旅游业转型升级，创造出大量新的旅游业态和新的旅游需求，引导旅游新消费，并极大地推动旅游业向现代服务业的运行模式发展。景区智慧化系统、电商平台渗透是这个阶段显著特征。这一阶段，以《国务院关于加快发展旅游业的意见》的发布和《中华人民共和国旅游法》（以下简称《旅游法》）出台为重要标志。

2009年，《国务院关于加快发展旅游业的意见》按照科学发展观的要求，从"大旅游"角度，对旅游业提出了全新的定位，提出"把旅游业培育成国民经济的战略性支柱产业和人民群众更加满意的现代服务业"的两大战略目标，并提出力争到2020年我国旅游产业规模、质量、效益基本达到世界旅游强国水平。为此，国家旅游局发布《旅游服务质量提升纲要》（2009—2015），并于2011年发布《中国旅游业"十二五"发展规划纲要》，围绕实现国务院提出的两大战略目标和建设世界旅游强国战略设想,积极推动旅游业的产业化、市场化、国际化和现代化发展。随着我国经济社会发展和增长方式调整,民生基础更加稳固,国际国内旅游市场的消费需求和消费能力更加稳固,我国旅游业进入大众化的全面发展阶段,资源和要素短缺的矛盾将得到有效的缓解,城市化进程加快,旅游业面临更加有利的发展环境和发展条件。2013年,国务院办公厅发布《国民旅游休闲纲要(2013—2020年)》,提出国民旅游休闲发展目标:到2020年,职工带薪休假制度基本得到落实,城乡居民旅游休闲消费水平大幅增长,国民休闲质量显著提高,与小康社会相适应的现代国民旅游休闲体系基本形成。纲要重点体现了提倡绿色旅游休闲理念、保障国民旅游休闲时间、鼓励国民旅游休闲消费、丰富国民旅游休闲产品、提升国民旅游休闲品质等五大亮点。这一时期旅游业发展所面临的机遇是战略性的,调整发展结构,转变发展方式,走内涵式道路,提高游客满意度,促进资源节约和环境保护,提高产业发展的质量和效益成为这个时期旅游业发展面临的最大挑战。

2013年4月25日,我国《旅游法》在经过了31年理论研究和实践探索后出台,并于同年10月1日起实施,该法对中国旅游法制建设具有里程碑意义。其亮点:一是采取综合立法模式,将促进法、规范法、保护法融为一体;二是体现"以人为本"的立法精神,在平衡旅游经营者、旅游者、政府三者之间关系的基础上,向保障旅游者权益倾斜;三是注重发挥市场机制的作用,整合了旅游产业各要素和旅游活动全链条,明确并细化旅游市场主体间的权利义务关系;四是加强对旅游资源保护。

2014年3月,《中华人民共和国消费者权益保护法》在修改后颁布实施,该法包含了所有商品和服务领域,以及可能涉及众多的消费行为和受服务行为,具有主体广泛性特点,因而,旅游消费者的权利也就成为其保护的客体。

此外,在旅游饭店管理方面,2006年国家旅游局发布《星级饭店访查规范》、《绿色旅游饭店标准》,规定对已经评定星级的饭店进行质量检查活动的依据和要求,并以标准化建设为抓手,推进旅游饭店业转型升级为目标,出台《旅游饭店星级的划分与评定》,成为旅游饭店业发展的重要环节,促进了旅游饭店业的管理和服务更加规范化和专业化,使之既符合本国实际又与国际发展趋势保持一致。在旅游安全与游客利益保护方面,国家旅游局2006年与外交部联合发布《中国公民出境旅游突发事件应急预案》,2010年与中国保监会联合公布《旅行社责任保险管理办法》,对旅游安全工作进行专门的规范说明,为中国公民加强自我保护意识、选择安全出境旅游目的地提供重要的信息服务,这既是对我国旅游安全与应急工作的法制回应,也必将对我国旅游安全工作迈入科学化、理性化轨道提供重要的法制基础。同时,国家旅游局与国家工商行政管理总局联合印发新版《团队出境旅游合同》、《大陆居民赴台湾地区旅游合同》和《团队国内旅游合同》示范文本,并在对旅游投诉处理规范进行界定的基础上,通过了《旅游投诉处理办法》,较好地保护旅游者的合法权益,促进我国旅游业健康、有序、稳定发展。

2010年9月,最高人民法院《关于审理旅游纠纷案件适用法律若干问题的规定》为正确审理旅游纠纷案件、依法保护当事人合法权益提供了法律依据。

(五)区域性的国际旅游合作与全域旅游阶段(2015年至今)

这一阶段,以"一带一路"战略的旅游次区域合作和全域旅游时代的互联网+旅游+为重心。"一带一路"战略是合作发展的理念和倡议,是依靠中国与有关国家既有的双边或多边机制,借助既有的、行之有效的区域合作平台,旨在借用古代丝绸之路的历史符号,高举和平发展的旗帜,主动地发展与沿线国家的经济合作伙伴关系,共同打造政治互信、经济融合、文化包容的利益共同体、命运共同体和责任共同体的战略。

2015年3月,国家发改委、外交部、商务部联合发布的《推动共建丝绸之路经济带和海上丝绸之路的愿景与行动》,从基础设施联通的旅游可达性,签署简化签证手续备忘录促使旅游便利化,打造特色国际精品旅游线路和旅游产品,推动邮轮旅游合作,以及进一步加大海南国际旅游岛开发开放力度等方面推动了沿线国家及城市旅游业的长足发展,推动了中国旅游次区域合作和国际合作。

旅游与互联网深度融合,多元主体共同参与。2015年国务院及其办公厅出台《关于积极推进"互联网+"行动的指导意见》、《关于进一步促进旅游投资和消费的若干意见》,2016年发布实施《国民经济和社会发展第十三个五年(2016—2020年)规划纲要》、《关于加强旅游市场综合监管的通知》等,明确提出提高生活性服务业品质,大力发展旅游业,充分发挥旅游业的综合优势和带动作用,积极运用互联网推动旅游业产品业态创新、发展模式变革、服务效能提高,提升实体经济创新力和生产力,促进旅游业转型升级、提质增效,为稳增长、促改革、调结构、惠民生发挥重要作用。为此,国家旅游局于2015年9月下发的《关于实施"旅游+互联网"行动计划的通知》指出,旅游业是国民经济的综合性产业,是拉动经济增长的重要动力。以互联网为代表的全球新一轮科技革命正在深刻改变着世界经济发展和人们的生产生活,对全球旅游业发展正带来全新变革,旅游与互联网的深度融合发展已经成为不可阻挡的时代潮流。2016年2月,为推动旅游业创新、协调、绿色、开放、共享发展,促进旅游业转型升级、提质增效,国家旅游局决定开展"国家全域旅游示范区"创建工作,推动旅游业由"景区旅游"向"全域旅游"发展模式转变,构建新型旅游发展格局。在规范旅游主体行为方面,国家旅游局出台了《游客不文明记录管理暂行办法》,并在此基础上,于2016年5月修订形成了《国家旅游局关于旅游不文明行为记录管理暂行办法》;为进一步推进旅游标准化工作,全面提升旅游标准化水平,更好地服务于经济新常态下旅游业的改革创新、转型升级和提质增效,编制了《全国旅游标准化发展规划(2016—2020)》;为规范旅游市场秩序,加大违法失信行为的惩处力度,建立旅游经营服务不良信息公示制度,制定了《旅游经营服务不良信息管理办法(试行)》,并对5A级旅游景区、五星级饭店实施动态管理机制,打破终身制。在人才培养方面,国家旅游局与教育部联合印发《加快发展现代旅游职业教育的指导意见》的通知,为加快发展现代旅游职业教育,培养适应旅游产业发展需求的高素质技术技能和管理服务人才提供依据。

二、旅游立法分析

(一) 我国旅游立法体系、冲突与趋势

1. 旅游立法体系与渊源

立法体系是一国法律内在结构的外在表现形式,亦称为规范性法律文件体系或法的渊源体系。旅游立法活动是旅游业发展的必然产物,其宗旨是制定调整旅游关系的一系列法律规范和法律规则,以保证旅游业健康发展。旅游立法体系是指由多层次、门类齐全的调整旅游关系的规范性文件所组成的有机联系的统一整体,其构成要素是旅游法律、法规、规章等规范性文件,它是旅游法律体系的外在表现形式,是旅游法的法律效力来源。旅游立法体系和渊源具体表现为以下几个方面。

1) 宪法及宪法相关法

宪法是国家的根本法,它规定国家的根本制度和根本任务、公民的基本权利和义务,具有最高的法律效力。宪法相关法是与宪法相配套、直接保障宪法实施和国家政权运作等方面的法律规范的总和,宪法及宪法相关法是包括旅游立法在内的一切法律的立法依据。

2) 法律

法律是指由全国人大及其常委会制定的规范性文件。它包括各种综合性立法,如民商事法、经济法、行政法、诉讼法等对旅游业发展、运行或旅游活动进行调整和解决纠纷的诉讼活动与非诉讼活动的法律规范,以及旅游业的基本法,如《旅游法》。

3) 行政法规和部门规章

行政法规是专指国务院在法定职权范围内为实施宪法和法律制定的有关国家行政管理的规范性文件,如《旅行社条例》、《导游人员管理规定》、《风景名胜区管理条例》等。部门规章是指国务院所属的部、委、办发布的规定、办法、实施细则、规则等,如国家旅游局、人力资源和社会保障部、中华全国总工会联合发布的《关于进一步加强导游劳动权益保障的指导意见》,以及为更好地规范旅游产业发展、提升旅游产品标准化水平,国家旅游局《景区最大承载量核定工作导则》、《绿道旅游服务规范》、《自行车骑行游服务规范》、《旅游滑雪场质量等级划分》、《国家商务旅游示范区建设与运营规范》等国家级标准。制定行政法规和规章既符合法制的一般原则又能反映了旅游业发展的规律,使旅游立法更具针对性。

4) 地方性法规和自治区条例

地方性法规和自治区条例是指省、自治区和直辖市的人民代表大会及其常务委员会根据本地区旅游业发展的具体情况和实际需要,在法定权限内制定发布的适用于本地区的规范性文件,如《上海市旅游条例》、《内蒙古自治区旅游管理条例》、《陕西省旅游条例》等。

5) 国际条约

国际条约主要包括我国与外国国家或国际组织缔结的具有旅游规范性内容的一般性条约和特别条约,如多边协议、双边条约,以及我国宣布承认或参加的相关国际公约等。

总之,我国旅游立法体系及渊源包含了三层级:一是宪法与相关法中对社会关系调整的一般规范、基本原则与立法精神;二是综合性立法中为旅游关系主体的行为提供的基本准则、权利能力与行为能力的实施行为界限,以及划分合法性与违法性行为的基本界线;三是旅游基本法、旅游行政法规、地方性法规、自治区条例等将旅游关系主体的一定行为、事实与一定法律关系的发生、变更、消灭联系起来,引导主体实施正常行为,以取得对自己有利的法律后果。规定主体在具体旅游法律关系中的权利义务,为主体可以实施的行为和应当实施的行为划定范围。将主体违反义务的行为与法律责任联系起来,鞭策主体在相互关系中实施正常的行为,警戒其实施反常的行为。

可见,体系化的旅游立法通过对主体行为体系化的规范方法,使主体行为正常化,法律调整社会关系的目的——使社会关系秩序化,也就实现了。

2. 旅游立法的冲突与解决

法律作为调节社会关系的一种行为规范，其初衷就在于为人们提供一种解决冲突、解决纠纷的模式，以规范协调人们的行为，使社会在一种规则指引下有秩序地发展。随着旅游立法数量的日渐增大，立法部门的日渐增多，法律内容的日渐扩大，加之旅游业综合性的特点，法律与社会关系的日渐复杂，旅游立法的冲突成为不可避免的问题。因此，寻求解决立法冲突的原则和方法，无论对于提高立法质量，增强法律的尊严，还是对于正确实施法律，增大法律的实效，都具有重要的现实意义。

1）旅游立法冲突的表现与原因

旅游立法的冲突表现为立法权限的冲突和立法文件内容及效力的冲突两种情形。

立法权限的冲突是以立法部门的非唯一性为前提的，如前关于"旅游法的渊源"所述，依据宪法和相关法的规定，全国人大及其常委会，国务院及其各部委，省、县级权力机关，较大的市级权力机关，民族自治地方，经济特区，特别行政区，以及这些地方的政府等都有在一定的范围内制定法律及规范性文件的权力。加之，旅游立法所赖以存在的条件和环境，包括社会关系的变化，政策的灵活性，法律、法规体系的庞大和数量的倍增，以及立法者的能力等从而引起了旅游立法的冲突。

立法文件内容及效力的冲突是因为立法权限的冲突导致的必然结果，使某些立法文件在效力上的错乱，内容上的不协调。当然，立法者对待立法冲突的主观意向和态度，包括法律文件修改不同步，法律文件清理未形成制度，立法监督不得力，以及立法参与者的能力与水平等也会导致旅游立法冲突现象。

2）旅游立法冲突的解决

我国在宪法及高位阶的法律中确立法制统一原则以及宪法保障制度。我国《立法法》根据法律生效的时间、法律适用的对象和法律制定主体的不同，规定了在上位法和下位法互相冲突时的法律适用的原则——下位法服从上位法的原则，即当不同等级的主体制定的法律发生冲突时，等级高的主体制定的法的效力高于等级低的主体制定的法。例如，宪法的效力高于法律的效力，法律的效力高于行政法规的效力，行政法规的效力高于地方性法规的效力，地方性法规的效力高于地方政府规章的效力，等等。

在法律适用方面，根据法制统一原则，我国《立法法》规定了上位法优于下位法的法律适用规则，这意味着当下位法的规定不符合上位法时，法院原则上应当使用上位法。另外，当冲突规范所涉及的事项比较重大、有关机关对是否存在冲突有不同意见、对应当优先适用的法律规范的合法有效性持有异议或者按照法律适用规则不能确定如何适用时，原则上应依据我国《立法法》规定的有关程序逐级报请有关机关裁决。但是，由于存在普遍性和局部性的问题，在法律的适用上，如果部门规章和地方法规有冲突，虽然从下位法服从上位法的原则出发，应当优先适用地方法规，但是司法实践中需要提请国务院裁定适用问题。部门规章之间的冲突也需要国务院裁定解决。

2013年9月，国家旅游局关于执行我国《旅游法》有关规定的通知，明确指出：我国《立法法》第79条规定，法律的效力高于行政法规、地方性法规、规章。因此，现行旅游法规、规章或者规范性文件等法律规范与我国《旅游法》对同一事项规定不一致的，应当适用我国《旅游法》的规定，各级旅游主管部门应当在权限范围内或者建议有关部门按照我国《旅游法》的规

定作相应调整;现行旅游法规、规章或者规范性文件等法律规范,与我国《旅游法》对旅游行政处罚的行为、种类和幅度规定不一致的,应当适用我国《旅游法》的规定。

3. 旅游立法的趋势

旅游立法工作是健全国家法制的重要内容,是国家对旅游业加强宏观控制的重要措施,也是旅游业健康发展的保障。未来我国旅游立法趋势有以下几个方面。

1) 系统化

旅游立法的系统化是旅游法制建设的前提和基础,应当在旅游法部门法下,制定相关子部门法。其系统化表现为从旅游宏观调控到市场规制的立法,从全国性到地方性旅游立法,从旅游目的地政策与规划到旅游资源、旅游设施、旅游服务等全域旅游立法,从旅游饭店、旅行社、旅游景区、旅游从业人员到旅游服务对象的游客利益保护立法等,形成不同层次、不同领域、不同区域的"以政策为核心"向"以法规为核心"的转变,并日趋完善的旅游立法体系与法律系统。

2) 国际化

旅游业的国际化决定了优质、高效、国际标准化的旅游服务是保证国际旅游者重复消费的重要条件,因此,旅游服务的国际标准化成为我国旅游业立法的重要内容。此外,从我国旅游立法环境保障机制而言,加入WTO后的行业保护期已结束,我国旅游业面临的一个重要任务就是适应国际旅游贸易总协定的要求,在各项旅游法律条款上尽快与国际接轨。

3) 科技化

随着"互联网+"在旅游业中的应用,信息技术的介入,旅游业的宏观管理、转型升级、运营模式,以及游客的消费习惯和消费期待都将发生根本性变化。因此,无论是应用信息技术对旅游业相关领域的立法,还是关于新业态旅游、智慧旅游的立法都将信息化和智能化。

(二) 国外旅游立法概览

1. 丝绸之路周边国家:俄罗斯、日本、韩国

1) 俄罗斯旅游立法

俄罗斯旅游资源丰富,旅游业发展潜力巨大。随着经济状况的改善以及政治局势的日趋稳定,俄罗斯对旅游业的重视程度不断加深,采取一系列措施加快旅游业发展。1996年,俄罗斯颁布了《俄罗斯境内旅游业务原则联邦法》,作为俄罗斯旅游业发展的基本法,该法对旅游业的管理、旅游业务运行原则,以及旅游纠纷的处理做了较为全面的规定。近年来,俄罗斯旅游业在迅速发展的同时,出现了诸如旅游市场不规范,旅行社、导游等缺乏资质,酒店条件与价格不符,游客利益受到损害等问题。为此,俄罗斯在经济发展与贸易部内设立旅游局,并于2007年1月通过《俄罗斯联邦旅游业务基础法》修正案。该修正案明确提出,在俄罗斯境内从事旅游业务必须具备的条件是:具有从事旅游业务的法人资格;与银行签订民事责任保险合同,保证在对游客失约而造成损失的情况下予以赔偿;缴纳旅游保证金,保障旅游者人身财产等合法权益在受到侵害时给予赔付。关于旅游保证金,修正案中使用"财务保障"的概念,即在旅游公司未能兑现对游客承诺而造成损失的情况下,由银行担保和保险赔付。具体规定为:财务保障分为银行担保和保险合同两种方式,其数额取决于旅游公司的业务性质,并分两个阶段逐步实施。第一阶段从2007年6月1日至2008年6月1日,从事国

际旅游的公司的财务保证金至少是 50 万卢布,从事国内旅游的公司的财务保证金至少是 5000 卢布,混合业务的公司的财务保证金至少是 50 万卢布;第二阶段从 2008 年 6 月 1 日开始,保证金数额分别提高至 1000 万卢布、50 万卢布、1000 万卢布。财务保证金的有效期至少是一年,具体时效以银行担保书或保险合同日期为准。

生态立法是俄罗斯法律体系的重要内容,构建社会的生态文明和确立生态安全制度是俄罗斯国家建设的目标和方向。俄罗斯杜马先后制定《环境保护法》《自然保护法》《资源保护法》等,并规定由俄罗斯联邦国家权力机关、俄罗斯联邦各主体国家权力机关、地方自治机关、社会团体、大众传播工具,以及教育机构、文化机构、博物馆、图书馆、自然保护机构、体育和旅游组织以及其他法人,对当地居民和游客进行综合性生态保护和生态安全知识传播与教育,培养生态环境保护专门人才。

在出入境方面,俄罗斯作为申根国家,其签证是由申根地区专门的中心发放,发放过程复杂,签证操作需要很长的时间,这为外国游客和旅游经营者增加了障碍,也增加了签证的成本。随着俄罗斯入境旅游人数的逐年增长,俄罗斯杜马通过了旨在更多地吸引外国游客的一项法案。该法案主要规定将对空中过境俄罗斯游客实行 72 小时免签制度,包括中国、美国、日本、韩国、新加坡、加拿大以及一些主要欧洲国家被列在首批名单之内,为俄罗斯吸引了更多的外国游客。针对入境游客的不同需求,俄罗斯的旅游路线开始多样化,服务质量也不断提高,从发展南部旅游、远东及贝加尔湖地区旅游,发展旅游基础设施、建立滑雪场、海滩浴场,到培养旅游服务业人才,制定保护旅游消费者权益、保障外国公民在俄罗斯的法律地位,以及入境及出境的相关法律程序等,俄罗斯出台了一系列促进旅游业进步及可持续发展的国家战略举措。

知识关联

申根签证(Schengen Visa),是指根据申根协议而签发的签证。这项协议由于在卢森堡的申根签署而得名,它规定了成员国的单一签证政策。据此协议,任何一个申根成员国签发的签证,在所有其他成员国也被视作有效,而不必另外申请签证。而实施这项协议的国家便是通常所说的"申根国家"。

2010 年,俄罗斯海关总署发布了一份针对乘坐国际航班通过海关联盟边境旅客的备忘录,设置了个人将商品带入海关联盟的有关规定,这些规定对于俄罗斯人与外国人完全相同。特别是宣布如果是带入供个人使用的商品,可以不支付海关关税。适用这一规则的涉及商品海关价值不超过 1500 欧元或者总重量不超过 50 公斤的商品。如果超过了这些标准,那么多出的部分,将被要求支付关税,其税率为商品海关价值的 30%,但不低于每公斤 4 欧元。与海关联盟建立的新规定,也涉及法人。从 2011 年 1 月 1 日起,由企业或个体工商户进口到俄罗斯、白俄罗斯和哈萨克斯坦的商品在报关手续上有所改变。如果说以前其中的每一个国家都是按照自己的规定填写报关单,那么现在海关联盟的成员国在填写报关单时实行统一的格式和统一的要求。外贸活动的参与者普遍认为,在海关联盟领域统一海关单证的进程,是一个积极的发展,开辟了新的商机。在三个国家之间取消海关贸易壁垒。

2) 日本旅游立法

日本旅游立法由旅游基本法和旅游业专项法规有机结合构成,加之在长期实践中不断修改、补充、调整和完善,具有了体系的完整性、内容的互补性、领域的广泛性等特点,对旅游业发展中的现实问题有较强的针对性,重点突出。

(1) 旅游基本法。

日本旅游基本法颁布于1963年,被称作"旅游法规的母法"或者"旅游行政管理的宪法",是旅游业专项法规的依据。该基本法规定了日本旅游业发展的基本方针、旅游基础设施的建设和旅游业发展所要采取的措施,以及旅游资源开发与保护的重大原则。如确定"保护、扶植并开发旅游资源"、"缓和旅游者涌向一个旅游地的过度集中"、"国土的美化"等原则,规定"国家为保护、扶植及开发名胜古迹、天然纪念物等文化财富,优美的天然风景区、温泉及其他产业、文化等旅游资源,采取必要的政策措施"等,为适应日本旅游不同历史发展时期,日本旅游基本法经过若干次修改。

进入21世纪,发展旅游业已成为日本的一项基本国策,为实现旅游立国战略目标,从2003年开始,日本政府陆续在内阁增设旅游立国担当大臣职位,召开旅游立国推进战略会议,制定《旅游立国行动计划》,加强培养旅游专业人才,大力发展生态旅游,不断加强与世界各国和地区之间的旅游合作,使得日本的入境旅游得到快速发展。2006年12月日本对旅游基本法进行了一次全面修改,并改名为《观光立国推进基本法》,于2007年1月正式施行。"观光立国推进基本计划"是旅游基本法的核心内容,将"观光立国"理念和战略地位以法律形式确定下来,明确规定立法的宗旨是"为了有计划地全面推进观光立国相关对策的实施",目的是发展国民经济、提高国民生活质量以及增进国与国之间的相互了解。该计划规定了旅游发展不同参与主体的责任,更注重各个主体间的相互合作,并对国家、地方公共团体、居民和旅游从业者的责任和义务提出了要求。该计划明确了实现"观光立国"的基本政策,提出建设具有国际竞争力的魅力观光地、促进入境旅游;通过充实旅游高等教育,培养有助于观光振兴的人才;通过加强在海外的宣传、提供便利的旅游信息、招揽国际性会议及活动、改善出入境措施、提高对国外游客的服务水平以及加强青少年间的国际交流来促进国际旅游的振兴;整治环境、开拓新的观光领域、保护观光地的环境及景观、提高对游客的接待水平、增进游客的便利性、确保观光旅游的容易化、顺畅化和安全。显然,日本旅游立法的重点是国民旅游,并以保护当地旅游业的发展为立法之根本。

知识关联

海关联盟(Customs Union),是指从2010年7月1日起,在三个独联体国家——俄罗斯、白俄罗斯以及哈萨克斯坦的领土上实行统一海关关税和海关规则的联盟。2009年11月27日,俄罗斯、白俄罗斯、哈萨克斯坦三国元首签署了包括《关税同盟海关法典》在内的9个文件,标志着俄白哈海关联盟正式成立,开启了三方经济一体化进程的第一步。同年10月18日三国签署《关于哈萨克斯坦共和国、白俄罗斯共和国以及俄联邦技术规范的共同准则和规则》,由关税同盟委员会制定保证产品安全的统一标准和要求,"一种认证,三国通用",由此形成了俄白哈"海关联盟CU-TR认证",统一标志为EAC。

(2)《旅行业法》。

《旅行业法》制定于 20 世纪 50 年代，是日本旅游法律体系中的重要组成部分，曾多次修改，不断强化旅行社与旅游者之间的公平交易，保证旅游者安全以及为旅游者提供旅行方便。1995 年，修改后的《旅行社法》，从根本上变成一个消费者保护法的形式，从而进一步适应了日益增多的日本海外旅游人员的需要。2005 年 4 月，在旅行社业界和国土交通省的要求下，日本政府对旧法进行了修订，实施新《旅行业法》，其修订内容包括旅行社业分类标准、旅游产品种类、标准旅游合同、旅行业务经营主任制度及名称、旅程管理业务培训研修制度，以及营业保证金特别赔偿对象等。修改后的《旅行业法》加强了对旅游者的保护，将运输企业和住宿饭店等排除在外，规定旅行社只向旅游者进行特别赔偿，但在包价旅游中，新法将住宿饭店和运输企业作为旅行社的履行辅助人共同服务于旅游者。在对旅行社责任认定范围方面，规定"当旅行社在实施包价旅游时，如果由于住宿饭店超额预定而导致旅游者无法及时入住，组团旅行社应当给予旅游者一定的经济赔偿"，"在旅游目的地发生意外事故时，组团旅行社也要给予旅游者相应的赔偿"等。

(3) 其他旅游立法。

日本旅游法律体系中还包含了其他旅游专门法或单项法规，旅游专门法规如《翻译导游业法》、《国际旅游振兴会法》、《旅馆业法》、《支持国际旅游事业法》、《关于国际旅游业统计调查的规定》、《国际会议促进法》、《不合理赠品及不合理表示防止法》、《禁止垄断及确保公平交易法》等；相关法规或单行法规包括《国际文化城市建设法》、《国际旅游温泉文化城市建设法》、《综合休闲、疗养地区建设法》、《修建城市公园等的紧急措施法》、《海岛振兴法》、《文化财产保护法》、《国土利用计划法》、《城市规划法》等。

3) 韩国旅游立法

韩国旅游法律体系建立于 20 世纪 60 年代，并随着经济和旅游环境的变化不断修改完善。韩国旅游立法与旅游产业发展相互促进，相互推动，协调发展。

(1)《观光基本法》。

《观光基本法》颁布于 1975 年，是韩国的旅游基本大法，是在韩国旅游业大发展时期制定的，确定了发展方向和基本政策。该法明确规定旅游业发展的目标、原则，以及政府在旅游业发展中的职责。同时，该法为吸引外国游客，提出政府应加强宣传并为外国游客提供最大限度的出入境便利；政府设立观光发展基金，以支持观光业发展。并对开拓海外旅游市场、改善旅游设施、保护旅游资源、促进旅游企业的发展、培养旅游人才、开发旅游景点、设立旅游开发基金等进行了明确的规定，为旅游产业发展，旅游业其他法律法规的制定提供了最根本的法律依据和保障。

(2)《观光振兴法》。

《观光振兴法》原称《观光产业法》，制定于 1961 年，是韩国关于旅游服务贸易发展的重要法律。该法规定了旅游业管理和运营的有关事项，主要包括旅游业、观光住宿业、博彩业、游园设施业等产业的振兴发展和监管等内容，其目的是为了推动旅游资源开发，扶植旅游产业发展。1986 年修订后，称《观光振兴法》。1996 年 12 月，韩国有识之士认识到国际会议产业在促进旅游产业发展和振兴国家经济中发挥的巨大作用，为推动国际会议产业在韩国的发展，保障旅游产业的健康发展，颁布新《观光振兴法》，明确规定，国家应当为扶植、振兴国家会议产业的发展提供相关的行政和财政支持,并规定成立"国际会议产业扶植委员会"。

韩国现行的《观光振兴法》是1999年修订后颁布实施的,共7章81款。该法的总则部分,规范、定义了旅游相关的概念和用语,如旅游产业、旅游企业、企划旅行、会员、公有者等;旅游产业部分按照归属于旅游产业范畴的观光旅游业、旅游住宿及游客使用的基础设施、博彩业、游园娱乐等分类进行了相关规定。同时,该法对旅行社的设立、运营做了较详细的规定。

(3) 其他旅游立法。

韩国的旅游立法涉及面较广泛,除上述《观光基本法》和《观光振兴法》外,诸如《观光振兴开发基金法》(1972),它是在韩国战后经过20多年的发展,经济恢复增长,国民生活水平得到一定改善,旅游需求增加,旅游产业逐渐发展起来的大背景下出台的。该法明确观光振兴开发基金的建立和运营,规定设立旅游振兴开发基金委员会,扶植旅游产业发展,促进旅游创汇,并详细地规定了旅游振兴开发基金的征收来源、管理运营方法等,为旅游产业发展所需的资金提供稳定的支持和保障;为解决大型国际活动期间旅游饭店设施不足的问题,制定了《观光住宿设施支援有关特别法》(1998年修订),规定了旅游饭店的新建、扩建事宜,明确规定旅游饭店建设的专门地区,建设旅游住宿设施群,解决旅游住宿设施供给不足的问题。此外,韩国还制定了《关于扶植国际会议产业的法律》、《韩国观光公社法》等。

2. 普通法系国家:英国、美国、澳大利亚

英、美、澳三国属于普通法系国家,三国在立法上的共同特点是注重法典的延续性,以判例法为主要形式,除非某一项目的法例因为客观环境需要或为了解决争议而需要以成文法制定,否则,只需要根据当地过去的习惯而评定谁是谁非,系统性、逻辑性较弱,偏重实用。

1) 英国的旅游立法

英国的旅游立法以判例法为主,成文法占有较少比重。其成文法分为旅游基本法、旅游单行法和旅游专项法三部分,其具体表现有以下几个方面。

(1) 旅游基本法。

英国于1969年颁布实施《旅游发展法》,这是英国旅游业发展的基本法,该法在提出旅游业发展方向、目标和原则的基础,还明确规定,建立英国国家旅游局、英格兰、苏格兰及威尔士旅游委员会,负责促进招徕外国旅游者到英国旅游以及促进英国国内旅游业的发展;规定从公共基金中拨出专款资助新旅馆的建设以及现有旅馆的扩建、改建和改善;规定为旅馆及其他以贸易或经营方式提供住宿设施的企业,进行登记注册,并向住宿者公布收费价目以及其他相关规定。

知识关联

普通法系(Common Law)又称英美法系或海洋法系,起源于11世纪诺曼人入侵英国后逐步形成的判例形式,是以英国为中心、普通法为基础发展起来的法律的总称。其范围除英国(不含苏格兰)、美国外,主要包括曾是英国殖民地、附属国的国家和地区,如印度、巴基斯坦、新加坡、缅甸、加拿大、澳大利亚、新西兰、马来西亚等,中国香港地区也属于英美法系。

(2) 旅游单行法。

英国的旅游单行法包括《旅行批发商条例》、《旅行社代理人条例》,并根据欧盟《关于包价旅行、包价度假、包价旅游的指令》,结合本国的实际,制定的《英国包价旅行、包价度假、包价旅游的规定》。并在旅游饭店、旅行社和导游管理、旅游景区开发和保护等方面做出了规定,如将旅行社划分为旅行批发商和旅行零售商两类。其中,批发商可以自己设计组织旅游包价产品,并批发给零售商;零售商可以将包价产品卖给旅游者,并与旅游者签订合同。规定设立旅行社,应当交纳保证金,以备在旅行社倒闭后赔偿旅游者损失。在对导游的管理方面,英国规定,申请专职导游必须通过考试,取得蓝牌导游资格。蓝牌导游可以在任何场合从事导游活动,在国家级的旅游景点内禁止未取得蓝牌资格的人从事导游活动。

(3) 专项旅游法。

英国专项旅游法涉及范围较广泛,如1992年威尔士旅游(海外推广)法,2001年威尔士国家公园管理处收费(修正案)条例、威尔士旅行特许权令,2002年旅行特许权(合格)法,2005年威尔士旅游局(撤销与职责移交威尔士国民大会)令,2006年苏格兰旅游局法,2007年优惠巴士旅游法等。

2) 美国的旅游立法

美国的法律体系比较完备,在旅游业发展初期,借用民法、商法等基本法推动和规范旅游业发展中的法律问题,并在较长时间以制度化建设模式为旅游业发展依据。1979年,美国旅游业基本法《全国旅游政策法》出台,第一次明确了旅游业和娱乐业是美国人民生活中不可缺少的部分,具有繁荣经济,提供更多就业机会,平衡国家的国际收支等功能,规定缩短工作年限,支持国内交通体系建设,支持各种旅游资源的保护,并直接鼓励发展旅游和娱乐事业。美国旅游业是高度市场化的产业,政府科学主导、大力推动旅游业发展,为确保市场化运作机制,美国还制定了关于旅游的单行法规、法案,如《保护公园和游览地法》、《旅行社法》、《野外旅游条例》、《原始风景河条例》以及有关旅游资源开发,旅馆、餐饮业等方面的规范性文件。美国旅游法的主要内容包括以下几个方面。

(1) 规定旅游发展的宗旨、原则以及旅游促进的基本方法。

随着美国经济的发展,美国公民的闲暇时间、可支配金钱增加,旅游和娱乐以及其他游憩业日益发达,旅游和相关产业与地方和国家的关系须加以协调,因此,美国法将"旅游业和娱乐业对美国很重要"、"鼓励旅游和娱乐事业"、"旅游和娱乐将成为我们日常生活和不断增加的闲暇时间的更重要方面"、"联邦政府对目前涉及旅游、娱乐和其他有关活动的广泛关系需要更好协调"等作为旅游发展的宗旨和基本原则。特别还提到要"消除在全世界经营活动中的对美国旅游业的不必要的业务障碍",显示了一个成熟国家旅游基本法的特点。同时,为了促进与发展旅游,美国旅游立法提出成立非牟利和非政治性质的"美国旅行游览发展公司"以促进发展旅游,"每财政年度,联邦都向公司提供经费以资助其任何部分活动",加大了财政资金的投入。

(2) 规定旅游资源保护和开发利用的原则。

如"维护国家的历史和文化基础作为社会生活和发展的一部分,并保证子孙后代有机会鉴赏和游览国家丰富的文物古迹"、"保证旅游和娱乐与国家在发展和节约、保护环境、谨慎使用自然资源方面的利益相一致"、"帮助收集、分析和散发各种正确衡量旅游对美国的经济社会影响的资料,以便利公、私营企业制订计划"、"尽最大可能使联邦一切支持旅游和娱乐的活动,与全体公众、各州、各地区、地方政府,以及旅游和娱乐业私营和公营企业的需求协调一致。领导美国所有与旅游、娱乐和国家文物古迹维护有关的工作"等。这些原则的主要精神是采取科学措施、协调各种关系保护和利用好自然资源和文物古迹,使旅游和娱乐业可持续发展。

(3) 规定政府主管部门的作用和权限。

规定主管机构的名称、性质、权限,如美国在旅游与相关产业(部门)、旅游业的州与州之间、旅游业的国与国之间关系日益多样化和密切的情况下,必须要建立一个有权威性的协调机制和机构,因此,规定建立"全国旅游政策委员会",制定和执行旅游发展长期规划或五年计划。各州旅游部门每年都向社会推出旅游营销战略计划。用以协调联邦各部门各机构和其他单位有关旅游、娱乐和国家文物古迹资源的政策、计划等。

(4) 规定旅游者合法权利和义务。

旅游者是旅游的主体,是旅游法律关系中的重要的主体因素,也是旅游法律关系中的重要当事人,因而规定其合法权利和义务显得非常重要。美国旅游法规定旅游者合法权益一般包括自由旅行权、逗留权、享受服务权、人身和财物安全权、医疗权、索求赔偿权、寻求法律援助权、残疾人旅游权等。特别是安全权,历来是受关注的问题,在恐怖袭击、治安不力、疾病传染等情况下,旅游者尤其关心安全。美国维护旅游者安全权的必要性、严肃性,同时也说明旅游企业安全保卫管理工作不可有丝毫的漏洞。当然,根据权利与义务相一致的原则,也要规定旅游者应尽的义务,不但如此,还规定了不履行或不恰当履行义务应承担的法律责任。

3) 澳大利亚旅游立法

旅游业是澳大利亚政府极力鼓励、扶持,发展最快的行业之一。可持续旅游是澳大利亚发展旅游业的战略方针,其核心目标是在为旅游者提供高质量的旅游环境的同时,改善当地居民的生活水平,并在发展过程中保持生态环境的良性循环,增强社会和经济的未来发展能力。如最早由产业界推动和运行的《生态旅游计划》,1994年成为《国家生态旅游战略》,其宗旨在于识别澳大利亚生态旅游的规划、发展和管理有影响或可能有影响的主要问题,制定政策,以帮助各有关方面实现可持续的和有活力的生态旅游业。

澳大利亚地理位置、生态系统和动植物物种的特殊性,使得旅游立法最有代表性的是严格地保护自然景观的立法,政府在景区开发和管理中扮演很重要角色,从联邦政府到各州对自然资源、国家公园和世界遗产都进行了立法保护,在不破坏自然资源的前提下适度开发旅游资源,并划分保护区和游览区,规定只有游览区才可供游人参观游览,并通过生态旅游活动,一方面为民众提供旅游休闲场所,另一方面起到宣传林业政策,普及生态、资源、环境保护知识的作用。

在规范旅游市场秩序,明确责任与权利,维护主体利益方面,《澳大利亚(维多利亚州)旅行代理商法》(1986年)具有代表性。该法是澳大利亚旅游业运行之法,包括市场监管、市场运营和法律责任等内容。例如,规定旅行代理商市场准入制度,旅行代理商运行监管制度,旅行代理商市场退出制度、旅行代理商监管保障制度以及旅行代理商法律责任制度等;规定对旅行代理商的商号名称、执照使用、营业地址变更、广告发布、职员聘用等事项进行监管,并建立相关的配套制度,旅行代理商信息公开与查询制度、年报制度,对旅行代理商的日常业务进行有效监管;规定旅行代理商存在违法行为的,将给予下列形式的处罚:注销旅行代理商执照,处以不超过 1000 澳元的罚款,责令旅行代理商改正,中止旅行代理商执照的效力,宣布旅行代理商执照持有人或与该旅行代理商违法行为有关的人员,为终身或一定期限内不适宜从事旅行代理业务的人,对该旅行代理商施加一定的限制条件,并对上述处罚形式可以合并执行等严厉的法律责任与法律后果。

"游客退税计划"是澳大利亚旅游立法的又一重要内容。游客返税是使本国游客及海外游客可以申请返还在澳购买并自带回国的商品所缴纳的商品服务税和葡萄酒平衡税。该计划的实施以满足一定条件为前提,如在一家商店购物至少满 300 澳元;单张有效的商品税务发票总额满 300 澳元或以上;购买时间在离境澳大利亚前 30 天内;自行携带商品离境,并出示护照、税务发票原件、国际航班登机卡以及所购商品等证明。

3. 欧盟及大陆法系国家:德国、法国、西班牙、意大利

1) 欧盟旅游立法

欧盟对旅游业的关注起步于 20 世纪 80 年代,并从旅游政策与旅游立法两个方面对旅游业进行宏观调控和规范。

(1) 旅游行动法案。

旅游行动法案(1993—1995 年)是欧盟第一个系统化、连贯化、专门的旅游事务行动方案,其内容包括加强欧盟旅游业发展的措施和改进国家方针政策的策略。旅游业的国际化趋势,欧盟性质、地位的特殊性,决定了欧盟在旅游政策的制定上必须与欧盟组织内各成员国旅游业的发展状况协调管理,才能规范旅游业的发展。欧盟委员会强调要区分并认识到各成员国、各类旅行代理机构在欧盟旅游业发展中所充当的不同角色和所起到的不同作用。同时希望自身所制定的方针能够被实施和接纳,通过形成一个统一的共识性的规范,建立一个良好的旅游发展大环境,并根据实际情况对其进行调整和完善。为此,欧盟对《里斯本条约》进行修订,并重新解读,以作用于区域旅游业。在包括旅客交通运输、人们的自由往来和免费外借服务、国内市场、税收政策、消费者和游客权益保护、环境保护等方面提高了欧盟在法规、政策上对旅游业的支持力度,借以提高欧盟旅游业的竞争力。归纳起来有两点:一是为各成员国的旅游业创造良好的发展氛围,如《欧洲联盟运作条约》鼓励为旅游相关产业,特别是旅游企业的发展创造良好的环境,突出欧盟在引导旅游业发展中所扮演的重要角色;

知识关联

《里斯本条约》是 2007 年 12 月在葡萄牙首都里斯本召开的欧盟非正式首脑会议上签署的欧盟新条约。该条约是在原《欧盟宪法条约》基础上修改而成的,被视为"简版"的《欧盟宪法条约》,须经所有成员国批准才能生效,各国批准后,条约于 2009 年 12 月生效。

二是制定内容丰富的旅游业管控策略,采取针对性的措施加强欧盟对区域内旅游业的规范和管理,如确立了欧盟介入旅游业管控的四大行动纲领,即鼓励欧洲旅游业各部间的竞争,提倡旅游业的可持续发展,提供高质量、高品质的旅游服务,提升旅游目的地形象和知名度,并最大化地发挥欧盟立法和金融手段对旅游业发展的干预作用等。

（2）《关于包价旅行、包价度假、包价旅游的指令》（简称"包价旅游指令"）。

随着一体化进程的加快，为统一欧盟内各成员国对参加报价旅游的消费者的保护程度，欧盟议会在1982年7月提出的关于旅游业的政策文件中指出，委员会将负责提出如何保护包价旅游的消费者的建议。1990年6月"包价旅游指令"被通过，其宗旨和目的是统一成员国关于包价旅游、包价度假和包价旅行的法律、规则和行政规定。通过确定最低程度的可以接受的标准，来建立共同体对消费者最低的保护水平。其内容包括包价旅游及相关概念的界定，如包价旅游、组织者、零售商、消费者和合同；包价旅游合同的签订程序、形式和条款；广告的发布、信息披露的范围；旅游者的权利，价格变动，合同解除，合同内容的履行，以及包价旅游承包商和零售商在销售包价旅游产品中的民事责任、赔偿范围等。

目前，所有的欧盟成员国都有相应的国内法贯彻了这个指令，使旅游企业与消费者之间的纠纷解决有了明确的法律依据，旅游市场的责权利关系有了明确的划分，秩序就走向了良性循环。

2）德国、法国、意大利、西班牙的旅游立法

德、法、意、西四国均属大陆法系国家，也是欧盟的成员国，在旅游立法体系方面，除具有大陆法系的共同特点，又受欧盟有关公约、条约的影响，四国在其国内旅游立法方面主要表现有以下几个方面。

（1）德国。

德国旅游立法最典型的代表是《旅游合同法》，"契约自由、意思自治"的立法理念与精神影响着德国的旅游立法，从以个人旅游为主导的旅游市场转换到由旅行社组织的、以群众消费为市场的包价旅游无不体现"合同自由"的原则。《旅游合同法》于1979年10月生效，其以调整旅游举办人和旅游者之间的关系为主要内容，规定了旅游合同的一般性内容、当事人应当遵守的旅游合同条款、合同签订的程序、履行和法律责任的承担，对合同主体进行适度的利益平衡。同时，德国根据其《反不正当竞争法》登记了关于包价旅游的一般旅游条件建议，并在民法实施法中包含了关于消费者缔结合同的冲突规定，商品的购买、服务的提供，以及关于包价旅游的法律的解释，保证旅游者在其他的国家和地方都能受到公平的对待。与其他大陆法系国家立法不同的是，德国的旅游立法受判例的影响较大，法院判决致力于在司法的框架下推动法律的进展，以推动德国旅游法的发展。

知识关联

大陆法系（Civil Law）又称欧陆法系，起源可追溯到古罗马，又称罗马法法系，与普通法系相较，以颁布法典、制定行为规范为主要形式，系统性、逻辑性强，因此又叫成文法法系。法国、德国、意大利、日本、韩国等均采用大陆法系，我国（除香港特别行政区外）曾借鉴大陆法系，并在此基础上逐渐形成了具有中国特色的社会主义法律体系。

（2）法国。

法国旅游立法体系比较完备和具体，在如何加强对旅游消费者权益的保障、如何解决包价旅游承包商资质等问题上，法国除根据欧盟的"包价旅游指令"制定了自己的相关规定外，还颁布了《关于四个不同级别的旅游部门的职能和分工》的规定，明确了国家、大区、省和城镇四级政府的工作职能。国家旅游局有五种职能，如负责国际旅游、对外促销法国形象、协

调旅游与相关部门的关系、负责旅游国土规划、负责行业管理法规的制定(包括旅行社、饭店的纳税、财务和行业管理)。大区的职责主要是在海内外组织促销本大区的形象。省一级的职责主要是策划本省的旅游产品并商品化,然后在市场上出售。城镇一级主要是搞好接待、培训和宣传。为搞好旅游行业管理,法国还制定了一大批专项的旅游法律、法规和规定。在旅行社管理方面,法国旅游立法规定,旅行社必须审验申请人的资格,申请人应当是旅游学校毕业的、至少有三年的旅游公司中层管理经历、无公司倒闭记录和犯罪前科的人。设立旅行社必须办理针对职工职业保险和针对消费者的风险保险两种担保。为保证旅行社的合法经营,每年由法国国家旅游局下派的代表与地方的有关部门组成的机构对旅行社进行一次验审,验审程序与设立旅行社一样十分具体,对验审不合格的,要吊销旅行社的营业执照。导游职业自由化是法国加入欧盟后的一个特点,但在导游管理上,法国将导游分为三级,即助理导游、地方级导游、国家终身级导游。申请从事导游职业,必须通过资格考试。助理导游相当于临时导游,执业期限不得超过半年,欲重操旧业,需要经过重新考试。地方导游只能在当地从事导游活动。国家级导游可以出任包括全陪在内的所有导游活动。国家设置了全国导游委员会,负责导游的考评和开业注册等工作。

(3) 意大利。

《意大利旅游法典》是意大利的旅游基本法,其目的是保护旅游者,帮助企业发展,推动旅游供给质量的提升,使意大利旅游业获得更强的竞争力。其主要内容包括国家在旅游方面的职能,国家发展旅游业的原则,在旅游市场开放与旅游职业自由化原则的旅游职业的规制,对旅游接待体系的规范整顿。在对旅行社管理方面,该法对旅行社做出了明确的定义,并对旅游代理人和旅行社经营中新技术的使用做了界定;对可能出现的欺诈,无论是对合法经营者还是对消费者都提供了保障;对所有传统旅行社产品类型的在线经营者,采取同样的规则和监督;确定了新的保证形式,通过签署专门的保险单,保护旅游者对抗与旅行相关的各种风险,同时也使旅游经营者不至于因为出险而遭受经济上的重创。在旅游住宿业方面,旅游法典十分重视住宿业的等级评定与监管,使得住宿业的发展快速有序,管理规范有效,如为适应欧盟旅游业发展的需要,明确规定,根据旅游住宿业的法规和全国标准,各地方都要细化制定相应的住宿业等级评定标准和实施方案,由政府发布,要求住宿业开业必须申请等级评定等。

此外,该法典还对旅游产品的类型、游客和旅游经营者之间的合同关系、旅游领域的公共机构的整顿,以及在给旅游者提供信息和服务的手段,规范投诉和退赔、旅游问题争议的解决等问题进行了规制。

(4) 西班牙。

西班牙国家实行中央和地方分权治理,虽然目前尚无国家层面的旅游基本法,但地方旅游立法健全,如加那利群岛、马德里和巴斯克等自治区颁布实施了地方旅游基本法,以加那利的《旅游法》较具有代表性。《旅行社自身经营活动之规定》和《旅行社之规定》是西班牙旅游法律体系的重要内容,一是将旅行社设立与经营进行规制,如将旅行社分为零售商、批发商、批发兼零售商三个等级,其中,零售商可以直接与旅游者签订合同,批发商只能将自己制作的包价产品批发给零售商,自己不能直接与旅游者签订合同,批发兼零售商可以兼营两者业务;二是规定设立不同等级旅行社的注册资金,以及应交纳与注册资金数额相等的保证金;三是规定设立旅行社,必须经过各自治大区的旅游管理部门的审批同意,旅行社的经理人员必须是获得过旅游院校毕业证书的旅游专业人员;四是规定外国旅行社可以直接与西班牙的旅游企业开展业务关系,可以在西班牙寻找代理人,也可设立旅游办事处;外国旅行社在西班牙开设合资、独资旅行社,可以享有西班牙国民待遇等。在导游管理方面,西班牙规定,任何人经过资格考试,在学历、语言水平、导游专业知识达到标准后,可以申请注册专职导游。只是在特殊情况下,必须使用专职导游,如在国家级文化遗产景区内从事导游活动,为旅行社通过签订合同组织的旅游者提供导游服务等。

三、旅游法与其他社会现象的关系

法律与社会的关系问题,是法理学研究的一个主要领域。马克思说过,社会不是以法律为基本的,那是法学家的幻想;相反,法律应以社会为基础,法律应该是社会共同的,由一定的物质生产方式所产生的利益需要的表现,而不是单个人的恣意横行。社会是法律的基础,从这个意义上讲,认识法律,必先认识社会,掌握社会的存在机理,才能了解法律的结构及其运行的规律。

社会是以物质生活条件为基础而相互联系的人类生活共同体,其包含政治、经济、文化等社会领域以及法律、道德、宗教等社会规范。在这个复合体中,任何一个因素的变化,都会直接或间接影响到社会整体的均衡和稳定。法律是社会的产物,它反映现存的制度、道德、伦理等价值观念,反映某一时期、某一社会的社会结构,其功能是维护和巩固社会秩序。只有充分了解产生某一种法律的社会背景,才能了解该法律的意义和作用。法对社会的调整以调和社会各种利益的冲突,进而保证社会秩序得以确立和维护。通过法律对社会机体的疾病进行疗治,就是运用法律解决经济、政治、文化、科技、道德、宗教等方面的各种社会问题,由此实现法的价值,发挥法的功能。当然,要使法律有效地控制社会,还必须使法律与其他资源分配系统进行配合。

知识关联

法理学(Jurisprudence)是以整个法律现象的共同发展规律和共同性问题为研究对象的学科。它的研究范围十分广泛,主要包括法律的起源、发展和消亡、法律的本质和作用、法律和其他社会现象的关系、法律的创制和实现、法律的价值等。

(一)概念界定

1. 法、法律、旅游法

1)法与法律

古代"法、刑、律"与现代意义近似。"法"的古体字是"灋"。东汉许慎著《说文解字》记载,"灋,刑也。平坦之如水,从水;廌,所以触不直者去之,从去。"其意一是在古代,法和刑是通用的,或者说当时之"法"主要以刑法为其表现形态;二是"平之如水",喻示"法"如水一样平,取公平、公正之意。廌(zhì),是传说中的古代神兽,似牛、似羊、似鹿,头有独角,性直恶曲,古者决讼,令其触不直者。从词源上看,汉字"法"确有"平"、"正"、"直"和"公正裁判"的含义。与"法"字有密切联系的另一个字是"律"。据《说文解字》解释,"律,均布也。""均布"是古代调整音律的工具,以正六音,木制,长七尺。把律解释为均布,说明律有规范人们行为的作用,是普遍的、人人必须遵守的规范、格式、准则。可见,在古代汉语中,"法"和"律"二字最初分开使用,其含义也不同,最早把"法"和"律"联系起来使用的是春秋时期管仲,"法律政令者,吏民规矩绳墨也"。而作为一种规范性文件中的使用,秦朝以前称法,秦朝以后至清朝叫律,真正把"法"、"律"联用作为独立合成词,是在清末民初由日本输入我国的,因此,我国在清朝以后统称为"法律"。

在西文中,除英语中的"law"同汉语中的"法律"对应外,欧洲大陆的各民族语言都用两个词把"法"和"法律"分别加以表达。比如拉丁文的 Jus 和 Lex,法文中的 droit 和 loi,德文中的 recht 和 gesetz,意大利语中的 diritto 和 legge,西班牙语中的 derecho 和 ley,等等。在上述语言中,英文 law 同汉语"法律"的习惯用法一致,既可作广义解,又可作狭义解。可以认为,西方的法律指由国家机关制定和颁布的具体的法律规则,而法则与永恒的、普遍有效的正义原则和道德公理、权利相联系,法律只是法的一种外在的表现形式。在现代汉语中,"法"与"法律"两个词在习惯上是通用的,有广义和狭义两种用法。广义的法指法的整体或抽象意义的法律,是指国家制定、认可,并以国家强制力保障实施的行为规范的总称。就我国现行的法律而论,它包括作为根本法的宪法,全国人大及其常委会所制定的法律,国务院制定的行政法规,省、直辖市人民代表大会及其常务委员会制定的地方性法规,民族自治地方的自治条例和单行条例,国际条约等。狭义的法,即特定或具体意义上的法律,专指全国人民代表大会及其常务委员会制定和修改的规范性文件。

2) 旅游法

由于我国旅游立法的现实与特点,学界在一些著述、教材或者论文中将"法"、"法律"、"法规"等词经常混同使用,从广义或整体角度理解"法"的内涵。

本书所称的"旅游法"有广义和狭义之分。狭义的旅游法特指全国人大或全国人大常委会制定的有关旅游的规范性文件,如《中华人民共和国旅游法》;广义上的旅游法是指法的整体,通常被认为是旅游法律和旅游规则的总称,是指国家机关制定或认可的,并以国家强制力保证实施的,与旅游有关的各种行为规范的总和,包括法律、行政法规、条例、规定、规则、决议、决定、命令等。除特指我国《旅游法》外,作者是从广义的视角界定"旅游法"这一概念的。

2. 旅游经济、旅游政策、旅游职业道德

1) 旅游经济

旅游经济是指由一系旅游活动引起的,在旅游活动主体如旅游目的地政府、社区与居民,旅游产品和服务的提供者、旅游经营者、其他旅游接待业的参与者与旅游客源地的旅游需求者之间因旅游活动产生的各种经济关系,以及由这种关系产生的旅业与社会经济其他相关行业之间的经济联系和经济关系的总和。简而言之,旅游经济是指旅游需求者和旅游供给者等利益相关者,因旅游活动中的商品和服务交换关系产生的经济关系。这种经济关系包括以下几个方面。

(1) 旅游供需关系。

供需关系主要表现为旅游客源地与旅游目的地,旅游需求者与旅游供给者之间的关系。旅游需求是旅游市场形成的根本基础,旅游客源地是旅游目的地存在的前提条件,其社会性因素决定着旅游目的地旅游经济的特点。随着中国旅游市场的不断成熟,越来越多的游客对新兴旅游业态、新的旅游消费模式更感兴趣,更加追求产品的真实性,游客的消费行为、游客的期望和价值敏感度对旅游目的地旅游经济活动产生影响,影响着旅游目的地的发展。旅游目的地的供给能力即旅游目的地在一定时期,以一定价格向旅游市场提供的旅游产品数量、质量及服务接待水平,诸如旅游目的地的环境、文化、社会、资源状况、居民素质等吸引物、旅游设施、旅游服务和可进入性等都会成为影响旅游者消费行为及其选择的重要因素。

(2)旅游主体:政府—社会中间层—市场关系。

政府—社会中间层—市场关系主要表现为旅游业发展中的政府主导或引导与市场行为之间的关系,以及政府、市场与旅游行业组织机构之间的关系。在这对关系中,主要体现为旅游业运行是"政府主导"还是"市场主导",旅游行业组织机构即社会中间层与前两者的关系,以及该社会中间层在帮助旅游行业开拓国内外市场、进行技术与管理创新、帮助企业提高竞争力等方面如何发挥基础性作用的问题。

(3)旅游行业与旅游业运行中相关行业的关系。

旅游行业相关行业关系主要表现为旅游经济运行中所形成的各个行业、部门之间的比例关系及其相互作用关系,既包括传统旅游业吃、住、行、游、购、娱涉及的旅游交通、旅游游览、旅游住宿、旅游餐饮、旅游购物、旅行社、娱乐等部门,也包括从"景点旅游"向"全域旅游"转变中介入新业态涉及的各个部门,以及旅游安全与保险、旅游权利救济等,这些部门按递进关系横向构造旅游产品,形成旅游产业链,满足旅游者在旅游活动中的各种基本旅游需求。

2)旅游政策

旅游政策是党和国家根据旅游发展的社会经济条件,以及旅游发展的具体情况制定的,促进旅游业发展的综合性、指导性文件,既包括指明旅游业发展方向的战略方针,也包括为实现一定时期旅游业发展具体目标的行为准则。旅游政策具有可行性、全面性、协调性、灵活性、前瞻性等特点。

国外旅游政策研究多从制定、实施、演化或评估的角度切入,以实证为主,具有专项旅游政策的针对性,理论性较弱,在旅游政策研究内容方面,旅游可持续发展是近几年旅游政策研究的热点,对旅游政策的经济目标性研究在弱化,而对旅游政策的社会目标性研究在加强。我国关于旅游产业政策的研究从无到有,从国内外比较研究到针对国内相关政策、区域、问题、现象的具体指向性研究,学界对旅游产业政策的关注度越来越高,研究角度也呈现多元化。但目前对旅游政策的研究还相对薄弱,研究成果的理论性、实践性、系统性和全面性亟待加强。目前,我国的旅游政策涉及的领域较为广泛,内容也较为分散,既有基本旅游政策,也有具体旅游政策;既有直接旅游政策,也有间接旅游政策;既有全国性旅游政策,也有区域性和地方性旅游政策;既有一般性旅游业发展整体发展的政策,也有针对性的行业、产业政策和专业旅游政策等。

旅游业作为一项综合性产业,除了具有竞争产业的盈利特征外,其文化性和社会性特征也十分突出,与一国的政治、经济、文化、生态等密切关联,因此,与传统产业相比,旅游政策引导产业成长的宏观环境与产业导向机制也更为复杂。作为对旅游经济干预的重要手段和工具,旅游政策在加强国民经济发展中具有重要意义,应当通过有效制度安排和政策设计来实现旅游产业和旅游事业的共同发展、共同促进。

知识活页　　2016年全国旅游工作会议上的报告(摘选)

国家旅游局局长李金早在2016年全国旅游工作会议上指出,随着经济社会的发展和人民生活水平的提高,我国旅游业将迎来又一个新的黄金发展期,面临六大发展机遇。

一是五大发展理念为我国旅游发展模式转变开辟了广阔天地。"创新、协调、绿色、开放、共享"五大发展理念将从根本上改善旅游发展环境,激发旅游发展动力。旅游业的本质特征与五大理念高度契合,消费的不断升级铸就创新是旅游发展的基本特征,要素的相互衔接决定协调是旅游发展的基本要求,过程的人文要求决定绿色是旅游发展的基本属性,游客的空间移动决定开放是旅游发展的内在要求,服务的产业链条决定共享是旅游发展的必然效果。

二是旅游业的战略性地位日益凸显。我国已形成40亿人次的国内旅游市场,入出境市场超过2.5亿人次,旅游对经济和就业的贡献率均超过10%。旅游已成为人民生活水平提高的重要指标,成为小康社会的重要标志,也是建成小康社会的有效途径。

三是供给侧结构性改革为旅游发展提供重要机遇。供给侧结构性改革是旅游产业要素供给的巨大机遇,也是激发旅游市场活力的巨大动力。通过旅游供给侧结构性改革,增强旅游发展新动能,挖掘内需潜力,培育新的旅游增长极,大力优化产业结构,发展新兴产业,加快形成对外开放新格局,实现制度创新和政策调整,减少政府干预,激发新一轮旅游市场活力。

四是旅游政策红利正在加快释放。旅游用地、境外旅客购物离境退税、进境口岸免税等政策取得重大突破,延长旅游发展基金。这些政策红利将成为旅游业新一轮发展的强大支撑。

五是爆发式增长的旅游消费提供巨大发展动力。根据国际旅游规律,人均GDP达到5000美元时,就会步入成熟的度假旅游经济,休闲需求和消费能力显著增强,并出现多元化趋势。而2015年我国GDP总量达67.67万亿元,人均GDP为5.2万元,约合8016美元。不过我国人均出游仅为2.98次,离发达国家居民每年出游8次以上还有很大差距。2020年,我国人均GDP有望突破1万美元,旅游消费的需求将呈现爆发式增长,为旅游业发展提供巨大发展动力。

六是各地发展旅游的热情前所未有,企业投资旅游的热情前所未有,人民群众参与旅游的热情前所未有,旅游消费增速、旅游市场的扩张速度前所未有。

资料来源:http://www.cnta.gov.cn/ztwz/zghy。

3)旅游职业道德

道德是由经济基础所决定,以善恶为基本评价标准,依靠社会舆论、传统习惯和内心信

念维系的,用以调节人与人之间以及个人和社会之间关系的价值观念和行为规范。旅游职业道德是旅游从业人员在旅游职业活动中所遵循的,与其特定职业活动相适应的道德规范,以及形成的道德观念、道德情操和道德品质等。旅游职业道德是在特定的职业范围内、特定的人们处理人际关系和利益关系的特殊道德要求,具有形式上的多样性和内容上的稳定性和连续性的特点。

旅游职业道德除具有一般职业道德的共性外,还具有进步性、目的性、自觉性和实践性的特点,要求旅游从业人员要有政治意识、敬业意识和服务意识。政治意识要求旅游从业人员拥护社会主义制度,热爱祖国,自觉维护祖国利益和民族尊严,顾全大局,遵纪守法;敬业意识要求旅游从业人员热爱旅游业,热爱企业,热爱本职工作,要有职业荣誉感和职业责任感,忠于职守、尽职尽责;服务意识要求旅游从业人员在对游客服务中要热情友好,文明礼貌,真诚公道,恪守信誉,处处为客人着想,真心诚意为客人服务。旅游职业道德具有以下功能和作用。

(1) 提高旅游从业人员的素质。

旅游从业人员的良好素质是德、智、体、美的全面发展的统一,其标准是成为有理想、有道德、有文化、有纪律的社会主义旅游工作者。"德"是素质中的第一位,是最基本要求,它包含政治素质和品德素质,而旅游从业人员的品德素质的提高在于加强旅游职业道德教育。

(2) 改善经营管理,提高经济效益和社会效益。

旅游业的经营管理,不仅依靠法律、制度和奖惩条例,还必须结合职业道德教育,使员工有职业责任心和道德责任感。社会主义旅游职业道德对于正确调节企业与旅游者利益关系、旅游企业与其他行业之间的关系、旅游企业内部各种关系时所起的作用,往往比法律手段和行政手段范围更广泛,影响更深刻。

(3) 改善服务态度和提高服务质量。

旅游从业人员与旅游者之间提供服务与享受服务的关系被称作"客我关系"。要使旅游者满意,旅游从业人员必须以良好的服务态度,向旅游者提供优质服务。

(二) 旅游法与旅游经济的关系

法律的内容是由特定社会物质生活条件决定的,对经济发展发挥的作用也是必然性的。市场经济条件下,经济交往的平等特性、市场运行的稳定背景、市场交易的规模效益需求等,都决定了法律具有更强大的功能。旅游法对旅游经济的作用主要表现在以下几个方面。

1. 界定旅游活动的概念,创造良好的旅游业发展环境

在现代旅游业发展过程中,旅游产业的转型升级、旅游消费模式的转变、"景点旅游"向"全域旅游"发展的旅游规模、范围和内容的不断扩大、增加,人们在旅游活动中所产生的社会经济关系越来越错综复杂。旅游法的主要目标是从法律上界定旅游活动的概念。一个国家的旅游法应该反映该国对旅游的一种界定。从某种意义上说,旅游法应该考虑旅游的社会、文化和经济方面的属性,而且也应该考虑该国各地区、省份和当地社区的特点和传统。旅游法以调整旅游经济活动中形成的各种社会关系为对象,逐渐形成、发展并完善旅游法的体系,保护和合理利用旅游资源,为旅游业的发展创造良好的外部环境,促进旅游业持续健康发展。

2. 设定旅游资源配置框架,加快旅游资源优化

在市场经济条件下,资源配置在很大程度上是通过法律实现的,旅游法设定出旅游资源配置的制度框架,确立旅游市场经济基本原则,培育市场体系,维护旅游市场秩序,并由此决定资源的基本流向和利用方式,加快旅游资源的优化配置、旅游经济结构的转换和水平的提高等,运用法律手段对旅游市场经济进行宏观调控,实现旅游经济的良性运转。

3. 确认和维护旅游市场主体法律地位,规范微观经济行为

追求利益最大化是经济活动主体的行为目标,如旅游者在支付一定成本(如时间、精力、货币)的前提下,所获得的物质和精神上的最大满足取决于期望值和付出成本两者的一致性,同时还受旅游者自身的阅历、知识背景等影响。旅游经营者在满足旅游需求,获得经济利益的同时,应当注重企业形象的树立。而目的地政府利益的最大化,主要是通过有效的行政管理,调配资源,优化配置,在当地获得经济、社会和环境效益的最大化。旅游法应当反映利益相关者在旅游经济活动中的作用和责任,通过"旅游契约"维护旅游活动主体的权益,明确旅游消费者和旅游供应商等市场主体的责任和义务,成为旅游法作用于旅游经济的又一重要功能。

4. 明晰监管权责,完善管理机制

旅游业综合性强、产业链长、涉及面广,关系到国民经济中诸多产业和领域。旅游监管中存在的问题,如监管体系混乱,产业边界模糊,多头监管、重复监管或监管缺位等现象,严重扰乱了旅游市场秩序。对旅游经济活动实施有效监管,关键是要明晰监管权责,建立完善的管理机制和监管方式,更多地培育和发展社会监管力量,形成对旅游业综合、立体的监管。在制度安排上,体现政府对旅游业发展的宏观引导、政策扶持和服务职能。

知识关联

"契约自由和当事人意思自治"是国内外民事立法的基本原则。从法理上分析,旅游契约是指旅游经济活动的主体通过自由订立合同而创设权利、义务和社会地位的一种协议。这里的"旅游契约"既是一种具有旅游经济活动内容的契约文书,又是旅游业运行中诚实守信的"契约精神"。

(三)旅游法与旅游政策的关系

1. 旅游法与旅游政策的共同点

旅游法与旅游政策是党和国家在一定时期内,制定的调整一定旅游社会关系的行为依据和准则。在我国,旅游法与旅游政策在本质上是一致的,其内容归根到底都是由我国旅游经济基础决定的。旅游政策是制定旅游法的依据和"灵魂",对旅游法的制定和实施起着指导作用;旅游法要体现党和国家旅游政策的基本精神,是旅游政策的规范化、具体化和定型化,是实现旅游政策的一种重要形式;实施了旅游法就等于实施了旅游政策,用旅游法去实现旅游政策,使人们能够明确地了解政策的内容,就能使政策的贯彻落实有国家强制作用。

学习旅游法必须同时注意学习党和国家有关发展旅游业的政策,任何脱离旅游政策去学习旅游法,就会失去旅游法的灵魂,脱离了当时客观的政治、经济形势,在旅游法实施中就可能产生极大的盲目性;相反,如果只局限于学习党和国家有关旅游的政策,不注意把旅游

政策上升为国家意志的旅游法,又会变成法律虚无主义,在实践中有法不依。

因此,学习旅游政策与旅游法,一定要很好地注意旅游政策与旅游法之间的关系,把旅游政策与旅游法有机地结合起来。但是旅游法并不是实现旅游政策的唯一途径,旅游法作为实现党和国家旅游政策的重要形式,必须同实现旅游政策的其他形式配合使用,才能充分发挥其应有的作用。

2. 旅游法与旅游政策的区别

旅游法与旅游政策虽然联系紧密、相辅相成,但旅游法与旅游政策毕竟是两种社会规范,有各自的特点和作用,两者不能相互代替。

1) 体现意志的属性不同

旅游法是由国家制定或认可,是国家的主张,具有国家意志的属性。旅游政策分为党的旅游政策和国家的旅游政策两个方面,党的旅游政策是党组织制定的,是党的主张,党的政策要成为国家意志,必须通过国家机关转化为国家的政策,制定为国家的法律、法规。

2) 实施保证不同

旅游法是由国家强制力保证实施,并具有普遍的约束力。旅游政策是通过思想工作、说服教育、模范带头作用以及党和国家的纪律保证来实现,特别是党的某些政策并非对每个公民都具有约束力。

3) 表现形式不同

旅游法是由法律、法规等规范性文件形式表现的。旅游政策未被制定或认可为法律规范之前,是由决定、决议、纲领、宣言、意见、通知、纪要等形式表现。

4) 确定性不同

旅游法规定的内容比较具体、明确和详尽,不仅告诉人们可以做什么、应该做什么和禁止做什么,而且还规定了违法所应承担的责任,便于人们掌握和遵守。旅游政策一般比较原则和概括,这在总政策、基本政策中表现尤为突出。

5) 稳定性不同

旅游法的稳定性比较强,在客观情况变化时,要通过法定程序来进行修改、废止或创制。旅游政策具有相对的灵活性,变化较快,可以随着客观情况的变化比较快地修正,特别是具体的旅游政策更是如此。

总之,旅游法和旅游政策是治理我国旅游业两个不可缺少的工具,既要重视政策的作用,也要重视法的作用;既要执行政策,也要执行法律法规。两者各有已具备的、互相不可替代的职能和作用。

(四) 旅游法与旅游职业道德的关系

1. 旅游法与旅游职业道德的共同点

旅游法与旅游职业道德相互联系、相互渗透、相互补充、相互作用、相辅相成。一方面,旅游法在培养旅游从业人员的道德中具有重要作用,可以培养旅游从业人员的社会主义道德品质和高尚的情操,以规范作用培养旅游从业人员遵守道德规范的责任感;另一方面,旅游职业道德是健全旅游法制、厉行法治的重要因素,立法者制定旅游法律、法规时,必然要考虑旅游职业道德规范和道德要求,把旅游职业道德精神渗透在旅游法律规范中。

2. 旅游法与旅游职业道德的区别

旅游法与旅游职业道德是两种不同的社会规范，两者的区别表现在：旅游法是由国家制定或认可的，是国家意志的反映，着重要求的是人们的外部行为及其后果，由国家强制力保证实施；旅游职业道德主要是由社会舆论确立的，表现为一般社会意志，存在于旅游从业人员的思想观念、内心信念和社会舆论之中，着重要求的是旅游从业人员的内心世界的善良和高尚，是由人们的内心信念和社会舆论来保证其存在和发生作用。

总之，旅游法与旅游职业道德既有一致性又有区别，不能将两者对立起来或割裂开来，也不应将两者混同，要严格划清违法行为同违反道德行为的界限。在进行物质文明和精神文明建设中，在同违法犯罪行为斗争时，既要重视旅游法的作用，更要重视旅游职业道德的作用。教育旅游从业人员既要增强法制观念和法律意识，遵纪守法，又要加强职业道德修养，提高职业道德水平，努力把自己培养成为有理想、有道德、有文化、有纪律的"四有"人才。

四、旅游法研究综述

（一）研究现状与分析

目前，国内外关于旅游法问题的研究主要集中在我国《旅游法》的价值取向研究、旅游者利益保护研究、旅游立法模式研究，旅游合同问题研究，以及旅游可持续发展中法律问题研究等方面。

1. 我国《旅游法》的价值取向研究

旅游法的价值取向问题是旅游法律制度建设的核心问题。作为法的首要目的，恰是秩序，公平和个人自由这三个基本的价值，在法律调整或制度安排背后，有着各种各样的多重价值的权衡和选择，不同环境背景的不同价值主体、不同的价值诉求、不同的价值理念，必然地存在着价值冲突。中国旅游发展要满足人民大众的现实所需，要致力于一个更加大众，更加多样的国民旅游福祉而努力创新（戴斌，2011）；霍尔和詹金斯（Michael Hall & John Jenkins，1995）的《旅游与公共政策》，埃利奥特（James Elliott，1997）的《旅游政策和公共部门管理》阐述了旅游与公共政策、法规及政府的关系；米塞尔（Kevin Meethan，1998）则指出长期形成的旅游政策在面临有竞争的市场时需要重构，旅游政策和制度不能单纯地追寻经济利益，而应考虑区域社会、文化等领域的全面发展。蒋冬梅（2015）提出，旅游法的价值取向包含了旅游效率、旅游秩序、旅游安全和旅游公平；万国华（2006）主张"权利法"，强调以"旅游权"

知识关联

价值取向（Value Orientation）是价值哲学的重要范畴，它指的是一定主体基于自己的价值观在面对或处理各种矛盾、冲突、关系时所持的基本价值立场、价值态度以及所表现出来的基本价值倾向，具有实践品格，突出作用是决定、支配主体的价值选择，因而对主体自身、主体间关系、其他主体均有重大的影响。

作为基点，来聚合旅游行为发生过程中法律关系各相关方的权利义务；王莉霞（2011）则认为，我国《旅游法》应着眼于建设以市场经济为基础，以契约关系为中轴，以民主、商谈、参与

为特征的平等的公民社会,以尊重和保护公民的基本权利,凸显公民价值;在强调公民权利实现和保障的同时,致力于促进旅游者的健康生活,并考虑社会、文化等领域的全面发展,构建社会主义和谐社会。可见,秩序、公平、可持续发展是旅游法制建设一种不可或缺的要素,厘清旅游市场主体间的权利、义务和责任关系,均衡旅游法律关系主体的利益,发挥我国《旅游法》实践理性的功能,从而形成稳定的旅游社会关系,维护旅游业发展秩序,促进旅游业健康发展是我国旅游法首要的价值取向。

2. 旅游者权益保护研究

旅游者权益是旅游者的利益在法律上的体现,旅游者合法权益的保护直接关系到旅游业的可持续发展问题,维护与实现旅游者权益是旅游法研究的重点问题之一。增坚(2011)认为在制定旅游法时,应该围绕旅游消费者的权益保护来设计具体制度;胡俊青、董燕(2010)在对旅游消费者权益受到侵害的原因进行分析的基础上,提出和谐社会背景下旅游者利益保护需要依赖旅游合同的完善,侵害主体的法律责任承担,以及精神损害赔偿等措施。旅游消费者在旅游市场中处于弱势地位,其合法权益经常在旅游过程中被忽视,通过旅游立法对旅游消费者进行倾斜保护,通过强制性保护,实现旅游企业和消费者之间的公平。同时,对国际旅游业务给予重点支持,重点突出对国外旅游者合法权益的保护,提出促进国外旅游者的来访和国外旅游者接待水平提高采取相应的对策,并在基础设施建设、旅游环境整治等方面确保旅游者安全,为大众观光旅游提供方便。我国《旅游法》在维护权益总体平衡的基础上,更加突出以旅游者为本,在政府公共服务、旅游经营规则、民事行为规范、各方旅游安全保障义务、旅游纠纷解决等方面进行规范,通过法律的强制性培养理性的消费者,让他们用自己理性的消费影响生产者,从而实现风险的转移和保护,使旅游者权利得到充分保障与实现。

3. 旅游立法模式研究

旅游可以定义为在吸引和接待旅游及其访问者的过程中,由于游客、旅游企业、东道国政府及东道国各地居民的相互作用而产生的一系列现象和关系的总和。关于旅游立法模式研究,美国是由国家立法和州立法共同构成旅游立法体系,就具体旅游内容而言,美国以"旅游发展法"为依托对宏观问题进行规范,同时旅行社、饭店、资源多项立法为补充;日本则以"观光立国推进法"为主体,由开发、设施建设、经营等专项法规构成完整法律体系。关于我国旅游立法,韩玉灵(2011)认为,根据我国现行产业战略与管理体制,应建立以"旅游法"为龙头、单行行政法规和地方法规配套、相关法律补充的旅游法律体系;曹雯(2013)从旅游立法的必要性、立法目的与宗旨、立法模式的构想入手,提出建立《旅游基本法》、完善旅游单行法、补充与修改其他相关的法律、注重地方旅游立法、加强国与国之间的法律交流和合作、健全旅游行业协会体系。因此,我国的旅游立法模式应以旅游基本法为统领,专项立法、单项行政法规和地方性法规为补充,该"基本法"属社会立法,对旅游活动的社会关系进行调整,这是旅游产业综合性及内在规律在立法上的体现和要求。

4. 旅游合同问题研究

关于旅游合同,张嵩、宋会勇(1998)对世界旅游合同立法的发展状况,旅游合同的概念、特征、法律性质、合同内容以及旅行社的特殊责任制度进行了探讨,提出旅游合同下旅游者合法权益的损害赔偿责任承担和精神损害赔偿问题。王保顺等(2006)运用经济学最低成本风险承担原则,分析旅游合同风险承担具体情形。王玉松(2009)认为旅游合同的签订和履行对天气状况、身体条件等诸多客观因素有较大的依赖性,因此,情势变更原则对调整旅游合同关系就更具有迫切的现实意义。有学者从旅游责任视角研究旅游合同,如王莉霞(2011)从第三人侵害责任与合同违约中探讨旅游合同制度的构建,以保护旅游合同当事人的利益。符信新、王健(2003)认为旅游合同适用严格责任对旅行社来说过于苛刻,主张适用过错推定责任能较好地平衡旅游合同双方当事人的利益。王惠静、汪立宏(2005)界定了包价旅游合同的法律性质以及当事人,指出了包价旅游营业人不仅应当承担自己对旅游者造成的违约责任,而且应当承担瑕疵给付担保责任和旅游辅助人的违约责任。就旅游合同制度本身而言,旅游法确立了特殊情况下旅游者优先保护规则,特殊责任承担制度,变更和解除制度等。由于旅游业的特殊性,我国关于旅游合同问题的研究,应当在合同法相关问题研究的基础上,专门就旅游服务合同问题进行分析探讨,既解决旅游合同与其他合同如商事合同、经济合同等共同的问题,又解决旅游服务合同的特有问题,为未来"旅游合同法"的制定提供理论支持。

5. 旅游可持续发展中法律问题研究

关于旅游可持续发展问题的研究,国外学者研究主要集中在遗产保护与管理、可持续旅游及产业宏观政策领域。克拉克(Jackie Clarke,1997)认为,在旅游业,可持续发展有其独特的含义,即这个产业要提高旅游容量和产品质量,不对赖以生存的自然和人文环境产生消极作用,并从两极、统一、趋势、集中四个环节提出了旅游可持续发展理念;阿瑟顿(Trevor Atherton,1994)提出,旅游业具有高度竞争性和交叉性,政策、制度与法律应当有利于国家乃至世界经济、社会、文化,并坚持用法律来维护和促进旅游的可持续发展。国内学者更关注管理制度变迁、企业经营、资源保护与开发及旅游法律责任的研究,杜江(2003)认为改革开放以来每个重要标志性事件为旅行社宏观制度环境变迁和旅行业重大制度安排;杨富斌(2011)提出我国旅游立法应借鉴美国在旅游纠纷判例中体现出来的对旅游者和旅游经营者平等保护的一般原则,根据责任公平承担的原则,明确划分和规范旅游经营者与旅游者各自的权利和义务及其需要承担的相应的法律责任。赵雅萍,吴丰林(2015)从国内外比较视角,对旅游业发展中的可持续发展政策进行研究。我国《旅游法》中既规定了旅游发展原则,又专章规定旅游规划,即旅游业发展应遵循社会效益、经济效益和环境效益相统一的原则,鼓励各类市场主体在有效保护的前提下,依法合理利用旅游资源,利用公共资源建设的游览场所应当体现公益性质。我国《旅游法》从立法理念、定位到法律的具体内容促进、鼓励与支持旅游业发展,把旅游发展与生态环境的可持续性有机地结合起来,建立和完善旅游资源评价与经营管理制度、旅游环境影响评价制度,使旅游与自然、文化和人类生存环境成为一个整体,实现旅游资源经济价值、生态价值和潜在价值的平衡与协调,最终实现旅游的可持续发展,以保障人类旅游权利得以根本实现。

(二)研究结论述评

基于上述分析可见,我国关于旅游法问题的研究可以分为四个阶段:第一阶段是1978—1990年,这一阶段是我国大力发展入境旅游时期,学者们对旅游活动中的现象进行阐释,如导游素质问题、旅行社经营等问题进行研究,并提出对策或措施;第二阶段是1991—2000

年,我国旅游业继续保持发展态势,国内旅游增长,学者们将研究的关注点集中在旅游者利益保护、旅游服务质量保证,以及旅游政策与法规建设等问题;第三个阶段是2001—2010年,随着我国加入WTO,旅游业的国际化问题、国内旅游立法与WTO规则的冲突问题、中外旅游立法的比较研究等成为学者们的关注点;第四阶段是2011年至今,除传统的研究重点外,更多学者把研究视角聚焦在旅游基本法的框架体系思考、立法模式,以及我国《旅游法》对中国旅游业的影响等。其研究的共同点表现有以下几个方面。

1. 研究内容的广泛性

我国关于旅游问题的法律研究经过了30多年的发展,研究成果显著,研究涉及旅游业发展的方方面面,较为广泛。其具体内容更多的是关注国内旅游法律问题研究,对国际化旅游发展的旅游法律保障研究较少;更多关注的是对旅游法律规范的阐释,以及与此相关的问题分析,对旅游法理论体系构建研究和创新性研究较少;就单一成果而言,则更多关注旅游活动中的法律现象研究,对涉及旅游法深层次的理论问题研究较少,高水平、高层次的研究成果欠缺。

2. 研究方法的多样性

通过对研究成果的分析发现,由于受研究者教育背景和所处环境的影响,目前我国关于旅游问题法律研究的视角多样,研究成果较为分散,碎片化现象严重,不成体系。在具体研究方法上,定性分析较多,"问题揭示—性质分析—对策研究"框架结构明显,理论与实践结合研究、跨学科综合研究方法较少。

总之,目前我国关于旅游问题的法律研究,还处在初级阶段,成果研究基础较薄弱,特别是从法学或法理学视角的理论研究和应用研究则更少,就其成果而言,无论是对旅游立法的理论支撑,还是对旅游业的实践指导作用还有待进一步提高。

第二节 旅游法学研究对象与方法

一、旅游法学的研究对象与范围

法学是研究法、法的现象以及与法相关问题的专门学问,是关于法律问题的知识和理论体系,是社会科学的一门重要学科。在西方,"法学"一词最早源于拉丁文jurisprudentia,该词表示有系统、有组织的法律知识、法律学问。古罗马法学家将其定义为人和神的事务的概念,正义和非正义之学。德文、法文、英文以及西班牙文等西语语种,都是在拉丁文的基础上,发展出各自所称"法学"的词汇,并且其内容不断丰富,含义日渐深刻。现代意义上汉语"法学"一词,是日本法学家津田真道于1868年首次用来对应翻译英文jurisprudence、science of law以及德文rechtswissenschaft等词汇并对之作了详细说明,于"戊戌变法"运动时期由日本输入我国。法学不仅仅在于研究所谓"法学家们的一致意见"或"法学家们的通说",而更重要的在于研究一种"建立在科学根据之上的意见",它不纯粹是"继受性的",而应负有"一种生产性使命"①。

旅游法学是旅游学与法学结合而形成的交叉性边缘学科,以其应用性学科特点和理论依据成为整个法律科学不可分割的一个组成部分。② 旅游法学主要侧重在一般法学理论指导下,运用法学共同的研究方法,根据社会的旅游需求,研究探索旅游领域中的法律规范和法律现象及其规律。旅游法学的研究成果,进一步充实和丰富了整个法学的研究内容,促进法律科学的整体发展。旅游法学是法学的一个新的分支学科,是以旅游法为主要研究对象的综合性社会科学。同时,旅游法学又是旅游学的一个重要组成部分。在市场经济下的旅游社会关系越来越需要法律调整,作为以旅游法制管理为基本内容的社会科学学科,旅游法学是旅游学完整体系中不可缺少的一个方面,并且伴随旅游法制化的发展日益凸显其地位的重要。

（一）旅游法学的研究对象

旅游法学的主要任务和研究内容不仅在于说明和解释有关国家制定和颁布的调整旅游活动的各种法律规范,而且还在于探讨和揭示与旅游活动有关的各种法律现象的本质和规律及其外部联系。③ 因此,旅游法学可以界定为,是以旅游法为主要研究对象,研究旅游法律规范和旅游法律现象,以及旅游业发展中法律体系及内容的发展规律和运行机制的法律科学。旅游法学的研究对象具体可概括为以下几个方面。

1. 旅游实体法规范

旅游法学采用描述性阐释方式,推进概念表达和辨析,揭示既有的旅游法的内容、具体制度,研究引发各种旅游法律现象的旅游法律规范,针对专门调整旅游社会关系的法律规范,如旅游法律关系、旅游法律行为、旅游法律责任等特殊规律性问题进行研究。

2. 旅游法律现象

旅游法学研究因旅游法律法规介入旅游业发展过程和社会生活,因此而出现的各种与其相关联的旅游法律现象,如旅游法律意识、思想、旅游法的制定与实施、旅游法律秩序以及与其他社会现象的关系等进行研究。

3. 旅游法律规范与现象共同性问题

探求各种旅游法律规范和各种旅游法律现象共同的普遍规律和最基础的原理与原则,研究旅游法律规范及其社会调整的动态过程和内在的机制与规律,是旅游法学最重要、最深层次的研究对象。

（二）旅游法学的研究范围

旅游法学的研究范围涉及旅游业发展的各个领域,其研究视角也因研究者的专业背景、所处环境,以及研究的关注点不同有所差异,但总体而言,旅游法学的研究范围可以概括为以下几大理论研究课题。

1. 关于旅游法学问题的研究

旅游法学问题的研究主要包括旅游法学学科的形成与发展、旅游法学的学科地位与特

---

① 欧根·埃利希.法社会学原理[M].舒国滢,译.北京:中国大百科全书出版社,2009.
② 王莉霞,高霄.旅游法学[M].北京:世界图书出版公司,1996.
③ 杨富斌.旅游法学研究对象刍议[J].法学杂志,2005(5).

点,旅游法学的研究对象及研究范围,区别于其他相关学科的研究目的与方法,以及旅游法学学科建设等。

2. 关于旅游法基本理论问题研究

旅游法的基本理论问题研究主要包括旅游法产生形成的社会根源及其发展规律,旅游法成为独立部门法的条件与标志,以及旅游法与其他相关部门法的关系,旅游法的价值取向,旅游法对旅游业的影响与作用,以及旅游法与旅游政策的关系等。

3. 关于旅游法性质的研究

旅游法性质的研究主要包括旅游法的根本属性与特点,旅游法的概念界定与内涵外延分析,旅游法的基本原理与原则形成,旅游法的调整对象,以及国内旅游法与国外旅游法的比较等。

4. 关于旅游法律体系及框架结构的研究

旅游法律体系及框架结构的研究主要包括旅游法律体系的构成与标准,旅游法的整体框架结构、主体—行为—责任关系,以及旅游法内部规律与机制,如旅游法律关系、旅游法律规范、旅游法律责任构成要素、条件及法律后果的结构等。

5. 关于旅游法的其他问题研究

旅游法的其他问题研究包括诸如旅游法创制研究、旅游法的实施研究、旅游法的立法技术研究、旅游业各领域法制建设研究,以及旅游业运行中的国际私法问题研究等。

二、旅游法学的研究结构与意义

(一)旅游法学的研究结构

旅游法学的研究以旅游法为出发点,这里的旅游法首先是旅游法作为一个法的部门,作为一个旅游法律体系的整体而言,它既包括我国《旅游法》、旅游的行政法规,以及旅游法律体系中的任何一个法的表现形态,又包括与旅游业相关的法律法规;既包括旅游实体法规范,又包括与旅游有关的程序法规范;既包括静态的、具体的、现实的旅游法律规范,又包括动态的、抽象的、旅游生活中的行为规范;既包括国内法,又包括我国加入或签订的国际公约、多边协定、双边条约等。

其次,旅游法的现象是旅游法学研究结构的重要组织部分,即基于旅游法产生的各种现象,如立法、司法、守法、法律监督;旅游法的产生与形成,旅游法对旅游业态的影响;法律秩序、利益、正义,以及旅游法律观念、思想、制度、规律等。

最后,旅游法律规范与旅游法律现象有着密切联系,相互存在,相互影响,共同发展,也就成为旅游法学的研究结构中一个重要的内容。

总之,旅游法学的基本研究结构可以通过图1-1反映出来。

(二)旅游法学研究的意义

实践证明,在我国开展旅游法学的研究具有重要意义。一方面,旅游法学的研究指导旅游业的改革与发展,使其更加规范化地进行,推动旅游法制建设的发展。另一方面,大量旅游法学研究成果的发表、课程的开设和旅游培训教育的进行,不断地营造旅游法制建设的科学氛围,对培养具备较高素质的旅游管理人员与从业人员具有重要作用。同时,开展旅游法

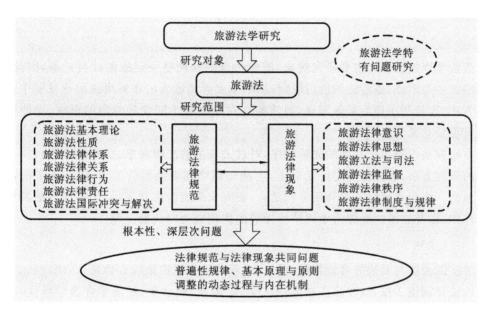

图 1-1 旅游法学研究结构

学的研究,将丰富法律科学和旅游科学的学科体系,促进法律科学和旅游科学的繁荣与发展。

三、旅游法学的研究方法

旅游法学作为一门新兴学科,具有时代性。其研究方法应借鉴社会科学学科和现代自然科学相关学科的方法,从不同角度、不同层面来透析旅游法律现象及其规律。旅游法学的研究方法是有关旅游法的方法论问题,从本质来看是认识旅游法律现象及其规律的基本方式,从功能来看是认识和揭示旅游法本质,构建和创造旅游法观念产品的手段或工具。旅游法学的研究方法多种多样,其主要研究方法有以下几种。

（一）分析推理法

分析推理法实际上是解决法律问题时所运用的演绎方法、归纳方法和类推方法的统称。在许多也许是大多数需要法律分析的案件中,所应适用的规则能够很轻易地被识别出来,而且也不会与其他规则发生冲突,法院在查明当事人之间争议的事实以后,就可以按照逻辑演绎过程把这些事实归属于某个规则之下。该分析推理法也可称为哲学与逻辑学分析法,是旅游法学研究的基本方法。旅游法学的研究,旅游法的基本理论、观点既要反映旅游市场经济社会的现实,同时必须有超前的理论思考和超前立法。法律体系、法律规则一旦确立,分析推理法就能使其在功能上发挥重要作用,能够增加法律的稳定性和预见性,最终提升交易安全,成为解决法律争议的基础。

当然,旅游法学研究方法的精髓,在于它从旅游经济基础决定旅游法这一理论出发,揭示了作为上层建筑的旅游法律对经济基础的反作用,同时,随着旅游业的发展,旅游法律体系和规则也将不断修改和完善,哲学与逻辑学分析法能够使当事人利益在这一变化中得到基本保证。

（二）探本与趋势结合法

旅游法学以旅游法为主要研究对象，旅游法反映和调整一定旅游社会关系，因此，研究旅游法的产生与形成、旅游法的价值取向，从根本上弄清旅游法在解决旅游业发展中的法律问题的方法、途径和法律后果等问题，对旅游法在旅游业不同发展时期的影响、功能与作用分析具有重要意义。

探本研究是按照事物发展的先后顺序，对过去发生的法律现象、法律规律进行深入分析和探讨的研究方法，在总结历史的基础上，才能知道当前需要做的工作，以及未来的趋势是如何发展的。将探本研究与趋势研究相结合，研究未来旅游法制建设、旅游法对旅游业运营的规范作用，以及旅游法对旅游业可持续发展的作用成为时代的主题。

（三）跨学科综合分析法

旅游法的公法与私法综合性特征，促进法、规范法与保护法综合性特征，民商法、行政法等综合性法律调整手段，以及旅游法学的法学、旅游学、社会学、经济学等跨学科性，决定了多学科研究方法的必然性。

在经济新常态下，旅游业态的转型升级，促使旅游法学跨学科研究的因素主要包括政治经济关系的相互依赖性、市场经济全球化下旅游法律问题的国际化、问题解决的多元合作。国际化旅游业发展的最新动态与前沿问题，多元化主体结构形态，旅游消费新模式等都需要把旅游法学从跨学科、多视角进行研究。

（四）比较分析法

比较分析是获取知识的重要途径。对旅游法现象的比较有两种常用形式：一是横向的比较，这种研究方法除不同部门法之间研究方法的互动和借鉴外，更多在于国内外旅游立法模式、旅游法律体系、旅游法律秩序，以及国内外学者的研究视角与方法等的横向比较；二是纵向的比较，主要是对旅游业不同发展时期的旅游法制建设、旅游法对旅游业的影响，以及与不同国家、地区，不同发展时期旅游法律体系的比较。比较分析法，既涉及相同旅游秩序的共性，又要涉及不同旅游秩序的差异性，对于认识和完善本国的法律，对于从不同的法律制度中抽取共同的法律原则，对于建立不同法域的相互理解与沟通，对于减少因偶然性而形成的非理性的法律规定等，都具有重要意义。

（五）理论研究与实证研究结合法

旅游法学研究既要应用人文社会科学和自然科学的多学科研究方法，研究旅游业发展中的基本法律理论问题，同时也要通过对体验事实的观察、分析并以此为依据来建立和检验各种理论，并在事实领域之外，运用社会调查、历史分析、逻辑分析、数理分析等实证研究方法为理论研究提供支持，促使旅游法学的研究从传统的定性研究，向定性与定量研究相结合的方式、方法转变，促使研究结论的科学化和可操作性。

第三节 旅游法学发展趋势

一、旅游法学的学科发展定位

如前所述,我国旅游法律问题的理论研究基础较薄弱,有关旅游法学学科的基础理论研究则少之又少,尚未形成完整体系,如王莉霞等(1996)《旅游法学》一书,杨富斌(2005)《旅游法学研究对象刍议》一文已是代表作,学者们的研究成果促进学科形成的功能与作用还未显现,难以支撑学科的存在。未来旅游法学的学科发展定位有以下几个方面。

(一) 新兴学科

新兴学科是相对于传统学科而言的,是指与传统学科相比,形成较晚的学科。一个新学科之所以需要创建,通常是由于客观事物的发展或人们主观认识的提高,使研究者感到新的研究对象难以容纳在原有学科中。旅游法学学科还处在初创阶段,在创建这一新学科时,需要注意这一学科与原有学科之间的关系,特别是它们之间的分工。旅游法学学科是在现代旅游业发展中产生的,其形成与发展还需要一个较为漫长时期,需要更加扎实的理论研究成果作为支撑,是一门新兴的、发展迅猛的、具有发展前景的法学学科。

(二) 边缘性交叉学科

边缘性交叉学科是指研究对象跨越两个或两个以上独立学科,相互交叉、渗透,并借助于其研究成果而发展起来的学科。旅游法学具有综合的跨学科特性,是集法学、旅游学、经济学、社会学等学科优势和特点而形成的学科,其最基本的研究视角,一是法学视角,即旅游法学是研究旅游业发展中的法律问题的,所有的旅游法律活动,包括旅游立法、司法以及整个旅游法律制度,都可归纳为法理学问题;二是旅游学视角,即旅游业发展中的法律问题只是一种旅游现象,因而行为方式研究、行为效果研究,以及制度安排研究等就成为其研究重点。

(三) 横断性学科

横断性学科是相对于独立学科或单一学科而言的,仿佛穿越在许多直行道的横行道上,在以往的、独立的、单一学科领域上搭建了穿越达到彼岸的桥梁,在各学科、各领域研究的基础上进行研究的学科。就旅游法学而言,是同法学的许多部门法学科、基础法学科,以及旅游学或旅游管理学科既有交叉但又不同的横断学科,其研究的范围既有旅游法的理论问题又有许多旅游业的实际问题。这一领域之前很少有人涉足,所以比较容易出成果,且横断领域的研究可以借鉴更多单一领域的研究方法,并形成独特的理论体系。

(四) 应用性学科

应用性学科是相对于理论性学科而言的。旅游法学有自己的理论基础和研究方法,但它不是理论法学而是应用法学,是通过对现实旅游问题的法律研究,达到研究旅游法律的实行、功能和效果。可见,旅游法学的研究同旅游业发展的实际、旅游社会实践紧密联系,研究的方向性强,目的性明确,能较好地解决旅游业发展中的现实问题。当然,旅游法学的研究成果具有重要的理论价值与现实意义。

二、旅游法学研究展望

未来旅游法学的研究主要侧重于旅游法学的基础理论研究,不同法系下旅游法学的比较研究,不同国家旅游业的不同发展阶段的比较研究,以及中国旅游法学学科建设与旅游法治建设研究等。具体有以下几个方面的研究热点。

(一)旅游业发展的法律环境问题研究

旅游业的法律环境指特定的法律规范、法律制度对旅游业的影响,它规定了旅游业各主体的权利、义务和责任,为旅游业的发展创设一套完整的法律秩序。法律环境对旅游业的影响起着十分重要,甚至是决定性的作用。旅游业的发展需要综合性环境,除旅游产业环境外,还包括经济、政治、社会文化和法律等环境因素,这些因素为旅游业发展提供条件,需要通过法律形式确立,而相关立法需要有理论研究成果的支持。

(二)旅游国际合作问题研究

随着国家"一带一路"战略构想的推进,我国与其他国家的区域旅游合作会越来越多,无论政府间还是行业或企业间合作,都会涉及法律问题,甚至是国家主权问题。因此,关于国际法律权利义务的实现问题,国际旅游合作中的法律冲突与法律适用问题,以及国际旅游主体法律责任确认等问题就成为研究焦点。

(三)旅游资源、环境、生态保护问题研究

资源、环境、生态保护已成为当今世界的主题,也是发展旅游业的先决条件。如何正确处理旅游资源的开发与环境保护、生态保护之间的关系,如何将国家资源、环境、生态立法与旅游立法协调,如何运用旅游立法促进旅游业的可持续发展,如何用旅游法律维护和充分协调旅游目的地政府、企业、社区的关系,造福于旅游目的地居民,以及关于旅游企业的社会责任等问题也就成为学者们研究的重点。

(四)旅游合同法律问题研究

诚信是旅游经营之根本,信誉是旅游企业之生命。旅游是以预收款方式提供服务的,这就需要诚信的环境,需要当事人之间恪守信誉,它包括经营者与消费者的诚信以及经营者与经营者的诚信。国内目前关于旅游合同的研究主要集中在概念的界定和责任的表现形态方面,而对旅游合同的主要内容、主体承担责任的原则和责权利界定、合同履行中的情势变更,旅游合同的违约与侵权竞合,物质赔偿与精神赔偿,以及旅游合同与其他民事合同、经济合同的关系等问题的研究还需要加强。

(五)旅游者合法权益保护问题研究

旅游者是旅游活动的主体,旅游是旅游者的一种精神产品消费活动,其目的在于通过旅游缓解身心压力,获得欢乐和愉快的体验。旅游者如果通过旅游不仅没有得到愉悦的感受,相反使自己的人身和财产受到巨大伤害,并且这种伤害是由于旅游经营者的过错造成的,旅游者是否有权利要求赔偿损失?回答是肯定的。目前,关于旅游者合法权益保护问题的研究还处在初级阶段,损害赔偿责任主体的认定,旅游救济制度建设、旅游纠纷解决的途径和方式,以及旅游者合法权益的范围及适用条件等问题有待研究。

(六)旅游安全与保险法律问题研究

当旅游成为人们的生活时尚,旅游安全也就成为人们关注的焦点。在旅游活动中,无论

是旅游者,还是旅游业经营者,都会面临各种风险,如旅游者在旅途中可能发生人身意外伤害、财物丢失等,而旅游业经营者则要承担可能出现的各种经营风险,于是,旅游保险便应运而生。未来的研究趋势应当是关于旅游安全与旅游保险立法研究、旅游安全致因理论研究、旅游关系各方主体的责任认定,以及旅游安全事故处理的协调机制等。

(七)旅游职业素养问题研究

现代旅游业是经济与文化高度结合的产业,旅游业激烈竞争的成败已经演变为在旅游目的地的资源条件下旅游从业人员素质优劣的竞争。旅游业发展的后劲,越来越取决于旅游专门人才的数量、质量和旅游从业人员的素质。对游客来说,旅途愉快与否与旅游从业人员有直接关系。在近年来的旅游投诉案例中,近一半以上的纠纷都是由于旅游从业人员的素质、服务质量和服务水平所引起的,这既侵害了游客的利益,又损害了中国旅游业界在国内外的信誉。因此,高素质旅游服务人员、旅游管理人员素质的构成研究,国际化旅游专业人才的培养研究,旅游人才培养模式研究等成为一项十分紧迫的任务。

(八)旅游从业者薪酬制度建设与体系构建研究

旅游从业者是整个旅游活动的轴心,其服务质量的好坏直接影响到游客满意度的高低。目前我国旅游业一线从业人员的真实劳动付出和收入不成比例,极大地影响了服务积极性,导致旅游服务质量下降。如何解决当前旅游从业者薪酬制度中存在的问题,如何通过岗位工作的分析,建立旅游从业者的职位价值评估体系,如何通过市场数据的获取和结构设计,建立和完善旅游从业者薪酬法律与政策制度,提高旅游服务质量和水平,已成为亟待解决的关键问题。

本章小结

(1)介绍了中国旅游业及其法制化进程和国外旅游立法情况,分析了旅游法与其他社会现象的关系,对我国旅游法研究现状及内容进行分析与述评。

(2)分析了旅游法学研究对象、范围、结构与方法,以及开展旅游法学研究的意义。

(3)阐述了旅游法学的学科定位,并对旅游法学研究趋势进行展望。

核心关键词

立法体系	system of legislation
法律冲突	conflict of laws
价值取向	value orientation
旅游政策	tourism policy
旅游职业道德	tourism professional ethics

思考与练习

1. 简述"互联网+"背景下,中国旅游业的发展过程及前景。
2. 简述旅游法学的概念及研究对象。
3. 简述旅游法学的研究方法。
4. 分析旅游法学的学科发展前景。

 案例分析

中国旅游产品欲创全球影响力

品尝一顿特色店铺制作的美食、住一间别具风情的主题酒店、到一座城市只为看场演出……这样的旅游正取代传统的团队旅游,成为越来越多追求个性、追求旅游质量的人们的选择。在这个个性化旅游时代,以内容取胜的旅游产品开始变得炙手可热。IP(知识产权)成为2016年旅游业的一大热词也就显得顺理成章。旅游IP突出表现为,有个性、稀缺的旅游产品,正在超越同质化、流水线旅游产品,被业界视为旅游发展的趋势。"驴妈妈"旅游网创始人洪清华直言,2016年将是旅游IP元年,得IP者得天下。旅游进入内容为王的时代,意味着未来旅游产品间的竞争,将不再是价格战而是品牌战,人格化的旅游产品将在旅游业发展中起决定作用。这一点,对于中国旅游业而言更加重要。

根据世界旅游组织发布的数据显示,2015年中国旅游收入已跃升至世界第二。有专家表示,中国想要从旅游大国、消费大国真正成为旅游强国,需要提升本国供给能力,从多方面走出去参与国际竞争。这其中,提供具有全球影响力的旅游产品就是重要一环。

借鉴国际成功经验:

事实上,IP与旅游的结合可以看作是文化+旅游的具体化。在此探索中,迪士尼公司无疑是成功典范。美国迪士尼乐园被视为动漫旅游的先行者,它不仅仅为消费者提供游玩和休闲的目的地,也将动画、电影中的众多角色与消费者的梦想结合起来,为消费者提供深度体验。同时,迪士尼公司还通过新的电影不断创造新的角色和梦想,这种将实体乐园和动画角色相融合的独特体验,使得迪士尼对消费者产生着经久不衰的吸引力。

2016年5月,在第二届(中国·深圳)文旅产业资源对接大会上,举办了一场关于"迪士尼火爆背后对中国旅游业的警醒与启示"的对话,与会嘉宾指出,迪士尼乐园在中国开业,将让更多人认识到动漫旅游在中国极具市场,并将成为文化旅游中的热点。

在亚洲,日本熊本熊的形象也打造得十分成功。与迪士尼相比,熊本熊十分"年轻"。作为熊本县的吉祥物,熊本熊 2010 年初次登场。最初,熊本县内出产的食品、农作物等,若满足一定的条件,则可以免费使用"熊本熊"这个标志。据统计,2015 年,与熊本熊相关的商品,共完成了 1007 亿日元的营业额。同时,熊本熊"萌萌"的形象俘获了一大批粉丝,许多外国游客慕名前往日本九州熊本县旅游,只为领略熊本熊诞生地的真面目。

在 2016 年熊本地震之后,日本插画家原曜子还开始了熊本熊赈灾插画的创作,这些插画以熊本熊为主角,选取了熊本县内的各个观光地作为背景,以每日一张图画的形式,传递熊本县的魅力,同时鼓励大家去熊本县观光旅游。红遍亚洲的熊本熊通过这种虚拟明星+旅游的结合方式,成功打造了区域知名度,带来了可观的经济效益。

尽有一些积极尝试:

不久前,国产动画电影《大鱼海棠》热映,让观众对动画片中主人公居住的村落有了强烈的兴趣,旅游企业的反应更是迅速和敏锐。动画片中村落是以福建土楼为原型创作而成的,电影一上映,以福建土楼为核心的相关旅游产品便在许多旅游网站上线。网友"快乐小鱼"表示,在参加在线旅游企业组织的福建土楼游览中,她发现许多团友都是在看了电影之后决定参团的。

"其实之前我也知道福建土楼,但是只是一个模糊的概念,并没有细致地了解过它到底有多美。通过动画片里的视觉表现,我为它的美和壮观所倾倒!""快乐小鱼"的想法十分具有代表性。据不完全统计,在动画电影《大鱼海棠》上映之后,"福建高北土楼群"、"田螺坑土楼群"等一日游产品预订环比增长了 200%~240%。这被业界看作是旅游 IP 成功运营的范例之一,也是文化与旅游深度结合的有益尝试。

另外,值得注意的是,此类文化旅游产品对于消费者的"黏性"更强。"快乐小鱼"就表示,在她参与的土楼游团队中,绝大多数都是对动画电影很喜爱,并且对以土楼为代表的传统文化感兴趣。"我们大家有着相近的兴趣爱好和文化品位,旅游结束后,我们还会在网上经常联系,交流看法,并彼此推荐新的、优质的文化旅游产品,同时也积极地把这个土楼主题游产品向朋友们推荐。"

可以看出,与动画电影这一文化产品结合之后的土楼主题游,较之以往的单纯土楼游有了更强的吸引力,并赋予了土楼新的文化内涵。与以往吸引传统团队游客不同,文化+土楼的结合,让这一传统旅游产品开始吸引年轻、追求时尚、追求个性的游客。

期待更多本土原创:

随着旅游 IP 这一概念的持续火爆,许多旅游企业,尤其是在线旅游企业开始投身于此,并推出各式旅游产品。例如,在线旅游企业与各旅游目的地合作制作旅游类综艺节目,向观众介绍目的地的各类信息,以带动节目同款旅游产品的销售。这类旅游节目不仅关注国内旅游目的地,而且已经将触角伸向了全球。

不仅是国内的旅行社开始关注旅游IP,以中国游客为目标人群的各国旅游机构、旅游企业也开始面向中国游客推出相应的旅游产品。例如,芬兰航空、芬兰旅游局与中国旅游企业合作推出的"极光专线",便是一个典型例子。芬兰航空班机直飞赫尔辛基,入住北极圈内的童话小屋,观赏北极光壮丽景象,同时,举行以北极光为主题的摄影比赛,并将与"中国新歌声"联合举办"极光音乐会"。通过将旅行与摄影、音乐等元素的跨界融合,贴近年轻一代的兴趣。

放眼中国,要打造具有全球影响力的旅游产品,则需要更多地挖掘中国传统文化、特色文化的内涵,毕竟本土的、原创的才会具有旺盛持久的生命力。

不久前,中国新增两处世界遗产地,世界遗产的文化魅力再度引起国人关注。对于中国而言,世界遗产正是有着自然与文化双重魅力的"最佳IP"。

很快,携程旅行网便围绕世界遗产推出了相关旅游产品。对此,携程旅游事业部施聿专表示:"世界遗产对中国旅游者有着莫大的吸引力。除了追寻文化和美景,在某种程度上还能激发旅游者的民族自豪感。"而对于全球游客而言,世界遗产、中国传统建筑、传统文化等都有着神秘而深厚的吸引力。未来,在文化与旅游的深度融合中,打造更多具有本土特色、更多原创性的旅游产品,将是中国旅游吸引全球游客、打造全球影响力的重要保障。

问题:

1. 结合案例谈谈个性化旅游产品需要哪方面的法律保护?旅游立法如何助力中国旅游业的发展?

2. 你对未来中国关于旅游知识产权立法有什么建议?

(资料来源:http://cnta.gov.cn/xxfb/jdxwnew2/。)

第二章

旅游法基础理论

学习引导

旅游法是旅游法学的主要研究对象，它通常被认为是旅游法律和旅游规则的统称，是调整国家在协调旅游经济运行，促进旅游业发展过程中产生的宏观调控关系、旅游管理关系、旅游协作关系，以及国际性区域旅游合作关系的法律规范的总和。随着我国旅游立法的不断完善以及旅游法律研究的日益成熟，旅游法将成为整个法律体系中重要的法律部门，有着不可取代的地位，是国家组织、管理、规范、促进、协调和发展旅游业的重要工具。本章在阐释旅游法的性质和特点、旅游法的调整对象、旅游法的作用的基础上，探讨旅游法的要素、旅游法规则和原则，并对旅游法律关系的概念内涵、构成要素，以及旅游法律关系的产生、变更和消灭进行阐释。

学习目标

- 旅游法的性质与特点；
- 旅游法的调整对象；
- 旅游法要素；
- 旅游法律关系。

第一节　旅游法的性质与调整对象

一、旅游法性质概说

旅游法是旅游法学研究的主要对象。关于旅游法的性质问题，目前较少有学者涉猎，从法律研究的传统观点来看，旅游法的性质可以从以下几个方面进行分析。

（一）关于秩序与公平的问题

历史证明，凡是在人类建立了政治或社会组织单位的地方，他们都曾力图防止出现不可控制的混乱现象，也曾试图确立某种适于生存的秩序形式。这种要求确立社会生活有序模式的倾向，绝不是人类所作的一种任意专断的或"违背自然"的努力。一项法律制度不仅要力求实现正义，而且还须致力于创造秩序，法律是秩序和正义的综合体。[①] 我们在前文分析旅游法的研究综述时曾提到旅游法的价值取向是"秩序、公平和旅游业的可持续发展"，这实际上在分析旅游法的根本属性问题，这也是旅游法与法律科学体系中其他部门法的共同属性。

（二）关于旅游法的社会本位性问题

社会本位是相对于国家本位和权利本位而言，任何法律在调整特定的社会关系时都有一定的主导思想和出发点，即有一定的本位。例如，以国家利益为主导的行政法是国家本位，以当事人个体利益为本位的民商法是权利本位，而以社会公共利益为出发点的经济法是社会本位。现在以及其他任何时候，法律发展的重心都不在于立法，也不在于法律科学和司法判决，而在于社会本身。[②] 法律以调整社会关系，规范社会主体的行为与后果关系，以及责权利关系为主要内容，"法律理论既不是没有社会后果，也不是不受社会影响的"[③]。旅游法的社会本位性体现在：旅游法对社会公共利益的维护是通过对自由和公平的市场竞争秩序的维护来实现的，无论是对旅游业运行中主体行为的规制，对不正当竞争行为的制止，对旅游消费者权益的保护，还是对旅游产品与服务质量、旅游价格行为等的监督管理，都是以社会公共利益为出发点和目的，也就具有了社会本位性，这是旅游法与法律科学体系中与其相关的部门法的类属性问题。

（三）关于旅游法公法与私法性问题

公法与私法问题，是世界各国对整个法律材料所做的一个根本性的划分。关于旅游法的公法与私法性问题，在固有性质上，存在争议观点，一是认为旅游法属于公法性质，其依据是旅游法主要是管理法，它规定了国家、被赋予公共权力的旅游行政管理部门及其他相关行政管理机关之间的关系，它强调的是强制与服从，直接维护公共利益；二是认为旅游法属于私法性质，其依据是旅游法规定主体之间的协作关系，强调的是平等与自治，直接维护个人利益，国家原则上不作干预，只在发生纠纷不能协商解决时，才由司法机关出面进行裁决；三是旅游法兼具公法与私法性，属于第三法域即社会法域的范畴。因为上述"旅游法社会本位性"结论，本书支持第三种观点。支持这一观点的另一原因可以在旅游法区别于法律科学体系中其他部门法特点的阐释中得到论证依据。

二、旅游法的特点

我国旅游法是随着旅游业的发展而新兴的一个法律分支，它在旅游业的发展和整个法

---

① E.博登海默.法理学：法律哲学与法律方法[M].邓正来，译.北京：中国政法大学出版社，2010.
② 尤金·埃利希.法律社会学基本原理[M].叶名怡，等，译.北京：中国社会科学出版社，2009.
③ P.诺内特，P.塞尔兹尼克.转变中的法律与社会[M].张志铭，译.北京：中国政法大学出版社，1994.

律体系中有着重要的地位,除了与其他法律、法规具有相同的特点外,旅游法还具有许多自身的特点,它是国家组织、管理、促进、协调和发展旅游业的重要工具。旅游法的具体特点主要表现在以下几个方面。

(一) 综合性

旅游法的综合性特点是由旅游业态的长产业链和产业集群的发展决定的。在内容构成上,旅游法既包括若干部门法中与旅游相关的法律、法令,又包括许多单行旅游法规;在调整手段上,旅游法兼顾公法与私法,保护法、规范法与促进法,民商法、行政法与社会法,将各种法律调整手段有机地结合起来对旅游关系进行综合性调整;在调整范围上,旅游法调整的内容既包括宏观旅游领域的管理和调控关系,也包括微观旅游领域的管理和协作关系。我国《旅游法》创造了旅游立法的新格局,立法思路从旅游管理法和单项法规调整为综合法,就旅游业发展中带有根本性的问题做了比较详尽、具体的规定,是旅游者权益的保护法,旅游市场秩序的规范法,旅游企业行为的基本法,旅游发展的促进法,全面体现了综合法的特点。旅游行政法规、地方旅游法规和单行旅游法规是我国旅游法的重要组成部分,对特定问题、专项问题,以及各旅游主体的权利、义务、责任有较为详尽的规定。同时,旅游业发展中的相关问题,旅游纠纷的解决,还需依赖我国的公司法、合同法、消费者权益保护法等才能得以解决,体现了民事法律规范与行政法律规范并重。

总之,以我国《旅游法》为主体,旅游行政法规、地方旅游法规和单行旅游法规为支撑,以民商法、经济法等相关法律为依托,建立健全统一的旅游服务标准和诚信、公平、有序参与竞争的市场规则,着力解决旅游资源及其经营管理中的部门、行业和地区分割问题,力争实现政府公共服务和监管、行业组织自律以及企业依法自主经营的有机统一,是旅游法最突出的特点。

(二) 专业性

旅游法专业性的特点可以从旅游法的内容和立法技术两个方面得以体现。在内容方面,旅游法正确反映了旅游经济规律的客观要求,如为旅游者提供旅游资源、旅游交通运输、食宿设施、旅游接待与服务等经营管理活动,都具有特定的业务内容,也就必然具有专业性的特点。在立法技术方面,我国《旅游法》按照市场经济和法治化的要求,整合了旅游产业各要素和旅游活动全链条,明确并细化旅游市场主体间的权利义务关系,构建了政府统筹、部门负责、有分有合的旅游综合协调、市场监督、投诉处理等制度,采用了融合促进法、规范法和保护法为一体的立法模式。

(三) 效益性

旅游法调整的法益不仅有旅游活动主体的私益,也包括不特定多数的消费者、经营者及团体的社会化利益、国家和公共利益,体现了法益复合性的特点。我国《旅游法》出台以后,旅游业全面进入有法可依、依法治旅的新时代,对促进旅游业全面协调可持续发展,进一步促进扩大内需和地方经济的发展意义重大。统计显示,2015年,我国国内旅游突破40亿人次,旅游收入过4万亿元人民币,出境旅游1.2亿人次;中国国内旅游、出境旅游人次和国内旅游消费、境外旅游消费均列世界第一;国家旅游数据中心测算数据则显示,我国旅游就业人数占总就业人数的10.2%;旅游产业对GDP综合贡献达到了10.1%,超过了教育、银行、汽车产业。① 旅游法的效益性除经济性外，更多的是社会效益。旅游产业规模有多大并不重要，重要的是怎样提高人们的生活质量，种植业保障生存，制造业解决短缺，服务业提供便利，旅游业创造幸福；旅游是达到幸福的渠道，实现幸福的领域，这个领域需要法律的保障。② 我国《旅游法》在维护旅游经营者、旅游者、政府权益总体平衡的基础上，更多地向旅游者予以倾斜，更加突出以旅游者为本，在政府公共服务、旅游经营规则、民事行为规范、各方旅游安全保障义务、旅游纠纷解决等方面，有多项加强旅游者权益保护的规定，使中国国民旅游休闲的权益得到更好的保障。

（四）干预性与促进性

由于旅游市场本身无力消除垄断和不正当竞争，就需要国家的干预和加强旅游市场监督管理，制定旅游法用以鼓励或限制某些旅行游览活动的发展，表现了旅游法的干预性和促进性。以旅游景区门票为例，旅游法规定了不同类型、不同等级旅游景区的定价原则与程序，规定利用公共资源建设的景区的门票以及景区内的游览场所、交通工具等另行收费项目，实行政府定价或者政府指导价，严格控制价格上涨；规定拟收费或者提高价格的，应当举行听证会，征求旅游者、经营者和有关方面的意见，论证其必要性、可行性，以公平、公开、公正的价格吸引越来越多的旅游者。同时，针对我国旅游季的不同，旺季时游客大量涌进，造成旅游业接待不暇，到淡季时游客大量减少，造成了旅游资源、旅游设施和服务的大量闲置和浪费，旅游法规定在淡季实行旅游价格优惠，一般是在原价格上给旅游者一定的折扣优惠。采取这样的做法，是一种灵活经营、薄利多销的促销手段，从表面看对营业收入有一定影响，但利用优惠价格，吸引了大量游客。而对公益性的城市公园、博物馆、纪念馆等，除重点文物保护单位和珍贵文物收藏单位外，也在逐步免费开放，并增加了旅游者的自由选择权等。

（五）灵活性

旅游业现已成为体现一个国家和地区国际化程度的重要标志，成为吸引社会劳动力选择就业和再就业的重要途径。面对旅游市场的全球性、国际化，旅游业的服务、管理需要更加规范、科学，增强其参与国际竞争的能力，这就需要从根本上转变观念、改变传统的行业管理方法和手段，完善并落实国家有关旅游产业的政策，用法律法规对旅游业保驾护航。总之，随着旅游业的不断发展，旅游法也需要及时地加以补充和修改，这是旅游法反映旅游业发展客观要求的结果。

三、旅游法的作用

旅游法的作用，是指旅游法的内在或潜在功能发挥、释放于外部世界所引起的客观社会效应。旅游法的作用分为规范作用和社会作用。

---

① 2015 年中国旅游业统计公报[EB/OL]. http://www.cnta.gov.cn/zwgk/lysj/201610/t20161018_786774.shtml.

② 魏小安. 智慧旅游发展的根本在企业[EB/OL]. http://travel.ifeng.com/news/interview/detail_2014_02/25/34160604_0.shtml.

（一）规范作用

旅游法的规范作用，是指旅游法作用于人，规范人的行为并使之达到有序化状态的效果，具体包括引导作用、评价作用、预测作用、教育作用和强制作用等。

引导作用，亦称指引、规制作用，是指旅游法通过规定权利义务以及违法责任引导人们行为的作用。

评价作用，是指旅游法为评价一般行为和具体行为提供标准的作用。合理与否的评价是良心、舆论支持的评价，合法与否的评价是国家支持的评价。

预测作用，是指旅游法为人们预先估计相互之间的行为和行为后果提供依据的作用。

教育作用，是指旅游法的颁布和实施影响人们的心理、意识、观念，促使其自觉遵守法律的作用。

强制作用，是指旅游法为采取强制措施制裁违法者提供依据和标准的作用。

（二）社会作用

旅游法的社会作用，是指旅游法通过规范人的行为进而作用于社会，调整旅游社会关系，维护旅游公平与正义，促进旅游业健康发展的社会效果。国家制定旅游法的最重要目的就是通过旅游法实现国家对旅游业的管理职能，维护旅游秩序的公平、正义与自由，同时，通过旅游法推动对整个社会经济以及旅游业相关行业发展的作用。

四、旅游法调整对象分析

关于旅游法的调整对象问题，与民商法、经济法、行政法等部门法的调整对象有一定的联系性，因而，多数学者在阐释旅游法的调整对象时这样表述"旅游法是调整旅游关系的各种法律规范的总和"，这种表述方式强调了旅游法作为法律体系中部门法的共同属性，但对旅游法特有的概念内涵和外延表述却过于宽泛，如"旅游社会关系"、"各种法律规范"等。法律只是表明和记载经济关系的要求而已，对旅游法对象的研究应当以旅游业发展的需要为基本出发点，应当表明和记载我国旅游业运行中所形成的经济关系的要求。

可见，旅游法的调整对象是特定的经济社会关系，这种特定的经济关系主要指国家在协调旅游经济运行中产生的关系，具体包括宏观调控关系、旅游管理关系、旅游协作关系，以及国际性区域旅游协作关系。

（一）宏观调控关系

经济和社会发展战略目标的选择，经济总量的平衡，重大结构和布局的调整，收入分配中公平与效率的兼顾，市场效率条件的保证以及资源和环境的保护等，是市场经济发展中宏观调控的作用。[①] 进入21世纪以后，我国旅游业以更加成熟的姿态进入全新的历史发展阶段，在国际政治经济环境总体稳定和国内继续深化改革、扩大开放，经济持续快速健康发展，社会繁荣安定，人民生活稳步提高的宏观环境下，在国家将旅游业确定为战略性支柱产业的政策背景下，旅游业的发展必须建立统一、开放的市场体系，而市场本身无法克服的矛盾与问题，需要国家运用旅游法律和旅游政策为主要手段进行宏观调控。这种宏观调控关系，主

---

① 桂世镛.社会主义市场经济体制中计划的作用[J].求是，1992(23).

要解决的是旅游业需求侧与供给侧结构关系问题,旅游资源的规划、开发、利用与资源保护的关系问题,当前利益与长远利益、局部利益与整体利益的关系问题。

(二) 纵向旅游管理关系

旅游管理关系包括旅游目的地政府与旅游行政管理部门之间,国家旅游行政管理部门与地方各级旅游行政管理部门之间,旅游行政管理部门与旅游企事业单位之间,以及旅游企业、旅游景区内部决策部门与执行部门之间、各执行部门和员工之间管理与被管理、领导与被领导的关系。旅游管理关系在法律调整中表现为上下级之间隶属的、纵向的社会关系,主要通过制定和执行旅游政策、法规,实现国家对旅游事业的领导,以及旅游行政管理部门对所属各旅游企事业单位的管理和监督。

(三) 横向旅游协作关系

旅游协作关系主要是指平等主体之间,如各旅游经营者之间,旅游经营者与旅游者之间在业务交往中所发生的各种关系。同时,它也包括旅游目的地政府、社区、居民与旅游经营者之间在旅游规划、旅游市场开发、旅游社区参与等方面的关系。旅游协作关系在法律调整中表现为各个主体之间横向的、平等的社会关系,主要通过旅游社会关系主体相互之间的旅游契约和专业化协作,实现旅游者在旅行游览活动中相互间的权利义务等。

(四) 国际性区域旅游关系

国际性区域旅游关系可以通过国家间、区域性旅游合作公约、条约实现旅游目的地的共同发展,如国家层面的旅游合作关系、旅游组织层面的合作关系。国际性区域旅游关系还包括我国旅游企业与境外旅游企业以及旅游者之间在旅游活动中所发生的各种社会关系。

综上所述,旅游法是调整国家在协调旅游经济运行,促进旅游业发展过程中产生的宏观调控关系、旅游管理关系、旅游协作关系以及国际性区域旅游合作关系的法律规范的总称。其目的是规范旅游市场主体行为,维护市场交易秩序与安全,保障旅游者合法权益,促进旅游业的可持续发展。

第二节 旅游法要素

一、旅游法的要素分析

法的现象的内部结构决定着法的意义,这种意义体现在要素按照不同形式组合为一个整体时,现象的意义才能够被充分地予以展示。① 旅游法是由若干部分构成的一个统一整体,构成该法整体的各个主要组成部分,称为法的要素或称法的基本成分、元素或因素。

旅游法规则和旅游法原则都属旅游法的要素范畴,是旅游法整体不可或缺的组成部分,两者密切关联。一方面它们在整体中以其自身的个别性、局部性显示其特质和价值;另一方

---

① 葛洪义.法理学导论[M].法律出版社,1996.

向,一个法的要素的状况,也关系到其他法的要素状况甚至前途。在有的情况下究竟是原则或规则,甚至难以辨明或不必分清,两个要素并存于法的结构中,其区别主要有以下几个方面。

(一) 调整的方式不同

原则一般较为抽象,通常是指明一个方向。原则不具体规定权利、义务和行为模式、后果模式,而是为它们设定基本精神或准则;规则是具体的,它是解决具体问题的直接依据。

(二) 适用的范围不同

原则是从广泛的现实社会生活中概括出来的行为标准,它具有宏观指导作用,其适用范围比较广泛。它不仅可针对某一个或某一类行为发生作用,而且更主要的是可针对某些行为或事项发生作用,它在相当人的范围内有效。规则具有微观调控作用,只适用于某个或某种类型的行为或事项,只在这种特定范围内有效。

(三) 发生效力的方式不同

原则发生效力时未必有具体的针对性,往往在相同场合涉及多种原则的效力,或是在多种场合涉及多种原则的效力交错。在这些场合,通常并不是简单地决定哪个原则有效、哪个原则无效,而是要根据具体情况,适用更适合某个场合的原则。适用了一个原则,并不意味着与之发生冲突的别的原则便是无效的。规则发生效力的情形则不同,当同一个案件涉及两个或两个以上规则并且它们之间存在矛盾或冲突时,只能选择一个适用,被选择适用的是有效的,未被选择适用的是无效的。

知识关联

法的现象是指能够凭经验的、直观的感性方式,认识具体、丰富的法的外部联系的总和。法的现象是综合的、整体的、动态的,只有深入到法的现象领域,揭示法的现象之间的联系,才可能正确认识法的本质。法学研究深化的标志之一,就是借助现代方法论变革的成就,立足于法的意义,探索、开拓法的现象领域。

二、旅游法规则

(一) 旅游法规则的含义和地位

旅游法规则又称旅游法的规范或旅游法律规范,它是社会规则的一种,是构成旅游法的基本单位,是旅游法中关于主体行为模式的明确规定,是由国家权力机关或其他有权制定旅游法律法规的机关制定或认可的,规定旅游主体的法定权利、义务及法律后果,旨在建立和维护法的秩序的特定的行为准则。其内涵与地位具体表现在以下几个方面。

1. 旅游法规则是社会规则的一种表现方式

社会规则是多种多样的,诸如道德规则、宗教规则、团体规则、行业规则以及其他旨在确定和维系一定社会秩序的行为准则。旅游法规则是社会规则的其中一种表现方式,但在这个规则体系中,却具有特殊重要地位。旅游法是体现国家政权意志,在规范国家生活、社会生活和公民生活的规范体系中具有最高地位和效力的一种社会规则。

2. 旅游法规则的作用在于提供标准或依据

旅游法规则的意义存在于与其他各类规范标准和依据的比较之中,它由国家权威机构制定,为旅游关系主体提供了最大限度的具体行为的标准,也为司法机关、旅游投诉受理机构等提供了最强有力的审判案件、解决纠纷的依据。同时,旅游法规则与旅游政策、旅游道德等其他社会规范共同维护着旅游秩序,维护着公平与正义。

3. 旅游法规则与社会发展紧密联系

旅游法规则作为社会的一种重要规范形式,是与旅游业作为国家战略性支柱产业和人民满意的现代服务业的发展紧密相关的,如果它本身不能尽量完美地体现社会的需要和价值观,就会随着社会的不断进步和旅游业发展而发生新的变化。

(二)旅游法规则的逻辑结构

1. 适用条件(假定)

适用条件是指适用该旅游规范的情况和条件。换句话说,适用条件就是在旅游业发展、运行中发生的某一种事实,其情节与旅游法律规范规定的情节、条件相符时,才适用该规范。旅游法律规范与旅游事实一致的部分就称为"假定"。例如,我国《旅游法》第48条规定,通过网络经营旅行社业务的,应当依法取得旅行社业务经营许可,并在其网站主页的显著位置标明其业务经营许可证信息。这里的"通过网络经营旅行社业务的"就是适用条件部分。在旅游业实践中,如果有主体通过旅游电子商务平台经营在线旅行社(Online Travel Agent,OTA)业务,却"未取得旅行社业务经营许可证",就可以依据该条规定,承担相关责任。同理,《导游人员管理条例》第21条规定,导游人员进行导游活动时未佩戴导游证的,由旅游行政部门责令改正;拒不改正的,处500元以下的罚款。这里的"导游人员进行导游活动时未佩戴导游证的",就是适用条件部分。

2. 行为模式(处分)

行为模式是指该规范所规定的行为类别,行为模式是从大量实际行为中概括出来作为行为的理论抽象、基本框架或标准。行为模式并非实际行为本身,它仅指明旅游法律关系主体行为的方式、尺度及权利和义务等。行为模式通常用"有……义务"、"不得……"、"应当……"、"有权……"、"有……权利"等述评表示,如我国《旅游法》第9条规定,旅游者有权自主选择旅游产品和服务,有权拒绝旅游经营者的强制交易行为;旅游者有权知悉其购买的旅游产品和服务的真实情况,旅游者有权要求旅游经营者按照约定提供产品和服务。该法第45条规定景区接待旅游者不得超过景区主管部门核定的最大承载量;景区应当公布景区主管部门核定的最大承载量,制定和实施旅游者流量控制方案,并可以采取门票预约等方式,对景区接待旅游者的数量进行控制。该法第78条第2款规定,突发事件发生后,当地人民政府及其有关部门和机构应当采

知识关联

旅游电子商务是运作旅游业及其分销系统的商务体系,是以互联网为平台,利用先进的计算机网络及通信技术和电子商务的基础环境,整合旅游企业的内部和外部的资源,扩大旅游信息的传播和推广,实现旅游产品的在线发布和销售,为旅游者与旅游企业之间提供一个知识共享的网络化运营模式。

取措施开展救援,并协助旅游者返回出发地或者旅游者指定的合理地点。

3. 法律后果(制裁)

法律后果是指法律法规对该规范所规定的行为的处理办法,或称为违反该规范时所导致的法律后果、法律责任。法律后果可分为两类:一是肯定性法律后果,即旅游法律法规承认某种行为合法、有效并加以保护以至奖励;二是否定性法律后果,即法律上不予承认、加以撤销以至于制裁。而旅游法规则以否定性法律后果为主要表现形式,如前述"导游人员进行导游活动时未佩戴导游证的,由旅游行政部门责令改正;拒不改正的,处 500 元以下的罚款。"这里的"责令改正;拒不改正的,处 500 元以下的罚款"就是法律后果部分。又如"未经许可经营旅行社业务的,由旅游主管部门或者工商行政管理部门责令改正,没收违法所得,并处 1 万元以上 10 万元以下罚款;违法所得 10 万元以上的,并处违法所得 1 倍以上 5 倍以下罚款;对有关责任人员,处 2000 元以上 2 万元以下罚款";"景区在旅游者数量可能达到最大承载量时,未依照规定公告或者未向当地人民政府报告,未及时采取疏导、分流等措施,或者超过最大承载量接待旅游者的,由景区主管部门责令改正,情节严重的,责令停业整顿一个月至六个月"等。

(三)旅游法规则的分类

1. 根据行为模式的不同性质分类

根据行为模式的不同性质,旅游法规则可分为命令性规范、禁止性规范和授权性规范。命令性规范是指要求旅游法律关系主体必须做出一定行为即承担一定积极作为义务的法律规范;禁止性规范是指禁止旅游法律关系主体做出一定行为,即承担消极作为义务的法律规范;授权性规范是指授权旅游法律关系主体有权自己做出某种行为,或要求他人做出或不做出某种行为的法律规范。

2. 根据法律规范不同的强制程度分类

根据强制程度不同,旅游法规则可分为强制性规范和任意性规范。强制性规范是指对于权利和义务的规定十分明确,不允许当事人以任何方式变更或违反的法律规范。包括上述命令性规范和禁止性规范。任意性规范是指允许当事人在法定的范围内自行确定其权利和义务的法律规范。

3. 根据法律规范的确定性程度分类

根据法律规范本身不同的确定性程度,旅游法规则可分为确定性规范、委任性规范和准用性规范。确定性是明确地规定了某一行为规则的内容,而不必援引其他规范来说明的法律规范;委任性规范是指没有明确规定某一行为规则的内容,而是委托某一专门机关予以规定的法律规范;准用性规范是指没有直接规定某一行为规则内容,而是明确指定这一行为规则问题上准许引用某项规定的法律规范。

在实行成文法的国家,旅游法规则都是通过法律条文表现出来的,但是,二者并不等同,旅游法规则是行为规则本身或法律法规的本体,而法律条文则是旅游法规则的外部表现形式。在一个法律条文内,不一定必须把某一旅游法规则的全部要件表述出来,即某一旅游法规则,能由一个或几个法律条文表述。同时,一个法律条文中也可能规定几个旅游法规则。

三、旅游法原则

法的原则通常反映出立法者以法的形式所选择确定的思想理论和基本立场,体现着执政者或立法者的某些重要意志,是法的主旨和精神品格的主要所在,是法定制度的基本性质、基本内容和基本价值取向的集中反映。

旅游法原则是指旅游法中存在的可作旅游法规则的基础或本源的综合性、稳定性的原理和准则。旅游法原则不预先设定具体的事实状态,也不直接包含具体的权利、义务和具体的行为模式、后果模式等方面的内容,是旅游法规则和概念的基础和出发点,也是协调、平衡和统一各相关法的规则和法的概念的关键或枢纽。旅游法原则依据不同的标准可分为以下几种主要类别。

(一)政策性原则与公理性原则

依据渊源或来源的不同,可将旅游法原则分为政策性原则和公理性原则。

政策性原则是国家为达一定目的而依据长远目标、结合当前情况或历史条件所制定的实际行动准则即国家旅游政策,在法律、法规中的原则性反映。例如,我国《旅游法》第4条规定,旅游业发展应当遵循社会效益、经济效益和生态效益相统一的原则;国家鼓励各类市场主体在有效保护旅游资源的前提下,依法合理利用旅游资源;利用公共资源建设的游览场所应当体现公益性质。该法第5条规定,国家倡导健康、文明、环保的旅游方式,支持和鼓励各类社会机构开展旅游公益宣传,对促进旅游业发展做出突出贡献的单位和个人给予奖励。该法第6条规定,国家建立健全旅游服务标准和市场规则,禁止行业垄断和地区垄断;旅游经营者应当诚信经营、公平竞争,承担社会责任,为旅游者提供安全、健康、卫生、方便的旅游服务。这些都是国家旅游政策在旅游法律规范中的体现。

公理性原则是在社会生活和社会关系中产生的,经由立法者选择和认可的公理,在法律、法规中的原则性反映。公理性原则通常都应与一定的社会关系所需要、所能接受的状况相吻合,其在私法中有更多的体现,如旅游服务合同中的"平等自愿、等价有偿、诚实信用"等原则,都属于公理性原则。公理性原则比政策性原则有更大的普适性和稳定性。

(二)基本原则与具体原则

依据位阶和具体程度不同,可将旅游法原则分为基本原则和具体原则。

基本原则是体现法的基本精神和基本价值取向的原则,是法的原则体系中的上位阶原则。不仅宪法中体现着诸多法的基本原则,而且每个部门法都有自身的基本原则,如我国《旅游法》中的"促进旅游业可持续发展原则"、"注重发挥市场机制与政府的权责关系原则"、"加强对旅游资源的保护的原则"、"保护旅游者合法权益原则"等,基本原则的调整范围较为广泛,因而也更具指导性。

具体原则是以基本原则为基础,相对于基本原则而言适用范围更具体,是有一定操作性的旅游法原则。在旅游法原则体系中,具体原则的数量较多,如我国《旅游法》中的"契约自由原则"、"全面履行合同原则"、"旅游者人身、财产安全不受侵犯原则"等,具体原则不得与基本原则相抵触。

(三) 实体性原则与程序性原则

依据法的内容的不同,可将旅游法原则分为实体性原则和程序性原则。

实体性原则是关涉实体权利和义务或职权和职责的原则,如前所述的原则事例均为实体性原则。

程序性原则是关涉实体性权利和义务或职权和职责实现程序的原则,如我国《旅游法》中的权利救济原则,旅游投诉管辖中的效率原则、分工原则、回避原则等。

第三节 旅游法律关系

一、旅游法律关系的概念及特征

旅游法律关系是指由旅游法律规范所确认和调整的,旅游法律关系主体之间具有旅游权利与义务内容的社会关系。旅游业发展中的法律关系归纳起来,一方面表现为平等法律关系主体之间在业务交往中,为了各自的利益和价值趋向而形成的契约关系;另一方面则表现为国家在协调旅游业运行和宏观管理过程中形成的法律关系。旅游法律关系同其他社会关系相比,具有以下几个方面的特征。

(一) 旅游法律关系是客观存在的社会关系

社会关系分为物质关系和思想关系。物质关系主要是生产关系,它是社会的经济基础,而思想关系包括政治关系、道德关系、法律关系等,是物质关系的上层建筑。法律关系是以法律上的权利、义务为纽带而形成的社会关系,是法律规范的内容在事实社会关系中的体现。法律关系不能因为参与者忽略、没有考虑或甚至不知道它就消灭了。债务人不能因为忘记或不知道自己的负债,就不再是债务人。旅游法律关系是与物质关系相联系的社会上层建筑的重要组成部分,是客观存在的、不以人的意志而转移的,没有特定旅游法律关系主体的实际法律权利和法律义务,就不可能有旅游法律关系的存在。旅游法律关系以客观存在的物质关系为依据,并对物质关系具有促进作用。

(二) 旅游法律关系是法律规范调整或确认的社会关系

任何一种法律关系的产生和存在都是以与这种法律关系相适应的法律规范的存在为前提的,否则,就不可能形成法律关系。旅游法律关系是经过旅游法规则或旅游法律规范调整或确认的社会关系,即旅游活动中产生的各种社会关系,只有经过旅游法律规范调整或确认,在立法、执法和守法的运行机制之后,才具有了法律的性质,成为旅游法律关系。

(三) 旅游法律关系是体现意志性的特种社会关系

从实质上看,旅游法律关系作为一定社会关系的特殊形式,正在于它体现国家的意志。这是因为,旅游法律关系是根据旅游法律规范有目的、有意识建立的。所以,旅游法律关系像旅游法律规范一样必然体现国家的意志。在这个意义上,破坏了旅游法律关系,其实也违背了国家意志。但旅游法律关系毕竟又不同于旅游法律规范,它是现实的、特定的旅游法律主体所参与的具体社会关系。因此,特定旅游法律主体的意志对于旅游法律关系的建立与

实现也有一定的作用。有些旅游法律关系的产生,不仅要通过法律规范所体现的国家意志,而且要通过法律关系参加者的个人意志表示一致。当然也有很多旅游法律关系的产生,往往基于行政命令而产生。

总之,每一个具体的旅游法律关系的产生、变更和消灭是否要通过它的参加者的意志表示,呈现出复杂的情况,不可一概而论。

(四)旅游法律关系是具有权利义务内容的社会关系

法律关系是法律规范在实际生活中的实现,只有当人们按法律规定结成具体的权利与义务关系时,才构成法律关系。旅游法律关系是以法律上的旅游权利、义务为纽带而形成的社会关系,它是法律规范行为模式的规定在事实社会关系中的体现。没有特定旅游法律关系主体的实际法律权利和法律义务,就不可能有旅游法律关系的存在。在此,旅游法律权利和义务内容是旅游法律关系区别于其他社会关系的重要标志。旅游法律关系具有旅游权利和旅游义务的内容,双方当事人相互享有旅游权利,承担旅游义务。例如,关于旅游纪念品的买卖合同,旅游工艺品商店的义务是将旅游商品交付给旅游者,它的权利是取得商品的价值,旅游者的权利是取得旅游商品,其义务是支付旅游商品的价值。

(五)旅游法律关系是由国家强制力保证实现的社会关系

旅游法律关系是旅游法律规范的内容(行为模式及其后果)在现实社会生活中得到具体的贯彻,换而言之,人们按照旅游法律规范的要求行使旅游权利、履行旅游义务并由此而发生特定的法律上的联系,这既是一种旅游法律关系,也是旅游法律规范的实现状态。在此意义上,旅游法律关系是人与人之间的符合法律规范的合法关系,这也是它与其他旅游社会关系的根本区别。

可见,旅游法律关系是旅游法律规范的实现形式,是由国家强制力保障法律关系主体的合法权利的实现和法定义务的履行的社会关系,任何侵犯他人合法权利和不履行法定义务的行为,都要受到法律制裁。

二、旅游法律关系的分类

(一)从法理学认识的角度分类

按传统西方法学分类方法,旅游法律关系可分为公法关系和私法关系;按旅游法律关系的性质分类,旅游法律关系可分为民商事法律关系、经济法律关系、行政法律关系;以当事人是否属于同一国籍为标准分类,旅游法律关系可分为国内法律关系和国际法律关系或涉外法律关系等。

(二)从旅游法律关系依据标准分类

按照旅游法律关系产生的依据、执行的职能和实现规范的内容不同,旅游法律关系可以分为调整性法律关系和保护性法律关系。

调整性旅游法律关系是基于人们的合法行为而产生的、执行法的调整职能的法律关系,它所实现的是法律规范的行为规则的内容。调整性法律关系不需要适用法律制裁,法律主体之间即能够依法行使权利、履行义务。

保护性法律关系是由于违法行为而产生的、旨在恢复被破坏的权利和秩序的法律关系,它执行着法的保护职能,所实现的是法律规范的保护规则的内容,是法的实现的非正常形式。

(三) 从旅游法律关系主体地位分类

按照旅游法律主体在法律关系中的地位不同,旅游法律关系可以分为纵向的法律关系和横向的法律关系。

纵向的法律关系是指在不平等的法律主体之间所建立的权力服从关系。其特点:一是法律主体处于不平等的地位,如旅游行政管理关系中的上级机关与下级机关,在法律地位上有管理与被管理、命令与服从、监督与被监督诸方面的差别;二是法律主体之间的权利与义务具有强制性,既不能随意转让,也不能任意放弃。

横向的法律关系是指平权旅游法律主体之间的权利义务关系。其特点在于,法律主体的地位是平等的,权利和义务的内容具有一定程度的任意性。

(四) 从旅游法律主体数量及权利义务一致性分类

按照旅游法律主体的多少及其权利义务是否一致为根据,可以将旅游法律关系分为单向法律关系、双向法律关系和多向法律关系。

单向法律关系,是指权利人仅享有权利,义务人仅履行义务,两者之间不存在相反的联系。

双向法律关系,是指在特定的双方法律主体之间,存在着两个密不可分的单向权利义务关系,其中一方主体的权利对应另一方的义务,反之亦然。

多向法律关系,又称复合法律关系或复杂的法律关系,是三个或三个以上相关法律关系的复合体,其中既包括单向法律关系,也包括双方法律关系。

(五) 从旅游法律关系作用分类

按照旅游法律关系作用不同,旅游法律关系可以分为主法律关系和从法律关系。

主法律关系是人们之间依赖建立的不依赖其他法律关系而独立存在的法律关系或在多向法律关系中居于支配地位的法律关系。

由主法律关系产生的、居于从属地位的法律关系,就是从法律关系。

三、旅游法律关系的构成要素

(一) 旅游法律关系主体

1. 旅游法律关系主体及其一般结构

旅游法律关系主体,是指依法享有权利和承担义务的,旅游法律关系的参加者或当事人。任何法律关系,如果没有享有一定权利和承担一定义务的主体参加,是不可能成立的。在我国,旅游法律关系的一般主体包括自然人、法人和非法人组织三类。

1) 自然人

自然人即在自然状态下出生的人,包括公民、无国籍人和外国人。自然人要成为旅游法律关系主体,必须具有民事权利能力和民事行为能力。

民事权利能力是指国家通过法律赋予的民事主体享有权利和承担义务的地位和资格。

即享有民事权利能力就可以参加民事活动,享有民事权利,承担民事义务。我国《民法通则》规定,公民的权利能力始于出生,终于死亡。民事行为能力指民事主体能够以自己的行为参加民事活动,享有民事权利,承担民事义务的地位和资格。我国《民法通则》将公民的行为能力依其年龄、智力和精神状况可分为完全民事行为能力的人、限制民事行为能力的人和无民事行为能力的人。

(1) 完全民事行为能力的人。

完全民事行为能力的人即年满18周岁的公民为成年人,并且可以独立进行民事活动,才是完全民事行为能力的人。此外,16周岁以上不满18周岁的公民,若以自己的劳动收入为主要生活来源的,可视为完全民事行为能力的人。完全民事行为能力的人,独立进行旅游活动并承担由此产生的旅游法律责任。

(2) 限制民事行为能力的人。

限制民事行为能力的人即10周岁以上的未成年和不能完全辨认自己行为的精神病人。一般来说,一个人的责任能力与其责任年龄成正比,年龄越大,辨认和控制自己行为的能力越强,但是,由于受主、客观方面因素的影响,不能完全辨认或者控制自己的行为,只能从事与其年龄、智力相当的旅游活动,其他活动应当由其法定代理人或者监护人负责,并由其承担由此产生的法律责任。

(3) 无民事行为能力的人。

无民事行为能力的人不具有以自己的行为取得民事权利和设定民事义务的能力,由其法定代理人代理或者监护人负责,并由其承担由此产生的法律责任。无民事行为能力的人主要指不满10周岁的未成年人和完全不能辨认或者控制自己行为的精神病人。

2) 法人

法人是指具有民事权利能力和民事行为能力,依法独立享有民事权利和承担民事义务的组织。法人制度是世界各国规范经济秩序以及整个社会秩序的一项重要法律制度。各国法人制度具有共同的特征,但其内容不尽相同。不同的法人形成了不同的法人理论,法人制度理论成为世界各国建立和完善法人制度、规范经济秩序以及整个社会秩序的理论基础。

我国《民法通则》规定,法人的民事权利能力与民事行为能力同时产生,同时终止。法人与自然人相比较主要有以下区别。

(1) 权利能力区别。

法人是社会组织在法律上的人格化,是法律意义上的"人",具备法定设立条件才能成立。法人因法定原因丧失民事主体资格而终止,该法定原因包括依法被撤销、解散、依法宣告破产或其他原因等。法人终止,不再以法人名义对外从事民事活动。虽然法人、自然人都是民事主体,但法人是集合的民事主体,即法人是一些自然人的集合体,但又不是自然人随意集合体,它有自己的组织机构、组织章程等。

(2) 行为能力区别。

自然人的行为能力有完全与不完全之分,而法人的行为能力总是有限的,由其成立宗旨和业务范围所决定。法人的行为能力和权利能力同时产生与终止,法人一经依法成立,就同时具有权利能力和行为能力,法人一经依法撤销,其权利能力和行为能力也就同时消灭。而公民的行为能力和权利能力并不是同时存在的,即公民具有权利能力却不一定同时具有行为能力,公民丧失行为能力也并不意味着丧失权利能力。

3)非法人组织

非法人组织是指依法成立,但不具备法人资格的社会组织。其最大特点就是不能独立承担法律责任,它必须与其设立者共同承担连带民事责任。

2. *旅游法律关系主体的特有结构*

根据主体的表现形态,对直接参与旅游活动的旅游法主体进行细分,在我国,旅游法主体主要包括旅游行政管理机关、旅游经营者、旅游者及境外旅游组织等。

1)旅游行政管理部门

旅游行政管理部门分为国家旅游行政管理部门和地方各级旅游行政管理部门两级。

国家旅游行政管理部门即国家旅游局,是在国务院的领导下,统筹协调旅游业发展,指导地方旅游工作。

地方各级旅游行政管理部门在我国主要是指省、自治区、直辖市的旅游局,地、市级旅游局和县级旅游行政管理部门。地方各级旅游行政管理部门受同级地方人民政府的领导和上级旅游行政管理部门的指导。

2)旅游经营者

我国《旅游法》规定,旅游经营者是指旅行社、景区以及为旅游者提供交通、住宿、餐饮、购物、娱乐等服务的经营者;景区是指为旅游者提供游览服务、有明确的管理界限的场所或者区域。可见,旅游经营者的范围是较广泛的,具体包括各类旅行社、旅游饭店、旅游交通运输部门、导游服务公司、饭店管理公司、园林、文物部门以及旅游品商店等。

3)旅游者

旅游者包括海外旅游者和国内旅游者两大类。前者是指从境外到我国大陆旅游的外国人、无国籍人、海外华侨以及港、澳、台同胞等;后者是指在国内旅行游览的我国公民,以及出境旅游的我国公民。

4)境外旅游组织

境外旅游组织成为我国法律关系主体的情况较少,但是,当我国的旅游企事业单位与境外旅游组织发生交往时,该旅游组织也可以成为我国旅游法律关系主体。

(二)旅游法律关系内容

旅游法律关系的内容,是指由旅游法律法规规定的,旅游法律关系主体的旅游权利和旅游义务,它是旅游法律规范的行为模式在旅游业运行中的具体落实,是法律规范在社会关系中实现的一种状态。

1. *旅游权利与旅游义务*

旅游权利是指旅游法律关系主体所享有的作出某种旅游行为的能力或者资格。换句话说,旅游权利就是旅游法律关系主体有权作出或不作出一定旅游行为以及有权要求他人作出或不作出相应旅游行为,以实现自己的旅游利益。旅游权利由旅游法确立、认定,并受法律保护。

旅游义务是指旅游法律关系主体所承担的某种必须履行的旅游行为的职责,表现为有义务的人必须作出(或不作出)一定的行为,以保证权利人权利的实现。

2. 旅游法律行为与代理

1）旅游法律行为

旅游法律行为是指旅游主体为了设立、变更或者终止民事法律关系而实施的合法性行为。旅游法律行为具有引起旅游法律关系产生、变更或者消灭的作用，是旅游法律事实中行为的组成部分。其特征如下：

（1）旅游法律行为是一种合法行为。

旅游法律行为具有合法性，是一种符合旅游法要求的合法行为，为国家法律所确认和保护，从而能够产生行为人预期的法律后果。旅游法律行为的合法性是指其内容和形式均应符合法律规定，而且合法性的范围是广义的，既要符合法规规定，又要符合社会公共利益和社会公德的要求。

（2）旅游法律行为以意思表示为构成要素。

旅游法律行为是人们有目的、有意识的行为，意思表示是行为人追求旅游法律关系的设立、变更或消灭的内心意愿用一定的方式表示于外部的活动。例如，王某等人与某旅行社签订《出境旅游合同》，合同约定，旅行社为王某等人提供"普吉豪华双飞6日游"旅游产品与服务，9月30日从首都机场出发。这里存在两个方面的内容：一是王某等人欲于国庆黄金周出境旅游的意愿或内心的真实想法、内心意志和愿望；二是王某等人通过一定的方式，如咨询、商谈等形式将内心意愿表达出来。

旅游法律行为核心要素的"意思表示"应当两方面同时具备，才能产生法律后果。意思表示是旅游法律行为构成的要件，但不是唯一要件，不等于法律行为的本身或全部。换而言之，在旅游业运行中，绝大多数情况下，旅游法律行为必须是双方当事人的意志表示一致，法律行为才能成立，如王某等人提出订立出境旅游合同的意思表示，某旅行社表示同意，并与之签订《出境旅游合同》，该旅游法律行为才能成立。

（3）旅游法律行为是实现预期后果的行为。

旅游法律行为能够实现行为人所预期的旅游法律后果，即旅游法律行为必须有取得旅游权利、履行旅游义务的目的性，即通过设立、变更或消灭旅游法律关系，以实现预期的行为后果。

上述案例中，如果王某等人在履行了"支付旅游费用"的义务后，旅行社完全按照合同约定提供了旅游产品与服务，这一后果就与王某等人的目的性相一致。但是，在王某等人与旅行社约定出发日期9月30日上午，某旅行社电话通知，由于泰国普吉当日发生游行示威，机场被关闭，飞机无法降落，因此该旅游团已被取消，10月5日可以再出发。王某不同意旅行社单方面变更合同安排，要求退还全部旅游费用12000元，并支付合同约定的违约金1200元。旅行社辩称，旅行社改变合同行程属于法律上规定的不可抗力因素所致，故仅退还部分旅游费用，机票、签证等已产生的费用不能退回，并提供了相关的证明。

可见，如果没有产生法律后果，或者虽然产生了某种法律后果，但是却与行为人的预期法律后果不一致，就不构成旅游法律行为。即使有一方最后承担赔偿责任，这种后果也不是行为人所预期的，因为就游客而言，签订合同的行为是希望达到出游和精神满足的目的。

（4）旅游法律行为是具有法律约束力的行为。

旅游法律行为一旦成立，就具有了法律上的约束力，受法律的确认和保护，任何人不得违反,否则就要承担相应的法律后果。例如,游客李某一行7人参加某旅行社组织的丽江、中甸、泸沽湖六天双飞团。该旅行社在游客毫不知情的情况下,将李某等人转交给另一家旅行社的云南专线旅游团,而这家旅行社又将这些游客交给第三家旅行社。8月14日,李某等人在云南当地导游的带领下,到行程之外的一家藏药店购物。因为李某和她的小孩高原反应比较重,且小孩有慢性病,在药店藏医导引下,刷卡购买了4.1万元的药品。8月16日,李某等人返回深圳后即向组团旅行社投诉,称在藏药店购买的药物不对症,无法服用,且质价不符,要求退货。

在此案例中,无论是组团社还是地接社均侵犯了李某等人的合法权益,应当承担相应的法律后果。

总之,旅游法律行为是一种以设立、变更或终止旅游法律关系为目的,具有目的性的行为。基于旅游法律行为具有的合法性,法律确认和保护旅游法律行为的效力,故行为人所追求的预期后果必须可以实现。

旅游法律行为的目的与实际产生的后果是相互一致的,这一特点使得旅游法律行为区别于旅游违法行为,因为旅游违法行为也含有依法产生法律后果。但是,这种法律后果并不是行为人实施民事违法行为时所追求的后果,而是根据法律规定直接产生,并非以当事人的意思表示为根据。

2)旅游代理行为

我国《民法通则》规定,代理是指代理人以被代理人的名义,在代理权限内与第三人为法律行为,其法律后果直接由被代理人承受的民事法律制度。其中,代为他人实施民事法律行为的人,称为代理人;由他人以自己的名义代为行使民事法律行为,并承受法律后果的人,称为被代理人。例如,在旅行社业务的代理关系中,接受旅行社的委派,履行旅行社与旅游者约定义务的导游人员称为代理人;授权导游人员进行导游活动,并由自己承担法律后果的旅行社称为被代理人;与代理人进行旅游活动并最终与被代理人之间形成权利义务关系的人(旅游团或旅游者)在法律上称为第三人或相对人。

从民法理论上讲,旅游代理行为具有以下一些法律特征:

(1)代理行为是一种具有法律意义的行为。

代理行为是一种具有法律意义的行为,它能够在被代理人与第三人之间产生法律上的权利和义务关系。例如,旅行社收取旅游费后,有义务按照旅游合同的约定委派导游人员提供各项服务,而旅游者在支付旅游费后有权按合同约定参加旅游团出游,对涉及旅游接待的各方面资讯有知悉权等。

(2)代理人在代理权限范围内有权独立作出意思表示。

代理行为虽然是以被代理人的名义进行,但意思表示却是由代理人作出。这一特征有两方面含义:一是代理人有权独立为意思表示;二是为了切实保障被代理人的利益,法律要求代理人必须在代理权限范围内独立为意思表示。所以,代理人在代理权限范围内作出的意思表示才符合被代理人的民事利益。

正是在此种意义上,代理人在实施代理行为过程中超过代理权限范围所作出的意思表示就是不真实的,其代理行为也应依法无效或被撤销、被变更。例如,导游人员在旅行社的授权范围内,有权决定是否或如何设立、变更或消灭旅游权利和旅游义务。

(3) 代理行为的法律后果直接由被代理人承受。

代理人以被代理人的名义进行活动,其法律后果直接由被代理人承受。一般来说,以谁的名义进行旅游民事活动,谁就是旅游法律关系的主体,也就是旅游权利、义务的承受者。既然代理行为的目的是实现被代理人追求的民事法律后果,所以,代理人的代理行为在法律上视为被代理人的行为,其效力直接及于被代理人,从而我国《民法通则》规定,被代理人对代理人的代理行为,承担民事责任。可见,代理人是代理行为的实施者,而被代理人则是法律后果的承受者,这是民事代理制度得以适用的本质属性。

在旅游活动中,导游人员的代理活动既然是以旅行社的名义进行的,其行为即视为旅行社的行为,其法律后果也应该由旅行社承担。这种法律后果既包括对旅行社有利的,也包括对旅行社不利的法律后果。例如,由于导游人员的过错给旅游者的人身或财产造成损害时,应由旅行社承担损害赔偿责任。

综上所述,旅游代理关系的特点就是有三方当事人,如果只有双方当事人而无第三人,则不能成立代理。例如,旅行社、导游(领队)人员与旅游者三者之间的关系可以用图 2-1 来表示。

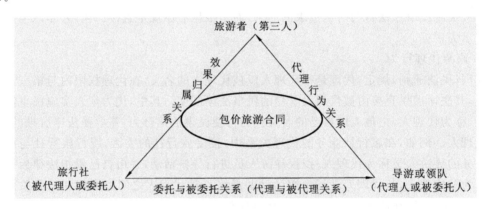

图 2-1　旅行社、导游(领队)、旅游者代理关系

如图 2-1 所示,在旅行社、导游(领队)人员和旅游者之间,存在三对旅游法律关系:一是旅行社与旅游者之间的旅游服务合同;二是旅行社与导游(领队)人员之间的委托代理合同或者劳动聘用合同;三是导游人员基于委托代理合同或劳动聘用合同与旅游者之间形成的代理行为关系。旅行社与旅游者签订旅游服务合同后,即委托导游(领队)人员完成其与旅游者签订的合同内容。根据委托合同内容,导游人员代旅行社履行旅行社与旅游者之间签订的旅游服务合同义务,其法律后果由旅行社承担。可见,导游或领队人员、旅行社及旅游者之间的关系实际上符合我国《民法通则》关于代理的规定,这种旅游业务中的代理制度,在包价旅游合同中,体现最为充分。

在旅行社业务的代理关系中,接受旅行社的委派,履行旅行社与旅游者约定义务的导游或领队人员称为代理人;授权导游或领队人员进行导游或领队业务活动,并由自己承担法律后果的旅行社称为被代理人;与代理人进行旅游活动并最终与被代理人之间形成权利义务关系的人(旅游团或旅游者)在法律上称为第三人或相对人。

（三）旅游法律关系客体

旅游法律关系客体，是指旅游法律关系主体之间的权利和义务所指向的对象。它是构成旅游法律关系的要素之一，是一定利益的法律形式。任何外在的客体，一旦它承载某种利益价值，就可能成为法律关系客体。

法律关系建立的目的，总是为了保护某种利益、获取某种利益或分配、转移某种利益。所以，实质上，客体所承载的利益本身才是法律权利和法律义务联系的中介。这些利益，从表现形态上可以分为物质利益和精神利益、有形利益和无形利益、直接利益和间接利益；从享有主体的角度，利益可分为国家利益、社会利益和个人利益，等等。

总体来看，由于权利和义务类型的不断丰富，旅游法律关系客体的范围和种类有不断扩大和增多的趋势，归纳起来，主要有以下几个方面。

1. 物

物，即标的物。法律意义上的物是指法律关系主体支配的、在生产上和生活上所需要的客观实体。它可以是天然物，也可以是生产物；可以是活动物，也可以是不活动物。

作为旅游法律关系客体的物与物理意义上的物既有联系，又有不同，它不仅具有物理属性，而且应具有法律属性。物理意义上的物要成为法律关系客体，必须具备的条件：一是应得到法律的认可；二是应为人类所认识和控制；三是能够给人们带来某种物质利益，具有经济价值；四是须具有独立性，不可分离之物一般不能脱离主物，所以不能单独作为法律关系的客体存在。

作为旅游法律关系客体的物是指在旅游法律关系中可以作为财产权对象的物品和其他的物质财富，如旅游商品等，至于哪些物可以或不可以作为旅游法律关系的客体，应由法律予以具体规定。

2. 行为

在很多法律关系中，其主体的权利和义务所指向的对象是行为。作为旅游法律关系客体的行为是特定的，即义务人完成其行为所产生的能够满足权利人利益要求的结果，它包括旅游服务行为和旅游管理行为。

旅游服务行为是体现在食、住、行、游、购、娱等一系列活动中的服务工作。旅游管理行为是一种间接的为旅游服务的行为，它对旅游活动进行管理、监督，具体贯彻执行国家的各项旅游政策、法规，维护旅游活动的秩序，促进旅游业健康发展的意义。

3. 精神产品

精神产品也可称为非物质财富，是人通过某种物体或大脑记载下来并加以流传的思维成果。精神产品不同于有体物，其价值和利益在于物中所承载的信息、知识、技术、标识（符号）和其他精神文化。同时它又不同于人的主观精神活动本身，是精神活动的物化、固定化。精神产品属于非物质财富，西方学者称之为"无体（形）物"。我国法学界常称为"智力成果"或"无体财产"。

在某种情况下，非物质财富也可以成为我国旅游法律关系的客体，如与旅游商品有关的注册商标、专利、著作权等智力创造性劳动在特定条件下可以成为旅游法律关系的客体。

四、旅游法律关系产生、变更和消灭

在社会生活中,法律关系是处在不断变化之中的,法律关系主体、客体及权利和义务关系可由某种原因而发生变化,这种变化在法学上称为法律关系的产生、变更和消灭。

(一)旅游法律关系产生

旅游法律关系的产生,是指旅游法律关系主体之间形成权利义务关系。由于某种法定事实的出现,在法律关系主体之间产生了权利和义务关系,如旅游业实行"先收费、后接待"的运行策略,旅游接待合同的订立,要求旅行社与旅游者依据约定,履行各自的法定义务,在旅游者支付了旅游服务费用后,旅行社必须提供约定的产品与服务,否则就应当承担违约责任。

(二)旅游法律关系变更

旅游法律关系的变更,是指旅游法律关系的主体、客体或内容的变化。旅游法律关系主体的变更就是权利或义务从这一主体转移到另一主体。《旅游法》第63条规定,因未达到约定人数不能出团的,组团社经征得旅游者书面同意,可以委托其他旅行社履行合同;组团社对旅游者承担责任,受委托的旅行社对组团社承担责任。这实际上就是一种法定的主体变更的情形。

旅游法律关系客体的变更是主体的权利义务共同指向的目标的变化,如旅游合同标的物的部分灭失,损害他人物品不能恢复原状而变为赔偿损失等。

旅游法律关系内容的变更即权利义务的变化,由于义务的部分履行,权利就随之缩小,由于权利的部分实现,义务就相应减少,如旅游合同的部分履行等。

(三)旅游法律关系消灭

旅游法律关系的消灭,是指旅游法律关系主体之间的权利和义务的终止。由于某种法律事实的出现,使法律关系主体之间的权利和义务关系消灭,如旅游合同履行完毕,旅行中的不可抗力出现等都可能使当事人之间的权利义务即告消灭。

综上所述,旅游法律关系的产生、变更和消灭都是由一定的旅游法律事实引起的。旅游法律事实是指由旅游法规定的,能够引起旅游法律关系产生、变更和消灭的客观情况或客观现象。旅游法律事实包括旅游法律事件和旅游法律行为。旅游法律事件,是指不以当事人的主观意志为转移的客观事件,简单地说,就是指与个人意志无关的客观现象,如旅游活动中的意外事故、不可抗力等。旅游法律行为,是指旅游法律关系主体有意识的、自觉活动的结果,如旅游合同的签订。无论是合法的旅游行为还是违法的旅游行为都能够引起旅游法律关系的产生、变更和消灭。

本章小结

(1)分析了旅游法的性质、特点和作用,以及旅游法的调整对象。

(2)分析了旅游法的构成要素、旅游法规则和旅游法原则。

(3)介绍了旅游法律关系的概念及特征、旅游法律关系的分类与构成要素,以及旅游法律关系的产生、变更和消灭。

核心关键词

主体结构	subject structure
旅游法律规范	tourism legal norms
旅游法律关系	tourism legal relationship
民事法律行为	civil legal act
意思表示	meaning expression

思考与练习

1. 什么是旅游法？旅游法的调整对象是什么？
2. 联系实际，分析旅游企业与旅游者之间的权利义务关系。
3. 简述旅游法的规则和原则。
4. 举例说明旅游代理行为及其法律效果。
5. 联系实际分析，旅游法律关系的产生、变更和消灭。

基于公民权利实现与保障的"旅游法"构建思考

2009年12月，《国务院关于加快发展旅游业的意见》提出，把旅游业培育成国民经济的战略性支柱产业和人民群众更加满意的现代服务业。国家对旅游产业性质认识的突破和跨越，意味着我国旅游业发展正在融入国家战略体系。在此背景下，关于旅游法成为学者们关注的焦点。2011年，《旅游学刊》在其名牌栏目"中国旅游发展笔谈"的第一个讨论专题刊载了学者们的观点。以下是《基于公民权利实现与保障的"旅游法"构建思考》一文内容的摘选。

1. 立法目的和宗旨是旅游法体系与内容构建的前提

由于目前我国旅游法基础理论研究薄弱，对相关概念的内涵和外延未达成共识，而现代旅游业的发展又急需一部具有统一旅游法性质的法律，在此背景下不妨借鉴德国、日本等国家旅游立法经验，以法的社会功能和作用作为立法的基础。因此，我国旅游法的目的和宗旨，除促进现代旅游业健康发展外，应着眼于建立以市场经济为基础，以契约关系为中轴，以民主、商谈、参与为特征的平等的公民社会，以尊重和保护公民的基本权利，凸显公民价值；在强调公民权利实现和保障的同时，致力于促进旅游者的健康生活，并考虑社会、文化等领域的全面发展，构建社会主义和谐社会。

2. 以旅游法律关系为基点的立法模式选择

旅游业发展中的法律关系实质上是一种社会关系,包括公法关系和私法关系两部分,涉及多方主体和多种行为。

按结构形态,一是旅游管理法律关系,它是一种纵向关系,是国家在宏观管理过程中形成的法律关系,调整的主要是因国家对旅游活动管理而产生的社会关系;二是经营协调法律关系,它是一种市场运行中的横向旅游关系,是平等旅游法律关系主体之间在业务交往中,为了保护、获取或分配、转移某种利益而形成的关系。

可见,我国旅游法律关系是集民事、商事及行政法律关系为一体,具有社会法域属性的法律关系。因此,我国的旅游立法模式应以旅游法为统领,专项旅游立法、单项旅游行政法规和地方性法规为补充。至于发挥统一旅游法作用的旅游基本法,应当是一部社会立法,对旅游活动引起的各种社会关系进行协调,这是旅游业综合性的社会现象及其内在规律在立法上的体现和要求。其内容应当对涉及现代旅游业发展的基本原则,旅游活动大系统中多维关系的主体资格定位,旅游者的旅行安全及旅游安全法律环境运行机制,旅游纠纷的处理与旅游者权利实现的保障等问题。

3. 旅游法中旅游合同内容设置

纵观我国现行的旅游立法,对私法关系特别是交易关系的理论抽象与规制显得力不从心,轻私法重公法现象严重,这与旅游业实践中大量的旅游者与旅游营业人、旅游辅助服务者之间,以及旅游营业人相互之间横向法律关系有较大差距。旅游合同是规范合同双方当事人权利义务最基本的法律文件,这种私法关系,在不违背法律和公共秩序,不损害社会公共利益的前提下,一般适用契约自由原则和当事人意思自治原则。因此,我国旅游法中应专章设旅游合同,以"主体—行为—责任"理论框架为主线,在统一我国《合同法》总则规定的前提下,针对我国现代旅游业的特点,对旅游合同的具体内容、不可或缺条款,旅游合同主体资格及其权利义务,危机事件下旅游合同的变更、转让、解除,旅游合同的格式化及"霸王条款",旅游合同中第三人侵犯债权,旅游违约行为与侵权行为竞合及其引起的赔偿(包括精神损害赔偿)等问题进行规制。

问题:

1. 材料中涉及与我国《旅游法》相关的内容有哪些?试分析旅游法的特征和关注点。
2. 你认为旅游法的价值取向是什么?谈谈《旅游法》对中国旅游业的影响。

第三章

旅游法律责任制度

学习引导

法律责任属于法理学的基本范畴,是法理学的基本问题之一,是法律义务履行的保障机制和法律义务违反的矫正机制,在整个法律体系中占有十分重要的地位。旅游法律责任与旅游义务及其法律后果紧密联系,是旅游法主体违反法定义务或合同义务,依法应当承担法律处罚或制裁的,否定性法律评价的后果。旅游法律责任在责任法定原则、公正与合理性原则、因果联系原则、责任相称原则及责任自负原则等一般法律责任归责原则前提下,以"过错责任原则"和"公平责任原则"为其主要归责原则。本章在对学者们关于法律责任的概念、特点、类型及归责原则等观点进行分析的基础上,阐述了旅游法律责任的概念与特征,提出旅游法主体承担法律责任的构成要件是:有过错、有旅游违法行为存在、有旅游损害事实,以及旅游违法行为与旅游损害事实有因果关系。最后,对旅游法律责任的竞合,特别是旅游业运行中最常见的侵权责任与违约责任的竞合问题,进行了理论阐释和实证分析。

学习目标

- 法律责任的概念特征与类型;
- 法律责任的归责原则;
- 旅游法律责任的内涵与构成要件;
- 旅游法律责任的实现方式;
- 旅游法律责任的竞合。

第一节 法律责任概说

一、法律责任认知

（一）法律责任的概念与特点

责任一词在许多意义上使用,一是指责任的积极方面,这种责任是人对自己在社会中人地位、在社会发展中的作用,个人自觉地参与社会事物的意识;在第二种的意义上讲的是责任的回溯方面,即关于过去的事的责任。① 责任首先是一种职责和任务,其次是对"职责"或"任务"未履行或未完全履行应当承担的后果。从这个意义上分析,责任可以分为法律责任、经济责任、道德责任及社会责任等。法律责任属于法理学的基本范畴,是法理学的基本问题之一,是法律义务履行的保障机制和法律义务违反的矫正机制,在整个法律体系中占有十分重要的地位。关于法律责任问题,有学者认为,法律责任是因某种行为而产生的受惩罚的义务及对引起的损害予以赔偿或用别的方法予以补偿的义务;法律责任包括义务、职责、惩罚,还包括服从;而更多的学者则认为法律责任是基于这样一种倾向,即法律责任是与法律权力或法律权利相向的概念,与法律职责、法定义务或合同义务,以及违法行为后果相联系。该定义所确立的法律责任的基本理论格局是:法律责任就是制裁意义上的法律后果;没有违法行为就没有法律责任,"过错"责任和"责任自负"是法律责任的基本原则;法律责任是违法者基于违法行为向国家和受害者承担的法律后果。学者们的观点虽然在研究视角、表述方式等方面有所区别,但其共识点是:法律责任是指因违反了法定义务或契约义务,或不当行使法律权利、权力所产生的,由行为人承担的不利后果。法律责任的特点表现在以下几个方面。

1. 法律责任以法律义务为前提

法律责任首先表示一种因违反法律规定义务、职责或合同约定义务而形成的责任关系,即法律关系主体不履行或不完全履行法律规定义务或合同约定义务,或者因为滥用权力或权利而产生的后果。

2. 法律责任是一种状态或责任方式

法律责任包含了这两层语义,即法律责任关系和法律责任方式。法律责任关系是指因损害法律上的义务关系所产生的对于相关主体所应当承担法定强制的不利后果;法律责任方式一般情况下可分为补偿性方式和惩罚性方式两类。法律责任是指由于某些违法行为或法律事实的出现而使责任主体所处的某种特定状态,是由于产生了违反法定义务及契约义务或不当行使权利和权力,不当履行义务的思想或行为,国家迫使行为人或其关系人或与损害行为、致损物体有利害关系的人所处的受制裁、强制和给予补救的必为状态,这种状态有法律加以规定。可见,在民事法律理论上,法律责任既是一种责任关系,即义务人以积极的

---

① 孙国华.法学基础理论[M].北京:法律出版社,2012.

或消极的方式损害相对人的利益而形成的一种债权债务关系;法律责任也是法律关系主体承担责任的一种方式,即因法律关系主体违反了不同的法律规范或合同约定,而要承担不同的法律责任,如民事责任赔偿、补偿责任或经济惩罚或处罚等责任。

3. 法律责任具有内在逻辑性

法律责任的内在逻辑性表示,法律关系主体承担的后果与责任产生的原因是紧密联系的,或者说,要使法律关系主体承担法律责任,必须以主体违法行为或违反合同的行为存在为前提,前因与后果之间具有法律上的因果关系。违法行为或违约行为是承担法律责任的依据,只有对违法者或违约者才能追究其法律责任,否则,不承担惩罚性的责任。需要注意的是,无过错不构成违法,但是造成损害的,在一定条件下应当承担补偿性的责任。例如,我国《侵权责任法》规定,行为人因过错侵害他人民事权益,应当承担侵权责任;根据法律规定推定行为人有过错,行为人不能证明自己没有过错的,应当承担侵权责任;行为人损害他人民事权益,不论行为人有无过错,法律规定应当承担侵权责任的,依照其规定。这里的"不论行为人有无过错,法律规定应当承担侵权责任的,依照其规定"即指在特殊侵权行为下,主体承担相应的补充责任。

4. 法律责任的追究以国家强制力为基本保证

法律责任的目的是通过法律责任的预防、救济和惩罚等功能来实现的。法律责任和法律后果相联系,由于侵犯法定权利或违反法定义务而引起的、由专门国家机关认定并归结于法律关系的有责主体的、带有直接强制性的义务,体现了违法或违约者与国家机关之间的一定关系,是由国家强制力予以保障的。虽然法律责任的范围比法律后果更加宽泛,但是,如果法律关系主体违反法律规定或合同约定,就应当承担一定的,对自己不利的法律后果。

(二)法律责任的类型

法律责任是与法律的概念和性质紧紧联系在一起。法律是一种行为规范,它为人们的行为提供模式、标准、样式和方向。同时,法律责任具有概括性,它是人们从大量实际、具体的行为中高度抽象出来的一种行为模式,它的对象是一般的人,是反复适用多次的,因而也就具有普遍性,即法律所提供的行为标准是按照法律规定所有公民一概适用的,不允许有法律规定之外的特殊,即要求"法律面前人人平等"。当"人人"或者主体未按法律规范提供模式行为时,就应当承担法律责任。从这个角度分析,法律责任可分为肯定性法律责任、否定性法律责任和义务性法律责任。法律责任的三种类型本质上互相联系、互相作用、互相依赖,统一于法律规范之中。

1. 肯定性法律责任

肯定性法律责任是指根据法律的规定,主体应当承担的

知识关联

法律后果是指行为人具有法律意义的行为在法律上所应承受的结果,分为肯定性法律后果和否定性法律后果。前者是指行为人按照法律规范行为模式的要求行为,从而导致的一种积极的结果,包括国家承认行为合法、有效、应予保护甚至奖励;后者是指行为人违反法律规范的行为模式规定而行为,导致的一种消极的结果,包括国家不承认行为合法、行为无效或者受到法律的制裁。

一种责任。这类责任既包括通常所说的职责,更多的是指每个个体在特定社会关系中所处位置的责任,即个体的社会化所要求的负责态度经法律确认后形成的法律责任。例如,《旅行社条例(修订草案送审稿)》规定:"本条例所称旅行社,是指取得许可,经营旅行社业务的企业法人;本条例所称旅行社业务,是指以营利为目的,预先或者按照旅游者的要求安排行程,提供或者通过履行辅助人提供交通、住宿、餐饮、游览、娱乐、导游或者领队等两项以上旅游服务,并以总价销售的活动。"这是国家旅游行政法规对社会化个体"旅行社"的职责或者旅行社业务范围的规定,实际上是法律确认的旅行社的社会角色定位。

2. 义务性法律责任

义务性法律责任是指在法律规定下,个体必须通过自己的行为表明自己确实承担了肯定性法律责任。义务化法律责任要求个体要么以积极作为的法律形式,要么以消极不作为的法律形式来实现肯定性法律责任,这类法律责任在法律关系中体现为法律义务。例如,我国《旅游法》第 15 条第 1、2 款规定,旅游者购买、接受旅游服务时,应当向旅游经营者如实告知与旅游活动相关的个人健康信息,遵守旅游活动中的安全警示规定;旅游者对国家应对重大突发事件暂时限制旅游活动的措施以及有关部门、机构或者旅游经营者采取的安全防范和应急处置措施,应当予以配合。这是关于旅游者在旅游过程中"如实告知真实信息"义务、"对安全防范和应急处置措施配合"义务的规定,属于义务性法律责任。

3. 否定性法律责任

否定性法律责任则比较接近否定性法律后果意义上的法律责任,它是指因法律关系主体的某种违反法律义务的行为发生或某种损害结果出现后应该承担的法律责任。该类法律责任的设置目的主要是为了保证前两类法律责任的实现,并推动法律关系主体的权利的实现。例如,我国《旅游法》第 15 条第 3 款规定,旅游者违反安全警示规定,或者对国家应对重大突发事件暂时限制旅游活动的措施、安全防范和应急处置措施不予配合的,依法承担相应责任。这实际上就是关于否定性法律责任的规定,其目的是保证旅游经营者获得旅游真实信息和情况,以及国家对旅游安全紧急处置的权力和职责的实现。

二、法律责任的归责原则

归责原则是确定责任归属所必须依据的法律准则。归责原则所要解决的是,依据何种事实状态确定责任归属问题,是解决法律责任的基础性问题。它是指特定国家机关或国家授权的机关依法对行为人的法律责任进行判断、确认、归结和执行法律责任的活动。

(一)法律责任的一般归责原则

1. 责任法定原则

责任法定原则是指违法行为发生后应当按照法律事先规定的性质、范围、程度、期限、方式追究违法者的责任。作为一种否定性法律后果,它应当由法律规范预先规定。排除无法律依据的责任,即责任擅断和"非法责罚"。在一般情况下要排除对行为人有害的既往追溯。

2. 公正与合理性原则

公正与合理性原则要求在设定及归结法律责任,追究主体法律责任时,一是对任何违法、违约的行为都应依法追究相应的责任,并使责任与违法或损害相均衡;二是综合考虑各当事人的心智、情感等使行为人承担责任的多种因素,做到合理地区别对待,以期真正发挥法律责任的功能;三是坚持公民在法律面前一律平等,对任何主体的违法或违约行为,都必须同样地追究法律责任,不允许有不受法律约束或凌驾于法律之上的特殊主体。同时,应当依据法律程序追究法律责任,不依法律程序,不得追究法律责任。

3. 因果联系原则

因果联系原则要求在认定行为人违法责任之前,应当首先确认行为与危害或损害结果之间的因果联系,这是认定法律责任的重要事实依据。同时,确认责任承担主体的意志、思想等主观方面因素与外部行为之间的因果联系,区分这种因果联系是必然的还是偶然的,直接的还是间接的。有时这也是区分有责任与无责任的重要因素。

4. 责任相称原则

责任相称原则要求在设定及归结法律责任时,"责罚相当"、"罚当其罪"。法律责任的性质与违法行为性质相适应,法律责任的轻重和种类应当与违法行为的危害或者损害相适应,法律责任的轻重和种类还应当与行为人主观恶性相适应。

5. 责任自负原则

责任自负原则要求在设定及归结法律责任,追究主体法律责任时,违法行为人应当对自己的违法行为负责,不能让没有违法行为的人承担法律责任,要保证责任人受到法律追究,也要保证无责任者不受法律追究,做到不枉不纵。

(二) 侵权责任的归责原则

侵权责任的归责原则,是指基于一定的归责事由确定侵权责任承担的法律原则。按照我国《民法通则》和《侵权责任法》的规定,侵权责任的归责原则包括过错责任原则、过错推定归责原则、无过错责任原则和公平责任原则。

1. 过错责任原则

过错责任原则是指以过错作为归责的最终构成要件,即行为人的侵权行为给对方造成损害,须行为人在主观上存在过错才承担相应的民事责任。例如,我国《民法通则》规定,公民、法人由于过错侵害国家的、集体的财产,侵害他人财产、人身的,应当承担民事责任。可见,过错责任是侵权责任或损害赔偿的一般归责原则,除法律法规规定的特别侵权行为外,一般侵权行为均适用过错归责原则。

2. 过错推定责任原则

过错推定责任原则是指基于法律的特别规定,推定行为人存在过错而应承担侵权责任,行为人能够证明自己没有过错的除外,即行为人不能证明自己没有过错的情况下,推定行为人有过错,应承担赔偿损害的民事责任。例如,我国《侵权责任法》规定,建筑物、构筑物或者其他设施及其搁置物、悬挂物发生脱落、坠落造成他人损害,所有人、管理人或者使用人不能证明自己没有过错的,应当承担侵权责任等。实质上,推定过错责任,是过错责任范畴内的"加重责任",与一般的过错责任不同,它是在无法判明过错的情况下,保护受害人的合法权利。凡属过错推定的场合,行为人必须举证,证明自己没有过错,这才不承担民事责任。

3. 无过错责任原则

无过错责任原则又称严格责任原则,是指基于法律的特别规定,不以当事人的主观过错

为构成侵权行为的必备要件的归责原则,即不论当事人在主观上有没有过错,都应当承担民事责任。例如,我国《民法通则》规定,没有过错,但法律规定应当承担民事责任的,应当承担民事责任。我国《侵权责任法》关于环境污染的侵权责任承担、关于产品缺陷的侵权责任承担等,均属无过错责任等。

4. 公平责任原则

公平责任原则是指行为人和受害人对造成的损害事实均没有过错,又不能适用无过错责任要求行为人赔偿,而受害人遭受的损失得不到补偿又显失公平的情况下,由人民法院根据公平原则,在考虑当事人的财产状况、支付能力等实际情况的基础上,由双方分担损失。例如,我国《民法通则》对"侵权民事责任"规定,当事人对造成损害都没有过错的,可以根据实际情况,由当事人分担民事责任。

第二节 旅游法律责任及其构成

一、旅游法律责任内涵分析

(一) 旅游法律责任的概念与特征

目前,我国关于旅游法律责任问题的研究还处在探索阶段,从研究内容分析,多以旅游过程中的特定领域、特定环节或特定行为为研究对象,并借助民事法律责任或经济法律责任理论进行阐释。例如,关于旅游安全法律责任的研究,主要以自助游、探险游为研究对象;关于旅游者利益保护的法律责任分析,主要集中在旅行社、旅游酒店、旅游交通和旅游景区方面;关于旅游合同的法律责任,主要探讨的是旅游经营者未履行或未完全履行合同约定的违约责任问题等。从旅游法律责任的独立性、旅游法律责任理论及旅游法律责任的概念性质方面的研究等还未涉猎。通过对包括我国《旅游法》在内的旅游法律法规的规范性分析,可以认为,旅游法律责任是法律义务、行为处罚与法律后果的有机统一。为此,旅游法律责任是指旅游法主体违反法定义务或合同义务,依法应当承担法律处罚或制裁的不利的、否定性法律后果。其特点主要有以下几点。

1. 旅游法律责任以保护旅游者利益和社会公共利益为主要目的

从保护目的上分析,旅游法律责任以保护旅游者利益和社会公共利益为侧重点,这与民事法律责任侧重保护个体权益、行政法律责任侧重保护国家利益是有区别的。例如,我国《旅游法》第3条规定,国家发展旅游事业,完善旅游公共服务,依法保护旅游者在旅游活动中的权利。该法第4条规定,旅游业发展应当遵循社会效益、经济效益和生态效益相统一的原则。国家鼓励各类市场主体在有效保护旅游资源的前提下,依法合理利用旅游资源;利用公共资源建设的游览场所应当体现公益性质。该法第6条规定,国家建立健全旅游服务标准和市场规则,禁止行业垄断和地区垄断;旅游经营者应当诚信经营,公平竞争,承担社会责任,为旅游者提供安全、健康、卫生、方便的旅游服务。这些规定均体现了旅游法律规范的目的,也充分说明了旅游法律责任的侧重点。

2. 旅游法律责任与法律义务和法律后果紧密联系

法律责任的概念是与法律义务相关联的概念,一个人在法律上对一定行为负责,或者他在此承担法律责任,意思就是,如果作相反的行为,他应受制裁。当法律规则要求人们作出一定的行为或抑制一定的行为时,(根据另一些规则)违法者因其行为应受到惩罚,或强迫对受害人赔偿。旅游法律责任与旅游法律规范规定的主体义务及其法律后果是相互联系的,旅游法律责任以旅游法律义务的存在为前提,当事人不履行或违反了法律义务,即产生相应的法律责任,就应当承担不利的法律后果,体现了违法行为与法律责任之间的因果关系。例如,我国《旅游法》第33条规定,旅行社及其从业人员组织、接待旅游者,不得安排参观或者参与违反我国法律、法规和社会公德的项目或者活动。该法第101条规定,旅行社违反本法规定,安排旅游者参观或者参与违反我国法律、法规和社会公德的项目或者活动的,由旅游主管部门责令改正,没收违法所得,责令停业整顿,并处2万元以上20万元以下罚款;情节严重的,吊销旅行社业务经营许可证;对直接负责的主管人员和其他直接责任人员,处2000元以上2万元以下罚款,并暂扣或者吊销导游证、领队证。

3. 旅游法律责任以"过错责任"和"公平责任"为其主要归责原则

从旅游法律规范关于法律责任的承担方式分析,旅游法律责任的归责原则以过错责任原则和公平责任原则为其主要归责原则。旅游法律责任强调旅游法主体违法行为或违约行为的主观要素,即有过错承担责任,没有过错不承担责任,过错大责任大,过错小则责任小。例如,我国《旅游法》第74条规定,旅行社接受旅游者的委托,为其代订交通、住宿、餐饮、游览、娱乐等旅游服务,收取代办费用的,应当亲自处理委托事务;因旅行社的过错给旅游者造成损失的,旅行社应当承担赔偿责任。同时,在旅游实践中,如果行为人和受害人都没有过错,损害事实已经发生的情况下,以公共考虑作为价值判断标准,根据实际情况和可能,由旅游法主体双方当事人公平地分担损失,即以公平原则作为归责原则。例如,依据我国《旅游法》第67条的规定,因不可抗力或者旅行社、履行辅助人已尽合理注意义务仍不能避免的事件,影响旅游行程的,按照四种情形处理,其中:"(三)危及旅游者人身、财产安全的,旅行社应当采取相应的安全措施,因此支出的费用,由旅行社与旅游者分担;(四)造成旅游者滞留的,旅行社应当采取相应的安置措施。因此增加的食宿费用,由旅游者承担;增加的返程费用,由旅行社与旅游者分担。"公平责任原则的出现是弥补适用过错责任原则可能导致的不公平,在当事人间合理分配损失的承担,起到利益平衡器的作用,在一定程度上促进了公平价值目标的实现。

总之,旅游法律责任是一种强制性的法律责任,即旅游法律责任的履行由国家强制力保证,由于行为人违法行为、违约行为或其他违反法律法规的行为,就必须承受法律制裁的义务。旅游法律责任也是一种综合性的法律责任,这种综合性表现为追究责任的机关和责任承担方式的多样性,即追究旅游法律责任的机关可能是旅游行政管理部门,也可能是其他主管部门,如工商、税务机关或者是司法机关,其责任的承担方式既有民事责任、行政责任,也有经济责任,甚至是刑事责任。

(二)旅游法律责任的分类

1. 依责任产生的根据分类

依责任产生的根据分类,旅游法律责任可分为合同责任、侵权责任与其他责任。合同责任,是指因旅游法主体违反旅游合同约定的义务或违反我国《合同法》或我国《旅游法》规定的义务,如缔约过失责任、后合同责任等而产生的责任;侵权责任,是指因旅游法主体侵犯他人的财产权益或人身权益而产生的责任;其他责任就是合同责任与侵权责任之外的其他民事责任。

2. 依承担责任的主体分类

依承担责任的主体分类,旅游法律责任可以分为自然人责任、法人责任和国家责任。自然人责任是指因违法或违约的事由是自然人的行为引起的,而应当承担的法律责任。例如,我国《旅游法》第14条规定,旅游者在旅游活动中或者在解决纠纷时,不得损害当地居民的合法权益,不得干扰他人的旅游活动,不得损害旅游经营者和旅游从业人员的合法权益;导游和领队应当严格执行旅游行程安排,不得擅自变更旅游行程或者中止服务活动,不得向旅游者索取小费,不得诱导、欺骗、强迫或者变相强迫旅游者购物或者参加另行付费旅游项目。法人责任是指因违法或违约的事由是具有法人资格组织的行为引起,而应当承担的法律责任。在旅游业运行中,法人责任主要表现在旅游企业法人的经营行为或旅游景区的行为引起的旅游法律责任。例如,我国《旅游法》第105条规定,景区不符合本法规定的开放条件而接待旅游者的,由景区主管部门责令停业整顿直至符合开放条件,并处2万元以上20万元以下罚款。景区在旅游者数量可能达到最大承载量时,未依照本法规定公告或者未向当地人民政府报告,未及时采取疏导、分流等措施,或者超过最大承载量接待旅游者的,由景区主管部门责令改正,情节严重的,责令停业整顿一个月至六个月。国家责任主要指国家旅游管理主体在行使权力或履行职责过程中产生的法律责任。例如,我国《旅游法》第109条规定,旅游主管部门和有关部门的工作人员在履行监督管理职责中,滥用职权、玩忽职守、徇私舞弊,尚不构成犯罪的,依法给予处分等。

知识关联

后合同责任是指合同主体违背后合同义务所引起的责任,即合同履行已经终止,合同关系消灭以后,当事人应当依法履行通知(告知)、协助、保密、保护等义务,违反此项义务,给相对方当事人造成损失时,后合同义务人应承担的继续履行、赔偿损失、强制协助等民事法律后果。这种责任是合同责任在合同履行完毕后的一种延续的性质,在国际上大多认为它是合同责任的一种特殊形式,应属于合同法调整的范畴。因此,亦称为"类似合同责任"。

3. 依法律实践分类

在法律实践中,最基本的分类方法是将旅游法律责任分为民事法律责任、行政法律责任、经济法律责任和刑事法律责任。民事法律责任是指公民或法人因违反旅游法律法规、旅游合同约定或者因法律规定的其他事由而依法承担的民事赔偿或补偿责任;行政法律责任是指旅游法主体因违反旅游法律法规规定的义务而应当承担的行政处罚或行政制裁责任;经济法律责任是指在国家干预和调控旅游业运行过程中因主体违反经济法律、法规而依法应强制承担的否定性、单向性、因果性经济处罚、经济制裁的义务;刑事法律责任主要指旅游法主体的违法行为,已触犯国家刑事法律规范而应当承担的法定的不利后果。

知识活页　《旅游法》"第七章 旅游监督管理"

第83条　县级以上人民政府旅游主管部门和有关部门依照本法和有关法律、法规的规定，在各自职责范围内对旅游市场实施监督管理。县级以上人民政府应当组织旅游主管部门、有关主管部门和工商行政管理、产品质量监督、交通等执法部门对相关旅游经营行为实施监督检查。

第84条　旅游主管部门履行监督管理职责，不得违反法律、行政法规的规定向监督管理对象收取费用。旅游主管部门及其工作人员不得参与任何形式的旅游经营活动。

第85条　县级以上人民政府旅游主管部门有权对下列事项实施监督检查：经营旅行社业务以及从事导游、领队服务是否取得经营、执业许可；旅行社的经营行为；导游和领队等旅游从业人员的服务行为；法律、法规规定的其他事项。旅游主管部门依照前款规定实施监督检查，可以对涉嫌违法的合同、票据、账簿以及其他资料进行查阅、复制。

第86条　旅游主管部门和有关部门依法实施监督检查，其监督检查人员不得少于二人，并应当出示合法证件。监督检查人员少于二人或者未出示合法证件的，被检查单位和个人有权拒绝。监督检查人员对在监督检查中知悉的被检查单位的商业秘密和个人信息应当依法保密。

第87条　对依法实施的监督检查，有关单位和个人应当配合，如实说明情况并提供文件、资料，不得拒绝、阻碍和隐瞒。

第88条　县级以上人民政府旅游主管部门和有关部门，在履行监督检查职责中或者在处理举报、投诉时，发现违反本法规定行为的，应当依法及时作出处理；对不属于本部门职责范围的事项，应当及时书面通知并移交有关部门查处。

第89条　县级以上地方人民政府建立旅游违法行为查处信息的共享机制，对需要跨部门、跨地区联合查处的违法行为，应当进行督办。旅游主管部门和有关部门应当按照各自职责，及时向社会公布监督检查的情况。

第90条　依法成立的旅游行业组织依照法律、行政法规和章程的规定，制定行业经营规范和服务标准，对其会员的经营行为和服务质量进行自律管理，组织开展职业道德教育和业务培训，提高从业人员素质。

资料来源：http://www.gov.cn。

二、旅游法律责任的构成要件

旅游法律责任构成是指依照旅游法律规范的规定，构成旅游法律责任必须具备的主观要件和客观要件的总和。确定和归结旅游法律责任是立法、守法、执法、司法各环节全部法

律实践活动的主要内容。旅游法律责任的构成要件主要有以下几项。

(一)旅游法律关系主体要有过错

旅游法律关系主体要有过错,是指旅游违法行为的行为人对自己行为引起的损害结果所持有的心理状态,它包括故意和过失两种形式。故意,是指旅游违法行为人明知自己的行为会给国家、社会和他人造成损害结果,并且希望或者放任这种结果发生的心理状态。在法律上,把希望结果发生的心理状态称为直接故意;把放任结果发生的心理状态,称为间接故意。前者是行为人直接追求这种结果的发生;后者是行为人对结果的发生采取听之任之,满不在乎的态度。过失,是指行为人应当预见自己的旅游违法行为可能会发生损害国家、社会和他人利益的结果,因为疏忽大意没有预见,或者虽然已经预见而轻信能够避免的心理状态。在法律上,把疏忽大意没有预见损害结果发生的心理状态称为疏忽大意的过失;把已经预见损害结果的发生但轻信能够避免的心理状态称为过于自信的过失。

(二)要有旅游违法行为的存在

根据我国有关法律的规定,旅游违法行为既可以由作为构成,也可以由不作为构成。作为的旅游违法行为,是指旅游法律关系主体用积极行为所实施的我国法律、法规所禁止的损害国家、社会和他人利益的行为;不作为的旅游违法行为,是指行为人有义务实施某种行为,而消极地不去实施该行为,结果给国家、社会和他人造成的损害。要使行为人对自己不作为的旅游违法行为所造成的损害结果负责必须以行为人负有某种特定的旅游义务为前提。

(三)要有旅游损害事实的存在

旅游损害事实,是指旅游法律关系主体违反旅游法规和其他法律、法规的规定,给国家、社会和他人造成的损害。这里的"损害",既包括给旅游经营管理造成的损害,也包括给财产和人身造成的损害,如旅游企业漏税、欠税、偷税、抗税的行为;违反货币管理、信贷管理、金融管理、外汇管理的行为;违反旅游价格管理的行为等都能使旅游经营管理活动和我国经济秩序受到损害。例如,旅游产品质量不符合规定标准,就会给旅游者造成财产、人身的损害等。

(四)旅游违法行为与旅游损害事实之间有因果关系

旅游违法行为与旅游损害事实之间的因果关系,是指二者之间存在着内在的、必然的联系。也就是说,旅游损害事实是旅游违法行为人承担责任的前提条件,如果只有旅游违法为,而没有造成损害事实,旅游违法行为人可不承担旅游法责任。相反,行为人只能对自己的旅游违法行为所造成的危结果负责,如果仅有旅游损害事实的存在,而没有旅游违法行为或者该旅游损害事实的存在,不是旅游违法行为人的行为所造成,行为人不承担旅游法律责任。

一般情况下,旅游违法行为与旅游损害事实之间是否在因果关系是不难确定的,但是,在某些条件下,由于二者间掺杂着其他因素,要判明引起旅游损害事实的真正原因,是比较困难的,因此,在分析因果关系时应注意以下问题:

一是一个人的旅游违法行为在当时的条件下不是必不可少地要发生某种旅游损害事实,只是与其他原因联系在一起发生了损害结果。在这种情况下,该旅游违法行为仅是旅游损害事实发生的条件,而不是原因,二者之间不存在法律上的因果关系。

二是有时一个旅游违法行为,可能产生几个旅游损害结果,有时一个旅游损害结果,可能是由几个人的旅游违法行为引起的。在这种情况下,应该分清哪些是主要原因,哪些是次要原因;哪个人负主要责任,哪个人负次要责任。

三是解决了旅游违法行为与旅游损害事实之间的因果关系,并不完全解决了行为人的法律责任问题,还必须对整个事件作全面分析,特别要查明行为人主观上是否有过错,如果行为人主观上没有过错,即使造成了旅游损害事实,行为人也不负旅游法律责任。

总之,在确认旅游法律责任时,必须坚持主、客观相一致的原则,既要查明旅游违法行为与旅游损害事实之间有无因果关系,还要查明行为人主观上有无过错。

三、旅游法律责任的实现方式与减轻免除

(一)旅游法律责任的实现方式

1. 惩罚

惩罚即法律制裁,是国家通过强制对责任主体的人身、财产和精神实施制裁的责任方式。惩罚是最严厉的法律责任实现方式,主要针对人身进行。国家使用强制力对责任主体的人身、精神施加痛苦,限制或剥夺财产,使责任主体受到压力、损失和道德非难,从而起到惩戒、责罚、预防和矫正的作用,平衡社会关系,实现社会的有序发展。惩罚具体包括以下几种。

1)民事制裁

民事制裁,是指依照民事法律规定对责任主体依其所应承担的民事法律责任而实施的强制措施,通常是由于侵权或违约引起的,主要内容包括在国家的强制下支付违约金或赔偿等。

2)行政制裁

行政制裁,是指依照行政法律规定对责任主体依其所应承担的行政法律责任而实施的强制措施,包括行政处罚、行政处分。行政处罚是由特定的行政机关对违反行政法律规定的责任主体所实施的惩罚措施,主要有警告、罚款、没收违法所得、责令停产停业、暂扣或者吊销许可证、行政拘留等。行政处分是指对违反法律规定的国家机关工作人员或被授权、委托的执法人员所实施的惩罚措施,主要有警告、记过、记大过、降级、降职、撤职、留用察看、开除等措施。

3)经济制裁

经济制裁是经济管理者行使经济管理职能和达到经济运行目标所采用的措施、手段和途径的总称。如关于旅游景区门票价格问题,关于旅游企业的信贷、税收问题,以及旅游经营主体违反了国家经济管理政策或经济法律法规应当承担的各种经济处罚的措施。

4)刑事制裁

刑事制裁,是指依照刑事法律规定对责任主体依其所应承担的刑事法律责任而实施的强制措施,通常称刑罚制裁。这是一种最严厉的制裁。我国法律规定的刑罚分为主刑和附加刑两类,包括自由刑、生命刑、资格刑和财产刑。主刑包括管制、拘役、有期徒刑、无期徒刑、死刑。附加刑包括罚金、剥夺政治权利、没收财产。

2. 补偿

补偿是通过国家强制力或当事人要求责任主体以作为或不作为形式弥补或赔偿所造成损失的责任方式。补偿包括防止性的补偿、回复性的补偿、补救性的补偿等不同性能的责任方式。补偿的作用在于制止对法律关系的侵害以及通过对被侵害的权利进行救济，使被侵害的社会关系恢复原态。补偿的方式除了对不法行为的否定、精神慰藉外，主要为财产上的赔偿、补偿。在我国，补偿主要包括民事补偿和国家赔偿两类。

民事补偿是指依照民事法律规定，责任主体承担的停止、弥补、赔偿等责任方式，具体包括停止侵害、排除妨碍、消除危险、返还财产、恢复原状、修理、重作、更换、赔偿损失、消除影响、恢复名誉等。民事补偿是承担民事责任的主要方式。

国家赔偿包括行政赔偿和司法赔偿。行政赔偿是国家因行政主体及其工作人员行使职权造成相对人受损害而给予受害人赔偿的一种责任方式，主要包括因违法行政行为侵犯人身权的赔偿、因违法行政行为侵犯财产权的赔偿。司法赔偿是国家因司法机关及其工作人行使职权造成当事人受损害，而给予受害人赔偿的一种责任方式，包括刑事赔偿和非刑事司法赔偿。由于认定事实、适用法律的错误，致使当事人受到损害的，国家要给予相应的赔偿。

3. 强制

强制是指国家通过强制力迫使不履行义务的责任主体履行义务的责任方式。强制的功能在于保障义务的履行，从而实现权利，使法律关系正常运作。强制是承担行政法律责任的主要方式，包括对人身的强制、对财产的强制。强制主要为直接强制，也有代执行、执行罚等间接强制。

（二）旅游法律责任的减轻与免除

旅游法律责任的减轻和免除，即免责。免责以法律责任的存在为前提，是指虽然违法者事实上违反了旅游法律法规，并且具备承担法律责任的条件，但由于法律规定的某些主观或客观条件，可以被部分或全部地免除法律责任。在我国的法律规定和法律实践中，免责的条件和情况是多种多样的。

1. 时效免责

时效免责，即违法者在其违法行为发生一定期限后不再承担强制性法律责任。时效免责对于保障当事人的合法权利，督促旅游法律关系的主体及时结清债务，维护社会秩序的稳定，以及提高法院的工作效率和质量，有着重要的意义。

2. 不诉免责

在我国，不仅大多数民事违法行为是受害当事人或有关人告诉才处理，而且有些轻微的刑事违法行为也是不告不理。不告不理意味着当事人不告，国家就不会把法律责任归结于违法者，亦即意味着违法者实际上被免除了法律责任。在法律实践中，还有一种类似不诉免责的免责方式，即在国家机关宣布有责主体须承担法律责任的情况下，权利主体自己主动放弃执行法律责任的请求。

3. 补救或协议免责

补救或协议免责是指旅游法主体的违法行为或违约行为，已给对方当事人造成了一定损害，但在国家机关归责之前采取及时补救措施或者在民事责任中，基于双方当事人在法律允许的范围内的协商同意,免除有过错当事人部分或全部责任。

第三节　旅游法律责任的竞合

一、旅游法律责任竞合的概念及特点

(一)旅游法律责任竞合的概念

竞合,即竞相符合同一规定或同一事实,亦即同一行为同时符合不同法律责任的构成要件,从而导致了不同法律责任间的冲突。法律责任竞合是法律上竞合的一种,它既可发生在同一法律部门内部,如民法上侵权责任和违约责任的竞合;也可发生在不同的法律部门之间,如民事责任、行政责任和刑事责任等之间的竞合。

我国民事法律规范对违约责任与侵权行为责任之间的界限规定是十分明确的,如我国《合同法》第122条规定,因当事人一方违约行为,侵害对方人身、财产权益的,受害方有权依照本法要求其承担违约责任或依照其他法律要求其承担侵权责任。最高人民法院在《关于适用〈中华人民共和国合同法〉若干问题的解释(一)》第13条中规定,债权人依照合同法第122条的规定向人民法院起诉时作出选择后,在一审开庭以前又变更诉讼请求的,人民法院应当准许。对方当事人提出管辖权异议,经审查异议成立的,人民法院应当驳回起诉。

旅游法律责任的竞合,是指由于某种法律事实的出现,导致两种或两种以上的法律责任产生,而这些责任之间相互冲突,当事人选择其一追究责任,这种情况即是法律责任的竞合。例如,在旅游工艺品的买卖过程中,出卖人交付的旅游工艺品有瑕疵,致使买受人的游客合法权益遭受侵害,游客向出卖人旅游工艺品店既可主张侵权责任,又可主张违约责任,但这两种责任不能同时追究,游客可以在侵权责任或违约责任中选择其一追究责任。

(二)旅游法律责任竞合的特点

1. 责任的成立过程及基础

责任的成立因违约和侵权的不同而有区别。违约责任的成立以旅游合同的成立并生效,且当事人一方不依合同的约定履行义务为前提。因违约行为产生的债权债务责任,是一种相对责任,其产生以旅游合同为基础和依据,受损害的一方当事人行使追究权,仅是代替原合同履行的请求权,原旅游合同债权在形态上可以变更或继续履行。基于侵权行为所发生的债权债务关系,是一种损害赔偿请求权,也是一种绝对权,它是当事人违反旅游法律法规的规定而产生的损害赔偿之债,自始即以损害赔偿为目的,与侵权行为同时发生。

2. 责任主体与行为

竞合的数个法律责任的主体为同一法律主体,且实施了同一个行为。例如,某游客在旅游景区参观游览时,由于景区方面的原因造成某游客人身财产损害。某游客可依景区的侵权责任请求赔偿,也可依景区的违约行为请求景区承担违约责任。这里的侵权责任和违约责任为同一法律主体的同一行为产生,即是由旅游景区的过错引起的。因为根据有关旅游法律法规的规定,旅游景区应当保护旅游者的人身财产不受侵害,否则应当承担侵权责任;

同时,旅游者购买门票进入景区,在事实上与旅游景区形成了一种旅游合同关系,旅游景区保护游客的人身财产安全也是一种合同责任,某游客的人身财产受到损害,说明旅游景区没有达到合同约定的服务标准,因而承担违约责任。

3. 数个法律责任之间相互冲突

旅游法律责任竞合的产生原因是因为不同的旅游法律规范从不同角度对旅游社会关系加以调整,而由于旅游法律规范的抽象性以及旅游社会关系的复杂性,不同的旅游法律规范在调整旅游社会关系时可能会产生一定的重合,使得一个行为同时触犯了不同的法律规范,面临数种法律责任,从而引起旅游法律责任的竞合问题。

竞合行为符合两个或两个以上的法律责任构成要件,即行为人虽然仅实施了一个行为,但该行为同时触犯了数个法律规范,符合数个法律责任的构成要件,因而导致了数个法律责任的产生。当责任主体的数个法律责任既不能被其中之一所吸收,也不能并存,而如果同时追究,显然有悖法律原则与精神时,就发生法律责任间的冲突,产生竞合。

如果是不同法律主体的不同法律责任,或者是数个行为分别触犯不同的法律规定,并且符合不同的法律责任构成要件,就不存在相互冲突的问题,则应针对各行为追究不同的法律责任,而不能按责任竞合处理。

二、旅游法律责任的竞合适用

竞合适用,是指一行为违反了同一法律规定或不同的法律规定,造成了不同的法律后果,依法应当承担不同法律责任的法律适用原则。对于不同法律部门间法律责任的竞合,一般来说,应按重者处之。如果相对较轻的法律责任已经被追究,再追究较重的法律责任应适当考虑折抵。目前在实践中,法律责任的竞合较多的是指民事上的侵权责任与违约责任的竞合。对这种法律责任竞合的性质及法律上如何处理,理论上存在争议,各国的法律规定也有所不同。我国《合同法》规定,在发生违约责任和侵权责任竞合的情况下,允许受害人选择其中一种责任提起诉讼。而依我国《行政处罚法》规定,公民、法人或者其他组织因违法受到行政处罚,其违法行为对他人造成损害的,应当依法承担民事责任。违法行为构成犯罪,应当依法追究刑事责任,不得以行政处罚代替刑事处罚。此条规定,即是行政处罚与民事责任、刑事责任竞合适用原则,这一规定也适用相关旅游法律责任竞合时的责任承担。

1. 行政处罚与民事责任的竞合适用

1)相同点

行政处罚与民事责任两者的关系,既相互联系又相互区别。二者的相同之处主要表现为:两者均属法律责任,都是行为人对自己的不法行为所承担的不利后果;都具有预防和制止违法行为发生的社会功能;都以适合的责任主体为要件。

2)不同点

两者的区别主要表现在承担责任的方式、社会功能、确定责任的原则及责任的转继性质等方面。行政处罚依我国《行政处罚法》规定,主要有罚款、没收非法所得等 8 种形式,着眼于预防违法行为的发生,主要根据违法行为的社会危害程度决定,只能由违反行政法律法规的行为人承担,既不能替代,又不能转继;民事责任的承担依我国《民法通则》有返还财产、赔偿损失等有 10 种方式,着眼于对受害者的补偿或被损利益的恢复,承担以恢复原状和等价赔偿为原则,从保护受害人利益的角度考虑,既可以代偿,也可多个民事主体承担连带责任。

行政处罚与民事责任在适用上不能互相替代。凡侵犯社会公共利益,破坏社会管理秩序的行为,就应当受到行政处罚;凡是对他人的合法权益构成侵害的行为,就要承担民事责任;既侵犯公共利益破坏行政管理秩序,又侵犯他人合法权益的行为,则要同时承担行政处罚和民事责任的双重责任。

在行政执法实践中,要注意克服"以罚代赔"和"以赔代罚"两种不正确倾向。"以罚代赔"即以行政处罚代替民事赔偿,造成被侵害人的损失客观上难以弥补。"以赔代罚"即以民事赔偿代替行政处罚,则公共利益得不到保护,行政管理秩序得不到维系,最终损害了更多人的合法权益和社会公共利益。

2. 行政处罚与刑事责任的竞合适用

1) 行政处罚与刑事责任有许多异同

行政处罚与刑事责任都属于制裁手段,具有一致预防和特殊预防功能,在法治国家,两者均应受法治原则规制。两者的主要区别有:行政处罚只要行为人违反行政法上的强制性义务就可以对其适用,行政处罚的责任主体是行政相对人,承认团体责任;刑罚只能对犯有罪行、触犯刑律的人适用,刑罚的主体一般是个人,某些特殊领域的单位才能成为刑罚主体。

2) 不得以行政处罚代替刑罚

不得以行政处罚代替刑事处罚是我国《行政处罚法》的一项强制性规定。由于行政违法行为在构成要件上与刑事犯罪有相似之处,有的只是违法的严重程度不同,因而在执法过程中对违法行为或者犯罪的准确认定是正确适用法律的关键。

3) 同一违法行为触犯两种法律规范的处理方式

同一违法行为既触犯了行政法律法规,又触犯了刑事法律,在执法过程中应采取两种处理方式:一是单处刑罚,即对一个违法行为构成了犯罪,只由司法机关给予刑事处罚,行政机关不得就同一事实再给予行政处罚,这是"一事不再罚原则"的具体体现;二是刑事处罚与行政处罚双重适用,即由司法机关对行为人予以刑事处罚外,同时对管理机关还应给予行政处罚。这是因为在特定情况下,由于刑罚与行政处罚的种类及功能差异决定了在适用刑罚的同时,还必须适用行政处罚来弥补刑罚的不足。

4) 刑罚与行政处罚双重适用情况

在刑罚与行政处罚双重适用时,应根据实际情况确定。

一是管理机关先立案,在行政处罚过程中发现违法行为人的违法行为构成犯罪,为及时纠正违法行为,应依法作出适当的行政处罚后再将案件移送司法机关,依法追究其刑事责任。但该行为人"违法构成犯罪,人民法院判处罚金时,行政机关已经给予当事人罚款的,应当折抵相应的罚金"。

二是如果是司法机关先立案,管理机关应加强与司法机关的联系,法院的判决一旦发生法律效力,发现还有应当处罚的事项在刑罚中未作处罚的,管理机关就应当依法立案,依法作出相应的行政处罚。且在行政处罚过程中,发生法律效力的人民法院判决书中认定的事实和证据可以直接用作行政处罚的事实和证据,不需再经承办人的调查核实和当事人的质证。

三、旅游法律责任竞合的实证分析

(一) 案例引发的思考

案例 1：北京游客张先生与家人特意飞到青岛，与朋友一起入住青岛某四星级饭店，参加该饭店组织的阿尔卑斯缤纷圣诞综艺晚会。21:15 左右，张先生的 8 岁女儿上台给歌手献花，却哭着跑回来，哭诉歌手用指甲掐伤了自己的手指。张先生立即上台询问，歌手称不是故意的。在争论时，饭店保安人员将张先生劝离了晚会现场。之后张先生发现同行朋友的小孩也受到了伤害。饭店方领导在张先生的一再要求下始终未到。半小时后，张先生向青岛市旅游投诉中心投诉，同时向 110 报警。警方和旅游投诉中心的工作人员到达时，歌手已离开饭店。饭店派人送小孩到医院检查，检查结果为左手小指内侧有 0.5 cm×0.5 cm 的伤口。

对于这一事件的性质和结果，双方的认识有较大分歧。最终张先生与饭店未达成协议。

张先生认为，作为消费者特意从北京飞到青岛，在该饭店订房，和家人、朋友参加圣诞活动，没想到会发生这样的事情，作为一个四星级饭店，处理这一问题的态度更是令人极其失望。张先生就解决此事提出 4 条要求：一是酒店书面道歉；二是出示晚会演出许可证明；三是对歌手进行精神健康检查；四是赔偿相应经济损失和精神损失。

饭店认为，圣诞晚会是委托青岛某文化传播有限公司组织的，歌手在台上演出时，有几个六七岁小孩跑上舞台嬉闹，影响歌手正常演出，歌手在推搡过程中将一小女孩手指划伤。饭店领导为尽快调解此事，向客人表示了歉意，并同意免除客人 24 日的住店费用，客人未接受。第二天，饭店约演出单位某文化传播公司与客人协商，该演出单位拒绝提供歌手体检证明，甚至否认歌手划伤小孩手指的事实。

案例 2：李某与同事陈某住进西安某饭店。当日下午 4 时，李某到卫生间洗澡时，因地滑摔倒，李随后将此事告知楼层服务员，但未要求饭店送其到医院检查和治疗。后来李某在市红十字会医院初诊被发现肋骨骨折、脾脏破裂，此后又辗转于西安其他两所医院接受治疗。经法医鉴定，其左侧第 11 肋骨骨折，脾包膜下破裂，属摔碰所致，达 7 级伤残。前后已花去医疗费数万元。

李某认为，饭店客房卫生间的地板太滑，他的同事也曾差点摔倒，而且据当时当班的服务员说，客房卫生间经常有人摔倒。究其原因，李某认为还是饭店卫生间设计不够合理，存在安全隐患，理应承担赔偿责任。况且，事情发生后，该饭店始终未给予任何赔偿，在他住院期间，也一直无人去看望过他，为此十分气愤，遂向该饭店提出包括医疗费、住院费、营养费、护理费及精神损失费等共计 11.8 万余元的赔偿要求。

而该饭店表示其为星级宾馆，服务设施均已检验合格，亦未听到客人反映过此类事件，摔伤是客人自己不小心造成的，责任不在饭店，拒绝对李某进行赔偿。

这是两起在旅游饭店人身受到损害的典型案例，涉及旅游饭店对于旅客在其管辖范围内受到人身伤害是否应该承担赔偿责任以及如何证明的问题。法院在审理这两起案件时，出现了两种不同的观点。

第一种观点，为受害人一方(原告方)所持有，他们认为，旅客入住旅游饭店即与其形成合同关系，在饭店管辖的范围内人身受到伤害，说明饭店提供的服务不符合合同的约定，有违约行为，应当承担违约责任；同时，根据我国《消费者权益保护法》的规定，消费者在接受服务时，人身受到损害的，说明旅游饭店在其经营管理过程中有过错，因而应承担侵权行为责任。原告方的结论是：旅游饭店既要承担违约责任，又要承担侵权行为责任。

第二种观点，为旅游饭店一方（被告方）所持有，他们不否认与旅客之间形成的合同关系，但同时认为作为星级饭店其设备设施和服务项目、服务水平已符合国家星级的有关标准，因而不存在违约行为；至于原告方人身受到的损害，只能说明原告本人或其监护人没有尽到最大的注意义务，饭店没有过错，当然不需要承担侵权行为责任。

（二）旅游饭店与旅客之间法律关系的认定

目前我国尚未颁布旅游饭店法，旅游饭店经营的行为规则和依据，主要有《旅游饭店行业规范》、《旅馆业治安管理办法》和《娱乐场所管理条例》等。近年来，旅客在旅游饭店发生人身损害的事件并不少见，应如何认定旅游饭店的责任，仅仅依靠单一的旅游行业规范或者旅游行政法规是无法从根本上解决实际中遇到的法律问题。我国《合同法》规定，合同是平等主体的自然人、法人、其他组织之间设立、变更、终止民事权利义务关系的协议；依法成立的合同，对当事人具有法律约束力。旅游饭店作为服务性行业，以向旅客提供与收费相应的住宿环境和服务，来获取旅客支付的报酬。旅客登记入住旅游饭店，其与饭店之间建立的关系符合我国《合同法》的规定，形成了以住宿、服务为内容的合同关系，应适用合同法律规定进行调整。在此合同中，饭店除应履行向旅客提供与其星级收费标准相应的房间设施及服务的义务外，还应履行保护旅客人身不受损害的义务。

依据我国《合同法》规定，当事人应当按照约定全面履行自己的义务；当事人应当遵循诚实信用原则，根据合同的性质、目的和交易习惯履行通知、协助、保密等义务。任何旅客入住旅游饭店时，都不会希望自己的人身、财产在入住期间受到侵害，任何饭店在接待旅客时，也不愿意出现旅客的人身、财产被损害事件，以至影响自己饭店的客流量。因此，根据住宿合同的性质、目的和行业习惯，避免旅客人身、财产受到侵害，就成为此类合同的附随义务。旅游住宿合同一经成立，无论饭店是否向旅客出具口头的或者书面的安全保证或承诺，合同的附随义务都随之产生并客观存在。对于旅客的人身财产安全，旅游饭店应尽到正常情况下的告知、保护、协助义务，而不论该旅客是在旅游饭店的公共场所，还是在客房内。同时，我国《消费者权益保护法》第7条规定，消费者在购买、使用商品或接受服务时享有人身、财产安全不受损害的权利；消费者有权要求经营者提供的商品和服务，符合保障人身、财产安全的要求。该法第18条又规定，经营者应当保证所提供的商品或者服务符合保障人身、财物安全的要求；对可能危及人身、财物安全的商品和服务，应当向消费者作出真实的说明和明确的警示，并说明和标明正确使用商品或者接受服务的方法以及采取防止危害发生的措施。可见，旅游饭店责任的性质具有双重属性，属于侵权责任与合同责任的竞合。根据我国《合同法》第122条的规定，在责任竞合时，当事人只有单一的请求权，受害人可以选择请求旅游饭店承担违约责任或侵权责任。

上述两个案例中，旅客依据我国《合同法》规定要求饭店承担违约责任的同时，又依据我国《消费者权益保护法》的规定请求旅游饭店承担侵权责任无法律依据。

（三）旅游饭店与旅客的权利义务关系及举证责任

饭店是旅游业的重要组成部分，是旅游业六大要素中不可少的环节，从法律角度看，饭

店从它产生时起就担负起保护旅客安全的职责,不加歧视地接待旅客,提供住宿就成了饭店的义务。饭店也是权利义务关系甚为集中之处,这种权利义务关系几乎是和饭店业同步发展的。通过对国外旅游饭店法的了解和研究,以及对我国与饭店有关的法律问题分析,发现在饭店与旅客的关系中,旅游饭店的权利义务除了按住宿合同的约定提供相应标准的服务外,还应包括接受旅客、保护旅客的人身安全以及保护旅客的财产安全三个方面。而在保护旅客的人身安全方面,则包括采取措施保证旅客的住宿安全以及有义务提供安全住宿设施等内容。换言之,旅游饭店有责任保证旅客的人身安全不受侵犯,并保证对其设备设施定期检查维修保养,使之随时处于完好状态。需要指出的是,这里所说的"保证",不能被理解为饭店应该承担保证人的责任,即饭店在接受旅客后,应当履行保护旅客人身安全的义务并不意味着要求饭店成为旅客安全的保险人。

我们知道,旅游是旅游者寻求观光游览休闲的娱乐活动,是一个涉及时间、空间跨度非常大的活动,随时可能遭遇到各种各样的伤害。虽然旅游饭店是以营利为目的经营,自然应当承担一定的营业风险,但是,每一种营业风险对于其经营者来讲,都应该是公平的、合理的。所以,对于旅游饭店没有能力预见,或者即使预见也不能预防的意外情况,法律的要求是,在尽到说明、警示以及采取必要的防范措施之后,不承担责任。

现在的问题是:在上述两个案例中,旅游饭店是否有能力预见事件的发生,是否履行了说明、警示义务并采取必要的防范措施,以及如何证明?

我国《民事诉讼法》规定了民事诉讼中"谁主张,谁举证"的原则。最高人民法院《关于民事诉讼证据的若干规定》进一步规定,当事人对自己提出的诉讼请求所依据的事实或者反驳对方诉讼请求所依据的事实,有责任提供证据加以证明;没有证据或者证据不足以证明当事人的事实主张的,由负有举证责任的当事人承担不利后果。

因此,当旅客在饭店遭受人身损害要求其承担赔偿责任时,举证责任应在饭店,即旅客在饭店内发生人身损害时,首先推定饭店有过错,饭店要想减轻或免除责任就必须向法院证明:自己确实已尽到认真履行保护旅客人身安全的义务,为防止损害的发生已采取了一切可能的措施,仍不可能完全避免此类事件的发生或证明损害的发生不是或不全是由于饭店的过错。这样才可以在旅游饭店与旅客之间建立起一个公正的法律责任框架,使饭店和旅客都处于公平的司法环境之中。

从案例介绍的情况看,旅游饭店并未全面、认真地履行提醒和说明的义务,也未很好地履行合同的附随义务,因而应承担相应的责任。同时,作为旅客应当尽注意义务,时刻注意保护自己的人身安全,这也是其在订立住宿合同后应当履行的合同附随义务。但该案例中的旅客未能充分了解和利用饭店提供的安全设施,在履行合同附随义务中存在疏忽大意的过失,因而也应承担一定的责任。

(四)旅游饭店承担赔偿责任的范围

如前所述,在违约责任与侵权责任竞合时,当事人只有单一的请求权,受害人可以选择请求旅游饭店承担违约责任或侵权责任。如果原告一方以被告旅游饭店履行义务不符合合同的约定,从而使其陷入危险的环境为由,选择请求旅游饭店承担违约责任时,其赔偿责任范围应依照我国《合同法》第113条的规定,当事人一方不履行合同义务或者履行合同义务不符合约定,给对方造成损失的,损失赔偿额应当相当于因违约所造成的损失,包括合同履行后可以获得的利益,但不得超过违反合同一方订立合同时预见到或者应当预见到的因违反合同可能造成的损失。

我国《消费者权益保护法》规定,消费者因购买、使用商品或者接受服务受到人身、财产损害的,享有依法获得赔偿的权利;消费者在接受服务时,其合法权益受到损害的,可以向服务者要求赔偿。如果原告一方以被告旅游饭店违反我国有关法律法规的规定,提供服务存在过错为由,选择请求旅游饭店承担侵权责任时,其核心问题在于如何确定承担赔偿责任的范围。最高人民法院《关于审理人身损害赔偿案件适用法律若干问题的解释》(以下简称《司法解释》),对于在酒店、公园、餐馆等公共场所发生的人身损害赔偿案件,可以让受害人得到公平充分的司法救济。该《司法解释》规定,从事住宿、餐饮、娱乐等经营活动或者其他社会活动的自然人、法人、其他组织,未尽合理限度范围内的安全保障义务致使他人遭受人身损害,赔偿权利人请求其承担相应赔偿责任的,人民法院应予支持。因第三人侵权导致损害结果发生,由实施侵权行为的第三人承担赔偿责任。安全保障义务人有过错的,应当在其能够防止或者制止损害的范围内承担相应的补充赔偿责任。安全保障义务人承担责任后,可以向第三人追偿。赔偿权利人起诉安全保障义务人的,应当将第三人作为共同被告,但第三人不能确定的除外。

在第一个案例中,对张先生女儿造成伤害的侵权人是歌手。饭店作为安全保障义务人有无过错则是其该不该承担补充赔偿责任的关键。首先饭店委托了有资质的演出机构承办晚会,其圣诞晚会的演出符合《营业场所演出管理条例》的有关要求,具有合法性;其次,对于歌手伤人这样一个损害结果的发生,饭店是无法预料和防范的,因此饭店在这一点上没有过错。但是当问题出现时,饭店未及时处理此事,属于不作为的违法行为。同时,饭店在处理此事过程中的疏忽大意或掉以轻心或有意回避矛盾,使本来简单的事情复杂化了,给解决问题带来难度,更给自己带来了更大的麻烦。

在第二个案例中,李某住进饭店,由于饭店地滑且没有明确的警示标志,也未采取有效防滑措施,导致李某摔伤,证据确凿,应负主要责任。

按照《司法解释》,饭店作为从事住宿业的公共场所,对住店客人应尽安全保障义务。这里的义务一方面是指饭店应有完备的安全制度,自身提供的服务设施应能保证客人安全,另一方面应该包括客人在受到第三人伤害时,及时保留现场保留证据,及时协助客人解决问题,及时协调和处理这一事件。依据《司法解释》,受害人遭受人身损害,因就医治疗支出的各项费用以及因误工减少的收入,包括医疗费、误工费、护理费、交通费、住宿费、住院伙食补助费、必要的营养费,赔偿义务人应当予以赔偿。受害人因伤致残的,其因增加生活上需要所支出的必要费用以及因丧失劳动能力导致的收入损失,包括残疾赔偿金、残疾辅助器具费、被扶养人生活费,以及因康复护理、继续治疗实际发生的必要的康复费、护理费、后续治疗费,赔偿义务人也应当予以赔偿。受害人死亡的,赔偿义务人除应当根据抢救治疗情况赔偿相关费用外,还应当赔偿丧葬费、被扶养人生活费、死亡补偿费以及受害人亲属办理丧葬事宜支出的交通费、住宿费和误工损失等其他合理费用。

对于受害人以给其造成极大的精神损失为由,要求赔偿精神损失费的问题,我国现行的法律法规规定,精神损失赔偿是权利主体因其合法权益受到不法侵害使其遭受精神痛苦或精神利益受到侵害而要求侵权人通过财产赔偿等形式进行救济的一种民事法律制度。《司法解释》规定,受害人或者死者近亲属遭受精神损害,赔偿权利人向人民法院请求赔偿精神损害抚慰金的,适用最高人民法院《关于确定民事侵权精神损害赔偿责任若干问题的解释》予以确定。而《关于确定民事侵权精神损害赔偿责任若干问题的解释》明确规定,精神损害赔偿适用于"侵害生命权、健康权、身体权;侵害姓名权、肖像权、名誉权、荣誉权;侵害人格尊严权、人身自由权"等情形。

我国《消费者权益保护法》规定,对于侵权行为造成精神损失,可以责令侵权人停止侵害、恢复名誉、消除影响、赔礼道歉和赔偿损失。旅客在遭受精神损失后,应先考虑追求精神上的安慰,即要求侵权人消除影响和赔礼道歉,如果精神损失产生了经济损失后果,根据损害赔偿的过错责任原则,旅客可以要求侵权人对这部分经济损失进行赔偿,以利于维护旅客的合法权益。

综上,由于目前我国没有旅游合同法,旅游饭店对旅客的安全保障义务除我国《旅游法》的规定外,各地法院在审理案件时对我国《合同法》及《消费者权益保护法》的理解也不尽相同,因而出现了相似的案件判决结果却不统一的现象。所以,如何让立法、司法界理解旅游业务的运行特点,进而公平合理地架构及处理旅游合同双方当事人的权利义务,是旅游业走向规范化、法制化所面临的急迫任务。

本章小结

(1) 分析了关于法律责任概念特点及类型的学者们观点,提出法律责任除一般归责原则外,需要特别关注侵权责任的归责原则。

(2) 介绍了旅游法律责任的概念、特征及分类,分析了旅游法律责任的构成要件。

(3) 介绍了旅游法律责任的实现方式以及旅游法律责任的减轻与免除。

(4) 对旅游法律责任竞合问题进行理论阐释与实证分析。

核心关键词

法定义务	legal obligation
归责原则	doctrine of liability fixation
过错责任原则	doctrine of liability with fault
因果关系	causation
法律责任竞合	legal liability concurrence

思考与练习

1. 简述旅游法律责任的概念与特征。
2. 简述旅游法律责任的构成要件。
3. 旅游法律责任的实现方式有哪些?
4. 联系实际分析公平责任原则。
5. 联系实际分析旅游侵权责任与违约责任的竞合。

案例分析

旅游电商企业不正当竞争行为的法律分析

国内旅游电子商务网站,主要分为专业网站,如携程旅行网、去哪儿网、艺龙旅行网等,地区性网站,如丽江旅程网、游客网等,以及各门户网站的旅游频道,如新浪旅游、搜狐旅游等。旅游电子商务网站提供了较为全面的服务产品,涵盖旅游食、住、行、游、购、娱等方面的网上资讯和预约服务,逐渐成为旅游服务中的重要媒介。

关于对旅游电子商务的规制,我国《旅游法》虽然对旅游经营者的行为进行了明确的规范,却缺乏对旅游电子商务行为直接的、特别规定,不能满足旅游电子商务高速发展的需要。因此,我国《消费者权益保护法》、《反不正当竞争法》、《反垄断法》等成为规制旅游电子商务行为配套的法律。司法规制是对旅游电子商务行为规制的重要表现形式,如果遇到没有相关法律适合现实中出现的新问题,且又不能不解决的问题,就需要对现有法律进行解释,将一些重大案件裁判过程中被普遍认可的原则上升为司法解释。例如,最高人民法院《关于审理涉及计算机网络域名民事纠纷案件适用法律若干问题的解释》为法院在处理相关案件时提供了法律依据。

旅游电子商务依托互联网发展,对旅游电子商务企业的行政管理也需要互联网的参与。2015年5月,国家旅游局宣布开通全国旅游网上投诉平台,此后对旅游电子商务运行的监督与行政规制进入线上线下(O2O)共同管理。根据2009年《中国旅游电子商务报告》,千橡互动收购e龙流通股开启了互联网公司探索与旅游业结合的模式,标志着中国旅游电子商务进入自我规范、自我管理的新探索阶段。在旅游电子商务发展的实践中,有以下两个典型事例。

事例1:2012年9月,东莞国安票务有限公司(以下简称"国安票务")以携程旅行网(以下简称"携程网")涉嫌侵害国安票务商标权和不正当竞争为由将携程告上法院。国安票务表示,2012年有一段时间发现销售量直线下降,寻找原因时,国安票务发现在百度搜索中输入国安票务的关键字,出来的结果竟然是携程网。百度公司也曾表示,携程网是他们的客户,并且是由携程网添加的"国安票务"的关键字。对于不

正当竞争的指控,携程网辩称,原告的"国安"字号不具有知名度,不能作为企业名称予以保护。

该案件于同年12月开庭审理,2013年4月审判,判定携程网构成不正当竞争行为成立,对国安票务的利益造成了侵害,应赔偿其经济损失合计20万元。而国安票务要求携程赔偿经济损失500万元、在各大报纸和网站上赔礼道歉亦缺乏事实和法律依据,请求驳回全部诉请。

事例2:同程网络科技股份有限公司(以下简称"同程网")和南京途牛科技有限公司(以下简称"途牛网")的竞争由来已久,双方一直是将对方定义为首要的竞争对手。从同程网和途牛网在2014年不约而同地进军海外旅游市场开始,双方的矛盾激化、不断升级。两家企业公开在自己的网平台上互相指责,在公众场合双方的高级管理人员也经常发生语言冲突;在业务方面,两企业采取压低相同旅游线路的报价,挤压对方的市场空间。

2015年7月,同程网以不正当竞争为由将途牛网告上法庭,称途牛网要求供应商签订具有"排他性"的协议,要求供应商在同程网和途牛网中作出选择,同时指出途牛网在广告中有明显贬损同程网相关产品的行为,请求法院对途牛网的不正当竞争行为进行裁定,并索赔199万。两个月后,途牛网反诉同程网不正当竞争,称同程网多次在其广告和社交平台中使用"屠牛"等词宣传文案,属于不正当竞争中的商业诋毁,认为其行为已对途牛网造成恶劣影响,请求法院裁定,并索赔200万,其中的意味不言而喻。

以上两个事例,折射出旅游电子商务行业竞争中的乱象。在当下旅游电子商务中利用搜索引擎混淆商标的情况时有发生,如知名旅游电子商务企业"去哪儿网"的"去哪"一词,在多家竞争对手门户网站中也经常可见,用户使用"去哪儿"关键词进行搜索也时常会搜出含有"去哪"关键词的其他旅游相关网站;2016年初"携程网卖假票"事件,直接导致旅游电商行业在线票务预订业务大幅下降;为抢占用户低价倾销的行为,从线上蔓延到线下,使整个行业陷入了混乱,损害了消费者和其他旅游企业的利益,等等。

旅游电商企业违法成本低、维权成本高,以及竞争中的道德缺失,造成企业间恶性竞争局面,产生的连锁反应让大众对旅游行业产生了不信任,也直接影响到旅游目的地、整个旅游行业以及旅游相关产业的正常运行。

旅游电子商务企业的发展需要公平有序的竞争环境,也需要商业伦理道德约束,相关旅游立法的建立和完善、旅游行业协会的积极引导、旅游电子商务企业自律,可以有效避免不正当竞争的产生,同时通过合作让企业优势进行互补,提高在国外资本参与下的中国市场企业的竞争力,从而促进旅游业在和谐中健康发展。

问题:
1. 结合案例材料,分析旅游电商企业的行为违反了哪些法律规定?

2. 谈谈旅游电商企业应当承担的法律责任与社会责任。

资料来源：

①http://epaper.southcn.com/nfdaily/html/2013-04/23/content_7184117.htm；

②http://xh.xhby.net/mp2/html/2015-09/25/content_1315007.htm。

第四章

旅游规划与资源保护法律制度

学习引导

我国《旅游法》明确旅游业发展应当遵循社会效益、经济效益和生态效益相统一的原则,设"旅游规划与促进"专章,鼓励各类市场主体在有效保护旅游资源的前提下,通过确立旅游规划体系和编制规范,依法合理利用旅游资源。本章依据我国《旅游法》、《文物保护法》、《城乡规划法》、《自然保护区条例》等相关法律法规,从旅游业可持续发展视角,分析旅游发展规划的编制要求与内容,旅游资源的调查与评价,以及旅游资源开发、利用与保护的关系,并从自然旅游资源和人文旅游资源视角介绍了自然保护区条例和文物保护法的内容,提出在自然保护区开展旅游活动,以及对文物进行修缮、保养、使用和销售的基本要求,最后对城乡规划法律制度的内容进行阐释。

学习目标

- 旅游发展规划法律依据;
- 旅游资源利用保护制度;
- 自然保护区开展旅游活动制度;
- 文物旅游资源保护制度;
- 城乡规划法律制度。

第一节 旅游规划及其资源利用保护

进入21世纪,国家先后颁布了《旅游规划通则》(GB/T18971—2003)、《旅游资源分类、调查与评价》(GB/T18972—2003)、《旅游发展规划管理办法》及《旅游规划设计单位资质认定管理办法》等国家标准和规章,并随着国家和地方旅游规划的编制与实施,我国的旅游规划标准体系日趋完善。我国《旅游法》在明确旅游业发展应当遵循的基本原则的基础上，设"旅游规划与促进"专章，加强对旅游资源的保护，并通过确立旅游规划的体系和编制规范，明确各市场主体和各部门对资源保护的责任，体现了对旅游资源的整体保护要求。

旅游规划分为旅游发展规划和旅游专项规划两种，前者是根据旅游业的历史、现状和市场要素的变化所制定的目标体系，以及为实现目标体系在特定的发展条件下对旅游发展的要素所做的安排；后者是对重点旅游资源开发利用，特定区域内旅游项目、设施和服务功能配套，以及旅游发展要素提升优化等方面所做的安排。

此外，我国《土地管理法》、《城乡规划法》、《文物保护法》、《环境保护法》、《森林法》、《草原法》、《自然保护区条例》等法律法规，对自然、人文资源保护分别作出了详细、具体的规定，各类主题在旅游活动中应当遵守相关法律法规，履行保护资源的义务。

一、旅游发展规划的法律依据

（一）旅游发展规划的概念与特征

旅游发展规划是对规划区域的旅游业发展做出的战略性决策，是旅游规划体系中层次最高的旅游产业发展总纲领。依据《旅游发展规划管理办法》，旅游发展规划应当确定旅游业在国民经济中的地位、作用，提出旅游业发展目标，拟定旅游业的发展规模、要素结构与空间布局，安排旅游业发展速度，指导和协调旅游业健康发展；旅游发展规划一般为期限五年以上的中长期规划；旅游发展规划按照范围划分为全国旅游发展规划、跨省级区域旅游发展规划和地方旅游发展规划。不同层次和不同范围的旅游发展规划应当相互衔接，相互协调，并遵循下级服从上级、局部服从全局的原则。旅游发展规划具有以下基本特性。

1. 综合协调性

旅游发展规划涉及地理、历史、文化、建筑、园林、交通、商业、社会、经济、金融、信息等方面的内容，需要多部门互相配合，共同参与规划的制作和实施。我国《旅游法》第4条规定，旅游业发展应当遵循社会效益、经济效益和生态效益相统一的原则。因此，旅游发展规划应当处理好吃、住、行、游、购、娱各要素之间，以及各要素与支持保障体系要素之间的关系，处理好产业发展空间的协调关系和开发时间序列的协调关系，使旅游发展规划的编制与实施分步骤进行，使各区域、各项目开发做到有序而协调发展。

2. 预见性与发展性

旅游发展规划是对特定区域未来旅游业发展蓝图的描绘，应当准确把握和科学预测对未来旅游业发展的影响因素，在规划内容上，通过旅游总体规划，抓住区域旅游业发展的核心问题，按照旅游可持续发展的思想，用大旅游观念看待旅游业产业体系，将国际旅游、国内旅游和当地居民的休闲游憩活动视为完整的市场系统，构筑区域旅游产业板块，将众多旅游相关产业纳入政府"大旅游管理"体系，制定旅游发展规划的指导思想、规划目标、规划具体方案，为区域经济和社会的发展提供决策支持和政策保障。同时，旅游发展规划应当考虑区域旅游业发展地理环境的差异性、旅游业发展的阶段性、旅游市场的多变性，以及经济社会环境发展带来的机遇性等因素，使规划的总体思想、思路与内容逐步完善。

3. 实用性与层次性

旅游发展规划不仅要求其内容具有战略性、指导性、原则性、系统性、完整性，而且要求

对旅游资源、旅游市场、发展目标、战略部署、空间布局和功能组合等进行具体的分析和研究,具有一定的实用性,可切实指导和协调区域内旅游业的建设、布局和健康发展。旅游发展规划在层次性方面的体现:

一是从期限上看,旅游发展规划包括近期旅游发展规划(3~5年),中期发展规划(5~10年),远期发展规划(10~20年)等,并对20年以后的旅游发展作出轮廓性的规划安排。

二是从区域范围上看,可以是跨区域旅游发展规划或国家间旅游发展规划,如丝绸之路旅游发展规划;可以是国家级旅游发展规划,如全国性的旅游目的地、旅游风景区的确定,以及规划开发的战略目标、开发导向、环境保护等;可以是区域级旅游发展规划,如跨省、市、区域的东北旅游区、长江中上游旅游区等;也可以是地方旅游发展规划,如省级、市级或县级的旅游发展规划。

(二) 旅游发展规划的编制要求与内容

1. 旅游产业定位和旅游发展规划编制的职责要求

我国《旅游法》第17条规定,国务院和县级以上地方人民政府应当将旅游业发展纳入国民经济和社会发展规划;国务院和省、自治区、直辖市人民政府以及旅游资源丰富的设区的市和县级人民政府,应当按照国民经济和社会发展规划的要求,组织编制旅游发展规划;对跨行政区域且适宜进行整体利用的旅游资源进行利用时,应当由上级人民政府组织编制或者由相关地方人民政府协商编制统一的旅游发展规划。

这是关于旅游产业定位和政府组织编制旅游发展规划职责要求的规定,规定了各级政府将旅游业发展纳入国民经济和社会发展规划,并组织编制旅游发展规划,明确了政府在跨区域旅游资源整体利用规划编制的协调作用。

按照该要求将旅游业发展的目标与国民经济和社会发展各方面的目标、规划作出系统的衔接,明确了各级政府是旅游发展规划组织编制的主体,并将旅游发展规划的编制范围定位在国家、省、自治区、直辖市以及旅游资源丰富的设区的市和县。同时明确规定,对跨行政区域的旅游资源必须统一编制旅游发展规划。

2. 旅游发展规划的内容

我国《旅游法》第18条规定,旅游发展规划应当包括旅游业发展的总体要求和发展目标,旅游资源保护和利用的要求和措施,以及旅游产品开发、旅游服务质量提升、旅游文化建设、旅游形象推广、旅游基础设施和公共服务设施建设的要求和促进措施等内容;根据旅游发展规划,县级以上地方人民政府可以编制重点旅游资源开发利用的专项规划,对特定区域内的旅游项目、设施和服务功能配套提出专门要求。这是关于旅游发展规划的内容以及根据旅游发展规划编制专项规划的规定,为各级政府制定特定功能区域专项规划指明了方向。

"旅游业发展的总体要求和发展目标"是指旅游发展的指导思想,包括总体定位、形象定位、产业定位和市场定位等,发展定位以及包括发展速度、经济目标、社会目标、文化目标、环境目标、城乡部门等的发展目标。

"旅游资源保护和利用的要求和措施"是指对依法保护和合理利用资源的规划及其科学衔接提出具体的措施和要求,合理划定禁止开发、适度开发和适宜开发的区域,对不同资源的利用方式和强度做出规范,建立保护利用和效果评估机制。

"旅游产品开发"是指在对旅游资源条件和旅游市场调查以及旅游产品现状分析基础上,对市场潜在旅游产品的结构、类型、项目的发展目标及其实施战略和措施进行规划,包括对产品结构、产品系列化以及产品的生命周期进行规划。

"旅游服务质量提升"主要包括旅游品牌创建工程、旅游标准化示范工程、旅游人才培训工程、旅游服务质量评价工程、旅游信息化工程、导游服务质量提升工程等。

"旅游文化建设"是指结合本地实际,在保护和不改变文化原真性的前提下,打造能够体现本地文化特色、符合社会主义价值观的旅游产品、旅游商品,形成旅游文化品牌。

"旅游文化推广"是指统一旅游形象,对资金保障、推广方式、推广目标和绩效评估等提出要求以及针对目标、重点、新兴和潜在等不同市场确定不同的营销策略。

"旅游基础设施建设"是指旅游发展规划中应明确包括旅游饭店、旅游交通运输工具、水电气供应、各种文体疗养旅游休闲场所及其设施与设备等旅游基础设施的数量和质量要求、布局安排等。

"旅游公共服务设施"主要包括旅游信息网、旅游咨询服务中心、移动和旅游信息服务、旅游集散中心、观光穿梭巴士、自驾车出租服务、公厕、无障碍旅游设施、旅游安全救援系统、旅游投诉处理系统等。

"旅游促进措施"主要包括基金促进、信息化促进和人才促进等。

重点旅游资源的开发利用,往往体量大、投入大、牵涉的部门和产业多,在资源保护等方面的综合性要求高,与当地经济社会发展密切相关,因此,重点旅游资源开发管理专项计划由县级以上人民政府编制。

（三）旅游发展规划与相关规划的衔接

我国《旅游法》第19条规定,旅游发展规划应当与土地利用总体规划、城乡规划、环境保护规划以及其他自然资源和文物等人文资源的保护和利用规划相衔接。

这是关于旅游发展规划要与其他法定规划衔接的规定,"相衔接"是指政府在组织编制和批准包括旅游发展规划在内的各种法定规划时,应从土地、城镇空间、产业布局、生态环境、自然及文物资源、交通灯等多个方面进行协调平衡,确保同是政府编制和批准的各规划间没有矛盾,彼此协调,有效执行。通过对资源的合法合理利用,发挥其最大效用,实现各产业共同发展,促进经济、环境、社会、文化效益的和谐统一。

我国《旅游法》第20条规定,各级人民政府编制土地利用总体规划、城乡规划,应当充分考虑相关旅游项目、设施的空间布局和建设用地要求；规划和建设交通、通信、供水、供电、环保等基础设施和公共服务设施,应当兼顾旅游业发展的需要。

这是关于政府通过其他规划的编制和基础及公共服务设施的建设支持旅游业发展的规定,要求各地政府的土地总体规划和城乡基础设施和公共设施建设规划,必须融入旅游业发展的因素考虑。我国《土地管理法》已将旅游用地列入建设用地的范畴,国务院《关于加快发展旅游业的意见》也要求土地规划在编制过程中应适当增加旅游业发展用地,为旅游开发建设提供政策和法律的保障。按照立法原意,城乡规划的编制在确定城乡性质、发展目标时,应为旅游业发展留足空间；在确定城乡人口发展规模和用地时,必须对"居住、生产、交通、游憩"四大功能区进行合理安排；确定城乡发展及建设用地的空间布局时,应当结合旅游项目的建设和旅游设施的空间布局,合理计划和安排；在城乡规划建设中,应合理安排城市基础设施和公共服务的规模与布局,充分考虑其与旅游基础设施的双重使用性,避免重复建设。

知识活页　《旅游规划设计单位资质等级认定管理办法》(摘选)

第3条　旅游规划设计单位资质等级分为甲级、乙级和丙级。

第8条　申请甲级、乙级资质的旅游规划设计单位,须向所在地省级旅游规划设计单位资质等级认定委员会提出申请,由该委员会初审通过后,向全国旅游规划设计单位资质等级认定委员会推荐申报。丙级资质旅游规划设计单位由省级旅游规划设计单位资质认定委员会直接认定,并报全国旅游规划设计单位资质等级认定委员会备案。

第9条　甲级资质旅游规划设计单位应满足下列要求:(1)获得乙级资质一年以上,且从事旅游规划设计三年以上;(2)规划设计机构为企业法人的,其注册资金不少于100万元人民币;规划设计机构为非企业法人的,其开办资金不少于100万元人民币;(3)具备旅游经济、市场营销、文化历史、资源与环境、城市规划、建筑设计等方面的专职规划设计人员,其中至少有五名从业经历不低于三年;(4)完成过省级以上(含省级)旅游发展规划,或至少完成过五个具有影响的其他旅游规划设计项目;(5)项目委托方对其成果和信誉普遍评价优秀。

第10条　乙级资质旅游规划设计单位应满足以下要求:(1)从事旅游规划设计一年以上;(2)规划设计机构为企业法人的,其注册资金不少于50万元人民币;规划设计机构为非企业法人的,其开办资金不少于50万元人民币;(3)具备旅游经济、市场营销、文化历史、资源与环境、城市规划、建筑设计等方面的专职规划设计人员,其中至少有三名从业经历不低于三年;(4)至少完成过三个具有影响的旅游规划设计项目;(5)项目委托方对其成果和信誉普遍评价良好。

第11条　丙级资质旅游规划设计单位应满足下列要求:(1)从事旅游规划设计一年以上;(2)规划设计机构为企业法人的,其注册资金不少于10万元人民币;规划设计机构为非企业法人的,其开办资金不少于10万元人民币;(3)具备旅游经济、市场营销、文化历史、资源与环境、城市规划、建筑设计等方面的专职规划设计人员,其中至少有一名从业经历不少于三年;(4)至少完成过一个具有影响的旅游规划设计项目;(5)项目委托方对其成果和信誉普遍评价好。

第12条　旅游规划设计单位资质等级每两年复核一次。复核通过的,换发新的资质等级证书;复核未通过的,由具有相应权限的资质等级认定机构作出撤销或降低资质等级的决定。被撤销资质等级的旅游规划设计单位,一年内不得重新申请资质认定。

资料来源:http://www.cnta.gov.cn/zwgk/fgwj/bmfg/201506/t20150610_17594.shtml。

二、旅游资源及其利用保护

（一）旅游资源的概念与类型

1. 旅游资源概念界定

旅游资源是旅游业赖以生存和发展的前提条件，是旅游业产生及可持续发展的物质基础，是旅游的客体，是旅游产品和旅游活动的基本要素之一，是旅游生产力增长的潜力所在。

构成旅游资源的基本条件：一是对旅游者有吸引力，能激发人们的旅游动机；二是具有可利用性和发展性，它能够被现实条件下的旅游业所开发利用，同时随着旅游者旅游爱好和习惯的改变，其包容范畴正在并将不断扩大；三是资源的开发能产生不同的经济效益、社会效益和环境效益。随着社会进步，旅游业向纵深层次拓展，人们对旅游资源的认识因其多样性和发展性而深化。

目前，我国有关旅游资源概念的界定，学术界的理解还存在不少差异，其中代表性的观点有以下几种。

一是强调功能性，如郭来喜、吴必虎等（2000）认为，凡能为旅游者提供观光游览、知识乐趣、度假疗养、娱乐休息、探险猎奇、考察研究、寻根访祖、宗教朝拜、商务交往以及人民友好往来的客体与劳务等，并具有开发价值者，均可称为旅游资源。

二是强调要素性，如陈传康等（1990）认为，旅游资源是在现实条件下，能够吸引人们产生旅游动机并进行旅游活动的各种因素的总和；申葆嘉（2010）认为，旅游资源是一切可以用于旅游开发的条件和因素。

三是强调吸引物性，田里（1998）认为，旅游资源是指对旅游者具有吸引力的自然存在和历史文化遗产，以及直接用于旅游目的的人工创造物；李天元（2000）则提出，凡是能够造就对旅游者具有吸引力环境的自然事物、文化事物、社会事物或其他任何客观事物，都可构成旅游资源。

我国《旅游资源保护暂行办法》所称旅游资源，是指自然界和人类社会凡能对旅游者产生吸引力，可以为旅游业合理利用，并可产生经济效益、社会效益和生态效益的各种事物和因素。它包括已开发的各类自然遗产、文化遗产、地质、森林、风景名胜、水利、文物、城市公园、科教、工农业、湿地、海岛、海洋等各类旅游资源，也包括未开发的具有旅游利用价值的各种物质和非物质资源。

可见，旅游资源必须是既具有吸引力，又有市场开发价值，能被人类所利用的各种因素。旅游资源又可称为旅游吸引物，它是指能够激发旅游者的旅游动机，为旅游业所利用，并能产生经济效益、社会效益和生态效益的自然的和社会的事物和现象等各种因素和条件的总和。

2. 旅游资源内涵分析

对于旅游资源的正确认识，必须具备以下3种意识。

一是整体意识。资源要素是一个复合要素，它由众多内涵不同、功用迥异的单项资源组合而成，如自然风光、寺庙建筑、经济环境（商贸旅游）等，而且，资源赋存各组成部分之间的关系既是并列的，又是重叠、交叉的，因此，在衡量某地资源赋存状况的时候，就必须采取将各单项资源加权平均的测算办法,即要力求综合考察、具备整体的意识。

二是发展意识。旅游资源也是一个发展的概念,在不同的发展阶段,对资源的内涵必须有不同的认识,对资源的利用也将适时而改变。对于"不同的发展阶段"的理解应该包括两个方面,在区域旅游业发展的不同历史阶段以及全国乃至全球旅游业发展所处的不同历史阶段,因此,发展意识包括微观与宏观两方面的意识,缺一不可。

三是市场意识。对于资源赋存的认识发展和变化并不是杂乱无章的,它也自有其应该遵循的规律,即以市场需求为导向。对于旅游资源赋存的品评、开发,是与市场的需求相一致的,在对市场需求衡量或界定时既要预测需求总量,又要加强市场定位等方面的工作。

综上,关于旅游资源的内涵可以从以下几个角度理解:

第一,旅游资源是客观存在的旅游活动的客体,可以是物质的,也可以是精神的、非物质的;可以是已被开发利用的,也可以是尚未被开发利用的。

第二,旅游资源具有实现旅游活动的吸引功能,它具有美学特征,能满足旅游者求新、求异、求知、求美等精神需求,吸引旅游者参加旅游活动。旅游吸引力是旅游资源的核心。

第三,旅游资源能被旅游业所利用,产生经济效益、社会效益和生态效益。

第四,旅游资源的概念随人们认识水平的提高在不断发展,旅游资源的范畴也随着科学技术的进步不断扩大。

3. 旅游资源的类型

目前,世界各国对旅游资源尚没有统一的分类标准和分类方法。我国旅游资源十分丰富,包括的范围很广,关于旅游资源的分类,学术界也有不同见解,大体有以下几种划分方法:

第一,按资源的客体属性划分,可以分为物质性旅游资源、非物质性旅游资源和物质与非物质共融性旅游资源。

第二,按资源的科学属性划分,可以分为自然景观旅游资源、人文景观旅游资源和服务性旅游资源。

第三,按资源的发育背景划分,可分为天然赋存性旅游资源、人工创造性旅游资源和两者兼具的复合性旅游资源。

第四,按资源的开发状态划分,可分为已开发旅游资源(现实态),待开发旅游资源(准备态)和潜在旅游资源(潜在态)等。

第五,按资源的可持续利用潜力划分,可分为再生性旅游资源与不可再生性旅游资源。

本书从旅游资源基本成因、属性,以及旅游者观赏角度,将旅游资源分为自然旅游资源和人文旅游资源两大类。

1) 自然旅游资源

自然旅游资源是构成自然环境的主体要素,如地貌、气候、水体和生物中具有旅游吸引力的部分,是指由于自然因素形成的自然景观,它包括山水风光、气候、天文、动植物等自然地理要素所构成的、吸引人们前往进行旅游活动的天然景观,具有明显的天赋性质。

自然旅游资源包括的类型:地文类旅游资源,如典型地质构造、标准地层剖面、生物化石点岩石与矿物、自然灾变遗迹、山岳景观、峡谷景观、火山熔岩岩溶景观、风沙地貌、丹霞地貌、海岸与岛礁等;水体类旅游资源,如江河湖泊、瀑布、泉景、海洋、现代冰川、非峡谷风景河流等；气候、生物类旅游资源，如森林景观、草原景观、古树名木、奇花异卉观赏动物表演、动植物自然保护区、气象气候、天象奇观、太空景观等。

作为大自然的直接造化，自然旅游资源是最基本的旅游资源，在影响旅游活动场所的一切因素中，最重要的是自然因素。因此，人们又称自然环境为旅游的第一环境。

自然旅游资源的主要旅游价值表现在以下几个方面。

其一，提供观赏性审美对象。优美奇异的自然景观是观光旅游最基本的对象。

其二，提供休养度假的自然环境。例如，避暑或避寒的气候条件，有康体疗身作用的温泉、海滨、森林等自然环境条件。

其三，提供娱乐与探险活动的天然场所和条件。例如，登山、滑雪、泛舟、游泳、垂钓、狩猎等。

自然旅游资源作为最基本的旅游资源，不仅仅在于其对旅游资源的结构性作用上。由于自然环境是与人类生存休戚相关的根本物质基础和一切生命活动的可视大舞台，从而不仅使得人类对自然环境具有切肤之亲，并且使得人类对自然环境的审美需求成为最基本的环境审美需求。

因此，以自然旅游资源为对象的旅游活动，成为人类最基本、最共同、最经常、最持久的旅游活动。投身大自然是人类永恒的旅游主题，尤其是在现代社会都市化人工环境的大扩张日益使人类被迫疏远大自然的背景下，回归大自然、追求美好的自然环境成为当代旅游活动的强烈趋向。

2）人文旅游资源

人文旅游资源是指反映人类社会生活的政治、经济、文化、艺术和宗教等活动的人文景观和民俗风情，是人类在长期的生产实践和社会生活中所创造的艺术结晶和文化成就，是激发旅游者旅游动机的物质财富和精神财富的总和。

人文旅游资源主要包括：历史遗产类旅游资源，如古人类遗址、军事遗址、古建筑石窟、碑碣、古代工程、陵墓、名人遗址、宗教建筑、宗教活动、宗教艺术、古城与古城遗址等；现代人文类旅游资源，如现代建筑与大型工程、科学教育、文化设施、体育健身设施、娱乐休闲设施、现代都市特色、城镇乡村景观等；抽象人文吸引类旅游资源，如山水文学作品、民间传说、书法、绘画影视、戏曲音乐、舞蹈、宗教文化、民间文艺、少数民族文化、特色民俗等。

人文旅游资源除了具备旅游资源的一般特点外，还具有自身特点。

一是历史文化性。对于原生性人文旅游资源而言，它们基本上是前人创造的物质文明和精神文明的物质遗存，国际上称为文化遗产。作为历史的产物，其产生有特定的社会历史背景，从而在内容和形式上都打上了时代的烙印。

二是民族性与地方性。人类历史的物质与精神遗产是由不同民族的人民所创造，它们与民族和民族感情不可分割，无论在内涵和风格上，都会明显地表现出一个民族的特征。同时，居住在不同自然环境下的同一民族所创造的人文旅游资源，也必然会呈现不同的地方特色。

三是人为性与依附性。人文旅游资源既为人类所创造，就必然体现人的目的和意志。但是，人文旅游资源的人为性又是建立在对一定自然环境的依附上，即与地形、水源等自然因素有关。

四是创造性与时代性。人文旅游资源作为人类社会的产物,可以不断被创造、形成,并随着不同时代审美情趣的变化,有不同特色的人文旅游资源的演替。

同时,人文旅游资源是以自然条件为基础,是在一定自然地理环境甚至自然旅游资源基础上形成的,在许多方面表现出自然因素的影响,具有较全面的观赏、康乐和科学考察等旅游功能,但其重心主要落在文化观光、文化考察及现代物质性康乐享受方面。

(二)旅游资源调查与评价

1. 旅游资源调查

旅游资源的开发和利用必须建立在对旅游资源数量、品级、环境条件、客源市场及资源保护现状等状况的全面、准确把握的基础上。旅游资源调查是指依据一定的标准,运用一定的方法,对与旅游资源有关的各种数据和资料进行科学性、客观性、准确性分析,完成统计、填表和编写调查文件等项工作,为旅游目的地政府系统掌握当地旅游资源的现状,确定旅游资源的开发导向、开发重点和利用状况,为旅游资源评价和开发做好基础工作,为区域旅游经济发展提供决策依据。旅游资源调查应着重于以下几个方面的内容。

1)旅游资源状况

旅游资源状况包括调查区内自然旅游资源和人文旅游资源的数量、规模、级别,还包括旅游资源的密度、地域组合、季节性等方面。

对自然旅游资源的调查,不仅要掌握自然景观类型及分布规律,了解自然景观的成因,而且要了解调查区总体的动植物特征和分布,具有观赏价值的动植物类型和分布。

对人文旅游资源的调查,不仅要调查现存的,也要调查过去存在而今毁掉的一些景观遗迹、遗存,甚至某些民间传说之地,以便开发时综合考虑,进行恢复和利用。

2)环境状况

环境状况包括调查区降雨量及工程地质、水文、气象气候、生物、生态、土壤、地方病、多发病、流行病情况、放射性污染及电磁波的辐射等,为资源评价开发提供准确的数据。同时,包括调查区及外围的环境污染情况,人与自然环境的关系,自然资源和环境保护的情况,是否存在掠夺性开采和过度开发自然资源及破坏生态平衡的现象,在此基础上提出保护环境的初步建议。因此,既要注意它们有利于景观的一面,也要考虑不利的因素。

3)旅游开发利用条件

旅游开发利用条件包括景观调查区和依托城镇及中心城市的距离、交通条件、旅游接待设施条件、社会治安、民族团结、风土人情、文化素养以及水电供应条件、通信和医疗卫生条件、物资供应条件、游览路线条件及其他相应的条件等,所有这些外部条件都直接影响着旅游资源开发的可行程度。

4)客源市场调查

客源市场调查客源量除受景观价值的影响外,还受景观区及依托城市的经济、交通等社会环境因素的影响。距离中心城市越近、人口密度越大,经济越发达,交通状况越好,客流量就越大;反之则客流量越小。调查中不仅要调查该区域的客流量和客容量,而且对该区域旅游者来源地邻近资源及区域间资源的相互联系进行调查,分析该区域可能的客源市场和邻近旅游资源所产生的积极或消极的影响,为评价和开发提供科学依据。

5) 征求意见与建议

旅游资源调查应当征求或听取当地居民和政府部门对旅游资源开发利用与保护的意见,分析现有及潜在的发展趋势。若调查区是已在开发中的区域,应该调查该区的风景质量及级别、开发程度、环境质量和环境容量、环境保护情况、日客流量、旅游设施和交通等。

2. 旅游资源的评价

旅游资源评价,是指在对旅游资源进行调查的基础上,按照某些标准对旅游资源的类型、规模、质量、等级、开发前景、开发条件等进行科学分析和可行性研究,确定某一旅游资源在全部旅游资源或同类旅游资源中的地位,也就是从纵向和横向两方面对旅游资源进行比较,以确定某一旅游资源的重要程度和开发利用价值,为旅游资源的开发规划和管理提供科学依据。大多数情况下,在对旅游资源进行调查的同时,也就开始对其进行初步的评价。当然,最终的评价结果,必须在整个调查工作结束之后得出。评价的结果有助于了解其自身的价值,了解其旅游吸引力的强弱,明确开发方向,以确定其市场范围及其所在地将来旅游业可能达到的规模。正确评价旅游资源是旅游资源开发的基础和前提,其准确性将直接关系到开发的前景。

我国《旅游法》第22条规定,各级人民政府应当组织对本级政府编制的旅游发展规划的执行情况进行评估,并向社会公布。这是关于政府应当对旅游发展规划执行情况进行评估的规定。该规定明确规定了评估的主体是各级政府,因此要确定好评估周期、参评人员、评估标准以及评估结果落实的监督等,评估内容是执行情况即规划执行情况和需改进之处,结果的公布途径可包括政府网站、政府公报、新闻发布会及报刊、广播、电视、互联网络等。

1) 旅游资源评价的指标体系

(1) 旅游容量。

旅游容量即旅游环境容量或旅游承载力,又称旅游饱和度。它与旅游资源环境的规模密切相关,是指在一定的时间间隔里,一定空间范围内的旅游活动容纳能力,一般以单位时间和面积的容人量和容时量来计算。换言之,旅游容量就是在满足游人的最低要求和达到保护环境质量要求时,风景区所能容纳的游客量。它包括旅游资源容量、旅游生态环境容量、旅游经济发展容量、旅游社会地域容量和旅游感知容量等5个方面的内容。

(2) 旅游密度与节律性。

旅游密度是用来度量旅游资源的特质、规模和旅游接待的社会经济条件的重要指标之一,按其内容又可分为资源密度、旅游空间密度、旅游人口密度及旅游经济密度4大类。一般而言,旅游资源密度和旅游资源容量之间有比较稳定的内在关系。前者展现出旅游发展现实的或可能的区域现象,后者展示旅游接待限制性景象。如果实际的旅游活动量超出了客观的容量范围,旅游地的紊乱、不协调状态和破坏过程就会开始加剧。此外,旅游资源在一定阶段所发生的有节奏的变化会影响到旅游活动,使之产生同样周期的变动。

(3) 景观资源的艺术特色、科学价值与文化价值。

这是一个很难把握的指标,往往与人的审美观与价值观有关。旅游资源的这些价值和功能是关系到旅游地的开发规模、程度和前景的重要衡量标志,对其必须作出科学而如实的评价。

(4) 景观的地域组合与旅游开发序位。

不同类型旅游景点的布局和组合是旅游地资源优势和特色的重要反映。若旅游资源密度大、距离近,又有多种类型的协调配合,并呈线形、环闭形或马蹄形旅游线排列,乃是一个风景区最佳组合态势。同时,根据已得出的各种量化指标,确定旅游资源开发难易程度及不同类型之间的关联程度,以决定各项旅游资源开发顺序。

2) 旅游资源评价的内容

旅游资源评价既包括对资源要素和结构的评价,也包括对资源开发外部条件的评价。其内容主要包括以下几个方面。

(1) 旅游资源的特性和特色。

任何类型景观资源都有自己独特的性质,即使完全同类的旅游资源也各具特色。旅游资源的特征和特色是衡量其对游客吸引力的重要因素,也是资源开发的决定条件之一。它对资源的利用功能、开发方向、开发程度和规模及其经济和社会效益起着决定作用。

(2) 旅游资源的数量、密度和布局。

旅游资源的数量是指旅游区可观赏景观的多少。而其密度是指这些景观资源的集中程度,它可以用单位面积内景观的数量去衡量。旅游资源的布局则指景观资源的分布和组合特征,它是资源优势和特色的重要表现。无疑,景观数量大、相对集中并布局巧妙、合理的地区是理想的旅游开发区。对旅游资源数量、密度的评价应有统一标准,应按景观资源的类别、级别分别统计,以便对不同地区的旅游资源进行对比。

(3) 旅游资源的容量。

旅游资源的容量可以从容人量和容时量两个方面来衡量。容人量是指单位面积容纳游客的数量,它和景区的规模、场地大小与数量密度等因素有关,也是景观用地、设施和投资规模、设计规划的依据。容时量是指景区旅游所需要的基本时间,与景观数量、特性、特色、布局及游程有关。旅游景观数量越多、规模越大、场地越开阔,景点布局越复杂、含蓄、深奥,游程越长,则它的容时量和容人量就越大;反之就越小。

(4) 旅游资源的价值与功能。

旅游资源的价值与功能主要包括艺术欣赏价值、文化价值、科学价值、经济价值、美学价值功能。

一般来讲,艺术和美学价值高的旅游资源,其功能主要表现在观光方面;文化和科学价值高度的旅游资源,其价值主要表现在文化旅游和科学考察方面。

(5) 旅游资源的开发利用环境与施工条件。

旅游资源的开发利用环境与施工条件包括旅游资源的区位环境条件、自然生态环境条件、社会经济环境条件以及客源市场环境条件等。例如,旅游区地理位置、交通条件、与中心城市的关系;旅游资源地是高寒区还是温暖区,是干旱区还是潮湿区,是云雾区还是阳光区,是内地还是海滨,是平原还是山区,是城镇还是乡村等。

总之,政治安定、各民族和睦相处、社会治安良好、人民安居乐业是发展旅游业的必要条件,良好的自然和生态环境也有利于吸引游客和资源开发利用。此外,旅游资源的开发必须有一定的设施和场地。这种场地主要用于建设游览、娱乐设施和各种接待、管理设施。这些设施分别对地质、地形、土质、供水等条件有不同的要求。

(6) 地区经济发展的水平。

旅游区的建设需要一定资金、物资、人力和科技力量。这些条件均与该地区经济发展水平密切相关。因此,应当对旅游区国民收入、消费水平、居民平均收入、劳动力数量等进行评价。

（三）旅游资源的开发、利用与保护

1. 旅游资源开发、利用与保护的关系

旅游资源保护是保护生态环境和人文环境的需要,是保护旅游地文化的需要,是保护旅游业发展的需要,是旅游资源可持续利用的需要。我国《旅游法》总则提出了对旅游资源在有效保护的前提下依法合理利用的要求。所谓合理,是指在法律法规的禁令性规定之外,切实维护资源的区域整体性、文化代表性和地域特殊性,将环境保护设施和生态保护设施作为景区开放的必要条件。

我国《旅游法》第 21 条规定,对自然资源和文物等人文资源进行旅游利用,必须严格遵守有关法律、法规的规定,符合资源、生态保护和文物安全的要求,尊重和维护当地传统文化和习俗,维护资源的区域整体性、文化代表性和地域特殊性,并考虑军事设施保护的需要;有关主管部门应当加强对资源保护和旅游利用状况的监督检查。这是关于资源的旅游利用过程中依法综合保护的原则和总体性要求的规定,对旅游资源的依法利用和监督检查提出了要求。

"资源的区域整体性"是指旅游产品内涵和形象的整体性所决定的资源的不可分割性,在实践中又分为跨行政区区域和不跨行政区区域两种情况。

"文化代表性"是指某一旅游资源区别于其他旅游资源的文化特性。维护文化代表性,必须树立扎根于地域文化的原真性和先进性理念,避免出现"庸俗化"、"同质化"和"盲目差异化"的偏向,给当地文化品位造成损害。

"地域特殊性"是指某一资源不同于其他资源的特殊自然属性及其周边环境。每个资源都处在一种既（特）定的自然状态和周边环境中,法律法规中要求的"修旧如旧"和"与周边环境相协调"就是出自这个法理。

"军事设施"涉及国家安全,可作旅游资源使用的,必须遵循我国《国防法》和《军事设施保护法》等法律法规的规定适度开发,并加强保护。

同时,我国《旅游法》规定了有关部门监督检查的责任,如国土资源部门、城乡建设部门、环境保护部门、林业部门、文物保护部门、文化行政部门、旅游部门等。

我国《旅游资源保护暂行办法》第 3 条规定,旅游资源保护坚持严格保护、开发服从保护的原则,实现协调监管、合理利用、科学发展的目标。旅游资源的开发在改善、美化资源环境,为资源保护创造经济收益的同时,带来的是环境污染、游人的不文明行为、外来文化的冲击等。

旅游资源开发、利用和保护既相互联系又相互矛盾,两者是矛盾统一体,并在辩证联系中共同改善旅游资源与环境的关系,推动旅游业的可持续发展。

1) 旅游资源开发和保护相互联系、相互依存

旅游资源是旅游者进行旅游活动的基础和前提条件,资源的保护是开发、利用和发展的前提,保护是为了更好地开发,开发是保护的必要体现,是旅游业发展的基础。旅游资源必

须经过开发利用,才能招徕游客,发挥其功能和效益,也才具有现实的经济意义和社会意义;资源保护的必要性只有通过开发才能得以体现。

开发是旅游业发展的先导,是旅游资源价值的充分体现;旅游资源的保护贯穿在开发的整个过程中,合理的科学的旅游资源开发,意味着对资源环境进行改善、美化增加其可进入性,或对历史遗迹进行发掘修复、保护,或对人文旅游资源进行资料收集和整理,重现其光芒。

2) 旅游资源开发和保护相互矛盾

旅游资源开发需要对资源地进行的适度建设是以局部范围的破坏为前提的,旅游资源的开发不可避免地会造成某种破坏。可以说,没有破坏也就没有开发,破坏和开发在一定程度上是共生的,盲目的、掠夺式的开发造成资源浪费、环境污染、生态失衡更是对资源的严重破坏。同时,因管理不善,资源地游客涌入量往往超过其承载力,产生巨大的污染,破坏了资源环境,从而给资源本身造成致命的损坏。此外,由于旅游资源,特别是人文旅游资源所具有的文化性,开发利用带来外来文化的冲击也可能对旅游资源产生毁灭性打击。

尽管旅游者与资源所在地的交流和影响以及两种文化之间的作用是相互的、双向的,但事实上,外来文化、外来旅游者对资源所在地的冲击和影响远大于他们所接受到的资源地的影响。旅游资源开发带来了诸多消极的影响,如资源所在地居民观念意识的变化,旅游地经济状况、经济意识、审美倾向、社会关系等的改变,民俗风情的商业化、庸俗化等,给旅游资源及其环境造成了直接或间接的破坏。当然,过度的保护,忽视对资源的开发利用,就无法体现资源本身所具有的价值,旅游业也就得不到发展。因此,如何正确处理资源开发、利用与保护的关系,把旅游资源开发建设纳入地方经济发展规划中是旅游目的地政府急需解决的问题。

2. 旅游可持续发展与旅游环境保护的关系

旅游环境是在旅游活动特定的区域或范围内各种因素的存在状况和综合作用的结果,是旅游业赖以存在和发展的基础。长期以来,旅游目的地总把旅游发展视为一种经济活动,偏重追求其经济效益,而忽略了普遍存在的旅游对环境的影响。旅游对环境尤其是自然环境造成的严重破坏不仅会阻碍旅游业本身的持续发展,而且也会带来相关的负效益。因此,对旅游环境不妥善管理和系统保护,势必影响到旅游发展的持续性。旅游业发展的实践证明,旅游与环境密切相连,是相互依赖、相互促进的。

知识关联

旅游可持续发展是指在保持和增强未来发展机会的同时,满足当代旅游者和旅游地居民需求,并通过现有旅游资源的可持续经营管理,在确保文化完整性、基本生态过程、生物多样性和生命保障系统的同时,实现旅游经济、社会效益和审美需求的发展模式。

1) 环境是旅游业发展的基石

当今世界,良好的生态环境已经成为旅游目的地最具魅力、最响亮的旅游品牌。只有那些自然景观和人文景观得到有效保护的旅游目的地,才能激发人们前往旅游的欲望并最终将其转化为现实的旅游消费需求。相反,生态环境一旦受到破坏,旅游目的地就很难再吸引旅游者前往观光游览,旅游产业也必将因此而衰落萎缩。

可以说，生态环境以其可提供的旅游资源数量决定了旅游产业发展的规模和潜力，是旅游产业的生存之本，发展之源。

2）环境保护工作需要旅游产业做支撑

旅游业的发展带动了相关产业的发展，增加了政府的财政收入，增强了政府对生态环境保护工作的投入能力，直接促进了环保工作的开展。旅游需求是一种高层次的需要，它对于增强旅游者和旅游经营者自觉维护生态环境的意识起到积极的促进作用。旅游产业的蓬勃发展，替代了污染严重和资源消耗大的传统产业，优化了旅游目的地的经济结构，改变开发和利用生态环境的方式，减少经济发展对自然资源和环境的压力和破坏，推动了当地环境质量的改善。

3）旅游业是人类可持续发展的重要领域

可持续发展是人类寻求与生态环境和谐共存的一个生存发展模式。尽管旅游业号称"无烟工业"，但旅游资源的不合理开发同样也会对环境造成污染和破坏。旅游业同样面临着可持续发展的问题。同时，旅游是当代人类社会生活质量提高的一个重要标志，是现代人类而且也是未来人类的一种基本生活需求。因此，旅游业不仅必须要倡导可持续发展，而且也是人类最需要实施可持续发展的一个重要领域。

旅游业在发展过程中，有责任、有义务遵守和宣传教育可持续发展，妥善处理好资源开发利用和保护环境、保护生态的关系，努力实现旅游、环境和经济的协调发展，为人类可持续发展作出积极的贡献。

4）可持续发展的根本目的是"发展"

对于广大发展中国家来说，贫穷和落后是环境的最大污染源，是影响人类生存和可持续发展的最严重问题。发展经济是发展中国家共同面临的首要任务。旅游业作为一个投资少、见效快的新兴产业，对促进贫困地区经济增长，改善人民生活水平有着不可替代的重要作用。发展旅游业，不仅是发展中国家落后地区发展国民经济和改善人民生活的现实选择，也是延续和光大这些地区民族和传统文化的重要举措，是发展中国家实现可持续发展的有力保障。

因此，对于发展中国家来说，"发展"才是旅游业可持续发展的落脚点和根本目的。要在保护好生态环境的基础上，积极开发和利用旅游资源，大力发展旅游业，并通过旅游业来带动当地经济社会的全面发展，促进人民生活水平的不断提高，谋求人类的可持续发展。

案例导读

美国大峡谷景区旅游开发的经验与启示

1. 科罗拉多大峡谷

科罗拉多大峡谷是世界著名的自然和文化旅游区，它和黄石国家公园、约塞米蒂国家公园构成美国游客最多、知名度最高的三大公园。经过100多年的综合开发，科罗拉多大峡谷已成为全球峡谷型景区开发的典范。

(1) 采用国家公园模式。

科罗拉多大峡谷的开发按照美国国家公园模式进行,由国家公园管理机构全面独立负责景区的开发和运行。以国家公园模式为基础,在国家公园内建设了多处国家公园、度假区和国家森林,如岩拱国家公园、印第安遗址公园和布莱斯公园等。

(2) 严格保护环境。

对游客数量进行严控,严格保护自然景色、野生动物、地形地貌、历史遗迹等,公园内严禁人工兴建景观景点,并遵循区内游、区外住的原则,在公园内杜绝住宿设施。公园还鼓励内部乘坐穿梭游览车,尽可能少驾驶私家车。

(3) 体验式学习型旅游。

在公园内旅游过程就是一个完整的学习过程。这里并不仅仅提供满足视觉要求的观光旅游,而且有景点介绍牌和各种资料中随处可见相关的科普知识,比如地质学、生态学等科学教育,且表达方式灵活而不生硬,注重发挥教育功能,以人与自然和谐相处的理念作为大峡谷景区解说系统建设的出发点,发挥教育功能。

2. 乌杜邦峡谷

乌杜邦峡谷属于美国旧金山一个民间自然保护区,本来被规划成一个住宅区,在当地居民的努力下,他们集资买下并很好地保护了这一地区,成立了乌杜邦峡谷开发组织,其附近的湖区已经被列入国际重要湿地系统。

(1) 采用社区居民组织发展模式。

乌杜邦峡谷采用的是自然保护区经营模式,采取社区开发的发展思路,其组织管理和资金来源、产品开发等方面社区居民组成的乌杜邦峡谷开发组织进行。乌杜邦峡谷开发组织是一个非营利性质的公益性组织,其使命是保护并管理其财产,以便为当地动植物提供保护地;通过孩子们在保护地的亲身经历,教给他们自然环境方面的知识,并且使其懂得保护环境的必要性。

(2) 志愿者和环境教育模式。

乌杜邦峡谷以其保护地为课堂,以体验教学法为主导,着重开展环境教育项目。36年前,乌杜邦峡谷开发组织提出了一种在当时的环境教育领域中独特的观念。它以遵循共同受益的原则招募志愿者:乌杜邦峡谷开发组织的专家和顾问首先对志愿者进行相当于大学水平的自然科学和地方生态学领域的培训,志愿者再负责将这些知识传播给开发组织环境教育项目中的孩子们。项目开展得非常成功,有效且成本非常低。此教育模式已经广泛地为政府机构和非政府组织所效仿。

(3) 资金来源模式。

主要以申请科研基金,向参观者和以前的资助者发请求信等方式来筹集运作资金,同时开发志愿者服务和环境教育产品等。除提供给研究和用于修复栖息地的特别资助外,不接受其他的政府资金或运作资金。

(资料来源:http://www.ctnews.com.cn/zglyb/html/2014-12/29/content_100291.htm?div=-1.)

第二节　自然保护区与文物保护法律制度

一、自然保护区条例

为加强自然保护区的建设和管理,保护自然环境和自然资源,国务院于1994年发布并实施《中华人民共和国自然保护区条例》(以下简称《自然保护区条例》),该条例于2011年1月和2016年2月两次修改。

(一)自然保护区及其管理机构

自然保护区是指对有代表性的自然生态系统、珍稀濒危野生动植物种的天然集中分布区、有特殊意义的自然遗迹等保护对象所在的陆地、陆地水底或者海域,依法划出一定面积予以特殊保护和管理的区域。自然保护区在国外因保护对象的不同而有不同的名称,如使用国家公园、保护公园、生物保护区等名称的,我国一般使用自然保护区、国家森林公园等。

根据我国《自然保护区条例》的规定,我国对自然保护区实行综合管理和分部门管理相结合的管理体制。国务院环境保护行政主管部门负责全国自然保护区的综合管理;国务院林业、农业、地质矿产、水利、海洋等有关行政主管部门在各自职责范围内,主管有关的自然保护区;县级以上地方人民政府负责自然保护区管理部门的设置和职责,由省、自治区、直辖市人民政府根据当地具体情况确定。

自然保护区管理机构的主要职责如下:贯彻执行国家有关自然保护区的法律、法规和方针、政策;制定自然保护区的各项管理制度,统一管理自然保护区;调查自然资源并建立档案,组织环境监测,保护自然保护区内的自然环境和自然资源;组织或者协助有关部门开发自然保护区的科学研究工作;进行自然保护的宣传教育;在不影响保护自然保护区的自然环境和自然资源的前提下,组织开展参观、旅游等活动。管理自然保护区所需经费,由自然保护区所在地的县级以上地方人民政府安排。国家对国家级自然保护区的管理,给予适当的资金补助。

(二)自然保护区设立条件及功能划分

1. 建立自然保护区的条件

根据我国《自然保护区条例》的规定,凡有下列条件之一的,应当建立自然保护区:典型的自然地理区域、有代表性的自然生态系统区域以及已经遭受破坏但经保护能够恢复的同类的自然生态区域;珍惜、濒危野生动植物物种的天然集中分布区域;具有特殊保护价值的海域、海岸、岛屿、湿地、内陆水域、森林、草原和荒漠;具有重大科学文化价值的地质构造、著名溶洞、化石分布区、冰川、火山、温泉等自然遗迹;经国务院或者省、自治区、直辖市人民政府批准,需要予以特殊保护的其他自然区域。

对于跨两个以上行政区域的自然保护区的建立,由有关行政区域的人民政府协商一致后提出申请,并按照我国《自然保护区条例》规定的有关程序审批;建立海上自然保护区,须经国务院批准。

2. 自然保护区的分类与功能划分

自然保护区可分为国家级自然保护区和地方级自然保护区。在国内外有典型意义、在科学上有重大国际影响或者有特殊科学研究价值的自然保护区，列为国家级自然保护区；除列为国家级自然保护区的外，其他具有典型意义或者重要科学研究价值的自然保护区列为地方级自然保护区。

整个自然保护区可以分为核心区、缓冲区和实验区。核心区是自然保护区的中心部分；核心区外围规定一定的面积为缓冲区；缓冲区外围化为实验区。只有在实验区才可以进入从事科学试验、参观考察、旅游等活动。

自然保护区的命名方法：国家级自然保护区，用自然保护区所在地地名加"国家自然保护区"；地方级自然保护区，用自然保护区所在地地名加"地方级自然保护区"。有特殊保护对象的自然保护区，可以在自然保护区所在地地名后加特殊保护对象的名称。

（三）自然保护区开展旅游活动的规定

我国《自然保护区条例》规定，禁止任何人进入自然保护区的核心区；禁止在自然保护区的缓冲区开展旅游和生产经营活动。可见，禁止在自然保护区的核心区和缓冲区开展旅游活动。

对于在自然保护区开展旅游活动有如下特殊规定：在国家级自然保护区的实验区开展旅游活动的，由自然保护区管理机构提出方案，经省、自治区、直辖市人民政府有关自然保护区行政主管部门审核后，报国务院有关自然保护区行政主管部门批准；在地方自然保护区的实验区开展旅游活动的，由自然保护区管理机构提出方案，经省、自治区、直辖市人民政府有关自然保护区行政主管部门批准。

在自然保护区组织参观、旅游活动的，必须按照批准的方案进行，并加强管理；进入自然保护区旅游的单位和个人，应当服从自然保护区管理机构的管理。严禁开设与自然保护区保护方向不一致的旅游项目。

外国人进入地方级自然保护区的，接待单位应当事先报经省、自治区、直辖市人民政府有关自然保护区行政主管部门批准；进入国家级自然保护区的，接待单位应当报经国务院有关自然保护区行政主管部门批准。进入自然保护区的外国人，应当遵守有关自然保护区的法律、法规和规定。

（四）法律责任

1. 行为人的责任

我国《自然保护区条例》规定，有下列行为之一的，由自然保护区管理机构责令其改正，并可以根据不同情节处以100元以上5000元以下的罚款：擅自移动或者破坏自然保护区界标的；未经批准进入自然保护区或者在自然保护区内不服从管理机构管理的；经批准在自然保护区的缓冲区内从事科学研究、教学学习和标本采集的单位和个人，不向自然保护区管理机构提交活动成果副本的。

2. 自然保护区管理机构的责任

自然保护区管理机构违反我国《自然保护区条例》的规定，有下列行为之一的，由县级以上人民政府有关自然保护区行政主管部门责令限期改正；对直接责任人员，由其所在单位或者上级机关给予行政处分：未经批准在自然保护区开展参观、旅游活动的；开设与自然保护区保护方向不一致的参观、旅游项目的；不按照批准的方案开展参观、旅游活动的。

2. 损害赔偿及其他责任

我国《自然保护区条例》规定，给自然保护区造成损失的，由县级以上人民政府有关自然保护区行政主管部门责令赔偿损失；妨碍自然保护区管理人员执行公务的，由公安机关依照《治安管理处罚条例》的规定给予处罚，情节严重，构成犯罪的，依法追究刑事责任。

违反我国《自然保护区条例》的规定，造成自然保护区重大污染或者破坏事故，导致公私财产重大损失或者人身伤亡的严重后果，构成犯罪的，对直接负责的主管人员和其他直接责任人员，依法追究刑事责任。

二、文物保护法

为了加强对文物的保护，继承中华民族优秀的历史文化遗产，促进科学研究工作，进行爱国主义和革命传统教育，建设社会主义精神文明和物质文明，1982年11月，全国人大常委会通过《中华人民共和国文物保护法》（以下简称《文物保护法》），该法最近一次修正是在2015年4月。

（一）文物及其保护

1. 文物的保护管理

文物是人类在历史发展过程中遗留下来的具体物质遗存，是具有文化、艺术、考古和科学价值或可供人们纪念观赏的遗存在地上或埋藏在地下的物品，是具有稀缺性、唯一性、独特性和不可再生性的文化资源，是人类宝贵的历史文化遗产。我国《文物保护法》规定，文物工作贯彻保护为主、抢救第一、合理利用、加强管理的方针；一切机关、组织和个人都有依法保护文物的义务。

我国关于文物保护和管理的机关是国家文物行政管理部门、地方各级人民政府及相关部门。依据我国《文物保护法》，文物保护和管理机关的职责是：国务院文物行政部门主管全国文物保护工作；地方各级人民政府负责本行政区域内的文物保护工作。县级以上地方人民政府承担文物保护工作的部门对本行政区域内的文物保护实施监督管理，有关行政部门在各自的职责范围内，负责有关的文物保护工作。

各级人民政府应当重视文物保护，正确处理经济建设、社会发展与文物保护的关系，确保文物安全。基本建设、旅游发展必须遵守文物保护工作的方针，其活动不得对文物造成损害。公安机关、工商行政管理部门、海关、城乡建设规划部门和其他有关国家机关，应当依法认真履行所承担的保护文物的职责，维护文物管理秩序。

我国《文物保护法》规定，一切考古发掘工作，必须履行报批手续；从事考古发掘的单位，应当经国务院文物行政部门批准。地下埋藏的文物，任何单位或者个人都不得私自发掘。

在进行建设工程或者在农业生产中，任何单位或者个人发现文物，应当保护现场，立即报告当地文物行政部门，文物行政部门接到报告后，如无特殊情况，应当在24小时内赶赴现场，并在7日内提出处理意见。文物行政部门可以报请当地人民政府通知公安机关协助保护现场；发现重要文物的，应当立即上报国务院文物行政部门，国务院文物行政部门应当在

接到报告后 15 日内提出处理意见。非经国务院文物行政部门报国务院特别许可,任何外国人或者外国团体不得在中华人民共和国境内进行考古调查、勘探、发掘。

我国《文物保护法》规定,国家加强文物保护的宣传教育,增强全民文物保护的意识,鼓励文物保护的科学研究,提高文物保护的科学技术水平。

根据保证文物安全、进行科学研究和充分发挥文物作用的需要,省、自治区、直辖市人民政府文物行政部门经本级人民政府批准,可以调用本行政区域内的出土文物。国务院文物行政部门经国务院批准,可以调用全国的重要出土文物。国家对在文物保护过程中有突出贡献的单位或者个人,给予精神鼓励或者物质奖励。

2. 受法律保护的文物范围

依据我国《文物保护法》,在我国境内,下列文物受国家保护:具有历史、艺术、科学价值的古文化遗址、古墓葬、古建筑、石窟寺和石刻、壁画;与重大历史事件、革命运动或者著名人物有关的以及具有重要纪念意义、教育意义或者史料价值的近代现代重要史迹、实物、代表性建筑;历史上各时代珍贵的艺术品、工艺美术品;历史上各时代重要的文献资料以及具有历史、艺术、科学价值的手稿和图书资料等;反映历史上各时代、各民族社会制度、社会生产、社会生活的代表性实物。具有科学价值的古脊椎动物化石和古人类化石同文物一样受国家保护。

3. 文物的所有权

1)国家文物所有权

我国《文物保护法》规定,中华人民共和国境内地下、内水和领海中遗存的一切文物,属于国家所有;古文化遗址、古墓葬、石窟寺属于国家所有,国家指定保护的纪念建筑物、古建筑、石刻、壁画、近代现代代表性建筑等不可移动文物,除国家另有规定的以外,属于国家所有;国有不可移动文物的所有权不因其所附着的土地所有权或者使用权的改变而改变。

下列可移动文物,属于国家所有:中国境内出土的文物,国家另有规定的除外;国有文物收藏单位以及其他国家机关、部队和国有企业、事业组织等收藏、保管的文物;国家征集、购买的文物;公民、法人和其他组织捐赠给国家的文物;法律规定属于国家所有的其他文物。属于国家所有的可移动文物的所有权不因其保管、收藏单位的终止或者变更而改变。国有文物所有权受法律保护,不容侵犯。

知识关联

所有权是所有人依法对自己财产所享有的占有、使用、收益和处分的权利,是对生产劳动的目的、对象、手段、方法和结果的支配力量,是一种财产权,所以又称财产所有权。所有权是物权中最重要也最完全的一种权利,具有绝对性、排他性、永续性等特征。占有权是对所有物加以实际管领或控制的权利。使用权是指在不损毁所有物或改变其性质的前提下,依照物的性能和用途加以利用的权利。收益权是指收取所有物所生利息(孳息)的权利,它与使用权有密切联系,通常是对所有物使用的结果。处分权是指对所有物依法予以处置的权利。处分权是所有权内容的核心和拥有所有权的根本标志。

2) 其他文物所有权

我国《文物保护法》规定,属于集体所有和私人所有的纪念建筑物、古建筑和祖传文物以及依法取得的其他文物,其所有权受法律保护。文物的所有者必须遵守国家有关文物保护的法律、法规的规定。

4. 文物的类型与级别

文物按照不同标准,可以分为不同的种类,如按性质,文物可分为历史文物和革命文物;按存在形式,文物可分为馆藏文物和散存文物;按来源,文物可分为传世文物和出土文物。我国《文物保护法》按移动状况,将文物分为不可移动文物和移动文物,或称固定文物和非固定文物。

不可移动文物,如古文化遗址、古墓葬、古建筑、石窟寺、石刻、壁画、近代现代重要史迹和代表性建筑等文物,也称文物保护单位。我国《文物保护法》将文物保护单位根据其历史、艺术、科学价值,分别确定为全国重点文物保护单位,省级文物保护单位,市、县级文物保护单位。

可移动文物,如历史上各时代重要实物、艺术品、文献、手稿、图书资料、代表性实物等,分为珍贵文物和一般文物。珍贵文物分为一级文物、二级文物、三级文物。

我国《文物保护法》规定,保存文物特别丰富并且具有重大历史价值或者革命纪念意义的城市,由国务院核定公布为历史文化名城;保存文物特别丰富并且具有重大历史价值或者革命纪念意义的城镇、街道、村庄,由省、自治区、直辖市人民政府核定公布为历史文化街区、村镇,并报国务院备案;历史文化名城和历史文化街区、村镇所在地的县级以上地方人民政府应当组织编制专门的历史文化名城和历史文化街区、村镇保护规划,并纳入城市总体规划。

5. 对文物保护单位的保护

对文物保护单位的保护主要是依法设定保护范围和建设控制地带,并采取相应措施。我国《文物保护法》规定,各级文物保护单位,分别由省、自治区、直辖市人民政府和市、县级人民政府划定必要的保护范围,作出标志说明,建立记录档案,并区别情况分别设置专门机构或者专人负责管理。全国重点文物保护单位的保护范围和记录档案,由省、自治区、直辖市人民政府文物行政部门报国务院文物行政部门备案。文物保护单位的保护范围内不得进行其他建设工程或者爆破、钻探、挖掘等作业。但是,因特殊情况需要在文物保护单位的保护范围内进行其他建设工程或者爆破、钻探、挖掘等作业的,必须保证文物保护单位的安全,并经核定公布该文物保护单位的人民政府批准,在批准前应当征得上一级人民政府文物行政部门同意;在全国重点文物保护单位的保护范围内进行其他建设工程或者爆破、钻探、挖掘等作业的,必须经省、自治区、直辖市人民政府批准,在批准前应当征得国务院文物行政部门同意。

我国《文物保护法》第18条规定,根据保护文物的实际需要,经省、自治区、直辖市人民政府批准,可以在文物保护单位的周围划出一定的建设控制地带,并予以公布。在文物保护单位的建设控制地带内进行建设工程,不得破坏文物保护单位的历史风貌;工程设计方案应当根据文物保护单位的级别,经相应的文物行政部门同意后,报城乡建设规划部门批准。在文物保护单位的保护范围和建设控制地带内,不得建设污染文物保护单位及其环境的设施,不得进行可能影响文物保护单位安全及其环境的活动。对已有的污染文物保护单位及其环境的设施,应当限期治理。建设工程选址,应当尽可能避开不可移动文物,因特殊情况不能避开的,对文物保护单位应当尽可能实施原址保护。

(二)文物的修缮、保养、使用和销售

我国《文物保护法》规定了"保护为主、抢救第一、合理利用、加强管理"的文物保护工作方针,完善和建立了一系列保护文物、确保文物安全制度和措施,并将十六字方针以法律的形式写进总则。提倡在确保文物安全前提下,对文物的合理利用,用科学精神和创新意识解决新形势下的新问题,满足人民群众日益增长的文化生活需求,形成保护与利用的良性互动。

1. 文物的修缮、保养

我国《文物保护法》规定,国有不可移动文物由使用人负责修缮、保养;非国有不可移动文物由所有人负责修缮、保养。非国有不可移动文物有损毁危险,所有人不具备修缮能力的,当地人民政府应当给予帮助;所有人具备修缮能力而拒不依法履行修缮义务的,县级以上人民政府可以给予抢救修缮,所需费用由所有人负担。

对文物保护单位进行修缮,应当根据文物保护单位的级别报相应的文物行政部门批准;对未核定为文物保护单位的不可移动文物进行修缮,应当报登记的县级人民政府文物行政部门批准。文物保护单位的修缮、迁移、重建,由取得文物保护工程资质证书的单位承担。对不可移动文物进行修缮、保养、迁移,必须遵守不改变文物原状的原则。

不可移动文物已经全部毁坏的,应当实施遗址保护,不得在原址重建。但是,因特殊情况需要在原址重建的,由省、自治区、直辖市人民政府文物行政部门报省、自治区、直辖市人民政府批准;全国重点文物保护单位需要在原址重建的,由省、自治区、直辖市人民政府报国务院批准。

2. 文物的使用、转让

我国《文物保护法》规定,核定为文物保护单位的属于国家所有的纪念建筑物或者古建筑,除可以建立博物馆、保管所或者辟为参观游览场所外,作其他用途的,市、县级文物保护单位应当经核定公布该文物保护单位的人民政府文物行政部门征得上一级文物行政部门同意后,报核定公布该文物保护单位的人民政府批准;省级文物保护单位应当经核定公布该文物保护单位的省级人民政府的文物行政部门审核同意后,报该省级人民政府批准;全国重点文物保护单位作其他用途的,应当由省、自治区、直辖市人民政府报国务院批准。

国有未核定为文物保护单位的不可移动文物作其他用途的,应当报告县级人民政府文物行政部门。国有不可移动文物不得转让、抵押。建立博物馆、保管所或者辟为参观游览场所的国有文物保护单位,不得作为企业资产经营。

非国有不可移动文物不得转让、抵押给外国人;非国有不可移动文物转让、抵押或者改变用途的,应当根据其级别报相应的文物行政部门备案。

使用不可移动文物,必须遵守不改变文物原状的原则,负责保护建筑物及其附属文物的安全,不得损毁、改建、添建或者拆除不可移动文物。

对危害文物保护单位安全、破坏文物保护单位历史风貌的建筑物、构筑物,当地人民政府应当及时调查处理,必要时,对该建筑物、构筑物予以拆迁。

(三)馆藏文物与民间收藏文物

1. 馆藏文物

(1)馆藏文物的保管、取得与调拨

我国《文物保护法》规定,博物馆、图书馆和其他文物收藏单位对收藏的文物,必须区分文物等级,设置藏品档案,建立严格的管理制度,并报主管的文物行政部门备案。

县级以上地方人民政府文物行政部门应当分别建立本行政区域内的馆藏文物档案;国务院文物行政部门应当建立国家一级文物藏品档案和其主管的国有文物收藏单位馆藏文物档案。

文物收藏单位可以通过购买、接受捐赠、依法交换,或者法律、行政法规规定的其他方式取得文物,国有文物收藏单位还可以通过文物行政部门指定保管或者调拨方式取得文物;文物收藏单位的法定代表人对馆藏文物的安全负责。

国务院文物行政部门可以调拨全国的国有馆藏文物。

省、自治区、直辖市人民政府文物行政部门可以调拨本行政区域内其主管的国有文物收藏单位馆藏文物;调拨国有馆藏一级文物,应当报国务院文物行政部门备案。

国有文物收藏单位可以申请调拨国有馆藏文物。

(2)馆藏文物的展览与交换

我国《文物保护法》规定,文物收藏单位应当充分发挥馆藏文物的作用,通过举办展览、科学研究等活动,加强对中华民族优秀的历史文化和革命传统的宣传教育。

国有文物收藏单位之间因举办展览、科学研究等需借用馆藏文物的,应当报主管的文物行政部门备案;借用馆藏一级文物的,应当经省、自治区、直辖市人民政府文物行政部门批准,并报国务院文物行政部门备案。

非国有文物收藏单位和其他单位举办展览需借用国有馆藏文物的,应当报主管的文物行政部门批准;借用国有馆藏一级文物,应当经国务院文物行政部门批准。

文物收藏单位之间借用文物的最长期限不得超过3年。

已经建立馆藏文物档案的国有文物收藏单位,经省、自治区、直辖市人民政府文物行政部门批准,并报国务院文物行政部门备案,其馆藏文物可以在国有文物收藏单位之间交换。

未建立馆藏文物档案的国有文物收藏单位,不得处置其馆藏文物。

依法调拨、交换、借用国有馆藏文物,取得文物的文物收藏单位可以对提供文物的文物收藏单位给予合理补偿。

国有文物收藏单位调拨、交换、出借文物所得的补偿费用,必须用于改善文物的收藏条件和收集新的文物,不得挪作他用;任何单位或者个人不得侵占。调拨、交换、借用的文物必须严格保管,不得丢失、损毁。禁止国有文物收藏单位将馆藏文物赠予、出租或者出售给其他单位、个人。博物馆、图书馆和其他收藏文物的单位应当按照国家有关规定配备防火、防盗、防自然损坏的设施,确保馆藏文物的安全。

馆藏一级文物损毁的,应当报国务院文物行政部门核查处理。

其他馆藏文物损毁的,应当报省、自治区、直辖市人民政府文物行政部门核查处理;省、

自治区、直辖市人民政府文物行政部门应当将核查处理结果报国务院文物行政部门备案。

馆藏文物被盗、被抢或者丢失的,文物收藏单位应当立即向公安机关报案,并同时向主管的文物行政部门报告。

文物行政部门和国有文物收藏单位的工作人员不得借用国有文物,不得非法侵占国有文物。

2. 民间收藏文物

文物收藏单位以外的公民、法人和其他组织可以收藏通过下列方式取得的文物:依法继承或者接受赠予;从文物商店购买;从经营文物拍卖的拍卖企业购买;公民个人合法所有的文物相互交换或者依法转让;国家规定的其他合法方式。文物收藏单位以外的公民、法人和其他组织收藏的文物可以依法流通。

但是,公民、法人和其他组织不得买卖下列文物:国有文物,但是国家允许的除外;非国有馆藏珍贵文物;国有不可移动文物中的壁画、雕塑、建筑构件等;来源不符合"民间收藏文物的取得"几种形式的文物。

此外,我国《文物保护法》还规定,国家鼓励文物收藏单位以外的公民、法人和其他组织将其收藏的文物捐赠给国有文物收藏单位或者出借给文物收藏单位展览和研究。国有文物收藏单位应当尊重并按照捐赠人的意愿,对捐赠的文物妥善收藏、保管和展示。

国家禁止出境的文物,不得转让、出租、质押给外国人。

3. 文物的拍卖

文物的拍卖应当依法进行。文物商店不得从事文物拍卖经营活动,不得设立经营文物拍卖的拍卖企业。依法设立的拍卖企业经营文物拍卖的,应当取得国务院文物行政部门颁发的文物拍卖许可证。经营文物拍卖的拍卖企业不得从事文物购销经营活动,不得设立文物商店。

文物收藏单位不得举办或者参与举办文物商店或者经营文物拍卖的拍卖企业。禁止设立中外合资、中外合作和外商独资的文物商店或者经营文物拍卖的拍卖企业。除经批准的文物商店、经营文物拍卖的拍卖企业外,其他单位或者个人不得从事文物的商业经营活动。

文物商店购买、销售文物,拍卖企业拍卖文物,应当按照国家有关规定作出记录,并报原审核的文物行政部门备案。

拍卖文物时,委托人、买受人要求对其身份保密的,文物行政部门应当为其保密;但是,法律、行政法规另有规定的除外。

文物行政部门在审核拟拍卖的文物时,可以指定国有文物收藏单位优先购买其中的珍贵文物。购买价格由文物收藏单位代表与文物的委托人协商确定;银行、冶炼厂、造纸厂以及废旧物资回收单位,应当与当地文物行政部门共同负责拣选掺杂在金银器和废旧物资中的文物。拣选文物除供银行研究所必需的历史货币可以由人民银行留用外,应当移交当地文物行政部门。移交拣选文物,应当给予合理补偿。

(四)文物出境进境

我国《文物保护法》规定,国有文物、非国有文物中的珍贵文物和国家规定禁止出境的其他文物,不得出境,但出境展览或者因特殊需要经国务院批准出境的除外。

文物出境,应当经国务院文物行政部门指定的文物进出境审核机构审核。经审核允许出境的文物,由国务院文物行政部门发给文物出境许可证,从国务院文物行政部门指定的口岸出境。任何单位或者个人运送、邮寄、携带文物出境,应当向海关申报;海关凭文物出境许可证放行。

文物出境展览,应当报国务院文物行政部门批准;一级文物超过国务院规定数量的,应当报国务院批准。一级文物中的孤品和易损品,禁止出境展览。

出境展览的文物出境,由文物进出境审核机构审核、登记。海关凭国务院文物行政部门或者国务院的批准文件放行。

出境展览的文物复进境,由原文物进出境审核机构审核查验。

文物临时进境,应当向海关申报,并报文物进出境审核机构审核、登记。

临时进境的文物复出境,必须经原审核、登记的文物进出境审核机构审核查验;经审核查验无误的,由国务院文物行政部门发给文物出境许可证,海关凭文物出境许可证放行。

(五)法律责任

1. 刑事责任

我国《文物保护法》规定,有下列行为之一,构成犯罪的,依法追究刑事责任:盗掘古文化遗址、古墓葬的;故意或者过失损毁国家保护的珍贵文物的;擅自将国有馆藏文物出售或者私自送给非国有单位或者个人的;将国家禁止出境的珍贵文物私自出售或者送给外国人的;以牟利为目的倒卖国家禁止经营的文物的;走私文物的;盗窃、哄抢、私分或者非法侵占国有文物的;应当追究刑事责任的其他妨害文物管理行为。

此外,我国《文物保护法》的规定,造成文物灭失、损毁的,依法承担民事责任。

2. 行政责任

对于违反我国《文物保护法》的规定,尚不构成犯罪的,如擅自在文物保护单位的保护范围内进行建设工程或者擅自迁移、拆除不可移动文物的,转让或者抵押国有不可移动文物或者将非国有不可移动文物转让或者抵押给外国人的,买卖国家禁止买卖的文物或者将禁止出境的文物转让、出租、质押给外国人,刻划、涂污或者损坏文物等行为的当事人应当承担责令改正、罚款、没收违法所得或非法经营的文物。对于情节严重的单位,由原发证机关吊销资质证书。

各国如何处理破坏文物行为

随着旅游人数增多,"文物涂鸦"的行为时而出现。一道道印记,成为文明瑰宝难以愈合的"伤口"。如何保护文物古迹,如何惩治破坏文物的行为,一些国家的做法也许值得借鉴。

1. 日本:学生停学 校长道歉

乱写乱画在日本曾一度是一种文化传统,日语叫"落书"。据说日本人自来喜好"落书",吴哥窟留有江户武士的残墨,法国、瑞士的观光胜地近年也可见他们的字迹。不过,如果将这种习俗带到国外,则不免会受到严厉追究。

2008年6月,日本游客在意大利的佛罗伦萨大教堂发现日本某大学3名学生到此一游的留名,拍下照片,用电子邮件发至该学生所在的大学。情况核实后,该大学的校长通过媒体,就本学校在籍的3名学生在意大利佛罗伦萨旅行期间,于大教堂乱写乱画一事向公众道歉,并且给上述3名学生以停学的处分。同时,这3名学生向大教堂递交检讨书,并且再次自费前往意大利,亲自参与消除乱写乱画的工作。

无独有偶,日本某高中棒球教练也在那里留下本人和爱妻的名字,最终被校方解聘。

2. 印度:最高罚款5000卢比

为做好文物保护工作,印度从1958年到1973年先后出台4项法案、法规。1992年,印度政府又出台一项修正案,严禁在历史古迹周围100米内进行开发活动以及从事经营活动,并对遗址100~300米以内地区的经营活动加以限制。根据印度古迹保护法规规定,损毁古迹将处以最高5000卢比(约合人民币509元)罚款,或判处最长3个月监禁,或两项处罚并行。

印度拥有技术比较先进的文物保存和修复队伍。另外,印度文物保护界认为,"人民的参与是最好的保障",这也是印度文物界对外宣传的一句口号。印度将每年11月19—25日定为"世界遗产周"。每到此时,印度文物考古界就大力进行文物保护宣传,提高民众保护民族文化遗产的意识。

3. 法国:使用抗涂鸦制剂

法国家长注意从小就在孩子们心中树立保护公共物品和文物古迹的意识。无论多小的孩子,只要在公共场所喧哗、打闹,或是乱涂乱画,都会被家长严肃批评。法国一些城市和景点还使用高科技防止乱涂乱画现象的发生。马赛市政府在一些建筑物上使用抗涂鸦制剂,多数涂料无法在墙面上留下痕迹。

(资料来源:http://www.mzb.com.cn/html/report/150230818-1.htm。)

第三节 城乡规划法律制度

一、城乡规划及其法律依据

(一)城乡规划的概念与类型

为了加强城乡规划管理,协调城乡空间布局,改善人居环境,促进城乡经济社会全面协调可持续发展,2007年10月,全国人大常委会通过《中华人民共和国城乡规划法》(以下简称《规划法》),该法自2008年1月1日起施行。2015年4月,全国人大常委会通过了对我国《规划法》的修改。该法第2条规定:"制定和实施城乡规划,在规划区内进行建设活动,必须遵守本法。本法所称城乡规划,包括城镇体系规划、城市规划、镇规划、乡规划和村庄规划。城市规划、镇规划分为总体规划和详细规划。详细规划分为控制性详细规划和修建性详细规划。本法所称规划区,是指城市、镇和村庄的建成区以及因城乡建设和发展需要,必须实行规划控制的区域。规划区的具体范围由有关人民政府在组织编制的城市总体规划、镇总体规划、乡规划和村庄规划中,根据城乡经济社会发展水平和统筹城乡发展的需要划定。"

城乡规划是各级政府统筹安排城乡发展建设空间布局,保护生态和自然环境,合理利用自然资源,维护社会公正与公平的重要依据,具有重要公共政策的属性。城乡规划按对象和功能类别,可分为总体规划、专项规划、区域规划。总体规划是国民经济和社会发展的战略性、纲领性、综合性规划,是编制本级和下级专项规划、区域规划以及制定有关政策和年度计划的依据,其他规划要符合总体规划的要求;专项规划是以国民经济和社会发展特定领域为对象编制的规划,是总体规划在特定领域的细化,也是政府指导该领域发展以及审批、核准重大项目,安排政府投资和财政支出预算,制定特定领域相关政策的依据;区域规划是以跨行政区的特定区域国民经济和社会发展为对象编制的规划,是总体规划在特定区域的细化和落实。跨省(区、市)的区域规划是编制区域内省(区、市)级总体规划、专项规划的依据。

我国《规划法》规定,城市总体规划、镇总体规划以及乡规划和村庄规划的编制,应当依据国民经济和社会发展规划,并与土地利用总体规划相衔接。

(二) 城乡规划法律体系

我国《规划法》将城乡规划纳入统一的法律管理。该法第4条规定,制定和实施城乡规划,应当遵循城乡统筹、合理布局、节约土地、集约发展和先规划后建设的原则,改善生态环境,促进资源、能源节约和综合利用,保护耕地等自然资源和历史文化遗产,保持地方特色、民族特色和传统风貌,防止污染和其他公害,并符合区域人口发展、国防建设、防灾减灾和公共卫生、公共安全的需要;在规划区内进行建设活动,应当遵守土地管理、自然资源和环境保护等法律、法规的规定。

可见,城乡规划法律体系:一是法律,除我国《规划法》外,应当包括土地管理、自然资源和环境保护等法律;二是行政法规,如国务院颁布的《村庄和集镇规划建设管理条例》;三是部门规章,如关于城乡规划编制审批的管理、土地使用管理、公共设施规划管理,以及规划设计单位资质等行业管理;四是城乡规划的技术标准与技术规范,如城乡规划的基本术语、规划编制办法、城市道路交通规划设计规范等。

依据我国《规划法》的规定,经依法批准的城乡规划,是城乡建设和规划管理的依据,未经法定程序不得修改。任何单位和个人都应当遵守经依法批准并公布的城乡规划,服从规划管理,并有权就涉及其利害关系的建设活动是否符合规划的要求向城乡规划主管部门查询。任何单位和个人都有权向城乡规划主管部门或者其他有关部门举报或者控告违反城乡规划的行为。城乡规划主管部门或者其他有关部门对举报或者控告,应当及时受理并组织核查、处理。国家鼓励采用先进的科学技术,增强城乡规划的科学性,提高城乡规划实施及监督管理的效能。

二、城乡规划的制定

(一) 城乡规划的编制与审批

1. 体系规划的编制与审批

1) 全国城镇体系规划

全国城镇体系规划由国务院城乡规划主管部门会同国务院有关部门组织编制,用于指导省域城镇体系规划、城市总体规划的编制。全国城镇体系规划由国务院城乡规划主管部门报国务院审批。

2）省域城镇体系规划

省域城镇体系规划由省、自治区人民政府组织编制，报国务院审批。省域城镇体系规划的内容应当包括：城镇空间布局和规模控制，重大基础设施的布局，为保护生态环境、资源等需要严格控制的区域。

2. 总体规划的编制与审批

1）城市总体规划

城市总体规划由城市人民政府组织编制城市总体规划。直辖市的城市总体规划由直辖市人民政府报国务院审批。省、自治区人民政府所在地的城市以及国务院确定的城市的总体规划，由省、自治区人民政府审查同意后，报国务院审批。其他城市的总体规划，由城市人民政府报省、自治区人民政府审批。

2）县域总体规划

县人民政府所在地镇的总体规划由县人民政府组织编制，报上一级人民政府审批；其他镇的总体规划由镇人民政府组织编制，报上一级人民政府审批。

依据我国《规划法》，省、自治区人民政府组织编制的省域城镇体系规划，城市、县人民政府组织编制的总体规划，在报上一级人民政府审批前，应当先经本级人民代表大会常务委员会审议，常务委员会组成人员的审议意见交由本级人民政府研究处理。镇人民政府组织编制的镇总体规划，在报上一级人民政府审批前，应当先经镇人民代表大会审议，代表的审议意见交由本级人民政府研究处理。规划的组织编制机关报送审批省域城镇体系规划、城市总体规划或者镇总体规划，应当将本级人民代表大会常务委员会组成人员或者镇人民代表大会代表的审议意见和根据审议意见修改规划的情况一并报送。

城市总体规划、镇总体规划的内容应当包括：城市、镇的发展布局，功能分区，用地布局，综合交通体系，禁止、限制和适宜建设的地域范围，各类专项规划等。规划区范围、规划区内建设用地规模、基础设施和公共服务设施用地、水源地和水系、基本农田和绿化用地、环境保护、自然与历史文化遗产保护以及防灾减灾等内容，应当作为城市总体规划、镇总体规划的强制性内容。城市总体规划、镇总体规划的规划期限一般为20年。城市总体规划还应当对城市更长远的发展作出预测性安排。

3）乡规划、村庄规划

乡规划、村庄规划应当从农村实际出发，尊重村民意愿，体现地方和农村特色。乡规划、村庄规划的内容应当包括：规划区范围、住宅、道路、供水、排水、供电、垃圾收集、畜禽养殖场所等农村生产、生活服务设施、公益事业等各项建设的用地布局、建设要求，以及对耕地等自然资源和历史文化遗产保护、防灾减灾等的具体安排。乡规划还应当包括本行政区域内的村庄发展布局。

3. 控制性详细规划的编制与审批

我国《规划法》规定，城市人民政府城乡规划主管部门根据城市总体规划的要求，组织编制城市的控制性详细规划，经本级人民政府批准后，报本级人民代表大会常务委员会和上一级人民政府备案。其具体内容有以下几个方面。

一是镇人民政府根据镇总体规划的要求,组织编制镇的控制性详细规划,报上一级人民政府审批;县人民政府所在地镇的控制性详细规划,由县人民政府城乡规划主管部门根据镇总体规划的要求组织编制,经县人民政府批准后,报本级人民代表大会常务委员会和上一级人民政府备案。

二是城市、县人民政府城乡规划主管部门和镇人民政府可以组织编制重要地块的修建性详细规划;修建性详细规划应当符合控制性详细规划。

三是乡、镇人民政府组织编制乡规划、村庄规划,报上一级人民政府审批;村庄规划在报送审批前,应当经村民会议或者村民代表会议讨论同意。

(二)城乡规划编制机构的资质与要求

1. 编制机构的资质与条件

我国《规划法》规定,城乡规划组织编制机关应当委托具有相应资质等级的单位承担城乡规划的具体编制工作。从事城乡规划编制工作应当具备下列条件,并经国务院城乡规划主管部门或者省、自治区、直辖市人民政府城乡规划主管部门依法审查合格,取得相应等级的资质证书后,方可在资质等级许可的范围内从事城乡规划编制工作:有法人资格;有规定数量的经相关行业协会注册的规划师;有相应的技术装备;有健全的技术、质量、财务管理制度。

2. 编制要求

依据我国《规划法》,编制城乡规划必须遵守国家有关标准,应当具备国家规定的勘察、测绘、气象、地震、水文、环境等基础资料;城乡规划报送审批前,组织编制机关应当依法将城乡规划草案予以公告,并采取论证会、听证会或者其他方式征求专家和公众的意见;公告的时间不得少于30日。

组织编制机关应当充分考虑专家和公众的意见,并在报送审批的材料中附具意见采纳情况及理由;省域城镇体系规划、城市总体规划、镇总体规划批准前,审批机关应当组织专家和有关部门进行审查。

三、城乡规划的实施与修改

(一)城乡规划的实施

1. 建设与发展

我国《规划法》规定,地方各级人民政府应当根据当地经济社会发展水平,量力而行,尊重群众意愿,有计划、分步骤地组织实施城乡规划;城乡建设和发展,应当依法保护和合理利用风景名胜资源,统筹安排风景名胜区及周边乡、镇、村庄的建设。

城市的建设和发展,应当优先安排基础设施以及公共服务设施的建设,妥善处理新区开发与旧区改建的关系,统筹兼顾进城务工人员生活和周边农村经济社会发展、村民生产与生活的需要;镇的建设和发展,应当结合农村经济社会发展和产业结构调整,优先安排供水、排水、供电、供气、道路、通信、广播电视等基础设施和学校、卫生院、文化站、幼儿园、福利院等公共服务设施的建设,为周边农村提供服务;乡、村庄的建设和发展,应当因地制宜、节约用地,发挥村民自治组织的作用,引导村民合理进行建设,改善农村生产、生活条件。

因此，城乡建设和发展，应当依法保护和合理利用风景名胜资源，统筹安排风景名胜区及周边乡、镇、村庄的建设。

2. 新区建设与旧城改造

依据我国《规划法》规定，城市新区的开发和建设，应当合理确定建设规模和时序，充分利用现有市政基础设施和公共服务设施，严格保护自然资源和生态环境，体现地方特色。

在城市总体规划、镇总体规划确定的建设用地范围以外，不得设立各类开发区和城市新区；城市地下空间的开发和利用，应当与经济和技术发展水平相适应，遵循统筹安排、综合开发、合理利用的原则，充分考虑防灾减灾、人民防空和通信等需要，并符合城市规划，履行规划审批手续。

旧城区的改建，应当保护历史文化遗产和传统风貌，合理确定拆迁和建设规模，有计划地对危房集中、基础设施落后等地段进行改建。

历史文化名城、名镇、名村的保护以及受保护建筑物的维护和使用，应当遵守有关法律、行政法规和国务院的规定。

3. 土地的使用与出让

我国《规划法》规定，按照国家规定需要有关部门批准或者核准的建设项目，以划拨方式提供国有土地使用权的，建设单位在报送有关部门批准或者核准前，应当向城乡规划主管部门申请核发选址意见书。

城乡规划确定的铁路、公路、港口、机场、道路、绿地、输配电设施及输电线路走廊、通信设施、广播电视设施、管道设施、河道、水库、水源地、自然保护区、防汛通道、消防通道、核电站、垃圾填埋场及焚烧厂、污水处理厂和公共服务设施的用地以及其他需要依法保护的用地，禁止擅自改变用途。

1）建设用地规划许可证

我国《规划法》规定，在城市、镇规划区内以划拨方式提供国有土地使用权的建设项目，经有关部门批准、核准、备案后，建设单位应当向城市、县人民政府城乡规划主管部门提出建设用地规划许可申请，由城市、县人民政府城乡规划主管部门依据控制性详细规划核定建设用地的位置、面积、允许建设的范围，核发建设用地规划许可证。

建设单位在取得建设用地规划许可证后，方可向县级以上地方人民政府土地主管部门申请用地，经县级以上人民政府审批后，由土地主管部门划拨土地；在城市、镇规划区内以出让方式提供国有土地使用权的，在国有土地使用权出让前，城市、县人民政府城乡规划主管部门应当依据控制性详细规划，提出出让地块的位置、使用性质、开发强度等规划条件，作为国有土地使用权出让合同的组成部分。

未确定规划条件的地块，不得出让国有土地使用权。

以出让方式取得国有土地使用权的建设项目，在签订国有土地使用权出让合同后，建设单位应当持建设项目的批准、核准、备案文件和国有土地使用权出让合同，向城市、县人民政府城乡规划主管部门领取建设用地规划许可证。

城市、县人民政府城乡规划主管部门不得在建设用地规划许可证中，擅自改变作为国有土地使用权出让合同组成部分的规划条件。

规划条件未纳入国有土地使用权出让合同的，该国有土地使用权出让合同无效；对未取得建设用地规划许可证的建设单位批准用地的,由县级以上人民政府撤销有关批准文件;占用土地的,应当及时退回;给当事人造成损失的,应当依法给予赔偿。

2)建设工程规划许可证

我国《规划法》规定,在城市、镇规划区内进行建筑物、构筑物、道路、管线和其他工程建设的,建设单位或者个人应当向城市、县人民政府城乡规划主管部门或者省、自治区、直辖市人民政府确定的镇人民政府申请办理建设工程规划许可证。申请办理建设工程规划许可证,应当提交使用土地的有关证明文件、建设工程设计方案等材料。需要建设单位编制修建性详细规划的建设项目,还应当提交修建性详细规划。对符合控制性详细规划和规划条件的,由城市、县人民政府城乡规划主管部门或者省、自治区、直辖市人民政府确定的镇人民政府核发建设工程规划许可证;城市、县人民政府城乡规划主管部门或者省、自治区、直辖市人民政府确定的镇人民政府应当依法将经审定的修建性详细规划、建设工程设计方案的总平面图予以公布;在乡、村庄规划区内进行乡镇企业、乡村公共设施和公益事业建设的,建设单位或者个人应当向乡、镇人民政府提出申请,由乡、镇人民政府报城市、县人民政府城乡规划主管部门核发乡村建设规划许可证。

3)乡村建设规划许可证

我国《规划法》规定,在乡、村庄规划区内进行乡镇企业、乡村公共设施和公益事业建设以及农村村民住宅建设,不得占用农用地;确需占用农用地的,应当依照我国《土地管理法》有关规定办理农用地转用审批手续后,由城市、县人民政府城乡规划主管部门核发乡村建设规划许可证。建设单位或者个人在取得乡村建设规划许可证后,方可办理用地审批手续。城乡规划主管部门不得在城乡规划确定的建设用地范围以外作出规划许可。

总之,建设单位应当按照规划条件进行建设,确需变更的,必须向城市、县人民政府城乡规划主管部门提出申请。变更内容不符合控制性详细规划的,城乡规划主管部门不得批准。城市、县人民政府城乡规划主管部门应当及时将依法变更后的规划条件通报同级土地主管部门并公示。

建设单位应当及时将依法变更后的规划条件报有关人民政府土地主管部门备案;在城市、镇规划区内进行临时建设的,应当经城市、县人民政府城乡规划主管部门批准。临时建设影响近期建设规划或者控制性详细规划的实施以及交通、市容、安全等,不得批准;县级以上地方人民政府城乡规划主管部门按照国务院规定对建设工程是否符合规划条件予以核实。

未经核实或者经核实不符合规划条件的,建设单位不得组织竣工验收。建设单位应当在竣工验收后6个月内向城乡规划主管部门报送有关竣工验收资料。

(二)城乡规划的修改

1. 规划体系与总体规划的修改

我国《规划法》规定,省域城镇体系规划、城市总体规划、镇总体规划的组织编制机关,应当组织有关部门和专家定期对规划实施情况进行评估,并采取论证会、听证会或者其他方式征求公众意见。组织编制机关应当向本级人民代表大会常务委员会、镇人民代表大会和原审批机关提出评估报告并附具征求意见的情况。

有下列情形之一的,组织编制机关方可按照规定的权限和程序修改省域城镇体系规划、城市总体规划、镇总体规划:上级人民政府制定的城乡规划发生变更,提出修改规划要求的;行政区划调整确需修改规划的;因国务院批准重大建设工程确需修改规划的;经评估确需修改规划的;城乡规划的审批机关认为应当修改规划的其他情形。

修改省域城镇体系规划、城市总体规划、镇总体规划前,组织编制机关应当对原规划的实施情况进行总结,并向原审批机关报告;修改涉及城市总体规划、镇总体规划强制性内容的,应当先向原审批机关提出专题报告,经同意后,方可编制修改方案;修改后的省域城镇体系规划、城市总体规划、镇总体规划,应当依法定的审批程序报批。

2. 控制性详细规划的修改

我国《规划法》规定,修改控制性详细规划的,组织编制机关应当对修改的必要性进行论证,征求规划地段内利害关系人的意见,并向原审批机关提出专题报告,经原审批机关同意后,方可编制修改方案。

修改后的控制性详细规划,应当依法律规定的审批程序报批。控制性详细规划修改涉及城市总体规划、镇总体规划的强制性内容的,应当先修改总体规划;乡规划、村庄规划的修改也应当依法定的审批程序报批。

依据我国《规划法》,在选址意见书、建设用地规划许可证、建设工程规划许可证或者乡村建设规划许可证发放后,因依法修改城乡规划给被许可人合法权益造成损失的,应当依法给予补偿;经依法审定的修建性详细规划、建设工程设计方案的总平面图不得随意修改;确需修改的,城乡规划主管部门应当采取听证会等形式,听取利害关系人的意见;因修改给利害关系人合法权益造成损失的,应当依法给予补偿。

四、监督检查与法律责任

(一) 监督检查

我国《规划法》规定,县级以上人民政府及其城乡规划主管部门应当加强对城乡规划编制、审批、实施、修改的监督检查。

地方各级人民政府应当向本级人民代表大会常务委员会或者乡、镇人民代表大会报告城乡规划的实施情况,并接受监督。

县级以上人民政府城乡规划主管部门对城乡规划的实施情况进行监督检查,有权采取以下措施:要求有关单位和人员提供与监督事项有关的文件、资料,并进行复制;要求有关单位和人员就监督事项涉及的问题作出解释和说明,并根据需要进入现场进行勘测;责令有关单位和人员停止违反有关城乡规划的法律、法规的行为。

城乡规划主管部门的工作人员履行前款规定的监督检查职责,应当出示执法证件。被监督检查的单位和人员应当予以配合,不得妨碍和阻挠依法进行的监督检查活动。

监督检查情况和处理结果应当依法公开,供公众查阅和监督。城乡规划主管部门在查处法律规定的行为时,发现国家机关工作人员依法应当给予行政处分的,应当向其任免机关或者监察机关提出处分建议。

对于应当给予行政处罚,而有关城乡规划主管部门不给予行政处罚的,上级人民政府城乡规划主管部门有权责令其作出行政处罚决定或者建议有关人民政府责令其给予行政处罚;城乡规划主管部门违反本法规定作出行政许可的,上级人民政府城乡规划主管部门有权责令其撤销或者直接撤销该行政许可。

因撤销行政许可给当事人合法权益造成损失的,应当依法给予赔偿。

(二)法律责任

1. 组织编制机关的责任

我国《规划法》规定,对依法应当编制城乡规划而未组织编制,或者未按法定程序编制、审批、修改城乡规划的,由上级人民政府责令改正,通报批评;对有关人民政府负责人和其他直接责任人员依法给予处分。

城乡规划组织编制机关委托不具有相应资质等级的单位编制城乡规划的,由上级人民政府责令改正,通报批评;对有关人民政府负责人和其他直接责任人员依法给予处分。

镇人民政府或者县级以上人民政府城乡规划主管部门有下列行为之一的,由本级人民政府、上级人民政府城乡规划主管部门或者监察机关依据职权责令改正,通报批评;对直接负责的主管人员和其他直接责任人员依法给予处分:未依法组织编制城市的控制性详细规划、县人民政府所在地镇的控制性详细规划的;超越职权或者对不符合法定条件的申请人核发选址意见书、建设用地规划许可证、建设工程规划许可证、乡村建设规划许可证的;对符合法定条件的申请人未在法定期限内核发选址意见书、建设用地规划许可证、建设工程规划许可证、乡村建设规划许可证的;未依法对经审定的修建性详细规划、建设工程设计方案的总平面图予以公布的;同意修改修建性详细规划、建设工程设计方案的总平面图前未采取听证会等形式听取利害关系人的意见的;发现未依法取得规划许可或者违反规划许可的规定在规划区内进行建设的行为,而不予查处或者接到举报后不依法处理的。

县级以上人民政府有关部门有下列行为之一的,由本级人民政府或者上级人民政府有关部门责令改正,通报批评;对直接负责的主管人员和其他直接责任人员依法给予处分:对未依法取得选址意见书的建设项目核发建设项目批准文件的;未依法在国有土地使用权出让合同中确定规划条件或者改变国有土地使用权出让合同中依法确定的规划条件的;对未依法取得建设用地规划许可证的建设单位划拨国有土地使用权的。

2. 规划编制单位的责任

我国《规划法》规定,城乡规划编制单位有下列行为之一的,由所在地城市、县人民政府城乡规划主管部门责令限期改正,处合同约定的规划编制费1倍以上2倍以下的罚款;情节严重的,责令停业整顿,由原发证机关降低资质等级或者吊销资质证书;造成损失的,依法承担赔偿责任。这些行为是:超越资质等级许可的范围承揽城乡规划编制工作的;违反国家有关标准编制城乡规划的。

未依法取得资质证书承揽城乡规划编制工作的,由县级以上地方人民政府城乡规划主管部门责令停止违法行为,依照前款规定处以罚款;造成损失的,依法承担赔偿责任。

以欺骗手段取得资质证书承揽城乡规划编制工作的,由原发证机关吊销资质证书;造成损失的,依法承担赔偿责任。

城乡规划编制单位取得资质证书后,不再符合相应的资质条件的,由原发证机关责令限期改正;逾期不改正的,降低资质等级或者吊销资质证书。

3. 关于规划许可证及其相关责任

我国《规划法》规定,未取得建设工程规划许可证或者未按照建设工程规划许可证的规定进行建设的,由县级以上地方人民政府城乡规划主管部门责令停止建设;尚可采取改正措施消除对规划实施的影响的,限期改正,处建设工程造价5%以上10%以下的罚款;无法采取改正措施消除影响的,限期拆除,不能拆除的,没收实物或者违法收入,可以并处建设工程造价10%以下的罚款。

在乡、村庄规划区内未依法取得乡村建设规划许可证或者未按照乡村建设规划许可证的规定进行建设的,由乡、镇人民政府责令停止建设、限期改正;逾期不改正的,可以拆除。

4. 建设单位或个人的责任

我国《规划法》规定,建设单位或者个人有下列行为之一的,由所在地城市、县人民政府城乡规划主管部门责令限期拆除,可以并处临时建设工程造价1倍以下的罚款:未经批准进行临时建设的;未按照批准内容进行临时建设的;临时建筑物、构筑物超过批准期限不拆除的。

建设单位未在建设工程竣工验收后6个月内向城乡规划主管部门报送有关竣工验收资料的,由所在地城市、县人民政府城乡规划主管部门责令限期补报;逾期不补报的,处1万元以上5万元以下的罚款。城乡规划主管部门作出责令停止建设或者限期拆除的决定后,当事人不停止建设或者逾期不拆除的,建设工程所在地县级以上地方人民政府可以责成有关部门采取查封施工现场、强制拆除等措施。

本章小结

(1) 分析了旅游发展规划、旅游资源的利用与保护及其相互关系制度。

(2) 介绍了我国《自然保护区条例》的基本内容,提出自然保护区开展旅游活动的基本要求。

(3) 介绍了文物旅游资源保护、修缮、使用和销售的基本原则及法律制度的内容。

(4) 分析了城乡规划及其法律依据,介绍了城乡规划的制定、实施与修改和法律责任。

核心关键词

旅游发展规划	tourism development planning
旅游可持续发展	tourism sustainable development
旅游资源	tourism resources
旅游吸引物	tourism attraction

第四章
旅游规划与资源保护法律制度

思考与练习

1. 简述旅游发展规划和旅游专项规划。
2. 简述旅游资源及其开发与利用的关系。
3. 联系实际分析自然保护区开展旅游活动的基本原则。
4. 简述文物旅游资源的保护与利用。
5. 分析城乡规划的法律依据。

案例分析

文化遗产的法律保护

根据《保护世界文化和自然遗产公约》的界定,文化遗产是指从历史、艺术或科学角度看具有突出普遍价值的建筑物、碑雕和碑画,具有考古性质的成分或结构、铭文、窟洞以及联合体及建筑式样,分布均匀或环境风景结合方面具有突出价值的单立或连接的建筑群;从历史、审美、人种学或人类学角度看具有突出普遍价值的人类工程或自然与人联合工程及考古地址等。

文化遗产具有稀缺性、唯一性、独特性、不可再造性、不可替代性等特点。现代意义上的文化遗产保护思想和活动,起源于欧洲,并最先影响到美国和日本等国。由于社会文化背景的不同,东西方国家在文化遗产的管理、保护的具体方式上有着较大的差异。西方国家主要采取国家投资方式或通过法律法规、政策杠杆来鼓励地区、企业以及全社会对文化遗产进行保护,其具体表现在注重对科学和技术的应用、注重科学的管理方法,以法的规范、理性探究、科学规划、程式化管理为特征的文化遗产管理模式。我国目前处在社会环境和经济发展转型期阶段,文化遗产保护注重权威、实用、协调、直觉与感悟和管理者经验。因此,对我国文化遗产保护模式进行分析,必须理顺保护文化遗产与发展经济及发展旅游业的关系。

《国际文化旅游宪章》规定,旅游和文化遗产内容之间的动态的相互作用,以及国际旅游业的持续发展已经成为文化交流、增加个人经历的最重要的渠道,这不仅仅是为了保护过去的遗存,也是为了当代社会和生活的发展。对文化遗产欣赏不断增长的要求,是自然和文化遗产保护的积极力量,旅游业体现遗产的经济特征,通过投资来促进保护、教育和影响相关政策,当有成功的管理时,旅游业将成为许多国家和地区经济的基础和发展的重要因素。

随着经济的全球化和国内市场经济的逐步发育,特别是由于旅游业的迅猛发展,人们对跨文化体验的追求使得文化遗产成为一种可以用于发展旅游的资源,同时也由于文物市场的复活,文物交易的盛行,我国有形文化遗产与无形文化遗产都遇到了

前所未有的冲击,文化遗产保护的最大瓶颈即发展中国家相对贫弱的经济基础与作为数千年文明古国的极其丰富的文化遗产之间的矛盾,现有经济实力与超能力负载的矛盾日显突出。

许多国家的发展经验证明,文化遗存丰富并且保护得较好的国家和城市都可以成为旅游热点地区。文化遗产作为一种旅游资源和文化创新的资源给一个国家社会、经济的发展带来的效益是多方面的,有精神文明效益、还有经济效益、环境效益等,让大众参观欣赏文化遗产是其发挥作用、实现价值增值和传承的重要途径。

有观点认为,保护文化遗产会影响文化遗产地经济发展和老百姓的生活。遗产作为特殊的资源,在市场经济条件下,文化遗产的价值能够通过供求关系大致地反映出来。资源只是遗产地的一个基础因素,不是完整的产品形态,不可能直接进入市场,只有经过经营开发才能实现它的价值,而开发过程中难免对文化遗产造成破坏。

笔者认为,对文化遗产只讲保护、不讲发展,地方经济会长期陷入贫困的窘境中,连基本的生存条件都难以保证,资源保护的经费没有来源;反之,只讲求发展,不注意保护文化遗产,长此以往只能造成生态环境的日益恶化。从各方面综合比较的结果来看,利用文化遗产资源优势,发展旅游业,是实现文化遗产地经济良性增长、与环境资源冲突最小、环境代价最小的一种现实选择。

文化遗产保护是开发利用的前提,开发利用是为了更好地进行保护文化遗产,将文化遗产资源保护的公益性与资源本身所具有的经济利用价值有机结合。一方面通过合理利用文化遗产资源获取利益,壮大经济实力;另一方面要在实践中探求实施有效保护的具体措施,促进资源的科学利用,走保护→开发利用→发展→保护的良性循环发展之路,并辐射带动相邻周边区域发展,共同构筑保护屏障。但是,在市场经济的条件下,文化遗产的价值判断、定价,乃至管理与运作都无法也不必回避市场这只看不见的调节之手。文化遗产的经济价值可以通过保护和经营两方面来实现,具体的途径是多种多样的,最明显的是推动旅游业和相关产业的发展。

因此,对文化遗产来说,要保护文化遗产的多样性,注重原创性,就应当从道德、观念、文化、规划、法律与市场等多重角度,考虑文化遗产权利分享机制,建立多元化、开放式、前瞻性的文化遗产价值对话平台,借鉴国外文化遗产保护的经验,采取政府保护、法律保护、市场保护与社会支持等多重因素综合保护的模式,以期形成符合我国实际的文化遗产利用与保护法律法规体系。

问题:
1. 结合案例材料,分析文化遗产类旅游资源管理的法律依据。
2. 从法律视角,谈谈你对文化遗产资源利用与保护的认识。
(资料来源:王莉霞,《旅游法规理论与实务》,东北财经大学出版社,2014年版。)

第五章

旅游合同法律制度

学习引导

旅游合同是规范合同双方当事人权利义务最基本的法律文件,这种私法关系,在不违背法律法规和社会公德,不扰乱社会经济秩序,不损害社会公共利益的前提下,一般适用契约自由原则和当事人意思自治原则。本章主要以我国《合同法》和《旅游法》为依据,对旅游合同的概念与特征、旅游合同的类型,以及我国旅游合同的现实法律问题进行分析,在此基础上,介绍了旅游合同订立和履行的原则,旅游合同订立的程序,旅游合同的条款,旅游合同履行中的担保,以及旅游合同的变更、解除、转让和终止等内容,并对旅游合同的缔约过失责任,旅游合同的法律效力及其法律后果进行分析判断,提出违约责任及其承担原则与方式,剖析违约责任的严格责任原则,以及旅游合同履行过程中,遭遇不可抗力问题的处理。

学习目标

- 旅游合同及其相关问题;
- 旅游合同的类型;
- 旅游合同的订立与履行;
- 旅游合同变更、解除、转让和终止;
- 违反旅游合同的责任。

第一节 旅游合同及其类型

一、旅游合同及相关问题

(一)旅游合同的概念与特征

旅游合同是规范合同双方当事人权利义务最基本的法律文件,这种私法关系,在不违背

法律法规和公共秩序,不损害社会公共利益的前提下,一般适用契约自由原则和当事人意思自治原则。国外关于旅游合同的立法不尽相同,但对旅游合同中的基本问题均有明确的法律规定。

我国现行《合同法》分则中没有将旅游合同作为有名合同进行法律规制,在实践中,关于旅游合同主要适用我国《民法通则》、《合同法》及相关规章制度进行调整,使得旅游合同纠纷的处理"同一或相似的合同问题因法院在适用法律上的不一使结果有较大不同甚至相悖"。

我国《旅游法》结合现代旅游服务业的特点,对旅游合同,特别是包价旅游合同、委托代订合同和旅游咨询等旅游服务合同的具体内容、不可或缺条款,旅游合同主体资格及其权利义务,危机事件下旅游合同的变更、转让、解除,旅游合同的格式化及"霸王条款"等问题进行规制,从而成为旅游合同关系当事人权利义务的法律依据。

依据我国《合同法》的规定,关于"旅游服务合同"我国《旅游法》有规定的,优先适用该法的规定,该法没有规定的,适用我国《合同法》总则的规定并参照分则中的"委托合同"的相关规定。

因此,旅游合同是指旅游法律关系当事人之间,为实现旅行游览的目的,签订的明确相互权利和义务关系的协议。其有以下几个主要法律特征。

1. 旅游合同主体是具有平等资格的当事人

旅游合同是当事人通过协调,自愿决定和调整相互权利义务关系,是当事人意思表示一致的结果。当事人之间,如包价旅游合同中的旅游者与旅行社之间,旅行社与旅游履行辅助人之间,以及我国旅游企业与海外旅游企业之间因旅游者的出入境旅游等签订的旅游合同。

旅游合同当事人之间没有从属之分,不存在命令者与被命令者、管理者与被管理者,无论实力强弱,当事人法律地位一律平等,不允许一方当事人将自己的意志强加给对方当事人。

2. 旅游合同内容是当事人约定的旅游权利和旅游义务

在旅行游览业务活动中,旅游合同的内容是双方当事人约定的旅游权利和旅游义务。旅游合同的权利义务是对等的,这里的"对等"是指享有权利,同时就应承担义务,而且彼此的权利与义务是相应的。例如,在旅游服务合同中,提供服务的旅行社方的权利就是按约定的标准收取旅游服务费,不受任何单位和个人的干预依法或依约定提供旅游服务等,其主要义务是按合同约定的接待计划安排旅游者的交通、食宿、游览、讲解及保护旅游者的人身和财物安全等;相反,接受服务的旅游者一方的义务是按服务合同的约定,支付旅游费用,其权利是要求服务方提供约定的项目、设施与服务等。

3. 旅游合同客体是主体旅游权利与义务所指向的对象

旅游合同的客体是主体为实现一定旅游活动而约定的旅游权利和旅游义务所指向的事物,即旅游消费构成的食、住、行、游、购、娱所指向的事物。旅游合同双方当事人因旅游权利和旅游义务而联结起来,又因共同指向的客体而使权利义务得以实现。

4. 依法订立的旅游合同具有法律的约束力

旅游合同是当事人在自愿、平等、公平、诚实信用原则基础上,在互利互惠充分表达各自意见,并就旅游合同的条款取得一致后,依法达成的协议,具有法律的约束力。也就是说,旅游合同一经成立,当事人应当按照约定履行自己的义务,非依法律规定或者取得对方同意,不得擅自变更或解除合同。

依法订立的旅游合同受法律的保护,如果当事人不履行合同义务或者履行合同义务不符合约定,从而使对方当事人的权益受到损害,应当承担违约责任。

(二) 我国旅游合同存在的法律问题

1. 旅游合同格式化或"霸王条款"问题

在旅游实践中,大多数旅游合同是旅行社为重复使用而预先拟定好,并在订立合同时未与旅游者协商的条款,即格式合同。格式合同虽然节约了一定的交易成本,但也存在明显缺陷。格式条款既然未经合同双方在事前协商拟定,另一方的意思就很难在格式条款上得到全面的体现,因此不利于贯彻"合同自由"原则。其存在的主要是"霸王条款"问题,即经营者单方制定的逃避法定义务、减免自身责任的不平等合同、通知、声明和店堂公告或者行业惯例等。例如,在包价旅游合同中,服务提供方旅行社通过加重合同相对人的责任、不合理地分配合同风险等来减免自己的责任等;或在合同中约定"由于旅行社组团人数不够而不能成行的,旅行社可变更出团日期,旅游消费者应依据变更后的团费标准付费,旅游消费者也可以选择退团,但仍需承担所发生的相关费用,并依情况须支付赔偿金"限制或剥夺相对人的权利,增加自己的权利。

依据最高人民法院《关于审理旅游纠纷案件适用法律若干问题的规定》,旅游经营者以格式合同、通知、声明、告示等方式作出对旅游者不公平、不合理的规定,或者减轻、免除其损害旅游者合法权益的责任,旅游者请求依据《消费者权益保护法》第 24 条的规定认定该内容无效的,人民法院应予支持。

2. 旅游合同的信息不对称问题

信息不对称是指在旅游市场运行中,旅游交易中的各个当事人拥有的信息不同或者各类人员对有关信息的了解的差异性。旅游合同从签订到履行的整个过程中,旅行社作为掌握信息比较充分的一方当事人,往往处于比较有利的地位,而信息较为贫乏的旅游者则处于弱势地位,这就可能导致旅行社利用自己所处的优势地位与游客签订不平等旅游合同的情况,并因此而引发旅游纠纷。

对此,旅游者可依我国《合同法》请求人民法院或仲裁机构对合同进行变更或撤销,或者依我国《旅游法》的有关规定,请求旅行社给予损害赔偿。

知识关联

信息不对称理论是由三位美国经济学家——约瑟夫·斯蒂格利茨、乔治·阿克尔洛夫和迈克尔·斯彭斯提出的。该理论认为:市场中卖方比买方更了解有关商品的各种信息;掌握更多信息的一方可以通过向信息贫乏的一方传递可靠信息而在市场中获益;买卖双方中拥有信息较少的一方会努力从另一方获取信息;市场信号显示在一定程度上可以弥补信息不对称的问题;信息不对称是市场经济的弊病,要想减少信息不对称对经济产生的危害,政府应在市场体系中发挥强有力的作用。

3. 旅游合同履行中的法律适用问题

在旅游合同的实际履行中,因旅游服务提供方为了获得更多的利润,经常违背诚信原则,造成旅游者利益的损害而引起旅游纠纷。诚信原则内涵和外延不确定性的特征给司法上的适用带来了一定的困难,在用其处理旅游合同纠纷时,对同一个问题的解决上经常是不同的司法人员操作起来可能会出现不同的结果,不利于维护司法的权威和法律的统一性。但是,对于当事人不履行或不适当履行旅游合同的法律适用问题,法律有明确的规定。不履行旅游合同的情形一般分为两种:一是存在不可抗力,如旅游目的地发生地震等自然灾害等,这种情况符合合同法规定的解除合同的条件,只要一方能及时通知对方,一般不会产生更多的纠纷;另一种是无不可抗力情形时一方不履行合同,这种不履行合同所产生纠纷的处理,我国《合同法》规定,当事人应当承担继续履行、采取补救措施或者赔偿损失等违约责任。因为旅游合同不同于其他一般的买卖等合同,一旦违约则难以继续履行或采取补救措施,或者说再履行或补救已失去了原来的意义,因此,我国《旅游法》第70条规定,旅行社不履行包价旅游合同义务或者履行合同义务不符合约定的,应当依法承担继续履行、采取补救措施或者赔偿损失等违约责任;造成旅游者人身损害、财产损失的,应当依法承担赔偿责任。旅行社具备履行条件,经旅游者要求仍拒绝履行合同,造成旅游者人身损害、滞留等严重后果的,旅游者还可以要求旅行社支付旅游费用1倍以上3倍以下的赔偿金。

4. 关于精神损害赔偿问题

对于旅游者而言,旅游活动是其追求精神生活享受和个人独特审美体验的过程,旅游合同是旅游者获得旅游服务实现上述目的的保证。如果旅游业提供有不符合旅游合同的服务,将使旅游者的目的即精神享受不能达到,从而造成精神上的损害,应予赔偿。但我国的法律没有规定违约责任的赔偿范围包括精神损害赔偿。最高人民法院在《关于确定民事侵权精神损害赔偿责任若干问题解释》中,规定了自然人的人格权利遭受非法侵害的,可以提起精神损害赔偿,但未规定违约而引起的精神损害赔偿。

所以,在旅游合同中,在一般情况下,旅游者不能因旅行社的违约行为而向旅行社要求精神损害赔偿。但是,旅游产品是带给旅游者的愉悦和享受,如果一概不承认旅行社在此方面的合同义务,可能不符合旅游合同的特征,这种纠纷的出现期待于专门的有关旅游合同的法律能够予以解决。

案例导读

出境旅游合同纠纷案

基本案情:2012年10月,闫某、李某与一国际旅行社签订《北京市出境旅游合同》,约定巴西、阿根廷、智利、秘鲁四国游,共计旅游费用165600元,包括行程为北京—圣保罗—玛瑙斯—里约—多哈—北京的全部交通费用。出行期间,该国际旅行社在安排上存在瑕疵,导致错过约定航班,并要求闫某、李某二人自行出钱购买从圣保罗至玛瑙斯的机票。闫某、李某认为该行程是旅游合同约定的旅游行程线路,国际旅行社应依据合同承担上述行程的交通费用。故起诉至法院要求国际旅行社支付二人自行支出的机票费用共计 17844.82 元。

裁判结果：一审法院认为，闫某、李某与国际旅行社签订的《北京市出境旅游合同》系双方当事人真实意思表示，不违反法律法规规定，合法有效。旅游合同对交通标准、旅游费用承担和组成均有明确约定，现二人另行支付机票费用要求国际旅行社承担有合同依据，其主张标准于法有据，判决国际旅行社支付二人全部机票费用。二审法院认为，双方之间已经形成合同法律关系，各方均应按照合同的约定全面而恰当的享有权利，履行义务。闫某、李某重新购买机票的损失与国际旅行社的不当行为具有直接的关系，亦有悖于双方合同的约定内容，国际旅行社应承担机票费用。判决维持原判。

典型意义：旅行社和游客在平等自愿基础上订立了旅游合同，合同中对交通标准、旅游费用等做了明确的约定，其中，游客已经缴纳的旅游费用包含了所有的机票交通费用。旅行中，因旅行社在安排上存在瑕疵，致使游客自己另行购买机票的损失发生，而该损失与旅行社不当行为具有直接的关系，且违反了双方订立的旅游合同的内容。因此，根据出境旅游合同的约定，游客有权要求旅行社承担另行支付的机票费用，旅行社应对游客支出的机票费用承担赔偿责任。

（资料来源：http://www.chinacourt.org/article/detail/2015/12/id/1762981.shtml。）

二、旅游合同的类型

（一）旅游合同的一般分类

合同的分类是将合同诸多种类按照特定的标准进行抽象性地加以区别和划分，其意义在于：一是把握各类合同关系的差别，认识和了解此类合同与彼类合同的相互联系；二是在同一类合同中进而划分出若干子合同，子合同具有自身的特性，其结果能通过这种划分认识某些合同关系的主要环节；三是通过划分，在市场交易与各种经营活动中正确处理不同的合同关系，并从分类中掌握同一类合同的共同特征及其成立条件等，有助于合同立法的完善与健全，并决定合同的管理、案件的管辖和法律的适用。

依据我国《合同法》和《旅游法》的规定，旅游合同在合同的一般分类中表现为以下几类。

1. 有名合同与无名合同

根据合同法或者其他法律是否对合同规定有确定的名称与调整规则为标准，可将合同分为有名合同与无名合同。有名合同是立法上规定有确定名称与规则的合同，又称典型合同。例如，我国《合同法》在分则中规定的买卖合同、赠予合同、借款合同、租赁合同等各类合同。无名合同是立法上尚未规定有确定名称与规则的合同，又称非典型合同。区分两者的法律意义在于法律适用的不同。有名合同可直接适用我国《合同法》分则中关于该种合同的具体规定。对无名合同则只能在适用我国《合同法》总则中规定的一般规则的同时，参照该法分则或者其他法律中最相类似的规定执行。我国《合同法》虽未对旅游合同加以明确规制，但我国《旅游法》中却明确规定有"旅游服务合同"，即该合同为旅游法上的有名合同。

2. 单务合同与双务合同

根据合同当事人是否相互负有对价义务为标准,可将合同分为单务合同与双务合同。此处的对价义务并不要求双方的给付价值相等,而只是要求双方的给付具有相互依存、相互牵连的关系即可。

单务合同是指仅有一方当事人承担义务的合同,如赠予合同。

双务合同是指双方当事人互相负有对价义务的合同,如买卖合同、承揽合同、租赁合同等。

区分两者的法律意义在于,因为双务合同中当事人之间的给付义务具有依存和牵连关系,因此,双务合同中存在同时履行抗辩权和风险负担的问题,而这些情形并不存在于单务合同中。

依据我国《旅游法》的规定,旅游合同以双方当事人互负义务为前提,因而属于双务合同。

3. 有偿合同与无偿合同

根据合同当事人是否因给付取得对价为标准,可将合同分为有偿合同与无偿合同。

有偿合同是指合同当事人为从合同中得到利益要支付相应对价给付的合同,如买卖、租赁、雇佣、承揽、行纪等都是有偿合同。

无偿合同是指只有一方当事人作出给付,或者虽然是双方作出给付但双方的给付间不具有对价意义的合同,如赠予合同是典型的无偿合同,另外,委托、保管合同如果没有约定利息和报酬的,也属于无偿合同。

我国《旅游法》规定,包价旅游合同应当具备的条款之一是"旅游费用及其交纳的期限和方式",可见,旅游合同是典型的有偿合同。

4. 诺成合同与实践合同

根据合同成立除当事人的意思表示以外,是否还要其他现实给付为标准,可以将合同分为诺成合同与实践合同。

诺成合同是指当事人意思表示一致即可认定合同成立的合同。

实践合同是指在当事人意思表示一致以外,尚须有实际交付标的物或者有其他现实给付行为才能成立的合同。确认某种合同属于实践合同必须法律有规定或者当事人之间有约定。常见的实践合同有保管合同、自然人之间的借贷合同、定金合同等。但赠予合同、质押合同不再是实践合同。

区分两者的法律意义在于,除了两种合同的成立要件不同以外,实践合同中作为合同成立要件的给付义务的违反不产生违约责任,而只是一种缔约过失责任。

由于旅游合同标的的特殊性,根据我国《旅游法》的规定,旅游合同双方当事人的意思表示一致,合同即告成立,即旅游合同为诺成合同。

5. 要式合同与不要式合同

根据合同的成立是否必须符合一定的形式为标准,可以将合同分为要式合同与不要式合同。

要式合同是按照法律规定或者当事人约定必须采用特定形式订立方能成立的合同。

不要式合同是对合同成立的形式没有特别要求的合同。确认某种合同属于要式合同必须法律有规定或者当事人之间有约定。

我国《旅游法》第58条规定,包价旅游合同应当采用书面形式。可见,旅游合同中的包价旅游合同为要式合同,而旅游合同中的其他不要式合同。

6. 主合同与从合同

根据两个或者多个合同相互间的主从关系为标准,可将合同分为主合同与从合同。

主合同是不必以其他合同存在为前提即可独立存在的合同。这种合同具有独立性。

从合同,又称附属合同,是以其他合同的存在为其存在前提的合同。保证合同、定金合同、质押合同等相对于提供担保的借款合同即为从合同。

从合同的存在是以主合同的存在为前提的,故主合同的成立与效力直接影响到从合同的成立与效力。

旅游合同为主合同,不必依赖其他合同即能独立存在。在旅游实践中,如出境旅游中的"保证金"问题、旅游住宿中的"定金"问题,其性质可定义为"从合同",其目的具有保障主合同履行的功能和作用。

(二) 旅游合同的特殊类型

我国《旅游法》设"旅游服务合同"专章,并对旅游服务合同的内容、当事人的合同义务、违约责任等进行明确规制。通过对我国《旅游法》分析可知,旅游服务合同,是指由当事人双方签订的,一方即旅游企业向对方当事人即旅游者(旅游团)提供旅游服务,对方当事人按约定标准支付旅游费用的协议。

因此,旅游合同的特殊类型,实际上是针对我国《旅游法》上的同一种"旅游服务合同"类型,根据旅游实践的需要,仅按合同标的进行的细分。

1. 包价旅游合同

包价旅游合同是指旅行社预先安排行程,提供或者通过履行辅助人提供交通、住宿、餐饮、游览、导游或者领队等两项以上旅游服务,旅游者以总价支付旅游费用的合同。

包价旅游合同亦可称旅游接待服务合同,其法律关系当事人有组团社,即与旅游者订立包价旅游合同的旅行社;地接社,即接受组团社委托,在目的地接待旅游者的旅行社;履行辅助人,即与旅行社存在合同关系,协助其履行包价旅游合同义务,实际提供相关服务的法人或者自然人,如提供住宿服务的酒店、提供交通服务的旅游承运人、提供观光游览服务的景区等。

2. 财产转移的旅游合同

财产转移的旅游合同是指当事人双方签订的,一方当事人向另一方当事人转移财物,另一方当事人支付财物价金的协议。财物的转移有所有权的转移、经营权的转移和使用权的转移。例如,旅游纪念品的买卖合同、旅游物资供销合同、旅游设备设施的租赁合同等。

3. 完成工作的旅游合同

完成工作的旅游合同是指当事人双方签订的,一方当事人完成他方交给的工作、向他方提供一定的劳动成果,由他方当事人支付报酬的协议。例如,旅游建设工程承包合同、旅游规划设计合同、旅游委托合同等。

4. 旅游聘用合同

旅游聘用合同是指以职工雇用为目的，旅游用人单位从社会上招收新职工时与被录用者依法签订的，缔结劳动关系并确定权利义务关系的合同。

旅游聘用合同主要适用于旅游企业招聘在职和非在职劳动者中有特定技术业务专长者为专职或兼职的旅游专业技术人员或管理人员时使用的合同。例如，我国《旅游法》第38条规定，旅行社应当与其聘用的导游依法订立劳动合同，支付劳动报酬，缴纳社会保险费用；旅行社临时聘用导游为旅游者提供服务的，应当全额向导游支付规定的导游服务费用。

5. 旅游保险合同

我国《保险法》规定，保险合同是投保人与保险人约定保险权利义务的协议。所谓旅游保险合同，是指旅游保险关系双方当事人之间签订的一方缴纳保险费，另一方在保险标的遭受法律规定或者当事人约定的保险事故时，承担经济补偿责任或者履行给付义务的一种协议。例如，我国《旅游法》规定，国家根据旅游活动的风险程度，对旅行社、住宿、旅游交通以及高风险旅游项目等经营者实施责任保险制度，旅行社应当提示参加团队旅游的旅游者按照规定投保人身意外伤害保险等。

第二节 旅游合同的订立和履行

一、旅游合同的订立

（一）订立旅游合同的原则

旅游合同的订立是指旅游活动当事人之间依法对旅游合同的主要条款经过平等协商，达成一致并签订协议的法律行为。订立旅游合同应遵循如下原则。

1. 遵守法律法规和善良风俗原则

我国《合同法》规定，当事人订立、履行合同，应当遵守法律、行政法规，尊重社会公德，不得扰乱社会经济秩序，损害社会公共利益。

可见，合同的内容既要符合法律、行政法规规定的精神和原则，又符合社会上被普遍认可的道德行为准则。

旅游法律法规、政策集中地体现了国家发展旅游事业的根本利益，违反了旅游法律法规和旅游政策就会给旅游业的发展带来损害。所以，旅游合同的内容、具体条款、订立程序都不得与国家的旅游法律法规和旅游政策相抵触。

2. 遵守诚实信用的原则

我国《合同法》规定，当事人行使权利、履行义务应当遵循诚实信用原则。诚实信用原则要求当事人在订立合同的全过程中，都要诚实，讲信用，不得有欺诈或其他违背诚实信用的行为。

旅游合同当事人在缔约中相互负有协力、保护、通知、诚实等附随义务，当事人违反诚实信用原则，在缔约过程中故意告知对方虚假情况，或者故意隐瞒真实情况，致使对方当事人对合同性质、标的物的品种、质量、规格和数量等重要内容产生"重大误解"而签订合同的，受损害方有权请求人民法院或者仲裁机构变更或者撤销所订立的合同,因此给对方造成的损害,应当承担赔偿责任。

3. 坚持合同自由、平等互利、协商一致的原则

我国《合同法》关于合同的订立、合同的内容与形式等规定,多为任意性规范,只要不违反国家法律法规、政策,不违背公序良俗,是否缔结旅游合同,合同的内容与形式,以及对方当事人的选择等问题主要取决于当事人自己的意思。

旅游合同的当事人,不论其单位大小、职位高低,彼此的法律地位都是平等的。因此,在订立旅游合同时,任何一方当事人都可以充分表达其意志,坚持平等互利、协商一致的原则,经过充分酝酿和协商,在自愿的基础上达成一致意见,所订立的合同才能保证履行。

4. 坚持包价旅游合同采用书面形式的原则

我国《旅游法》规定,旅行社组织和安排旅游活动,应当与旅游者订立合同;包价旅游合同应当采用书面形式。

可见,包价旅游合同必须采用书面形式,其包括当事人协商同意的有关修改合同的文书、电报、电传和图表。由于包价旅游的特殊性,用书面形式有据可查,便于及时处理纠纷。

知识活页 打造"互联网＋旅游"新模式 万达旅业与阿里旅行签订合作协议

2016年5月12日,万达旅业与阿里旅行战略合作签约仪式在第十三届环球旅游论坛上举行,开启了万达旅业与阿里旅行在智慧旅游领域的全面合作。双方将针对"万达馆"项目开展合作,致力打造一个基于优质数据源以及信用体系之上的新型在线旅游服务平台。双方的合作标志着传统旅游与互联网的深度融合,是"互联网＋旅游"模式的全新尝试。

作为国内领先的综合性旅游出行服务平台,阿里旅行去年为超1亿人次提供了旅行预订服务,为商家连接阿里巴巴超4亿活跃用户,而其背靠的则是阿里系的"最强势能"组合——芝麻信用、支付宝、花呗、阿里云等。此次阿里旅行和万达旅业的合作,其精髓在于强大的旅游服务平台数据与优质旅游资源的深度融合,双方的合作将是智慧旅游领域的一次重要布局。

万达旅业作为第一家在阿里旅行平台上建立品牌馆的旅游企业,将整合旗下12家旅行社以及景区、酒店等相关资源,利用线上线下营销平台,与阿里旅行共同开展营销推广、产品合作,以及销售合作。双方合作内容包括"阿里旅行万达旅业旗舰店"的推广、阿里旅行平台重大活动"双十一大促"的营销合作、建立线下阿里旅行服务站、电子门票联合推广、景区码上游、酒店信用住等。未来,双方的合作将实现优势资源的完美结合,线上线下贯穿形成的旅游O2O闭环,必将为旅游消费者提供更加专业化、人性化、标准化的服务,使消费者获得更加优质的用户体验和客户服务,最终实现三方共赢。

资料来源:http://ah.ifeng.com/a/20160512/4544578_0.shtml。

（二）订立旅游合同的程序

1. 要约

要约，即订约提议。任何一种旅游合同的订立，首先要有一方提出订立合同的意思表示，提议的一方称为要约方，接受提议的一方称为受要约方。旅游合同要约的提出，必须明确表示订立旅游合同的愿望，提出订立旅游合同的主要条款，并给对方一定的答复期限。

在旅游实践中，除即时订立的旅游合同可以用口头形式提出要约外，一般应以书面形式提出。

要约是一种具有法律约束力的行为，在要约规定的有效期限内，对方如接受要约，要约人有与之订立旅游合同的义务。同时，在此期间内，要约人不得就同一标的再向第三人发出同样的要约。

有时合同主体并不直接向他方发出订立合同的意思表示，而是以行为表示希望他人向自己发出要约的意思，这种希望他人向自己发出要约的意思表示是要约邀请，又称要约引诱。

2. 承诺

承诺，即接受订约的提议。承诺是指受要约人对要约完全接受的意思表示。对旅游合同要约的承诺，必须由受要约方表示，而不能由其上级或第三人代替。旅游合同的受要约方对于要约方的提议如有异议，可以提出新的订约提议。这时，受要约人和要约人就发生了互移其位的变化。承诺也是一种法律行为，表示承诺便是当事人双方协议一致。承诺一旦作出，旅游合同即告成立，由此在当事人之间就产生了法律上的约束力，彼此就有履行旅游合同的义务。一项重要的旅游合同的订立，往往需要双方当事人反复协商多次，方能取得一致意见。

因此，在旅游实践中，旅游合同的要约和承诺大都是一个反复协商的过程，只有在不断的协商中，双方当事人的意思表示才能达成一致，从而使订立出来的旅游合同符合实际、切实可行。

总之，旅游合同的订立需要合同双方当事人就合同主要条款经过多次反复协商方能达成一致。

（三）旅游合同的内容

1. 旅游合同的基本内容

旅游合同的内容是指旅游合同必须具备的条款，它是当事人双方权利与义务的具体化，是双方当事人履行旅行合同、承担合同责任的法律依据。

因此，旅游合同条款的表述必须具体、确切，切忌前后矛盾、模棱两可，旅游合同的主要条款包括以下几个方面。

1）当事人名称或者姓名和住所

旅游合同是旅游法律关系主体意思表示一致的产物，将主体的基本情况列明于合同中为合同内容所必需，亦为日后解决可能出现的纠纷指明了对象。

2）标的

旅游合同的标的是指订立旅游合同的双方（或多方）当事人权利和义务指向的事物。它表现着当事人订立旅游合同的目的和要求,没有标的,当事人的目的要求就会落空。旅游合同标的的条款包括标的名称、规格、型号、商标等,应当明确而又具体。例如,旅游接待合同应当明确而又具体地约定旅行游览的城市、旅游景点、参观项目,约定使用交通工具的种类、型号,约定住宿酒店的星级标准以及餐食饮料的种类、档次等。

3) 数量和质量

旅游合同的数量和质量是确定合同标的特征的重要因素,也是旅游合同履行的尺度和标准,合同标的的数量和质量不明确,当事人所要实现的旅游目的就不能达到。因此,旅游合同标的的数量要准确,计量单位也要明确规定,凡是国家有统一计量标准规定的,应用国家统一的度量衡为计量单位。

标的的质量标准、技术要求或服务条件也应具体详细地规定。例如,国家旅游局颁发的《旅游行业对客人服务的基本标准》,其中包括旅行社对客人服务的基本标准、旅游饭店对客人服务的基本标准、旅游车队对客人服务的基本标准、旅游餐馆对客人服务的基本标准、参观游览点对客人服务的基本标准等。这五个方面的服务标准是检查旅游行业对游客服务质量的部门规章依据,也是订立旅游合同服务标的数量和质量的标准。

4) 价款和酬金

价款和酬金是接受旅游服务、取得旅游产品的一方向对方给付的货币。价款和酬金是以货币的数量来表示的,表现着旅游商品、旅游服务货币交换关系的客观要求,也是遵循等价有偿原则进行旅游交往的体现。

旅游合同应明确规定价款和酬金的数额,包括单价和总额以及计算标准、结算方式和结算程序等。

5) 履行的期限、地点和方式

旅游合同的履行期限、地点和方式是检验旅游合同是否全面正确履行的重要依据。

旅游合同的履行期限是双方当事人履行旅游合同的时间界限,在此期限内,当事人应按合同约定履行义务,享有权利,到期不履行即为逾期,要承担由此产生的法律责任。

凡需要提前或逾期履行的,应事先达成协议,并明确提前或逾期履行的时间幅度,因此,任何旅游合同都应有明确的期限要求。例如,海外旅游团队接待合同要约定团队入境日期和团队出境日期;旅游住宿合同要约定入住日期和离店日期;旅游用餐合同要约定用餐的日期和时间;旅游饭店管理合同要约定饭店管理公司管理饭店的起止期限等等。

旅游合同的履行地点是指合同标的交付和接受的地方。履行的地点直接关系着合同的费用和时间,因而必须明确规定,它可以是标的物的所在地,也可以是供方或需方的所在地,或者双方商定的第三地。

旅游合同的履行方式是指当事人采取什么样的方法、什么样的手段履行合同规定的义务,不同种类的旅游合同,其履行的方式也各不相同。

6) 违约责任

违约责任是指旅游合同当事人不履行合同或不适当履行合同所应担负的法律责任,它是维护旅游合同的重要法律手段。

旅游合同的违约责任一般应根据法律的规定来确定,依据我国《民法通则》和《合同法》的规定,违约方要承担支付违约金和赔偿金的义务,在对方要求继续履行合同时还必须继续

履行。只有在法律没有明文规定时,双方当事人可以协商确定,并在合同条款中注明。

7)解决争议的方法

旅游合同当事人就合同内容的理解与合同的履行等发生争议时,可以通过和解或调解以解决纠纷;就外部有法律效力的解决纠纷的方式而言,有诉讼与仲裁两种方式,两者是平行的解决途径。

旅游合同中解决争议的条款其效力具有独立性,即使合同被撤销或被宣布无效,解决争议的条款仍然有效。

对于合同纠纷的解决方法,仍要采用当事人双方所约定的方式。

2. 包价旅游合同的内容

1)包价旅游合同的一般内容

依据我国《旅游法》的规定,包价旅游合同包括下列内容:旅行社、旅游者的基本信息;旅游行程安排;旅游团成团的最低人数;交通、住宿、餐饮等旅游服务安排和标准;游览、娱乐等项目的具体内容和时间;自由活动时间安排;旅游费用及其交纳的期限和方式;违约责任和解决纠纷的方式;法律、法规规定和双方约定的其他事项。

订立包价旅游合同时,旅行社应当向旅游者详细说明前款所载内容。

2)旅游行程单及相关信息

依据我国《旅游法》的规定,旅行社应当在旅游行程开始前向旅游者提供旅游行程单。旅游行程单是包价旅游合同的组成部分。

旅行社委托其他旅行社代理销售包价旅游产品并与旅游者订立包价旅游合同的,应当在包价旅游合同中载明委托社和代理社的基本信息;旅行社依法规定将包价旅游合同中的接待业务委托给地接社履行的,应当在包价旅游合同中载明地接社的基本信息;安排导游为旅游者提供服务的,应当在包价旅游合同中载明导游服务费用。

3)另行付费旅游项目

旅行社指定具体购物场所或者安排另行付费旅游项目的,应当在包价旅游合同中载明下列事项,与旅游者协商一致,并向旅游者作出准确、详细的说明,由旅游者签字确认:购物次数、停留时间、购物场所的名称和主要商品情况;另行付费旅游项目的内容、价格及活动时长;不参加相关活动的旅游者的行程安排。

4)旅行社的提示与告知义务

依据我国《旅游法》的规定,旅行社应当提示参加团队旅游的旅游者按照规定投保人身意外伤害保险。

订立包价旅游合同时,旅行社应当向旅游者告知下列事项:旅游者不适合参加旅游活动的情形;旅游活动中的安全注意事项;旅行社依法可以减免责任的信息;旅游者应当注意的旅游目的地相关法律、法规和风俗习惯、宗教禁忌,依照中国法律不宜参加的活动;法律、法规规定的其他应当告知的事项。

在包价旅游合同履行中,遇有前款规定事项的,旅行社也应当告知旅游者。

(四)格式条款

格式条款,是指当事人为了重复使用而预先拟定,并在订立合同时未与对方协商的条款。目前,在旅游业中,旅游业经营者与旅游者之间普遍使用格式条款订立合同,而这种格式条款都是旅游业经营者为了重复使用而预先拟定并未与旅游者协商的条款。

1. 格式条款的概念和利弊

采用格式条款订立合同,既有有利的一面,又有不利的一面。

一方面,采用格式条款订立合同,有利于减少交易成本。采用格式条款订立合同,对于提供商品或者服务的一方当事人来说,可以将类似的交易行为用相同的标准订立合同,而不必与每一个订约者进行磋商并拟定合同条款,节省了大量的人力、物力和时间。

另一方面,格式条款的提供者在拟定格式条款时,更多地考虑自己的利益,尽可能地将自己的权利在格式条款中加以陈述,并尽量减轻自己的责任,而对另一方的权利考虑较少或附加种种限制条件,尽量加重对方的责任。

2. 格式条款提供者的责任

我国《合同法》规定,采用格式条款订立合同的,提供格式条款的一方应当遵循公平原则确定当事人之间的权利和义务,并采取合理的方式提请对方注意免除或者限制其责任的条款,按照对方的要求,对该条款予以说明。

可见,格式条款的提供者具有如下几项责任。

1) 遵循公平原则确定当事人之间的权利和义务

公平原则,是指格式条款的提供者在拟定格式条款时,应当将双方的权利义务确定得相互对等,双方当事人享有的权利和承担的义务大体相当,而不能一方只享有权利不承担义务,或者享有的权利明显大于承担的义务。如果格式条款的提供者在拟定格式条款时,确定自己享有大量的权利而只承担极少的义务,或者确定对方承担大量的义务而只享有少量的权利,这种格式条款违反公平原则,是"显失公平"的合同条款,经人民法院或者仲裁机构可以予以变更或者撤销。

2) 履行提示或者说明的义务

依照我国《合同法》的规定,格式条款的提供者应当采取合理的方式提请对方注意免除或限制其责任的条款,按照对方的要求,对该条款予以说明。

所谓免除或者限制责任的条款,是指规定免除或者限制格式条款提供者责任的各种条件的条文。

所谓合理的方式,就是指以能使对方当事人引起注意的方式提醒对方当事人考虑这些条款的含义,当对方当事人对免责条款存有疑虑时,格式条款的提供者应当予以说明。如果格式条款的提供者不尽提请对方注意和说明的义务,等于是采用提供格式条款的有利条件,将有利于自己而不利于对方的免责条款夹塞到合同中去,违背了订立合同应当遵守诚实信用的原则。

3. 格式条款的无效

格式条款的无效,是指由于格式条款中含有法律所禁止的内容,或者在订立合同时违反法律规定而导致格式条款无效的情况。我国《合同法》规定,格式条款具有该法第52条和第53条规定情形的,或者提供格式条款一方免除其责任、加重对方责任、排除对方主要权利的,该条款无效。可见,格式条款中含有下列内容的,该条款无效。

第一,具有我国《合同法》第52条规定情形之一的,合同无效:一方以欺诈、胁迫的手段

订立合同,损害国家利益;恶意串通,损害国家、集体或者第三人利益;以合法形式掩盖非法目的;损害社会公共利益;违反法律、行政法规的强制性规定。

第二,具有我国《合同法》第53条规定情形之一的,合同中的免责条款无效:造成对方人身伤害的;因故意或者重大过失造成对方财产损失的。

第三,提供格式条款一方当事人免除自己责任。所谓免除责任,是指格式条款中含有免除格式条款提供者按照通常情形应当承担的主要义务,一般与合同标的、数量、质量、履行期限、履行地点等有关。

第四,加重对方责任。格式条款中含有在通常情况下对方当事人不应当承担的义务。

第五,排除对方当事人主要权利的。所谓排除对方当事人主要权利,是指格式条款中含有排除对方当事人按照通常情形应当享有的主要权利。例如,旅游者依法享有选择并接受服务的权利,如果旅游经营者在格式合同中规定旅游者必须接受某项服务,就是排除了旅游者的主要权利,因为"选择权"是旅游消费者依法享有的一项主要权利。

4. 格式条款的解释

格式条款的解释,是指当事人采用格式条款订立合同后,在履行过程中因对有关条款的含义有不同的理解,应当采取何种原则进行解释。

我国《合同法》规定,对格式条款的理解发生争议的,应当按照通常理解予以解释;对格式条款有两种解释的,应当作出不利于提供格式条款一方的解释。

据此,格式条款争议的解释原则为"不利于格式条款的提供者",即当事人双方对格式条款含义的理解发生争议时,应当作出不利于格式条款提供者的解释。

5. 格式条款和非格式条款不一致时的采用

我国《合同法》规定,格式条款和非格式条款不一致的,应当采用非格式条款。当事人在采用格式条款订立合同时,如果在格式条款中未能将双方合意全部表达清楚,还可以另行签订书面协议,或者对格式条款进行修改,以其他的文字代替格式条款。

在这种情况下,一份合同就具有了格式条款和非格式条款两部分,即由格式条款和非格式条款构成一份完整的合同。当事人在履行合同的过程中,如果发现格式条款和非格式条款存在不一致的地方,应当采用非格式条款。因为非格式条款不是当事人一方事先拟定的,而是双方当事人在经过协商之后确定的,因而更能充分反映和表达双方当事人的意愿,所以应当采用非格式条款。

(五)缔约过失责任

缔约过失责任是指当事人于缔结合同之际具有过失,从而导致合同不成立、被确认无效或被撤销时,使对方当事人遭受损害而应承担的法律责任。

缔约过失责任是存在于违约责任与侵权责任之间的责任形态。将其归入违约责任,则当时合同尚未成立或已被撤销,无合同可言,违约责任无从谈起;将其纳入侵权责任,则缔约过失责任对当事人的注意义务的要求较之侵权领域的注意义务为高,且侵权行为发生在两个毫无关联的主体之间,显然区别于正在缔约的双方。当事人由交易外进入磋商谈判欲缔结合同的阶段,其相互之间的关系比陌生人之间的关系要密切得多。在此阶段,双方理应互负相应的义务,以免给对方造成损害,此种义务被称为前契约义务,具体内容为当事人相互之间的协力、保护、通知、保密等义务,以及禁止欺诈。依据我国有关法律规定,缔约过失责任的具体形式有以下几种。

1. 借订立合同,恶意进行磋商

当事人磋商缔结合同自应本着真诚促进合同成立的心态行事,而不能以订立合同为幌子,利用对方急于签订合同的心态名为与对方谈判,实为拖延时间,使其丧失与第三方缔约的机会,凡有上述行为并给对方造成损失的,过错方负赔偿损失的责任。

2. 故意隐瞒与订立合同有关的重要事实或者提供虚假情况

在前契约义务中,缔约方的一个重要义务就是告知义务。唯有缔约各方将足以影响合同的情况如实相告,至少是不为虚假的告知,则合同的成立才有坚实的基础,否则因一方隐瞒情况或提供虚假情况等欺诈行为而签订合同,对方当事人必陷入错误的认识,若因此而蒙受经济损失,欺诈方给予赔偿就是理所当然的。

3. 违反保密义务

此处的"密"特指商业秘密,在谈判磋商阶段,由于缔结合同的需要或相互之间的信赖关系,一方可能知晓另一方的一些技术信息与经营信息,若上述信息符合反不正当竞争法对商业秘密的界定从而属于商业秘密的话,缔约方即不得公开或为自己之利益而使用该信息。违反保密义务并给对方造成损失的,应承担缔约过失责任。

4. 有其他违背诚实信用原则的行为

诚实信用原则是民法基本原则之一,具有漏洞补充的功效。在合同法领域,诚实信用原则与缔约过失责任紧密相连,为缔约过失责任的理论依据。

现代社会,旅游成为人类生活的一个重要组成部分,对旅游业及旅游法律关系当事人的全面保护是法律的当然之责。基于保护缔约方利益的现实需要,缔约过失责任应运而生。由于缔约过失责任存在于契约法之中但又不依赖于作为当事人所缔结的合同,这种责任与传统的契约责任已判然有别。

在缔约过失责任制度的影响下,法律的保护范围从有效成立的契约扩及整个契约履行过程,诚实信用成为旅游合同当事人所必须恪守的准则。

二、旅游合同的履行

(一)旅游合同的履行原则

旅游合同的履行是指双方当事人按照合同的约定全面完成自己所承担的义务。凡是签订旅游合同的当事人,都应当以认真负责的态度,严格按照合同条款的规定,不折不扣地全面履行合同。因为全面地履行合同不仅是一方当事人对另一方当事人的义务,而且是双方当事人对国家应尽的共同责任。旅游合同的全面履行包括实际履行和适当履行两种。

1. 旅游合同的实际履行

旅游合同的实际履行,是指当事人必须按照旅游合同规定的标的去履行。例如,在旅游购销合同中,旅游用品商店就应当按照旅游合同约定的品种、规格等约定去履行,不得任意更换为其他物品,或者以次充优、以假冒真。如果一方当事人未能按期履行合同,在向对方

当事人支付了违约金或赔偿金之后,合同并没有因此而终止,违约方仍不能免除实际履行的义务。只有在特定情况下,如合同的特定标的物灭失,义务方延迟履行,使标的物交付对方权利人已失去实际意义,或法律有特别规定的,才允许不实际履行,但依法仍负有向对方承担赔偿的责任。

2. 旅游合同的适当履行

旅游合同的适当履行,是指当事人必须按照合同约定的期限、地点和方式履行。要求当事人严格按照合同约定期限、地点和方式履行旅游合同,是为了确保旅游接待的食、住、行、游、购、娱各个环节的衔接,维护旅游活动的正常秩序,保障旅游计划的完成。

为此,当事人必须在旅游合同约定的地点履行义务,权利人也必须在约定的地点接受履行;当事人必须按旅游合同约定的方式履行,如一次履行或分批履行、当事人亲自履行或第三人代替履行等。

这里需要强调的是,在我国大多数旅游商品和服务的价格实行市场调节,但仍然有极少数商品和服务的价格是实行政府指导价或者政府定价。当价格发生变动时,如何履行合同,我国《合同法》第63条作了相应规定,依据该条规定,执行政府定价或者政府指导价的,在合同约定的交付期限内政府价格调整时,按交付时的价格计价。逾期交付标的物的,遇价格上涨时,按照原价格执行;价格下降时,按照新价格执行。逾期提取标的物或者逾期付款的,遇价格上涨时,按照新价格执行;价格下降时,按照原价格执行。

(二)旅游合同履行的担保

旅游合同履行的担保是指订立旅游合同的双方当事人为了确保旅游合同的切实履行而共同协商确定的具有法律效力的保证措施。

1. 定金

定金是当事人一方为证明旅游合同成立和保证合同履行而预付给对方一定数量的货币。

我国《合同法》规定,当事人一方可向对方给付定金。合同履行后,定金应当收回,或抵作价款。给付定金的一方不履行合同的,无权请求返回定金。接受定金的一方不履行合同的,应双倍返还定金。

按照国际惯例,海外旅游接待实行预付定金的办法,海外旅游组织在接到旅游确认信后,应在入境前一定期限内,按旅游者人数交付一定数量的预付定金。

我国旅游合同中实行预付定金的制度具有以下几个方面的作用:定金预付后,证明旅游合同已经成立,起证据的作用;定金对给付方和接受方都有起着保证履行的约束作用;定金要预先付给,在合同履行后又抵作价款,具有预付款的作用。

2. 保证

保证是保证人与旅游合同权利人达成的一种协议。我国《合同法》规定,合同的当事人一方要求保证的,可由保证单位担保。保证单位是保证当事人一方履行合同的关系人,被保证的当事人不履行合同的时候,由保证单位连带承担赔偿损失的责任。

可见,保证单位是保证当事人一方履行合同的第三人,保证人对权利人负有担保旅游合同实际履行和适当履行的义务,权利人有向保证人请求履行和赔偿损失的权利。

同时,保证人有权督促被保证人履行合同,如被保证人不履行合同时,保证人有义务代为履行;保证人在代为履行后,有权向被保证人要求偿还所代为给付的款项和利息、赔偿的损失、给付违约金等等。

3. 留置

留置是旅游合同的权利人合法占有义务人的财产,在义务人的义务履行之前依法享有扣留其财产的权利。财产被留置后,义务人仍不履行旅游合同义务,权利人有权依法变卖留置的财产,并从变卖的价款中优先得到清偿。例如,在旅游产品加工承揽合同中,定作方超过领取期限 6 个月不领取定作物的,承揽方有权将定作物变卖,所得价款在扣除报酬、保管费用以后,用定作方的名义存入银行。

此外,在旅游行李物品运输合同、仓储保管合同中也可采取这种担保的规定。

4. 抵押

抵押是指债务人或第三人以一定的财产作为履行旅游合同的保证,当债务人不履行债务时,债权人有权依照法律的规定以抵押物折价或者以变卖抵押物的价款优先得到偿还的一种担保形式。

5. 质押

质押是指债务人或第三人将动产或权利交与债权人占有,作为债务履行担保的行为。债权人享有在债务人不履行债务的情况下变卖质物,从所得价款中优先受偿的权利。

三、旅游合同的法律效力

旅游合同的法律效力是指已成立的旅游合同对合同当事人乃至第三人产生的法律后果,或者说是法律拘束力,这种法律后果是立法者意志对当事人合意的评价的结果。当法律对当事人合意予以肯定性评价时,发生当事人预期的法律后果,即合同生效;当法律对当事人合意给予全然否定性评价时,则发生合同绝对无效的后果;当法律对当事人合意给予相对否定性评价时,发生合同可撤销或效力未定的法律后果。

(一)旅游合同的生效要件

依据我国《合同法》的规定,已成立的合同要产生当事人预期的后果,则必须满足法定的生效要件。旅游合同的一般生效要件主要有以下几点。

1. 当事人缔约时有相应的缔约能力

缔约能力是指旅游合同主体据以独立订立合同并独立承担合同义务的主体资格。旅游合同的主体可分为自然人、法人及非法人团体。

依据不同的主体和不同的旅游合同,法律对其资信状况、认知能力、独立承担责任的能力有不同要求。

2. 意思表示真实

旅游合同的生效,不仅要求双方当事人意思表示一致,在此基础上进一步要求意思表示必须真实,即要求当事人的效果意思与表示意思一致。换言之,真实是指当事人的内在意志和外在意思一致。

3. 不违反强制性法律规范及公序良俗

旅游合同不违反强制性法律规范及公序良俗,是其生效的一个重要条件。如果说前述两个要件欠缺还可经补正等手段使合同有效的话,此要件的欠缺则确定地使合同无效。

法律的强制性规范不允许当事人违反,否则将导致法律的全然否定性评价;公序良俗原则是民事立法基于社会本位考虑,对当事人合同自由的一种限制,也是处理涉外合同关系中对抗和排除外国法适用以及参加国际公约对某些条款予以保留的一个基本原则。

4. 标的的确定和可能

当事人订立旅游合同,其效果意思大都希望合同得以履行。而合同能否履行,首先要看合同的标的是否确定,其次要看标的有没有履行的可能。否则,旅游合同关系的存在就成为不必要。

(二) 旅游合同欠缺生效要件的法律后果

尽管旅游合同是当事人的合意,反映了当事人的目的,但该合同只有在不违反法律要求时才具有法律效力,才受法律保护。如果合同欠缺合同的生效要件,其效力就会受到影响。旅游合同欠缺不同生效要件的法律后果可分为以下几种。

1. 旅游合同的无效

旅游合同无效,是指合同欠缺一定生效要件而致合同当然不发生效力。无效的旅游合同,国家不予确认,从订立时起就不具有法律效力。

依据我国《合同法》的规定,导致旅游合同无效的原因主要有:旅游合同违反国家强制性法律规定和公序良俗;旅游合同标的不能确定或事实不能;当事人采取欺诈、胁迫等手段签订旅游合同,损害国家、集体利益的;当事人恶意串通损害国家、集体或者第三人利益的旅游合同;以合法形式掩盖非法目的的旅游合同等。

2. 旅游合同的可撤销

旅游合同的可撤销,是指旅游合同欠缺一定生效要件,其有效与否,取决于有撤销权的一方当事人是否行使撤销权的合同。

撤销权本质上是一种请求权,享有撤销权的当事人不能以自己单方的行为来撤销合同,而只能向法院或仲裁机关主张撤销该合同,至于该合同是否被撤销,确认权在法院和仲裁机关。

撤销权有下列情形的消灭:具有撤销权的当事人自知道或应当知道撤销事由之日起1年内没有行使撤销权的;当事人知道撤销事由后明确表示或以自己的行为放弃撤销权的。

关于撤销事由有以下几个方面。

1) 采取欺诈、胁迫或者乘人之危等手段签订的旅游合同

欺诈是一方故意制造假象或隐瞒真相,造成对方认识上的错误,使对方受骗上当而签订的旅游合同。

胁迫是一方使用要挟或威胁的手段,迫使对方就范而签订的旅游合同。

乘人之危是指行为人利用对方窘迫或危难之处境,迫使其违背真实意思而订立合同的行为。

欺诈、胁迫和乘人之危等手段的共同特点,都是使受害方不能真实地表达自己的意志,

并使其利益蒙受损失,这与按自愿互利原则签订旅游合同是背道而驰的,所以,其所签订的旅游合同是不具有法律效力的。

2)重大误解的旅游合同

重大误解,是指当事人为意思表示时,因自己的过失对涉及合同法律效果的重大事项发生认识上的显著错误而使自己遭受重大不利的法律事实。

3)显失公平的旅游合同

显失公平的合同是指合同中双方当事人的权利与义务明显不对等,使一方遭受重大损失的合同。

3. 旅游合同的效力未定及其补正

效力未定的合同,是指已成立的合同因欠缺一定的生效要件,其生效与否,尚未确定,须经过补正方可生效,在一定的期限内不予补正则为无效的合同。

导致合同效力未定的原因主要有:无行为能力人、限制行为能力人订立的旅游合同;无权代理人订立的旅游合同;无处分权人订立的旅游合同;法定代表人越权订立的旅游合同等。

(三)旅游合同被确认无效和被撤销后的法律责任

旅游合同当然无效、被撤销后无效或未经补正的无效,都属于广义的无效。其法律后果均导致合同自始无效,即无效溯及既往,自合同成立之时就无效。因此,合同约定的义务对当事人无约束力,当事人依合同取得的财产或利益应恢复到合同成立之时的状态。如果因当事人的过错造成对方的损失,须予以赔偿。其责任类型属于缔约过失责任。

依据我国《合同法》的规定,旅游合同被确认无效后,对因旅游合同无效所引起的财产后果,要分别不同情况,予以妥善处理。处理的办法主要有以下几种。

1. 返还财产

旅游合同确认无效后,无过错一方的当事人有权要求返还已交付给对方的财产,从而使当事人之间的财产关系恢复到合同签订以前的状况。

一种情况是一方当事人根据无效旅游合同取得的标的物还存在,应当返回给对方;另一种情况是标的物已不存在或者已被第三者合法取得,因而不能返还时,可用赔偿损失的方法补偿。

2. 赔偿损失

旅游合同确认无效后,有过错的一方当事人应当赔偿对方所受的损失,如果旅游合同无效,是由双方当事人的过错造成的,则应分清过错的主次、大小和轻重,由双方各自承担自己的责任。

3. 追缴财产

因违反国家利益或社会公共利益而签订的旅游合同,被确认无效后,对当事人故意损害国家利益和社会公共利益的行为要进行必要的惩罚。

我国《合同法》规定,如果双方都是故意的,应追缴双方已经取得的或约定取得的财产,收归国家所有。如果只有一方是故意的,故意的一方应当将从对方取得的财产返还对方,非故意的一方已经从对方取得或约定取得的财产应当追缴归国库所有。

在实践中,追缴故意一方当事人的财产时,要切实注意保护非故意一方当事人的合法权益。

案例导读

旅游违约投诉案

案例1：网友chr一行11人参加某旅行社2015年9月的八天贵州游。参团前跟业务员杨某谈好除镇远、西江两晚为当地民居住宿,其余5晚为挂牌四星级标准,独立成团,团费每人4800元。当时业务员提供其余5晚参考酒店均为挂牌四星级酒店,行程单上酒店均写四星级酒店名称或同级。出行后发现前4晚都是无星级酒店或者三星级酒店,旅行社甚至理直气壮承认不是因为订不到房而改其他酒店,而是因为游客价格低而降低住宿标准。另一名网友报名一家旅行社参加昆明、大理、丽江、西双版纳全景荟萃"帝王金樽8天4飞"尊品美食奢华之旅,结果在行程中被更换行程,增加多个自费项目。为此,网友chr一行游客向旅游行政管理部门投诉。

案例2：游客林女士通过微信向广州某旅行社购买了东部华侨城直通车两天温泉游。其到达旅游目的地后发现并没有温泉服务。故投诉该旅行社,要求退回团款。经了解,林女士当时是在微信上看到"东部华侨城直通车两天温泉游"的广告,并直接通过微信支付团款,未与旅行社签订旅游合同。而旅行社方面称该微信广告上附有行程表的链接,行程表中并没有约定提供温泉服务。后经过有关部门调解,旅行社向游客退回全额团款。

点评：上述两案例属于旅游合同纠纷案,出游前必须与旅行社签订合同,而且合同中将会明确所有行程安排。即便如此,也可能会遇到中途改变行程的问题。如果是不可抗力还情有可原,然而如果遇到旅行社恶意更改行程,消费者可留下相关证据,便于后续维权。旅行社打出"东部华侨城直通车两天温泉游"广告,即表示该旅游行程约定应该有温泉服务,旅行社没有提供温泉服务已构成违约。

此外,旅游者在阅读和签订旅游合同时应该注意以下内容和细节:一是旅游合同条款是否有违反我国《合同法》和《旅游法》的规定;二是双方的权利义务、合同变更、转让、解除及其他相关责任的条款,是否存在明显加重旅游者责任或减轻组团社责任的条款;三是行程表等附件作为合同的一部分,同样具有法律效力,要加以重视,附件与合同内容是否一致;四是如旅游者有特别约定可与组团社商定并在合同中的"特别约定条款"栏提出;五是合同必须有组团社印章和双方当事人签字或盖章;六是旅游者要向组团社索取发票并在旅游结束前保存相关资料;七是在行程中如发生组团社不执行合同条款的情况应及时指出并要求改正。

(资料来源:http://www.legaldaily.com.cn/Finance_and_Economics/content/。)

第三节　旅游合同的变更、解除、转让和终止

一、旅游合同的变更和解除

旅游合同的变更是指旅游合同订立以后，尚未履行之前，对原来订立的旅游合同条款进行增加、减少或修改的协议。

旅游合同的解除是指对已经订立的旅游合同，在其有效期届满之前，提前终止其效力的协议。

旅游合同一经签订，任何一方都不能任意变更或解除。

在旅游业务活动中，实现合同的条件发生变化，使得原来签订的旅游合同不能履行或不能完全履行时，必须经过法定的程序方能变更或解除。

（一）旅游合同变更和解除的条件

1. 我国《合同法》的相关规定

依照我国《合同法》的规定，旅游合同订立后，有下列情形之一时，允许变更或解除合同：当事人双方经过协商同意，且并不因此影响国家利益和旅游计划执行；订立旅游合同所依据的旅游计划被修改或被取消；当事人一方由于关闭、停业或转产而确定无法履行旅游合同；由于不可抗力或当事人一方虽无过失但无法防止的外因，使旅游合同无法履行；一方违约，使旅游合同履行成为不必要等。

2.《旅游法》的相关规定

1) 未达到约定人数的解除

我国《旅游法》第63条第1款规定，旅行社招徕旅游者组团旅游，因未达到约定人数不能出团的，组团社可以解除合同。但是，境内旅游应当至少提前7日通知旅游者，出境旅游应当至少提前30日通知旅游者。

2) 因旅游者原因的解除

我国《旅游法》第66条规定，旅游者有下列情形之一的，旅行社可以解除合同：患有传染病等疾病，可能危害其他旅游者健康和安全的；携带危害公共安全的物品且不同意交有关部门处理的；从事违法或者违反社会公德的活动的；从事严重影响其他旅游者权益的活动，且不听劝阻、不能制止的；法律规定的其他情形。

3) 因不可抗力等原因的解除

我国《旅游法》第67条规定，因不可抗力或者旅行社、履行辅助人已尽合理注意义务仍不能避免的事件，影响旅游行程；合同不能继续履行的，旅行社和旅游者均可以解除合同；合同不能完全履行的，旅行社经向旅游者作出说明，可以在合理范围内变更合同；旅游者不同意变更的，可以解除合同。

(二) 旅游合同变更或解除的程序

1. 提议

变更或解除旅游合同,必须由一方提出建议。其建议的内容,包括要求变更或解除旅游合同的理由、变更或解除后的合同条款、因变更或解除合同所造成的损失责任、要求予以答复的期限等等。

2. 答复

答复是对变更或解除旅游合同建议表示接受或拒绝所作出的回答。

当一方接到对方变更或解除旅游合同的通知后,应在规定期限内予以答复,或者向对方提出新的建议。经协商一致,原有的旅游合同才能变更或解除。

3. 手续

变更或解除旅游合同必须办理书面手续。

凡是涉及国家或地区重大的旅游接待计划的旅游合同,其合同的变更或解除在达成协议之前应呈报有关旅游活动的业务主管部门批准,方能使合同的变更或解除协议发生法律效力。

凡经过合同管理机关鉴证的旅游合同,在变更或解除合同的协议达成后,要报原鉴证机关备案。

鉴证机关在审查变更或解除旅游合同时,对于其中的问题,可以协助纠正,也可以撤销送来备案的变更或解除旅游合同的协议。

4. 期限

变更或解除旅游合同的建议和答复应严格遵守一定的期限。

凡主管业务部门对此有统一规定的,应按统一规定期限办理。

主管业务部门没有统一规定的,由双方当事人协商而定。

提出变更或解除旅游合同的一方应给予对方郑重考虑变更或解除合同所必需的时间。

(三) 旅游合同变更或解除的法律责任

我国《合同法》规定,旅游合同变更或解除的协议达成以前,原有旅游合同仍然有效,双方当事人均应受其约束,任何一方不得借口旅游合同变更或解除而拒绝执行。

由于变更或解除旅游合同而使对方当事人的利益遭受损失时,应依据以下不同情况确定责任。

1. 当事人协议的变更或解除

经双方协议变更或解除旅游合同,其损失应由责任方负责,受损失的一方有权要求责任方赔偿损失。双方都有责任的,应根据实际情况,由双方各自承担相应的责任。

依据我国《旅游法》的规定,因未达到约定人数不能出团的,组团社经征得旅游者书面同意,可以委托其他旅行社履行合同。组团社对旅游者承担责任,受委托的旅行社对组团社承担责任。旅游者不同意的,可以解除合同。因未达到约定的成团人数解除合同的,组团社应当向旅游者退还已收取的全部费用。

2. 因旅游者的原因解除合同的责任确定

依据我国《旅游法》,因旅游者存在法定情形,旅行社解除合同的,组团社应当在扣除必要的费用后,将余款退还旅游者;给旅行社造成损失的,旅游者应当依法承担赔偿责任。

旅行社根据旅游者的具体要求安排旅游行程,与旅游者订立包价旅游合同的,旅游者请求变更旅游行程安排,因此增加的费用由旅游者承担,减少的费用退还旅游者。

3. 因不可抗力等解除合同的责任确定

因不可抗拒的原因,使旅游合同变更或解除的,不履行义务的一方当事人不承担责任。但是,如义务人不在规定时间内通知对方,致使对方遭受损失的,仍然承担责任。

我国《旅游法》规定,因不可抗力等原因,合同解除的,组团社应当在扣除已向地接社或者履行辅助人支付且不可退还的费用后,将余款退还旅游者;合同变更的,因此增加的费用由旅游者承担,减少的费用退还旅游者;危及旅游者人身、财产安全的,旅行社应当采取相应的安全措施,因此支出的费用,由旅行社与旅游者分担;造成旅游者滞留的,旅行社应当采取相应的安置措施。因此增加的食宿费用,由旅游者承担;增加的返程费用,由旅行社与旅游者分担。

此外,我国《旅游法》规定,旅游行程结束前,旅游者解除合同的,组团社应当在扣除必要的费用后,将余款退还旅游者。旅游行程中解除合同的,旅行社应当协助旅游者返回出发地或者旅游者指定的合理地点。由于旅行社或者履行辅助人的原因导致合同解除的,返程费用由旅行社承担。

二、旅游合同的转让和终止

(一) 旅游合同的转让

旅游合同的转让是指旅游合同的一方当事人(让与方)在不改变合同条款的情况下,把自己所享受的权利和承担的义务转让给第三人(受让方)。

旅游合同转让一般要经过提议和接受提议两个阶段,让与方与受让方要经协商并达成一致才能转让。

旅游合同转让,除法律法规有特殊规定外,旅游合同义务的转让应当经过对方当事人同意;旅游合同权利的转让通知对方当事人,否则转让无法律效力。

依据我国《旅游法》,旅游行程开始前,旅游者可以将包价旅游合同中自身的权利义务转让给第三人,旅行社没有正当理由的不得拒绝,因此增加的费用由旅游者和第三人承担。

旅行社应当按照包价旅游合同的约定履行义务,不得擅自变更旅游行程安排。经旅游者同意,旅行社将包价旅游合同中的接待业务委托给其他具有相应资质的地接社履行的,应当与地接社订立书面委托合同,约定双方的权利和义务,向地接社提供与旅游者订立的包价旅游合同的副本,并向地接社支付不低于接待和服务成本的费用。

地接社应当按照包价旅游合同和委托合同提供服务。

(二) 旅游合同的终止

旅游合同的终止是指旅游合同签订后出现了一定的旅游法律事实,从而引起双方当事人权利和义务在客观上消失。

引起旅游合同终止的旅游法律事实主要有以下几种:因旅游合同全部义务已履行而终止;因行政指令而终止;因双方当事人达成一致协议而终止;因旅游计划的变更而终止;因双

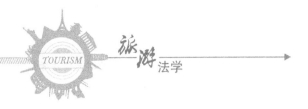

方当事人合并为一体而终止;因旅游企业法人破产而终止;因违约或约定期限届满而终止;因发生不可抗拒的外因而终止;因司法机关的裁决或判决而终止。

案例导读

遭遇"不可抗力"游客需依法维权

天津北方网讯:近期,我市及全国部分地区频繁出现暴雨天气,部分景区因暴雨原因关闭,同时很多航班也因暴雨延误或取消,游客遇到类似情况,相关权益如何来维护?对此,市旅游质量监督管理所提示广大游客,旅游合同中的不可抗力、意外事故,包含自然原因和社会原因,发生此种情况时我国外交部门会发出暂勿赴某地区的禁令,国家旅游局也会同时转载外交部的禁令,游客可及时关注相关网站的信息。游客生病、受伤、单位或家庭临时有事等原因不属于不可抗力的范围。

最高人民法院《关于审理旅游纠纷案件适用法律若干问题的规定》第13条规定,因不可抗力等不可归责于旅游经营者、旅游辅助服务者的客观原因导致旅游合同无法履行,旅游经营者、旅游者请求解除旅游合同的,人民法院应予支持。旅游经营者、旅游者请求对方承担违约责任的,人民法院不予支持;旅游者请求旅游经营者退还尚未实际发生的费用的,人民法院应予支持。也就是说,法院支持旅游者请求旅行社退还尚未发生的费用,但是对已经发生的费用如何处理呢?

按照旅游合同的约定:"在行前遇到不可抗力或者意外事件的,双方经协商可以取消行程或者延期出行。取消行程的,旅行社向旅游者全额退还未旅游费用。已发生旅游费用的,应当由双方协商后合理分担。在行程中遇到不可抗力或者意外事件,合同不能完全履行的,旅行社应向旅游者作出说明,旅游者同意变更的,可以在合理范围内变更合同,因此增加的费用由旅游者承担,减少的费用退还旅游者。危及旅游者人身、财产安全的,旅行社应当采取相应的安全措施,因此支出的费用,由出境社与旅游者分担。造成旅游者滞留的,旅行社应采取相应的安置措施。因此增加的食宿费用由旅游者承担,增加的返程费用双方分担。"

此外,对于航班延误的相关规定,交通部近日发布《航班正常管理规定》就航班延误时的主体责任和权益保障做出规范,如航班机坪延误超3小时须安排旅客下飞机。这是国内第一部明确了航班延误权责以及处置流程的管理规定将于2017年1月1日起实施。该《规定》第29条明确了航班延误的原因以及各航空公司应该承担的责任。将延误原因予以分类,首次明确由于天气、突发事件、空中交通管制、安检以及旅客等非承运人原因,造成航班在始发地出港延误或者取消,承运人应当协助旅客安排餐食和住宿,费用由旅客自理。

(资料来源:http://travel.enorth.com.cn/system/2016/07/27/031083212.shtml。)

第四节 违反旅游合同的责任

一、违反旅游合同责任的概述

（一）违反旅游合同责任的概念和特征

违反旅游合同的责任，也叫违约责任，是指旅游合同当事人因自己的过错造成旅游合同不能履行或不能完全履行，依照法律规定或合同约定必须承受的法律制裁。它具有以下几个特征。

1. 违约责任以违反合同义务为前提

违约责任产生的基础是双方当事人之间存在合法有效的合同关系。若当事人之间不存在有效的合同关系，则无违约责任可言。违约责任是以违反合同义务为前提，合同义务是发生合同责任的必要前提，合同责任则是违反合同义务的必然后果。没有违反合同义务的行为，便没有违约责任。

2. 违约责任的确定具有相对的任意性

违约责任的确定，除法律强制规定外，当事人可以在法律规范的指导下，通过合同加以确定，这是由合同自由原则和民事责任的"私人性"所决定的。法律允许合同当事人自主、自愿约定各自的权利义务，也允许当事人通过合同预先约定违约形态，约定违约金的数额幅度、损害赔偿的计算方法，甚至约定免责或限责事由。同时为了保障当事人设立违约责任条款的公正合理，法律也要对其约定予以干预。因此，违约责任的任意性是相对的，而不是绝对的。

3. 违约责任具有补偿性

追究违约责任的目的，主要是弥补或补偿因违约行为给合同债权人所造成的财产损失。从我国《合同法》所确认的违约责任方式来看，无论是强制实际履行，还是支付违约金，或者采用其他补救措施，无不体现出补偿性。这是合同法平等、公平、等价有偿原则的具体体现。

4. 违约责任具有相对性

违约责任的相对性，是指违约责任只能在特定当事人之间即合同关系的债权人和债务人之间发生，合同关系以外的第三人，不负违约责任，合同当事人也不对第三人承担违约责任。

（二）违约责任的严格责任原则

在旅游法律关系中，严格责任原则是确定行为人的民事责任的依据和标准，是确定违约责任的基础。严格责任原则的确定，对于违约责任的构成要件、损害赔偿的范围、举证责任的承担等具有重要的意义。

我国《合同法》规定，当事人一方不履行合同义务或者履行合同义务不符合约定的，应当承担继续履行、采取补救措施或者赔偿损失等违约责任。由此可见，我国《合同法》规定的违约责任不要求证明行为人在主观上是否存在过错，而只要行为人没有履行合同或者履行合

同不符合约定,就应当承担违约责任。

我国《合同法》采取严格责任原则,一是有利于促使合同当事人认真履行合同义务,以避免违约情形发生后,违约方总是千方百计寻找理由,证明自己主观上不存在过错。二是采取严格责任原则后,不论何种原因,只要行为人没有全面履行合同,存在违约情形,就应当承担违约责任。

二、违约责任的承担

(一)违约责任的承担原则

1. 一方违约时违约责任的承担

我国《合同法》规定,当事人一方不履行合同义务或者履行合同义务不符合约定的,应当承担继续履行、采取补救措施或者赔偿损失等违约责任。这就表明,在合同履行中,无论是哪一方,只要其没有履行合同或者履行合同不符合约定,即应承担违约责任。

2. 双方违约时违约责任的承担

我国《合同法》规定,订立合同的当事人双方都违反合同的,应当各自承担相应的责任。由此规定可见,双方当事人在履行合同中都没有按照合同约定履行义务,则双方当事人都应当承担相应的违约责任。

3. 由于第三人原因造成违约时违约责任的承担

我国《合同法》规定,当事人一方因第三人的原因造成违约的,应当向对方承担责任。当事人一方和第三人之间的纠纷,依照法律规定或者按照约定解决。由此规定可见,只要合同一方当事人没有履行合同约定的义务,或者履行合同义务不符合合同约定,就要承担相应的违约责任。

(二)违约责任的承担方式

我国《合同法》规定,当事人一方不履行合同义务或者履行合同义务不符合约定的,应当继续履行、采取补救措施或者赔偿损失等违约责任。我国《旅游法》规定,旅行社不履行包价旅游合同义务或者履行合同义务不符合约定的,应当依法承担继续履行、采取补救措施或者赔偿损失等违约责任;造成旅游者人身损害、财产损失的,应当依法承担赔偿责任。

可见,违约责任的承担方式主要有以下几种。

1. 继续履行

继续履行是指当事人一方不履行合同或者履行合同义务不符合约定时,另一方当事人可以要求其在合同履行期限届满后,继续按照合同所约定的主要条件完成合同义务的行为。

2. 采取补救措施

采取补救措施是指违约方采取的除继续履行、支付赔偿金、支付违约金、支付定金方式以外的其他补救措施,其目的在于消除、减轻因违约给对方当事人造成的损失。我国《合同法》规定,质量不符合约定的,应当按照当事人的约定承担违约责任。违约责任没有约定或者约定不明确,依照本法的有关规定仍不能确定的,受损害方根据标的性质以及损失的大小,可以合理选择要求对方承担修理、更换、重作、退货、减少价款或者报酬等违约责任。我国《旅游法》规定,住宿经营者应当按照旅游服务合同的约定为团队旅游者提供住宿服务。

住宿经营者未能按照旅游服务合同提供服务的,应当为旅游者提供不低于原定标准的住宿服务,因此增加的费用由住宿经营者承担,但由于不可抗力、政府因公共利益需要采取措施造成不能提供服务的,住宿经营者应当协助安排旅游者住宿。这是我国法律对违约方采取"补救措施"的规定。

3. 赔偿损失

我国《合同法》规定,当事人一方不履行合同义务或者履行合同义务不符合约定的,在履行义务或者采取补救措施后,对方还有其他损失的,应当赔偿损失。赔偿损失作为合同当事人承担违约责任的一种方式,一直为我国法律所确认。

所谓赔偿损失,是指违约方因不履行或者不完全履行合同义务给对方造成损失时,依法或者根据合同约定应赔偿对方当事人所受损失的行为。

依据我国《旅游法》的规定,旅行社具备履行条件,经旅游者要求仍拒绝履行合同,造成旅游者人身损害、滞留等严重后果的,旅游者还可以要求旅行社支付旅游费用1倍以上3倍以下的赔偿金。由于旅游者自身原因导致包价旅游合同不能履行或者不能按照约定履行,或者造成旅游者人身损害、财产损失的,旅行社不承担责任。

三、违约责任的免除

(一)不可抗力

1. 不可抗力的概念

我国《合同法》规定,该法所称不可抗力,是指不能预见、不能避免并不能克服的客观情况。不可抗力具有严格的构成条件,通常可分为自然现象和社会现象,如地震、水涝、洪灾、公共卫生安全、暴力恐怖事件等。

2. 不可抗力的条件

1) 不可预见性

所谓不可预见性,是指合同当事人在订立合同时对于不可抗力事件是否会发生是不可能预见到的。应当指出的是,所谓不可预见,是指在当时的客观、主观条件下,该当事人是不可能预见到的。

2) 不可避免性

所谓不可避免性,是指合同当事人对于可能出现的意外情况尽管采取了及时合理的措施,但是在客观上并不能阻止这一意外情况的发生。也就是说,尽管当事人主观上做了很大努力,但在客观上并不能阻止这一意外情况发生。

3) 不可克服性

所谓不可克服性,是指合同的当事人对于意外事件所造成的损失是不能克服的。如果意外事件造成的结果可以通过当事人的努力而得到克服,则该事件即不属于不可抗力事件。

3. 不可抗力的法律后果

我国《合同法》规定,因不可抗力不能履行合同的,根据不可抗力的影响,部分或者全部免除责任,但法律另有规定的除外;当事人延迟履行后发生不可抗力的,不能免除责任。不

可抗力是法定的违约责任的免除条件或免除事由之一。因为,如果让当事人对自己主观上无法预见,客观上不能避免、不能克服的事件造成的损失承担法律责任,是不符合"公平"原则的。不可抗力作为免责事由是有时间限制的,即它只有发生在合同订立之后、履行完毕之前。如果不可抗力发生在合同订立之前或者履行之后,都不能构成不可抗力事件。此外,如果当事人迟延履行义务后发生不可抗力的,也不能成为免责事由。

4. 遭遇不可抗力一方当事人的义务

我国《合同法》规定,当事人一方因不可抗力不能履行合同的,应当及时通知对方,以减轻可能给对方造成的损失,并且应当在合理期限内提供证明。

由此可知,遭遇不可抗力一方当事人具有以下义务。

1) 及时通知义务

不可抗力发生后,遭遇不可抗力的一方应当及时通知对方,向对方通报自己不能履行或者不能完全履行或者延期履行合同的情形和理由,以期得到对方的协助,共同采取措施,防止和减少损失,遭遇不可抗力的一方若不及时履行通知义务,则不能部分或者全部免除责任。

2) 提供证明义务

不可抗力发生后,遭遇不可抗力的一方当事人应当在合理期限内提供有关机构的证明,以证明不可抗力事件发生及影响当事人履行合同的具体情况。依据合同实践及我国《合同法》的规定,证明应当采用书面形式,而且应当在合理的期限内提供。

应当指出当一方当事人遭遇不可抗力时,必须及时通知对方,并在合理的期限内提供证明,这是法定的义务。如果当事人没有履行这两项义务,则不能部分或全部免除违约责任。

(二) 他人过错

如因他人过错不能履行旅游合同,当事人可以免除违约责任。但是,对这种情形,第三者即过错人必须承担责任。如果因上级管理机关或因上级业务主管部门的过错,造成旅游合同不能履行或不能完全履行的,由上级管理机关或业务主管部门承担违约责任。我国《旅游法》第71条规定,由于地接社、履行辅助人的原因导致违约的,由组团社承担责任;组团社承担责任后可以向地接社、履行辅助人追偿;由于地接社、履行辅助人的原因造成旅游者人身损害、财产损失的,旅游者可以要求地接社、履行辅助人承担赔偿责任,也可以要求组团社承担赔偿责任;组团社承担责任后可以向地接社、履行辅助人追偿;但是,由于公共交通经营者的原因造成旅游者人身损害、财产损失的,由公共交通经营者依法承担赔偿责任,旅行社应当协助旅游者向公共交通经营者索赔。

(三) 物品的自然损耗

在标的为物的旅游合同中,由于物本身的性质或者物合理的损耗,造成货物灭失、缺少、变质、污染、损坏的,当事人不承担违约责任。但是,由于当事人过错,如迟延履行导致物品自然损耗的,应当承担相应责任。

本章小结

(1) 分析了旅游合同的概念、特征及类型。
(2) 介绍了旅游合同订立的原则、程序、形式,以及旅游合同的内容,分析了旅游合同的格式条款与缔约过失责任。
(3) 介绍了旅游合同履行的原则及担保问题,解析了旅游合同的法律效力,特别是旅游合同生效要件、无效与可撤销的处理。
(4) 介绍了旅游合同的变更、解除、转让和终止等相关问题。
(5) 分析了违反旅游合同的责任及其法律后果。

核心关键词

信息不对称	asymmetric information
诚实信用原则	good faith principle
缔约过失责任	culpa in contrahendo
格式合同	standard form contract
违约责任	liability for breach of contract

思考与练习

1. 简述旅游合同的概念与特征。
2. 分析旅游服务合同的特殊类型。
3. 结合实际,谈谈对无效和可撤销旅游合同的理解。
4. 分析违反旅游合同的责任与法律后果。
5. 联系实际,分析合同履行中不可抗力问题的我国《旅游法》依据。

案例分析

包价旅游合同旅行社的责任要厘清

案由:吴先生参加了某旅行社组织的旅游团。由于地接社的原因,预订的客房降低了标准,由四星级饭店降为三星级。吴先生等旅游者要求旅行社按照欺诈的赔偿标准予以赔偿,但旅行社只愿意按照违约赔偿。双方分歧很大,最后诉诸人民法院。

法律依据:

1. 我国《合同法》第107规定,当事人一方不履行合同义务或者履行合同义务不符合约定的,应当承担继续履行、采取补救措施或者赔偿损失等违约责任。

2. 我国《旅游法》第70条规定,旅行社不履行包价旅游合同义务或者履行合同义务不符合约定的,应当依法承担继续履行、采取补救措施或者赔偿损失等违约责任;造成旅游者人身损害、财产损失的,应当依法承担赔偿责任。旅行社具备履行条件,经旅游者要求仍拒绝履行合同,造成旅游者人身损害、滞留等严重后果的,旅游者还可以要求旅行社支付旅游费用1倍以上3倍以下的赔偿金。由于旅游者自身原因导致包价旅游合同不能履行或者不能按照约定履行,或者造成旅游者人身损害、财产损失的,旅行社不承担责任。

3. 我国《侵权责任法》第6条规定,行为人因过错侵害他人民事权益,应当承担侵权责任。

4. 我国《合同法》第113条规定,当事人一方不履行合同义务或者履行合同义务不符合约定,给对方造成损失的,损失赔偿额应当相当于因违约所造成的损失,包括合同履行后可以获得的利益,但不得超过违反合同一方订立合同时预见到或者应当预见到的因违反合同可能造成的损失。

专家分析:

旅行社与旅游者签订了包价旅游合同,由于组团社或者另行辅助人没有为旅游者提供约定服务,或者提供的约定服务不完全,或者安全保障义务履行不周全,引起旅游者权益受损,组团社都必须向旅游者作出赔偿。那么,在赔偿过程中,组团社应当承担哪些赔偿责任?

1. 有损害就必须有赔偿

只要组团社没有按照旅游合同约定提供服务,如擅自漏游景点等;或者虽然提供了服务,但旅行社提供的服务不符合旅游合同约定,如降低服务标准等;或者有侵权行为,如交通事故等,造成旅游者人身财产的损失,旅游者向组团社或者履行辅助人提出赔偿,假如履行辅助人不愿意承担赔偿责任,或者没有能力承担赔偿责任,组团社就应当为旅游者遭受的经济损失承担责任。如果发生严重的人身伤害,只要责任方是旅行社,组团社或者侵权人、社还可能要向旅游者承担精神损害赔偿。

2. 有约定就必须有赔偿

如果旅游合同约定在先,即使组团社的违约行为没有给旅游者造成损失,只要组团社有违约行为存在,就应当按照约定赔偿。例如,合同约定,只要调整饭店,旅行社就应当承担总团款5%的违约金,假如旅行社擅自调整了住宿费、点,即便实际上并没有给旅游者造成损失,旅行社仍然必须按照约定赔偿违约金。因为违约责任的承担以旅行社的违约行为为前提,而违约行为是否给旅游者造成损失则有所不同。又如,合同约定,组团社解除旅游合同就应当赔偿总团款的10%,如果组团社解除合同,即使旅游者没有损失,组团社仍然要支付违约金。

3. 员工的承诺代表法人

在为旅游者提供服务的过程中,不论是法人、计调还是导游、领队,只要是旅行社的员工,在旅游服务过程中向旅游者作出的承诺,等同于法人的承诺。不论是对于服务内容的承诺、还是对于赔偿数量的承诺,只要承诺了,就必须兑现。因为他们的承诺不是个人行为,而是职务行为,旅行社法人不得以是员工行为而予以拒绝。例如,导游在行程中和旅游者达成协议,返程后向每一位旅游者赔偿500元,以弥补住宿降低了标准,法人就必须按照导游的承诺赔偿旅游者。至于导游的行为是否适当,则是旅行社内部的管理问题,与是否应当向旅游者作出赔偿无关。

4. 组团社承担直接损失

组团社只为旅游者的直接损失承担责任,对于间接损失不承担赔偿责任。比如,由于旅行社的原因导致行程延误半天,旅行社要承担的责任是赔偿旅游者半天的误工费等相关损失,至于由于延误半天造成旅游者不能签订其他商业合同的损失,旅行社不必承担。虽然我国《合同法》等法律法规已经明确规定,但在实际操作中,旅行社经常要面对少数旅游者的漫天要价,动辄就要求赔偿几万元甚至更高的赔偿,虽然少数旅游者的要求与法律规定不相符,但旅行社却只能无奈面对。

5. 欺诈必须多倍赔偿

欺诈的前提是:旅行社有欺诈的主观故意、旅行社实施欺诈行为、旅游者因欺诈而陷入错误、旅游者因错误而做出了意思表示。只有同时满足这4个条件,旅行社的行为就构成欺诈,否则就是违约。

违约和欺诈有着较为严格的区别,不能因为旅行社服务出现差错,就一概认定为欺诈,这是不符合法律规定的。如果旅行社的服务定性为违约,旅行社则按照我国《合同法》或者旅游合同的约定进行赔偿。如果旅行社的服务构成欺诈,则按照修正后的《消费者权益保护法》规定,旅行社最高应当赔偿旅游者接受服务费用的3倍;赔偿金额不足500元的,视为500元。

6. 不可抗力、突发事件免责要具体而论

不可抗力包括自然因素和人为因素,以自然灾害如恶劣天气而言,属于不可抗力范畴,但这样的自然灾害是否可以提前预见和避免成为关键。假如天气预报已经发出警报,旅行社能够采取而不采取防范措施,任其影响旅游行程,这样的恶劣天气本身属于不可抗力范畴,但对于旅行社而言则不属于不可抗力,旅行社不能免责,因为旅行社已经预见到,或者只要采取相关措施,就能够避免损害的发生,或者降低损害程度。

同样,旅行社应对突发事件是否担责,主要看旅行社是否已经尽到了注意义务。尽到了合理限度范围内的注意义务,旅行社就不承担责任。

7. 组团社不承担旅游者人为扩大的损失

所谓旅游者的人为扩大损失,是指只要旅游者理性,就可以避免损失的发生或者降低损失,旅游者却放任或者加大损失的发生。这样的损失就属于人为扩大的损失。

最为典型的情况就是,当旅行社违约,旅游者要求赔偿,假如不能满足旅游者的赔偿要求,旅游者就拒绝登机返程,导致机票作废、旅游者滞留费用。在这种纠纷中,存在两个法律关系:第一,旅行社的违约关系;第二,由于旅游者滞留产生的旅游者违约关系。显然,这是两个不同性质的法律关系。按照法律规定,旅行社应当承担违约责任,但滞留费用应当由旅游者自行承担。

8. 严重侵权责任有精神损害赔偿

按照法律规定,旅行社的违约行为固然需要旅行社作出赔偿,但这些赔偿不包含精神损害赔偿,只是对违约行为承担经济赔偿责任。所以,旅游者在违约责任的追究中,如漏游景点,要求旅行社承担精神损害赔偿责任缺乏依据。精神损害赔偿存在于侵权责任中,损害较轻的侵权行为,可以借助赔礼道歉、消除影响等方式加以弥补。比如,交通事故导致旅游者手臂轻微擦伤,就不存在精神损害赔偿。只有较为严重的侵权行为,旅游者才可以得到精神损害赔偿。精神损害的赔偿及其数额的确定,通常由人民法院决定。

9. 组团社为履行辅助人的行为负责

按照我国《旅游法》的规定,组团社必须为履行辅助人的所有过错行为负责。在旅游行程中,组团社不仅要为自己的过错负责,还必须为履行辅助人的过错负责,这些过错包括履行辅助人的违约行为和侵权行为,比如饭店违约、景区未履行安全保障义务给旅游者造成的损失。履行辅助人愿意承担责任固然可行,但如果履行辅助人不愿意承担责任,或者没有能力承担赔偿责任,组团社都应当为此承担责任。

总之,在旅游服务全程中,组团社及其履行辅助人的过错,组团社应当概括承受。

问题:

1. 什么是包价旅游合同,我国《旅游法》就包价旅游合同的内容是如何规定的?
2. 结合案例分析包价旅游合同中旅行社的责任。

(资料来源:黄恢月,《包价旅游合同旅行社的责任需厘清》,载《中国旅游报》,2016年3月25日。)

第六章

旅游者权益保护法律制度

学习引导

公民的旅游权是一项重要的涉及自然人身心健康和精神人格全面发展的基本权利,是国家通过宪法和法律规定的公民从事旅游活动的可能性,是公民享有的通过旅游活动获得身心满足的权利。旅游者权益是旅游者利益在法律上的体现,是国家对旅游者进行保护的前提和基础。本章在对旅游权利及其要素进行法律分析的基础上,提出我国关于旅游者权益保护的法律依据除旅游法律法规外,还可以从宪法、民商法等法律中得到体现。进而介绍了旅游者的法律权利与法律义务,阐释了通过旅游者权益保护的法律原则、旅游经营者义务的履行,以及旅游经营者与旅游者权益争议的解决,可以使旅游者权益从根本上得到保护。最后,结合我国近年来出入境旅游现状,以我国《出境入境管理法》等法律法规为主线,介绍了国家旅游者出入境的管理及其法律保护。

学习目标

- 旅游权利及其要素分析;
- 旅游者权益保护的法律依据;
- 旅游者权益的法律保护;
- 旅游者出入境管理与法律保护。

第一节 旅游权利及其法律依据

一、旅游权利及其要素分析

(一) 旅游权利的法律思考

在"总论"中,我们认为旅游法规则或旅游法律规范是对旅游权利与旅游义务的明确规

定，旅游法律关系的核心内容是旅游法主体的旅游权利与旅游义务的抽象理论概括，而旅游法律秩序、旅游法律后果取决于旅游权利与旅游义务的实现，即旅游权利的行使与旅游义务的履行，或者说是对违反法定义务或不履行合同义务的法律惩处。可见，旅游法律权利是指国家通过法律法规的规定，对旅游法主体可以自主决定为或不为某种行为的许可和保障手段，是旅游法主体在相应的社会关系中应该得到的价值回报，是主体享有的法律确认和保障的以某种权能或正当利益为追求的行为自由。当权利受到侵害时，权利享有者有权向人民法院或者有关主管机关申诉或请求保护。旅游法律权利具有以下几个特征。

1. 法律性

旅游法律权利以国家法律法规的确认为前提，其产生、变更和消灭必须有一定的法律依据，并通过必要的法律程序，对旅游法主体的侵权行为或违约行为进行法律制裁，保障旅游权利的实现。

2. 自主性

旅游法律权利不仅是国家许可和保障的行为，而且是按照权利主体的自主意愿决定是否实施的行为。主体享有行使或不行使旅游权利的自由，即旅游法主体可以行使某项旅游权利，也可以放弃某项旅游权利，任何人不得干预。

3. 权利与可实现性

权利是实现利益的手段，旅游权利主体行使法律权利是以获得一定的利益为目的的。我国现行法律法规不仅确认了公民具有广泛的旅游权利，而且为公民行使旅游权利提供政治上和物质上的保障，体现了权利的真实性。旅游权利作为法律认可和保障的行为自由是具体的、可实现性的，只要权利人在法律所允许的行为范围内，满足自己利益的行为或者要求义务人从事一定行为是受法律保护的，而超过这一范围，则是非法的或不受法律保护的。

4. 权利与义务的一致性

旅游权利与旅游义务是不可分割的统一体，是旅游法律关系内容的两个方面，任何权利的实现总是以义务的履行为条件。说某人享有或拥有某种利益、主张、资格、权力或自由，是说别人对其享有或拥有之物负有不得侵夺、不得妨碍的义务。若无人承担和履行相应的义务，权利便没有意义。故一项权利的存在，意味着一种让别人承担和履行相应义务的观念和制度的存在。例如，我国《合同法》规定了合同双方当事人相互享有权利并承担义务，我国《消费者权益保护法》在规定消费者权利的同时，规定了经营者应当履行的义务，我国《旅游法》在规定旅游者基本旅游权利的同时，规定了旅游者应当承担的义务等。离开旅游义务就无法理解旅游权利，旅游法律权利的享有是得到义务人的法律义务的保证，否则权利人的权利不可能行使或实现。

（二）旅游法律权利的要素分析

旅游法律权利的实质，归根结底是由旅游业发展的社会经济关系所决定，即权利只不过是旅游社会经济关系的一种法律形式。旅游法律权利由利益、主张、资格、权能、自由等五个要素构成。

1. 利益

利益是旅游法律权利的基础和根本内容，是权利制度设计的根本目标，是人们主张和行使权利的根本动机。一项权利之所以成立,是为了保护某种利益,是由于利在其中。在此意义上,也可以说,权利是受到保护的利益,是为道德和法律所确证的利益。利益既可能是个人的,也可能是群体的、社会的;既可能是物质的,也可能是精神的;既可能是权利主体自己的,也可能是与权利主体相关的他人的。

2. 主张

主张是主体内心意愿的外在表现形式。一种利益若无人提出对它的主张或要求,就不可能成为权利。一种利益之所以要由利益主体通过表达意思或其他行为来请求,是因为它可能受到侵犯或随时处在受侵犯的威胁中。因此,旅游法律权利实际上是权利人自己为一定的行为或不为一定行为,或者要求他人为或不为一定行为的意思表示。

3. 资格

资格是提出利益主张的依据,即主体要有道德上或法律上的资格提出主张或要求。旅游主体的权利来源于道德赋予或法律赋予,而旅游法律权利是由法律确认的、主体提出主张或要求的资格,它是权利主体获得某项实有权利而必须具备的先决条件,是旅游法律法规赋予权利主体作为或不作为的许可、认定及保障的基础。

4. 权能

权能包括权威和能力。一种利益、主张、资格必须具有权能才能成为权利。权能既是从不容许侵犯的权威或强制力,也是一种能力。由法律来赋予权威的利益、主张或资格,称为法律权利。主体的旅游权利在获得法律确认后,既是道德权利,也是法律权利。因而,侵犯旅游权利会导致法律后果。除了权威的支持外,权利主体还要具备享有和实现其利益、主张或资格的实际能力或可能性。

5. 自由

自由是权利存在的形式和载体,它表现为一定社会中所允许的人们行为自由的方式、程序、范围、界限、标准等。在许多场合,自由是权利的内容,这种作为某些权利内容的自由通常指权利主体可以按个人意志去行使或放弃该项权利,不受外来的干预或胁迫。如果某人被强迫去主张或放弃某种利益、要求,那么就不是享有权利,而是履行义务。从这个角度上说,旅游主体的法律权利正是通过权利主体有意志支配的行为才能得到主张和维护,而任何一项旅游权利均须符合一定意志和价值标准。

二、旅游者权益保护的法律依据

公民的旅游权是一项重要的涉及自然人身心健康和精神人格全面发展的基本权利,是国家通过宪法和法律规定的公民从事旅游活动的可能性,是公民享有的通过旅游活动获得身心满足的权利。旅游者权益是旅游者利益在法律上的体现,是国家对旅游者进行保护的前提和基础。我国关于旅游者权益的保护可以从宪法、民商法,以及旅游法律法规中得到体现。

(一)保障公民基本旅游权利的宪法精神

1. 公民的休息权

我国《宪法》第43条规定,中华人民共和国劳动者有休息的权利;国家发展劳动者休息

和休养的设施,规定职工的工作时间和休假制度。

旅游是公民休息或休养的一种方式,根据保障公民基本权利的宪法精神,《国民旅游休闲纲要(2013—2020年)》(以下简称《休闲纲要》)提出的发展目标是:到2020年,职工带薪年休假制度基本得到落实,城乡居民旅游休闲消费水平大幅增长,健康、文明、环保的旅游休闲理念成为全社会的共识,国民旅游休闲质量显著提高,与小康社会相适应的现代国民旅游休闲体系基本建成。其主要任务和措施是保障国民旅游休闲时间、改善国民旅游休闲环境、推进国民旅游休闲基础设施建设、加强国民旅游休闲产品开发与活动组织、完善国民旅游休闲公共服务,以及提升国民旅游休闲服务质量等,这是国家依法对劳动者休息权的基本保障,国家建立劳动者带薪休假制度,保证劳动者获得充分休闲的时间,任何单位和个人不得强制公民放弃法定休假时间,不得阻挠公民行使休息权。

我国《旅游法》明确政府要推进旅游休闲体系建设和旅游服务标准化建设,使我国公民的休闲旅游度假权得到保障,为旅行社开发策划休闲旅游度假产品和研制休闲度假线路产品标准提供了法律支撑。

2. 公民的物质帮助权

我国《宪法》第45条规定,中华人民共和国公民在年老、疾病或者丧失劳动能力的情况下,有从国家和社会获得物质帮助的权利;国家发展为公民享受这些权利所需要的社会保险、社会救济和医疗卫生事业。《休闲纲要》在"改善国民旅游休闲环境"中提出,国家稳步推进公共博物馆、纪念馆和爱国主义教育示范基地免费开放。城市休闲公园应限时免费开放;稳定城市休闲公园等游览景区、景点门票价格,并逐步实行低票价;落实对未成年人、高校学生、教师、老年人、现役军人、残疾人等群体实行减免门票等优惠政策;各地要将游客运输纳入当地公共交通系统,提高旅游客运质量;鼓励企业将安排职工旅游休闲作为奖励和福利措施,鼓励旅游企业采取灵活多样的方式给予旅游者优惠。

我国《旅游法》也规定了"残疾人、老年人、未成年人等旅游者在旅游活动中依照法律、法规和有关规定享受便利和优惠",明确政府在保障特殊人群旅游权利方面的责任,给予特殊人群在法律法规规定范围内的便利和优惠,以及旅游经营者在平等交易的前提下,给予特殊群体必要的人文关怀等。

3. 公民的受教育权

我国《宪法》第46条规定了"公民有受教育的权利和义务",《休闲纲要》提出,鼓励城市休闲公园等游览景区、景点设立公众免费开放日,逐步推行中小学生研学旅行;弘扬优秀传统文化,大力发展红色旅游,提高红色旅游经典景区和精品线路的吸引力和影响力;开发旅游演艺、康体健身、休闲购物等旅游休闲消费产品,满足广大群众个性化旅游需求,鼓励学校组织学生进行寓教于游的课外实践活动;加强旅游休闲的基础理论、产品开发和产业发展等方面的研究,加大旅游设施设备的研发力度,提升旅游休闲产品科技含量;加强培训,提高景区等场所工作人员、服务人员和志愿者无障碍服务技能;创新人才培养模式,提高旅游休闲高等教育、职业教育质量,加快旅游休闲各类紧缺人才培养等,《休闲纲要》规定了公民通过旅游休闲享有受教育的权利。

(二)民商法关于旅游者权益的保护

我国民商法关于旅游者权益的保护,主要体现在以下几个方面。

一是我国《合同法》,从诚实守信的契约精神出发,提出了合同当事人应当遵守的原则。

二是我国《侵权责任法》,通过对侵权责任及其法律后果的规制,为旅游者合法权益保护提供了依据。

三是我国《消费者权益保护法》,在规定消费者权利的基础上,规制了经营者的义务,以及消费者与经营者发生争议的解决途径,为旅游者利益的实现提供了保证。

（三）旅游法律法规对旅游者权益的保护

我国《旅游法》的特点之一,就是在注意平衡各方利益关系的基础上,突出以人为本的理念,以保护旅游者的合法权益为主线,在法律的框架结构上,将旅游者的权利置于总则之后的第二章,突出旅游者的重要位置;在制度的设计上,实行统一的旅游市场准则,强调与现有法律制度相衔接,与涉及旅游的各行业已有法律规范的衔接,以及与国际通行的行业规则的衔接。全方位多角度,形成了多层次、立体的保障体系,针对性地明确规定了旅游者的权利义务,旅游目的地安全风险的提示义务、安全监管和救助义务,以及各级政府建立统一投诉受理机构、方便旅游者投诉等,为旅游者舒心旅游提供健康的市场环境,尤其是对门票问题、购物问题、景区承载量问题、不合理价格组团的问题的规范,回应了当前旅游市场存在的老百姓普遍关心的热点问题,使旅游者在旅游活动中的主要权利——民事权利得到充分的保护。

此外,旅游立法注重发挥中央和地方的积极性,总结我国旅游发展和旅游监管的经验,通过旅游行政法规、地方性法规等规定旅游经营者的义务及相关法律责任,保护了旅游者的合法权益不受侵犯。

第二节 旅游者权益的法律保护

一、旅游者权利与旅游者义务

（一）旅游者权利

旅游者权利是旅游者在旅游消费领域所具有的权能,是旅游者利益在法律上的体现,是国家对旅游者进行保护的前提和基础,即在法律保障下,旅游者有权作出一定的行为或者要求他人作出一定的行为的权利。根据我国《旅游法》和《消费者权益保护法》的规定,旅游者依法享有以下权利。

1. 安全不受侵犯权

安全不受侵犯权是指旅游者在购买、使用商品和接受服务时,享有人身、财产安全不受侵害的权利。旅游者有权要求经营者提供的商品和服务,符合保障人身、财产安全的要求;旅游者在人身、财产安全遇有危险时,有请求救助和保护的权利。

2. 知悉真情权

知悉真情权是指旅游者有权知悉其购买的旅游产品和服务的真实情况的权利。旅游者有权根据商品或者服务的不同情况,要求旅游经营者提供商品的价格、产地、生产者、用途、性能、规格、等级、主要成分、生产日期、有效期限、检验合格证明、使用方法说明书、售后服务,或者服务的内容、规格、费用等有关情况;旅游者有权要求旅游经营者按照约定提供产品和服务。

3. 自由选择权

自由选择权是指旅游者有权自主选择旅游产品和服务的权利。旅游者有权自主选择提供商品或者服务的经营者,自主选择商品品种或者服务方式,自主决定购买或者不购买任何一种商品、接受或者不接受任何一项服务;旅游者在自主选择商品或者服务时,有权进行比较、鉴别和挑选。当然,旅游者必须合法行使自主选择权,不得滥用,不得侵害国家、集体和经营者的利益。

4. 公平交易权

公平交易权是指旅游者在购买商品或者接受服务时,有权获得质量保障、价格合理、计量正确等公平交易条件,有权拒绝旅游经营者的强制交易行为的权利。公平交易权包括以下两个方面的内容。

一是指旅游者在购买、使用商品或者接受服务时,有权获得质量保障、价格合理、计量正确等公平交易条件。质量保障要求经营者提供的商品或服务必须符合保障人体健康、人身财产安全的国家标准、行业标准。

二是指旅游者有权拒绝经营者的强制交易行为。强制交易就是违背旅游者的真实意愿,违反自愿、公平、诚实信用等市场交易的基本原则而提供商品或服务的行为。

5. 获得赔偿权

获得赔偿权是指旅游者因购买、使用商品或者接受服务受到人身、财产损害的,享有依法获得赔偿的权利。"旅游者人身、财产受到侵害的,有依法获得赔偿的权利"这是民事法律规定的请求损害赔偿的民事权利在旅游者权益保护法中的具体体现。享有获得赔偿权的主体是因购买、使用商品或接受服务而受到人身、财产损害的人,即受害人,具体包括商品购买者、商品使用者、接受服务者和第三人。获得赔偿的范围既包括人身权和财产权受到的损害,也包括旅游者因人身权受到侵害造成精神痛苦的一定赔偿。旅游者只要因购买、使用的商品或接受的服务使财产蒙受损失,就有权要求赔偿。

6. 依法结社权

依法结社权是指旅游者享有依法成立维护自身合法权益的社会团体的权利,它是法律赋予消费者或旅游者实现自我保护的一项权利。消费者协会和其他消费者组织是依法成立的、对商品和服务进行社会监督的、保护消费者合法权益的社会团体。

目前,中国消费者协会和地方各级消费者协会就是消费者自己的团体,它们在保护消费者权益方面发挥了积极作用。

7. 获得知识权

获得知识权是指旅游者享有获得有关旅游和旅游者权益保护方面的知识的权利。获得知识权的内容包括:获得有关消费或旅游方面的知识,如有关旅游态度的知识,有关商品和服务的基本知识和有关市场的基本知识;获得有关旅游者权益保护方面的知识,旅游者应当努力掌握所需商品或者服务的知识和使用技能,正确使用商品,提高自我保护意识,运用法律维护自身的合法权益。

8. 得到尊重权

得到尊重权是指旅游者的人格尊严、民族风俗习惯和宗教信仰应当得到尊重的权利。人格尊严的权利主要包括姓名权、名誉权、肖像权和生命健康权等。在市场交易中,这是旅游者最基本的权利。民族风俗习惯大量地表现在饮食、服饰、婚葬、节庆、礼仪、禁忌等方面,它在不同程度上反映了各民族的历史传统和心理素质。

我国是多民族国家,各民族都有自己独特的风俗习惯,尊重少数民族风俗习惯对保护不同民族旅游者的合法权益,维护各民族团结有重要意义。

9. 监督批评权

监督批评权是指旅游者享有对商品和服务以及保护旅游者权益工作进行监督的权利。旅游者有权通过多种途径参与社会监督,依法对经营者提供的商品和服务进行监督检查,有权检举、控告侵害消费者权益的行为和国家机关及其工作人员在保护旅游者权益工作中的违法失职行为,有权对保护旅游者权益工作提出批评、建议。

总之,我国《旅游法》突出保障旅游者的合法权益,坚持以人为本,安全第一,平衡旅游者与旅游经营者及其旅游从业人员之间的权利、义务和责任,且以旅游者作为章名称,以具体权利落实对旅游者实行保护。

需要说明的是,我国《消费者权益保护法》规定的消费者的某些权利,尽管在我国《旅游法》条文没有具体提及,但是旅游者本身就是消费者,我国《消费者权益保护法》对消费者的权利规定同样适用旅游者,这也是我国《旅游法》与《消费者权益保护法》联动效应的体现。

(二) 旅游者的义务

旅游者的义务是与旅游者的权利相对应的概念,是旅游者在相应的社会关系中应该进行的价值付出或依法承担的某种必须履行的责任。旅游者的义务设定或隐含在旅游法律规范中,是旅游者依据法律规范必须为一定行为或不为一定行为,以保证权利人的权利得以实现。或者说,旅游者的义务是旅游者以相对抑制的作为或不作为的方式保障权利主体获得利益的一种约束手段,当旅游者不履行或不适当履行自己义务时,应当受到国家强制力的制裁,承担相应的法律后果。依据我国《旅游法》及相关法律法规的规定,旅游者的义务包括以下几个方面。

1. 旅游者公序良俗、文明环保旅游的义务

我国《旅游法》第13条规定,旅游者在旅游活动中应当遵守社会公共秩序和社会公德,尊重当地的风俗习惯、文化传统和宗教信仰,爱护旅游资源,保护生态环境,遵守旅游文明行为规范。由于旅游活动的异地性,旅行社有义务向旅游者提供旅游目的地的社会公共秩序、风俗习惯、文化传统、宗教信仰等信息,也有提醒旅游者爱护旅游资源,保护生态环境以及宣传旅游文明行为规范的义务。

旅游者在出境旅游时,应当注意旅游目的地相关法律、法规和风俗习惯、宗教禁忌,维护民族团结,听从旅行社及其导游、领队对其旅游不文明行为的劝导,不得损害当地居民、同行旅游者、旅游经营者及其从业人员的合法权益。

2. 旅游者依法理性维权的义务

我国《旅游法》第14条规定,旅游者在旅游活动中或者在解决纠纷时,不得损害当地居民的合法权益,不得干扰他人的旅游活动,不得损害旅游经营者和旅游从业人员的合法权益。该法第72条规定,旅游者在旅游活动中或者在解决纠纷时,损害旅行社、履行辅助人、旅游从业人员或者其他旅游者合法权益的,依法承担赔偿责任。

这是我国旅游法制建设的一大进步,对维护社会和谐与稳定将起到极其重要的作用。在旅游者维权时,如果出现"过度或过激"行为的,除承担民事赔偿责任外,旅行社可解除旅游合同,对于严重扰乱社会治安秩序或毁坏旅游经营者的财物或者伤及当地居民或从业人员的,还可以依据我国《社会治安处罚法》报警处理,追究当事人的刑事责任。

3. 旅游者健康信息告知、安全警示遵守和重大突发事件配合义务

我国《旅游法》第15条规定,旅游者购买、接受旅游服务时,应当向旅游经营者如实告知与旅游活动相关的个人健康信息,遵守旅游活动中的安全警示规定;旅游者对国家应对重大突发事件暂时限制旅游活动的措施以及有关部门、机构或者旅游经营者采取的安全防范和应急处置措施,应当予以配合;旅游者违反安全警示规定,或者对国家应对重大突发事件暂时限制旅游活动的措施、安全防范和应急处置措施不予配合的,依法承担相应责任。根据此规定,如果旅游者拒绝如实告知与旅游活动相关的个人健康信息,就要承担不利的后果,当然,旅游经营者有安全警示义务,如果旅游经营者没有安全警示或者安全警示不充分,旅游经营者也要承担相应责任。对于规定中的"应急措施"包括紧急疏散撤离并妥善安置;封锁危险区域或场所并划定警戒线;实行交通管制及其他管控措施;禁止或限制使用有关设备设施;关闭或限制使用有关场所;中止人员密集活动等。对上述应急措施,旅游者有配合的法定义务,否则应当承担相应的法律责任。

旅游者出境旅游的,应当投保包含境外医疗、紧急救援等服务内容的出境旅游保险。

4. 旅游者随团出入境,不得非法滞留的义务

我国《旅游法》第16条规定,出境旅游者不得在境外非法滞留,随团出境的旅游者不得擅自分团、脱团;入境旅游者不得在境内非法滞留,随团入境的旅游者不得擅自分团、脱团。

这里的"离团"是指旅游者根据旅游合同的约定或者已依法办妥所需离团手续后暂时离开旅游团队或者不再归队的合法合约行为;"擅自分团"是指在没有办妥合法分团手续的情况下,旅游团队中部分旅游者擅自离开旅游团队并很可能不再归队的违法行为;"脱团"是指旅游者在没有办理任何合法离团手续的情况下离开旅游团队不再归队的违法行为。旅游者在出入境过程中,擅自分团、脱团或者非法滞留的,应当承担相应责任。对此相关情况旅行社应当及时向我国驻外机构、旅游行政部门和公安部门报告,否则旅游行政部门将按照我国《旅游法》第99条的规定,处5000元以上5万元以下罚款;情节严重的,责令停业整顿或者吊销旅行社业务经营许可证;对直接负责的主管人员和其他直接责任人员,处2000元以上2万元以下罚款,并暂扣或者吊销导游证、领队证的行政处罚。

游客黑名单制度确立

近年来关于游客在国内外不文明行为的报道不绝于耳,越来越受到国内舆论甚至全球的关注,不仅损害了中国游客整体形象,有时甚至影响到社会秩序。在此背景下,2015年4月,国家旅游局发布并实施了《游客不文明行为记录管理暂行办法》,规定"游客不文明行为记录"形成后,旅游主管部门应将"游客不文明行为记录"信息通报游客本人,提示其采取补救措施,挽回不良影响。必要时向公安、海关、边检、交通、人民银行征信机构等部门通报"游客不文明行为记录"。《游客不文明行为记录管理暂行办法》实施以来,国家旅游局先后多次公布"黑名单",行为涉及游客因登机后调换座位、调整座椅大闹机舱,爬雕塑照相,国外机场闹事,殴打导游或者当地工作人员,强行打开飞机应急舱门等。

据介绍,除前三次公布的名单外,黑名单是经"游客不文明行为记录评审委员会"认定后才被列入的,该委员会主要由律师法官等法律从业人员、新闻媒体从业人员以及社会公众代表组成。国家旅游局公布的"游客不文明行为记录"须通过该评审委员会讨论通过,该评审委员会的工作内容主要包括评议游客不文明行为事件是否应当纳入记录、确定游客不文明行为记录的信息保存期限、评议游客不文明行为记录是否通报相关部门、对游客不文明行为记录进行动态调整等。

旅游黑名单制度,从道德和名誉上看,实名公布的黑名单对旅游中出现不文明行为起到了警示作用,然而其处罚效果却并不理想,游客的犯规成本较低。法律专家直指该办法可操作性不强、法律后果不明确、处罚标准未明确规定;另一方面处罚措施还缺少法律依据,对不文明行为的追责需要进一步完善我国《旅游法》。有专家学者认为,警示工作设立判定标准,避免滥用;严格黑名单设置流程,完善信用重建机制,这也是在依法保障公民权利,如即便公开了名单也应及时通知本人,并保障个人的抗辩权利,有些信息依法不宜公开就要保护民众隐私等;黑名单应该有时效性和恢复机制,根据《游客不文明行为记录管理暂行办法》,"旅游不文明行为记录"信息保存期限为1年至5年,实行动态管理。

黑名单是手段,不是目的。它的存在是为了惩戒失信,如果未来个人通过行动重建信用,应该获得被移出黑名单、改过自新的机会。

新生事物要经历完善的过程,从"游客不文明行为记录评审委员会"的成立等措施可以看出有关部门正积极推动相关工作。国家旅游局表示,还将进一步完善游客不文明行为记录管理办法,细化不文明行为处理标准,明确记录结果后续管理规范。

(资料来源:http://www.cnta.gov.cn/xxfb/jdxwnew2/。)

二、旅游者权益保护

（一）旅游者权益保护的法律原则

1. 经营者与旅游者交易的基本原则

经营者与旅游者进行交易应遵循的基本原则，既是对经营者行为的原则规范，也是对市场交易基本规律的抽象和概括。依据我国《消费者权益保护法》的规定，该基本原则的内容主要包括以下几个方面。

一是自愿原则，即经营者与旅游者进行交易时，要尊重旅游者的意愿，建立交易关系亦应真正出于旅游者意愿。

二是平等原则，这是商品经济的本质要求，指交易双方法律地位平等，不得恃强凌弱。

三是公平原则，即双方交易符合等价交换这一商品经济的本质要求和社会商业道德规范精神。

四是诚实信用原则，即双方在交易中应友好合作、实事求是、恪守信用。

2. 国家保护旅游者合法权益不受侵犯的原则

国家保护旅游者合法利益不受侵犯原则，是我国《消费者权益保护法》中一项最核心基本的原则。其主要内容是：国家对旅游者的合法权益不受侵犯负有法定义务；旅游者要依法行使权利；国家采取措施，保障旅游者依法行使权利，并进而达到维护旅游者利益的目的。具体体现在：国家制定有关旅游者权益的法律、法规和政策时，应当听取旅游者的意见和要求，各级人民政府应当加强领导，组织、协调、督促有关行政部门做好保护旅游者合法权益的工作；各级人民政府应当加强监督，预防危害旅游者人身、财产安全行为的发生，及时制止危害旅游者人身、财产安全的行为；各级人民政府工商行政管理部门和其他有关行政部门应当依照法律、法规的规定，在各自的职责范围内，采取措施，保护旅游者的合法权益；有关行政部门应当听取旅游者及其社会团体对经营者交易行为、商品和服务质量问题的意见，及时调查处理；有关国家机关应当依照法律、法规的规定，惩处经营者在提供商品和服务中侵害旅游者合法权益的违法犯罪行为；人民法院应当采取措施，方便旅游者提起诉讼，对符合我国《民事诉讼法》起诉条件的旅游者权益争议，必须受理，及时审理。

3. 旅游者组织对旅游者权益保护的基本原则

维护旅游者的合法权益是旅游者组织的宗旨，法律通过赋予其职能来实现旅游者权利的保护。旅游者组织履行下列职能：向旅游者提供消费信息和咨询服务；参与有关行政部门对商品和服务的监督、检查；就有关旅游者合法权益的问题，向有关行政部门反映、查询、提出建议；受理旅游者的投诉，并对投诉事项进行调查、调解；投诉事项涉及商品和服务质量问题的，可以提请鉴定部门鉴定，鉴定部门应当告知鉴定结论；就损害旅游者合法权益的行为，支持受损害的旅游者提起诉讼；对损害旅游者合法权益的行为，通过大众传播媒介予以揭露、批评。

各级人民政府对旅游者协会履行职能应当予以支持。为了保证旅游者组织的公正性和独立性，发挥其应有的作用，很好地担当起法律赋予的重任，旅游者组织不得从事商品经营活动和营利性服务；不得以牟利为目的向社会推荐商品和服务。

此外，我国《消费者权益保护法》赋予消费者协会公益诉讼的权利，规定群体投诉的消费者可寻求消协更多的帮助。届时，消费者协会可以代表消费者向法院提起公益诉讼，为受害消费者维权，以减轻消费者的维权成本。

4. 全社会共同保护旅游者合法权益的原则

旅游与休闲消费正在成为国民大众的日常生活选项，旅游正在加速融入民众的日常生活。无论是周末的休闲旅游、法定假期的观光旅游，还是带薪休假期间形式多样的主题旅游，其旅游者权益已涉及社会经济生活的广泛领域，保护旅游者权益成为全社会共同的责任。社会各界都有相应的责任和义务来保护旅游者的权益，只有动员广泛的社会力量，发挥各方面积极性，才能形成旅游者权益保护的社会机制，使旅游者权益保护法律制度真正落到实处。据此，国家鼓励、支持一切组织和个人对损害旅游者合法权益的行为进行社会监督；大众传媒应当做好维护旅游者合法权益的宣传，对损害旅游者合法权益的行为进行舆论监督。

（二）旅游经营者义务的履行

旅游者权利的实现在一定程度上是通过经营者的义务履行来实现的。旅游经营者的义务是经营者在经营活动中应当履行的责任，即经营者依法必须作出一定的行为或者抑制自己的某种行为。依据我国《消费者权益保护法》的规定，旅游经营者必须履行以下几项义务。

1. 依法或约定提供商品或者服务

我国《消费者权益保护法》规定，经营者有义务按照法律、法规的规定或者双方的约定为消费者提供商品或者服务。该项义务的内容包括：经营者向消费者提供商品或者服务时，应当履行我国《产品质量法》、《食品卫生法》等法律、法规规定的义务；经营者与消费者之间就商品或者服务达成的协议，是一种双务合同，只要这种约定不违背法律、法规的规定，经营者就应当履行与消费者合同约定的义务。

2. 听取意见和接受监督

我国《消费者权益保护法》规定，经营者有听取消费者意见和接受消费者监督的义务；经营者应当听取消费者对其提供的商品或者服务的意见，接受消费者的监督；经营者生产经营的目的就是要满足用户、消费者的需要，创造经济效益和社会效益；"消费者至上"应为经营者的经营方针；对于经营者的商品和服务，消费者是最终的评判官，最有发言权；消费者有权对经营者的商品或服务提出意见，不管是正面的，还是反面的经营者都应认真对待；消费者有权对经营者的商品或服务问题进行监督，无论是向经营者直接提出，还是向有关组织、机关提出，实际是经营者不断听取消费者意见、改进经营质量的过程。

3. 保障旅游者安全

我国《消费者权益保护法》规定，经营者有保障消费者人身和财产安全的义务。该项义务的内容包括以下几点：

（1）经营者有义务向消费者提供符合要求的商品或服务。

（2）经营者提供的商品或服务要符合保障消费者人身、财物安全的要求；对可能危及消费者人身、财物安全的事宜，应当向消费者作出真实的说明和明确的警示。

（3）经营者发现其提供的商品或者服务存在严重缺陷，即使正确使用商品或者接受服务仍然可能对人身、财产安全造成危害的,应当立即向有关行政部门报告和告知消费者,并采取防止危害发生的措施。

4. 服务信息真实、可靠

我国《消费者权益保护法》规定,经营者有不作虚假宣传的义务。该项义务的内容包括:经营者提供有关商品或者服务的信息必须真实可靠,不得作引人误解的虚假宣传;对商品或者服务的质量、使用方法应当作出真实明确的答复;提供商品或者服务应明码标价。

5. 出具购货凭证或服务单据

我国《消费者权益保护法》规定,经营者有向消费者出具购货凭证或服务单据的义务。该项义务的内容包括:经营者提供商品或者服务,应当按国家有关规定或商业惯例向消费者出具购货凭证或服务单据;消费者索要购货凭证或服务单据时,经营者不得拒绝。因为购货凭证或服务单据是消费者和经营者之间合同关系成立的重要证据,它对保护消费者合法权益至关重要。

商业惯例则是指某个行业经营者在提供商品或者服务时普遍遵循的做法,虽然不是国家法律、法规的规定,但却为有关的经营者所公认和遵守,在维护正常的交易秩序、保护消费者权益方面也发挥着重要的作用。

6. 标明真实名称和标记

我国《消费者权益保护法》规定,经营者有标明真实名称和标记的义务:租赁他人柜台或者场地的经营者,应当标明真实名称和标记。

这一方面有利于消费者了解经营的真实情况,作出合于真实意愿的消费决定;另一方面有利于国家对经营者监督管理,便于消费者在其权益受到侵害时,实现求偿权。

7. 承担"三包"和其他责任

我国《消费者权益保护法》规定,承担"三包"和其他责任的义务。该项义务的内容包括:经营者按照规定或者约定对商品承担包修、包换、包退的责任或者其他责任如违约、侵权等义务;经营者应当保证在正常使用商品或者接受服务的情况下其提供的商品或者服务具有相应的质量、性能、用途和有效期限;但消费者在购买该商品或者接受该服务前已经知道存在瑕疵的除外。

根据不同服务行业的特点,按照有关国家规定或者合同约定对其提供的服务承担责任,不得故意拖延或者无理拒绝履行有关义务。

8. 网络等远程方式提供商品的责任

我国《消费者权益保护法》规定了网购等远程购物方式的7日"后悔权",具体规定经营者采用网络、电视、电话、邮购等方式销售商品,消费者有权自收到商品之日起7日内退货,且不必说明理由,但下列商品除外:消费者定做的;鲜活易腐的;消费者拆封的音像制品、计算机软件;交付的报纸、期刊;其他根据商品性质不宜退货的。消费者应当自向经营者提出退货要求之日起7日内将商品退回;经营者应当自收到退回货物之日起7日内返还消费者支付的商品价款。

当然,消费者"后悔权"行使只适用于远程购物方式,且有例外情况,并在购物后的7日内为限。

9. 保护旅游者个人信息,尊重其人身权利

我国《消费者权益保护法》规定了经营者收集、使用消费者的个人信息,必须合法、正当、必要,明确目的、方式和范围等,并经消费者同意。其具体内容包括:经营者收集、使用消费者个人信息,应当遵循合法、正当、必要的原则,明示收集、使用信息的目的、方式和范围,并经消费者同意;经营者收集、使用消费者个人信息,应当公开其收集、使用规则,不得违反法律、法规的规定和双方的约定收集、使用信息;经营者及其工作人员对收集的消费者个人信息必须严格保密,不得泄露、出售或者非法向他人提供,经营者应当采取技术措施和其他必要措施,确保信息安全,防止消费者个人信息泄露、丢失,在发生或者可能发生信息泄露、丢失的情况时,应当立即采取补救措施;经营者未经消费者同意或者请求,或者消费者明确表示拒绝的,不得向其发送商业性信息;经营者不得对消费者进行侮辱、诽谤,不得搜查消费者的身体及其携带的物品,不得侵犯消费者人身自由。

10. 不得从事不公平、不合理的交易

我国《消费者权益保护法》规定了经营者不得利用格式条款并借助技术手段强制交易,不得作出不公平、不合理的规定,如酒店强行收取开瓶费、餐馆规定最低消费、预付卡余额不退等。

该项义务的内容包括:经营者使用格式条款,应当以显著方式提请消费者注意商品或者服务的数量和质量、价款或者费用、履行期限和方式、风险警示、售后服务、民事责任等与消费者有重大利害关系的内容,并按照消费者的要求予以说明;经营者不得以格式条款、通知、声明、店堂告示等方式作出排除或者限制消费者权利、减轻或者免除经营者责任、加重消费者责任等对消费者不公平、不合理的规定;格式条款、通知、声明、店堂告示等含有前款所列内容的,其内容无效。

(三)旅游者权益争议的解决

1. 争议解决的途径

旅游者权益争议是指旅游者与经营者在购买、使用商品或接受服务和提供商品或服务的过程中,双方在权利义务上发生的矛盾。《消费者权益保护法》规定,消费者和经营者发生权益争议的,可以通过以下几种途径解决。

1)与经营者协商和解

当消费者和经营者因商品或服务发生争议时,协商和解应作为首选方式,特别是因误解产生的争议,通过解释、谦让及其他补救措施,便可化解矛盾,平息争议。协商和解必须在自愿平等的基础上进行。重大纠纷,双方立场对立严重,要求相距甚远的,可寻求其他解决方式。

2)请求消费者协会调解

消费者权益保护法明确消费者协会具有 7 项职能,其中之一是对消费者的投诉事项进行调查、调解。消费者协会作为保护消费者权益的社会团体,调解经营者和消费者之间的争议,应依照法律、行政法规及公认的商业道德从事,并由双方自愿接受和执行。

3) 向有关行政部门申诉

政府有关行政部门依法具有规范经营者的经营行为,维护消费者合法权益和市场经济秩序的职能。消费者权益争议涉及的领域很广,当权益受到侵害时,消费者可根据具体情况,向不同的行政职能部门,如物价部门、工商行政管理部门、技术质量监督部门等提出申诉,求得行政救济。

4) 根据仲裁协议提请仲裁机构仲裁

由仲裁机构解决争端,在国际国内商贸活动中被广泛采用。消费者权益争议亦可通过仲裁途径予以解决。不过,仲裁必须具备的前提条件是双方订有书面仲裁协议(或书面仲裁条款)。在一般的消费活动中,大多数情况下没有必要也没有条件签订仲裁协议。因此,在消费领域,很少有以仲裁方式解决争议的。

5) 向人民法院提起诉讼

消费者权益保护法及相关法律都规定,消费者权益受到损害时,可径直向人民法院起诉,也可因不服行政处罚决定而向人民法院起诉。司法审判具有权威性、强制性,是解决各种争议的最后手段。消费者为求公正解决争议,可依法行使诉权。

2. 旅游者权益损害赔偿责任承担

1) 商品或服务质量问题

旅游者在购买、使用商品时,其合法权益受到损害的,可以向销售者要求赔偿。销售者赔偿后,属于生产者的责任或者属于向销售者提供商品的其他销售者的责任,销售者有权向生产者或者其他销售者追偿;旅游者或者其他受害人因商品缺陷造成人身、财产损害的,可以向销售者要求赔偿,也可以向生产者要求赔偿。属于生产者责任的,销售者赔偿后,有权向生产者追偿。属于销售者责任的,生产者赔偿后,有权向销售者追偿。旅游者在接受服务时,其合法权益受到损害的,可以向服务者要求赔偿。

2) 经营者变更或营业执照使用的变化问题

旅游者在购买、使用商品或者接受服务时,其合法权益受到损害,因原企业分立、合并的,可以向变更后承受其权利义务的企业要求赔偿;经营者使用他人营业执照的违法经营者提供商品或者服务,损害旅游者合法权益的,旅游者可以向其要求赔偿,也可以向营业执照的持有人要求赔偿。

3) 展销会、租赁柜台购物或接受服务问题

消费者在展销会、租赁柜台购买商品或接受服务,其合法权益受到损害的,可以向销售者或者服务者要求赔偿。展销会结束或者柜台租赁期满后,也可以向展销会的举办者、柜台的出租者要求赔偿。展销会的举办者、柜台的出租者赔偿后,有权向销售者或者服务者追偿。

4) 特殊平台交易行为后果问题

消费者通过网络交易平台购买商品或者接受服务,其合法权益受到损害的,可以向销售者或者服务者要求赔偿。网络交易平台提供者不能提供销售者或者服务者的真实名称、地址和有效联系方式的,消费者也可以向网络交易平台提供者要求赔偿;网络交易平台提供者作出更有利于消费者的承诺的,应当履行承诺。网络交易平台提供者赔偿后,有权向销售者或者服务者追偿。

同时,我国《消费者权益保护法》规定了网络交易平台的法律责任,即"网络交易平台提供者明知或者应知销售者或者服务者利用其平台侵害消费者合法权益,未采取必要措施的,依法与该销售者或者服务者承担连带责任"。

5) 虚假广告问题

我国《消费者权益保护法》强化了虚假广告发布者和推荐者的责任。该法规定,消费者因经营者利用虚假广告或者其他虚假宣传方式提供商品或者服务,其合法权益受到损害的,可以向经营者要求赔偿;广告经营者、发布者发布虚假广告的,消费者可以请求行政主管部门予以惩处。

该法还规定,广告经营者、发布者不能提供经营者的真实名称、地址和有效联系方式的,应当承担赔偿责任;广告经营者、发布者设计、制作、发布关系消费者生命健康商品或者服务的虚假广告,造成消费者损害的,应当与提供该商品或者服务的经营者承担连带责任;社会团体或者其他组织、个人在关系消费者生命健康商品或者服务的虚假广告或者其他虚假宣传中向消费者推荐商品或者服务,造成消费者损害的,应当与提供该商品或者服务的经营者承担连带责任。

3. 侵犯旅游者合法权益的法律责任

依据我国《消费者权益保护法》的规定,当旅游者的合法权益受到损害时,可以依法要求旅游经营者依据不同情况承担下列损害赔偿责任。

1) 民事责任

(1) 人身、财产损害赔偿责任。

经营者提供商品或者服务,造成旅游者或者其他受害人人身伤害的,应当赔偿医疗费、护理费、交通费等为治疗和康复支出的合理费用,以及因误工减少的收入。造成残疾的,还应当赔偿残疾生活辅助用具费和残疾赔偿金。造成死亡的,还应当赔偿丧葬费和死亡赔偿金。构成犯罪的,依法追究刑事责任。

(2) 人格尊严损害责任。

经营者侵害旅游者的人格尊严、侵犯旅游者人身自由或者侵害消费者姓名、肖像、隐私等个人信息得到保护的权利的,应当停止侵害、恢复名誉、消除影响、赔礼道歉,并赔偿损失;经营者有侮辱诽谤、限制人身自由等侵害旅游者或者其他受害人人身权益的行为,造成严重精神损害的,受害人可以要求精神损害赔偿。

(3) 三包或预付款方式提供商品和服务的责任。

经营者提供商品或者服务,造成旅游者财产损害的,应当依照法律规定或者当事人约定承担修理、重作、更换、退货、补足商品数量、退还货款和服务费用或者赔偿损失等民事责任。经营者以预收款方式提供商品或者服务的,应当按照约定提供。未按照约定提供的,应当按照旅游者的要求履行约定或者退回预付款;并应当承担预付款的利息、旅游者必须支付的合理费用。依法经有关行政部门认定不合格的商品,旅游者要求退货的,经营者应当负责退货。

(4) 欺诈行为的责任。

经营者提供商品或者服务有欺诈行为的,应当按照旅游者的要求增加赔偿其受到的损失,增加赔偿的金额为旅游者购买商品的价款或者接受服务费用的 3 倍;增加赔偿的金额不

足 500 元的,为 500 元。经营者有明知商品或者服务存在缺陷,仍然向旅游者提供的欺诈行为,造成旅游者或者其他受害人死亡或者健康严重损害的,依法追究刑事责任;受害人有权要求所受损失 3 倍以下的民事赔偿。

需要注意的是,此赔偿原则仅针对经营者存在欺诈消费者的行为,即是指经营者在提供商品或者服务中,采取虚假或者其他不正当手段欺骗、误导消费者,使消费者的合法权益受到损害的行为。

2) 行政责任

根据我国《消费者权益保护法》的规定,经营者有下列情形之一,除承担相应的民事责任外,还应当承担行政处罚责任,由工商行政管理部门或者其他有关行政部门责令改正,可以根据情节单处或者并处警告、没收违法所得、处以违法所得 1 倍以上 10 倍以下的罚款,没有违法所得的,处以 50 万元以下的罚款;情节严重的,责令停业整顿、吊销营业执照:

(1) 提供的商品或者服务不符合保障人身、财产安全要求的;

(2) 在商品中掺杂、掺假,以假充真,以次充好,或者以不合格商品冒充合格商品的;

(3) 生产国家明令淘汰的商品或者销售失效、变质的商品的;

(4) 伪造商品的产地,伪造或者冒用他人的厂名、厂址,篡改生产日期,伪造或者冒用认证标志等质量标志的;

(5) 销售的商品应当检验、检疫而未检验、检疫或伪造检验、检疫结果的;

(6) 对商品或者服务作虚假或者引人误解的宣传的;

(7) 拒绝或者拖延有关行政部门责令对缺陷商品或者服务采取停止销售、警示、召回、无害化处理、销毁、停止生产或者服务等措施的;

(8) 对消费者提出的修理、重作、更换、退货、补足商品数量、退还货款和服务费用或者赔偿损失的要求,故意拖延或者无理拒绝的;

(9) 侵害消费者人格尊严、侵犯消费者人身自由或侵害消费者个人信息依法得到保护的权利的;

(10) 法律、法规规定的对损害消费者权益应当予以处罚的其他情形。

经营者有前述情形的,除依照法律、法规规定予以处罚外,处罚机关应当记入信用档案,向社会公布。经营者对行政处罚决定不服的,可以依法申请行政复议或者提起行政诉讼。

3) 刑事责任

根据我国《消费者权益保护法》的规定,经营者违反规定提供商品或者服务,侵害消费者合法权益,构成犯罪的,依法追究刑事责任。应当承担民事赔偿责任和缴纳罚款、罚金,其财产不足以同时支付的,先承担民事赔偿责任。

此外,我国《消费者权益保护法》还规定,以暴力、威胁等方法阻碍有关行政部门工作人员依法执行职务的,依法追究刑事责任;拒绝、阻碍有关行政部门工作人员依法执行职务,未使用暴力、威胁方法的,由公安机关依照《中华人民共和国治安管理处罚法》的规定处罚。国家机关工作人员玩忽职守或者包庇经营者侵害消费者合法权益的行为的,由其所在单位或者上级机关给予行政处分;情节严重,构成犯罪的,依法追究刑事责任。

"好客山东"输给青岛大虾的警示

近几年,山东省着力打造"好客山东"品牌,"好客山东欢迎您"的广告宣传频现央视《朝闻天下》、凤凰卫视以及山东各地旅游景区。经过几年的努力,这句话可以说已经传遍了大江南北,四海内外。可是,就在这个十一长假,来自青岛市北区"善德海鲜烧烤家常菜"海鲜大排档的一只大虾,却在一夜之间将"好客山东"品牌毁于一旦。

2015年国庆节期间,最热的新闻莫过于青岛"天价"虾事件,并由此引发网友对旅游景区宰客的"全民自嘲"。10月5日,"青岛一大排档兜售天价大虾"新闻引发热议,报道称10月4日,有游客在青岛乐凌路"善德海鲜烧烤家常菜"店结账时遇到宰客,点单时确认过是38元一份的"海捕大虾",结账时变成了38元一只,整盘收费1500余元。当时事主肖先生报警,但当地派出所称不归其管,建议找物价部门,物价局则称"已经下班,报警找110解决",第二天又称"必须过完节才能解决"。随着@人民日报、@澎湃新闻等众多媒体和官方微博的介入,"青岛天价虾"事件迅速成为热点,成为当年关于旅游的最热舆论话题之一。

在新媒体发达的今天,网友们甚至挖出了"善德活海鲜烧烤"及青岛出现宰客情况的各种"黑历史","天价虾"成为宰客代名词,青岛形象也遭到严重损害。网友评论称,山东省在电视上投放的以"好客山东"为主题的宣传片,一下被"天价虾"给毁了。10月7日,青岛市对"天价虾"事件相关部门人员作出处分决定,青岛市市北区市场监管局主要负责人停职检查,对该区物价、旅游等部门主要负责人进行诫勉谈话。同时对涉嫌欺诈的烧烤店罚款9万元,责令停业整顿并吊销营业执照。同时,青岛市旅游局、工商局、物价局、公安局还联合发布《关于进一步治理规范旅游市场秩序的通告》,要求全市旅游经营者严格贯彻实施行业法律法规。10月中旬,山东旅游部门通过电话向青岛大虾事件中2名涉事游客表示道歉;10月20日,事主肖先生获得了来自青岛企业家5万元的慰问奖励金,随后肖先生将其捐给重病儿童。

在舆论压力下,"青岛天价虾"事件得到了圆满的解决。然而现实中游客投诉无门或投诉无果的情况并不罕见,面对现实的无力网友们充分发挥了"冷幽默",各种关于虾的段子满天飞。"青岛天价大虾"事件的涉事大排档其实多次被游客举报,却一直都还能继续经营,从中反映出相关监管部门的缺位。这则事件走红的背后,是网民对景区宰客现象的"感同身受",对监管部门不作为的不满。

信用是市场经济的"基石",当前,我国正在加快建设社会信用体系、构筑诚实守信的经济社会环境。让守信者处处受益、失信者寸步难行,使失信受惩的教训成为一生的"警钟"。把青岛大虾事件当作永远的负面案例,以此为起点,诚实守信才能逐渐成为全社会共同的价值追求和行为准则。

(资料来源:http://opinion.people.com.cn/n/2015/10/07/c1003-27668958.html; http://travel.southcn.com/guancha/content/2015-12-23/content_139428073.htm。)

第三节 旅游者出入境管理与法律保护

一、中国旅游者出入境管理与法律保护

国家旅游局数据显示,2015年中国公民出境旅游1.2亿人次,连续第3年居世界第一。世界旅游组织发布的数据显示,2015年国际旅游有近11.8亿人次,相比2014年增长5000万人次(增长4.4%)。中国继续成为国际游客最大的来源国,其次是美国和英国。中国人也是境外旅游花销最多的群体,其次是美国人、英国人和德国人。"中国游客"已经成为世界旅游业的风向标,2015年中国出境旅游人数和消费额的均位居世界第一。2016年1月,携程旅行网对外发布了2016"中国游客最值得去的出境旅游目的地"榜单,包括《十大人气出境目的地》和《十大新兴出境目的地》,为中国1亿多出境游客2016年出行发布"风向标"。日本、泰国、美国、英国、澳洲、越南、加拿大等目的地上榜。随着国民可支配收入的提升,各国对华签证放宽、航班运力增加,2016年中国公民出境游将继续保持强劲增长。中国游客关注的三大关键词将是:服务体验、性价比、安全。

2016年,为贯彻落实我国《旅游法》有关规定,适应经济社会的不断发展和旅游形势的变化,进一步深化改革、推进简政放权工作,国家旅游局对《旅行社条例》和《中国公民出国旅游管理办法》两部行政法规进行了合并修订,形成了《旅行社条例(修订草案送审稿)》(以下简称《旅行社条例(送审稿)》)。

(一)中国旅游者出入境的管理机关与有效证件

1. 中国旅游者出入境的管理机关

国家保护中国公民出境入境旅游的合法权益。中国公民因私出境应向户口所在地的市、县公安机关提出申请;中国公民因公务出境,由派遣部门向外交部或外交部授权的地方外事部门申请办理出境证件;海员因执行任务出境,由港务监督局或者港务监督局授权的港务监督办理出境证件。

我国《出境入境管理法》将华侨在境内申请回国定居的受理机关由公安机关调整到侨务部门,进一步精简审批环节。定居国外的中国公民要求回国定居的,应当在入境前向中华人民共和国驻外使馆、领馆或者外交部委托的其他驻外机构提出申请,也可以由本人或者经由国内亲属向拟定居地的县级以上地方人民政府侨务部门提出申请。

该法还明确了华侨在国内可以凭本人护照证明其身份,解决华侨证明身份难的问题,便利华侨在华工作和生活。

国家在对外开放的口岸设立出入境边防检查机关。中国公民、外国人以及交通运输工具应当从对外开放的口岸出境入境,特殊情况下,可以从国务院或者国务院授权的部门批准的地点出境入境。出境入境人员和交通运输工具应当接受出境入境边防检查。为了便利本国公民通关,增强本国公民对国家的认同感和自豪感,并为下一步继续推出自助通关等便利提供法律授权,我国《出境入境管理法》规定具备条件的口岸,应当为我国公民出入境提供专用通道等便利措施。

2. 中国旅游者出入境的有效证件

1）护照

护照是指一国公民向本国或外国当局证明其身份的文书。它是各主权国家发给本国公民出境、旅行、居留、入境的证件。由于护照能证明人持有人的国籍、身份，可以使持证人在国外得到外国当局或者本国驻外大使馆、领事馆的保护，因此，凡出国人员均应持有效护照，以便有关当局查验。

护照分为外交护照、公务护照和普通护照三种。外交护照为红色，主要发给出国从事外交工作的政府高级官员、外交及领事官员等；公务护照为墨绿色，主要发给政府一般官员和驻外大使馆、领事馆的不具有外交职衔的工作人员等；普通护照可分为因公普通护照和因私普通护照两种，前者为深褐色，后者为褐色。普通护照主要发给侨民以及包括旅游在内的因私出国公民。

中国公民出境旅游应申请办理普通护照。按照法律规定，申请人应向户口所在地的市、县公安机关出入境管理部门提出申请，并回答有关询问，履行下列手续：提交本人的居民身份证、户口簿、近期免冠照片以及申请事由的相关材料。

国家工作人员因前往外国定居、探亲、学习、就业、旅行、从事商务活动等非公务原因出境申请普通护照的，还应当按照国家有关规定提交相关证明文件。

公安机关出入境管理机构应当自收到申请材料之日起15日内签发普通护照；对不符合规定不予签发的，应当书面说明理由，并告知申请人享有依法申请行政复议或者提起行政诉讼的权利。在偏远地区或者交通不便的地区或者因特殊情况，不能按期签发护照的，经护照签发机关负责人批准，签发时间可以延长至30日。公民因合理紧急事由请求加急办理的，公安机关出入境管理机构应当及时办理。

普通护照的有效期为：护照持有人未满16周岁的5年，16周岁以上的10年。同时根据《国际民航组织公约》附件9的规定，取消了护照延期的规定。外交护照、公务护照的有效期由外交部规定。

新颁发的护照将不仅仅是一本小册子，它内部含有芯片，具备视读与机读两种功能。护照的防伪性能参照国际技术标准制定。护照签发机关及其工作人员对因制作、签发护照而知悉的公民个人信息，应当予以保密。

申请人有下列情形之一的，护照签发机关不予签发护照：不具有中华人民共和国国籍的；无法证明身份的；在申请过程中弄虚作假的；被判处刑罚正在服刑的；人民法院通知有未了结的民事案件不能出境的；属于刑事案件被告人或者犯罪嫌疑人的；国务院有关主管部门认为出境后将对国家安全造成危害或者对国家利益造成重大损失的。

申请人有下列情形之一的，护照签发机关自其刑罚执行完毕或者被遣返回国之日起6个月至3年以内不予签发护照：因妨害国（边）境管理受到刑事处罚的；因非法出境、非法居留、非法就业被遣返回国的。

我国《护照法》规定的处罚种类包括：罚款、拘留、没收违法所得三种。我国《护照法》规定的罚款和拘留的幅度是：弄虚作假骗取护照的，由护照签发机关收缴护照或者宣布护照作废；由公安机关处2000元以上5000元以下罚款；构成犯罪的，依法追究刑事责任。为他人提供伪造、变造的护照,或者出售护照的,依法追究刑事责任;尚不够刑事处罚的,由公安机关没收违法所得,处 10 日以上 15 日以下拘留,并处 2000 元以上 5000 元以下罚款;非法护照及其印制设备由公安机关收缴。持用伪造或者变造的护照或者冒用他人护照出入国(边)境的,由公安机关依照出境入境管理的法律规定予以处罚;非法护照由公安机关收缴。

2) 签证

签证是指一个国家官方机构发给外国人,入出本国国境或在本国停留、居住的许可证明。中国旅游者凭护照或其他有效证件出入境,不必办理签证。但若作为允许中国公民前往一个国家或中途经过或停留的证件,中国公民在经批准出境获得护照后,应申办欲前往国的签证或入境许可证。

按国际惯例,一般按护照种类发给相应签证,但也可发给高于或低于护照种类的签证。出国旅游应向驻华使、领馆办理签证申请;没有使、领馆,也没有其他使、领馆代办业务的,则需到办理该国签证机关的国家办理。出国旅游要提前办理签证;办好签证要特别注意有效期和停留期;需延长的,应向有关单位办理申请延长手续。

3) 旅行证

旅行证是中国公民出入境的主要证件,由中国驻外的外交代表机关、领事机关或外交部授权的其他驻外机关颁发。旅行证分为一年一次有效和两年多次有效两种,由持证人保存、使用。需变更或加注旅行证的记载事项的,应提供变更材料、加注事项的证明或说明材料向颁发证机关提出申请。

4) 入出境通行证

入出境通行证是中国公民入出边境的通行证件,由省级公安机关及其授权的公安机关签发,证件在有效期内一次或多次入出境有效。

护照以及出入境证件持有人出现下列情形之一的,原发证机关或上级机关予以吊销和宣布作废:持证人因非法进入前往国或者非法居留被送回国内的;持护照、证件招摇撞骗的;从事危害国家安全、荣誉和利益活动的。若违反法律规定,持证人还将受到收缴证件、警告、拘留的处罚,情节严重的,追究刑事责任。

护照以及出入境证件持有人出现下列情形之一的,原发证机关或上级机关予以吊销和宣布作废:持证人因非法进入前往国或者非法居留被送回国内的;持护照、证件招摇撞骗的;从事危害国家安全、荣誉和利益活动的。若违反法律规定,持证人还将受到收缴证件、警告、拘留的处罚。情节严重的,追究刑事责任。

(二)中国旅游者出入境的权利义务及其限制

1. 中国旅游者出入境的权利义务

中国旅游者出入境的合法权益受中国法律保护,同时也受前往国法律的保护。当今世界上许多国家为发展旅游业,对旅游者在旅游活动中最关心的安全、服务质量、发生意外事故得到法律保障等问题通过立法建立相应法律制度,签订双边和多边协定规定外国旅游者应受到与本国国民同等的法律保护,并给予若干优惠,中国旅游者理应得到相关外国法律的保护。

中国旅游者持护照出入境不必办理签证;公安机关对于中国旅游者出境申请应在规定

时间内答复;申请人有权查询规定时间没有审批结果的原因,受理部门应作出答复;申请人认为不批准出境不符合法律规定,可向上一级公安机关申诉,受理机关应作出处理和答复;旅游者本人保存、使用其护照,非经法定事由和特定机关,不受吊销、收缴和扣押;旅游者有权按规定缴纳有关费用。

中国公民出国旅游应申办有效证件,并妥善保管护照等证件;在指定口岸或对外开放的口岸出入境,向边防检查站出示中国护照或其他有效证件,填写出入境登记卡,接受"一关四检"的检查及各种检查,遵守中国及前往国国家法律,不得有危害祖国安全、荣誉和利益的行为。

2. 中国公民出境限制

我国《出境入境管理法》规定,中国公民有下列情形之一的,不准出境:未持有效出境入境证件或者拒绝、逃避接受边防检查的;被判处刑罚尚未执行完毕或者属于刑事案件被告人、犯罪嫌疑人的;有未了结的民事案件,人民法院决定不准出境的;因妨害国(边)境管理受到刑事处罚或者因非法出境、非法居留、非法就业被其他国家或者地区遣返,未满不准出境规定年限的;可能危害国家安全和利益,国务院有关主管部门决定不准出境的;法律、行政法规规定不准出境的其他情形。

(三)中国公民出境旅游管理

按照国际通行的定义,出境旅游是指一个国家的居民跨越国境到另外一个国家的旅游活动。由于特殊政治背景和历史的诸多原因,中国的出境旅游指的是中国公民跨越国境和某些特定的界线到其他国家或特定行政区域的旅游活动。具体地说,是指由中国内地前往其他国家或者地区,由中国内地前往香港特别行政区、澳门特别行政区,由中国大陆前往台湾地区,不以通过所从事的活动获取报酬为主要目的,进行休闲、娱乐、观光、度假、探亲访友、就医疗养、购物、参加会议或从事经济、文化、体育、宗教的活动,且在境外连续停留不超过12个月,不包括因工作或学习在国内和目的地国家(地区)之间有规律往返的活动,即出境旅游,实际是包括出国旅游、边境旅游和到我国港澳台地区的旅游活动。

1)出境旅游与边境旅游目的地

(1)出境旅游目的地审批机关及其权利。

《旅行社条例(送审稿)》规定,旅行社组织内地(大陆)居民出国旅游的目的地国家(地区),由国务院旅游主管部门会同有关部门提出,经国务院批准后,由国务院旅游主管部门公布;出国旅游目的地国家(地区)违反双方签订的相关旅游协议,或者严重侵害旅游者、旅行社合法权益的,国务院旅游主管部门可以提出暂停或者终止旅行社组织旅游者赴该旅游目的地国家(地区)旅游的建议,会同有关部门报国务院批准后实施;暂停事由消除后,应当依照暂停程序作出恢复的决定;出国旅游目的地国家(地区)有严重损害中国国家主权或者其他重大利益行为的,由外交部门会同国务院旅游主管部门提出终止旅行社组织旅游者赴该旅游目的地旅游的建议,报国务院批准后实施。

(2)边境旅游。

《旅行社条例(送审稿)》规定,经国务院批准对外国人开放的边境市、自治州、县、自治县,具备下列条件的,可以开展边境旅游:有经国务院批准的开放口岸,且口岸查验配套设施齐全;有公安部委托的承担出境入境证件受理职能的公安机关出入境管理机构,能够为旅游者办理因私出境入境证件;有能够经营边境旅游业务的旅行社;设区的市级旅游主管部门与对方国家边境地区旅游部门签订了开展边境旅游的意向性协议。开展边境旅游的,省级旅游主管部门应当征求同级外事、公安、海关、检验检疫等部门的意见,经本级人民政府同意后,由国务院旅游主管部门会同外交、公安、海关、检验检疫等部门批准。批准后,边境地区设区的市级人民政府应当与对方国家边境地区政府签订正式协议。对边境旅游协议内容作出调整的,应当依照原程序报请批准。

(3)合作机制。

《旅行社条例(送审稿)》规定,国务院旅游主管部门或者有关机构应当与境外旅游目的地旅游主管部门或者有关机构,就旅游组织和接待方式、出境入境手续、安全保障、应急措施、纠纷处理和合作机制等事项达成一致。开展边境旅游的,其相关协议除应当包括前款规定的事项外,还应当就开展边境旅游的境内外区域、停留期限、出境入境口岸、出境入境证件、互免签证承诺、对等权利和不对等特例等内容达成一致。

2)名单表及其相关要求

《旅行社条例(送审稿)》规定,国务院旅游主管部门会同相关部门制定《出国旅游团队名单表》、《边境旅游团队名单表》、《大陆居民赴台湾地区旅游团队名单表》和《内地居民赴港澳旅游团队名单表》(以下统称名单表)。取得出境旅游业务、边境旅游业务经营许可的旅行社(以下分别简称出境社、边境社)所在地县级或者设区的市级旅游主管部门,应当对出境社、边境社填报的名单表信息进行审核,并将名单表提供给出入境边防检查机关。出境社、边境社应当将本单位授权打印名单表的负责人的签字和印章,报所在地县级或者设区的市级旅游主管部门备案;在旅游团队出境入境时将名单表提供给出入境边防检查机关;在旅游团队入境后,将名单表交原审核部门留存。

旅游团队出境前已确定分团入境的,出境社、边境社应当事先在名单表上注明。旅游团队出境后,因不可抗力或者出境社、边境社及其履行辅助人已尽合理注意义务仍不能避免的事件,以及旅游者特殊原因导致确需分团入境的,领队应当及时通知出境社、边境社,出境社、边境社应当立即向审核名单表的旅游主管部门备案。此外,《旅行社条例(送审稿)》规定,旅游团队应当从国家开放口岸整团出入境;出境社、边境社应当要求旅游者不得擅自分团、脱团。

3)旅行社的职责

(1)领队安排。

《旅行社条例(送审稿)》规定,出境社组织出境旅游,应当安排领队全程陪同,但有下列情形之一的除外:旅游者持有个人旅游签证或者签注并自行安排境外游览行程,出境社仅提供交通、住宿、游览门票等一项或者多项服务的;旅游者持有个人旅游签证或者签注,出境社根据旅游者的具体要求安排旅游行程,且旅游者主动以书面方式提出不需要委派领队的;出境社应当委派掌握旅游目的地国家(地区)语言或者英语的领队。

(2)责任与义务履行。

《旅行社条例(送审稿)》规定,境外地接社安排旅游者参观或者参与违反我国法律、法规和社会公德的项目或者活动的,出境社及其领队应当及时制止;出境社、边境社不得以收取现金或者向任何单位和个人转账的方式,要求旅游者提供出境旅游保证。出境社、边境社可以通过与旅游者、金融机构签订书面协议等方式,明确旅游者出境旅游保证的范围、金额、期限和责任等内容;边境社应当为持有护照或者其他有效出入境证件的旅游者,统一办理出境入境手续。边境社经营边境旅游业务,不得超出规定的边境旅游特定区域和停留期限。

4)领队条件与职责

《旅行社条例(送审稿)》规定,旅行社为组织旅游者出国和赴港澳旅游委派的领队,应当具备下列条件:取得导游证;具有大专以上学历;取得相关语言水平测试等级证书;具有两年以上旅行社业务经营、管理或者导游等相关从业经历;具有履行领队职责的能力;与旅行社订立固定期限或者无固定期限的劳动合同。旅行社应当将本单位领队名单及变更情况,报所在地设区的市级旅游主管部门备案。

领队应当接受国务院旅游主管部门规定的培训,不具备领队条件的,不得从事领队业务;领队不得委托他人代为提供领队服务。领队从事领队业务,应当接受具有相应业务经营范围的旅行社委派,协助旅游者办理出入境手续,协调、监督境外地接社及从业人员履行合同,维护旅游者的合法权益。

二、外国旅游者入出境管理与法律保护

(一)外国旅游者的法律地位

所谓外国旅游者,是指在一国境内进行旅行、游览,但不具有该国国籍的人。国籍是一个人同某一特定国家固定的法律联系。我们把具有一个国家国籍的人称为该国的国民或者公民。也就是说,国籍是国家对自己的公民实行外交保护的法律依据。

依据《中华人民共和国国籍法》的规定,在我国的外国旅游者,是指不具有中国国籍而在中国境内进行旅行、游览的外国人或无国籍的人。从国际法角度看,一个国家是否准许外国人入境、居留、旅行、出境等是该国的国家主权问题,别的国家无权干涉。但是,随着国与国之间经济、文化和科学技术交流的不断增加,世界各国都根据本国的具体情况,在不同程度上规定了外国人可以入、出本国国境和在本国境内居留、旅行等。

在国际实践中,根据外国人在一个国家所处的法律地位不同,可将其分为一般外国人与享有外交特权和豁免权的外国人两种。外国旅游者属于前一种人。一个国家对合法入境的外国旅游者,都给予了一定的权利,如人身权、财产权、婚姻家庭权和诉讼权等。

关于外国旅游者的待遇问题,由于各国情况不同,出现了许多不同的原则和形式,其中国民待遇是最常见的一种。所谓国民待遇,是指旅游地国给予外国旅游者的待遇和给予本国旅游者的待遇相同。但是,这种待遇仅限于一般民事方面或者诉讼方面,而不包括政治方面。例如,在我国,外国旅游者可以同中国公民结婚,但却没有选举权与被选举权。

外国旅游者的合法权益,受旅游地国法律保护,当他们的人身自由或者财产安全受到损害时,可以提起诉讼。当然,外国旅游者也应遵守旅游地国的法律、法规和政策,不得危害旅游地国的安全,不得损害其社会公共利益和公共秩序。由于旅游者本人的过错给旅游地国家、集体和个人财产造成经济损失的,应进行赔偿。如果其行为触犯旅游地国刑律的,可依法追究刑事责任。

(二)外国人入境出境管理机关与签证

1. 外国人入出境管理机关及其职责

依据我国有关的法律规定,中国政府在国外受理外国人入境、过境申请的机关,是中国的外交代表机关、领事机关和外交部授权的其他驻外机关。在国内受理外国人入境、过境、居留、旅行申请的机关,是公安部、公安部授权的地方公安机关和外交部、外交部授权的地方外事部门。受理外国人入境、过境、居留、旅行的机关有权拒发签证、证件;对已发出的签证、证件,有权吊销或者宣布作废。公安部或外交部在必要时可以改变各自授权的机关作出的决定。对非法入境、非法居留的外国人,县级以上公安机关可以拘留审查、监视居住或者遣返出境。县级以上公安机关外事民警在执行任务时,有权查验外国人的护照和其他证件。外事民警查验时,应当出示自己的工作证件,有关组织或者个人有协助的责任。

2. 签证

1) 签证的概念与种类

我国《出境入境管理法》规定,外国人入境,应当向驻外签证机关申请办理签证。签证是指一国外交、领事、公安机关或由上述机关授权的其他机关,根据外国人要求入境的申请,依照有关规定在其所持证件(护照等)上签注、盖印,表示准其出入本国国境或过境的手续,它实际上是一国实施有条件准许入境的措施。

为了规范签证的签发和外国人在中国境内停留居留的服务和管理,根据我国《出境入境管理法》,国务院制定了《外国人入境出境管理条例》,建立了外国人入境出境服务和管理工作协调机制,加强了外国人入境出境服务和管理工作的统筹、协调与配合。

在我国,根据外国人的身份和所持护照的种类,根据证件持有人是否享有外交特权和优遇,将签证分为外交签证、礼遇签证、公务签证和普通签证。在签发普通签证时,根据外国人申请来中国的事由,在签证上标明相应的汉语拼音字母,主要有以下几种:

(1) C字签证,发给执行乘务、航空、航运任务的国际列车乘务员、国际航空器机组人员、国际航行船舶的船员及船员随行家属和从事国际道路运输的汽车驾驶员。

(2) D字签证,发给入境永久居留的人员。

(3) F字签证,发给入境从事交流、访问、考察等活动的人员。

(4) G字签证,发给经中国过境的人员。

(5) J1字签证,发给外国常驻中国新闻机构的外国常驻记者;J2字签证,发给入境进行短期采访报道的外国记者。

(6) L字签证,发给入境旅游的人员;以团体形式入境旅游的,可以签发团体L字签证。

(7) M字签证,发给入境进行商业贸易活动的人员。

(8) Q1字签证,发给因家庭团聚申请入境居留的中国公民的家庭成员和具有中国永久居留资格的外国人的家庭成员,以及因寄养等原因申请入境居留的人员;Q2字签证,发给申请入境短期探亲的居住在中国境内的中国公民的亲属和具有中国永久居留资格的外国人的亲属。

(9) R字签证,发给国家需要的外国高层次人才和急需紧缺专门人才。

(10) S1字签证,发给申请入境长期探亲的因工作、学习等事由在中国境内居留的外国人的配偶、父母、未满18周岁的子女、配偶的父母,以及因其他私人事务需要在中国境内居留的人员;S2字签证,发给申请入境短期探亲的因工作、学习等事由在中国境内停留居留的外国人的家庭成员,以及因其他私人事务需要在中国境内停留的人员。

(11) X1字签证,发给申请在中国境内长期学习的人员;X2字签证,发给申请在中国境内短期学习的人员。

(12) Z字签证,发给申请在中国境内工作的人员。

外国人申请办理签证,应当向驻外签证机关提交本人的护照或者其他国际旅行证件,以及申请事由的相关材料,按照驻外签证机关的要求办理相关手续、接受面谈。外国人申请办理签证需要提供中国境内的单位或者个人出具的邀请函件的,申请人应当按照驻外签证机关的要求提供。出具邀请函件的单位或者个人应当对邀请内容的真实性负责。

国家旅游局、省级旅游局及特定的旅行社,依法行使到我国境内旅游的签证通知权。中国政府驻外使、领馆和外交部授权的其他驻外机关、公安部及其授权的其他机关、外交部及其授权的其他机关是办理签证事宜的部门。经授权的地方公安机关作为口岸签证机关,按法律规定的事宜,对在外事、旅游活动中确需来华而来不及在中国驻外机关申办签证的外国人办理签证的,申办人一下飞机即可办理签证,这种方式俗称"落地签证"。

旅行社按照国家有关规定组织入境旅游的,可以向口岸签证机关申请办理团体旅游签证。外国人向口岸签证机关申请办理签证,应当提交本人的护照或者其他国际旅行证件,以及申请事由的相关材料,按照口岸签证机关的要求办理相关手续,并从申请签证的口岸入境。口岸签证机关签发的签证一次入境有效,签证注明的停留期限不得超过30日。

签证有一定格式和内容,包括签证有效期、有效次数、停留期、入出境口岸、偕行人员等。外国旅游者应在签证有效期内,按照指定的入境口岸、交通工具和线路通行,非经许可,中途不得停留。

旅游者领取签证、证件后,需要申请变更或延期,诸如有效期延长、增加偕行人员、增加不对外国人开放地点,法律是许可的,但应向证件发放机关申办,并办理下列手续:交验护照和签证、旅行证等证件;填写变更或延期申请表,提供与延期或变更有关的证明;缴纳规定的费用。

2) 签发签证的情形

(1) 不予签发签证的情形。

我国《出境入境管理法》规定,外国人有下列情形之一的,不予签发签证:被处驱逐出境或者被决定遣送出境,未满不准入境规定年限的;患有严重精神障碍、传染性肺结核病或者有可能对公共卫生造成重大危害的其他传染病的;可能危害中国国家安全和利益、破坏社会公共秩序或者从事其他违法犯罪活动的;在申请签证过程中弄虚作假或者不能保障在中国境内期间所需费用的;不能提交签证机关要求提交的相关材料的;签证机关认为不宜签发签证的其他情形。对不予签发签证的,签证机关可以不说明理由。

(2) 可以免办签证的情形。

我国《出境入境管理法》规定,外国人有下列情形之一的,可以免办签证:根据中国政府与其他国家政府签订的互免签证协议,属于免办签证人员的;持有效的外国人居留证件的;持联程客票搭乘国际航行的航空器、船舶、列车从中国过境前往第三国或者地区,在中国境

内停留不超过24小时且不离开口岸的,或者在国务院批准的特定区域内停留不超过规定时限的;国务院规定的可以免办签证的其他情形。

(3) 临时入境手续的办理。

根据我国《出境入境管理法》,有下列情形之一的外国人需要临时入境的,应当向出入境边防检查机关申请办理临时入境手续:外国船员及其随行家属登陆港口所在城市的;符合免办签证规定"持联程客票搭乘……"的人员需要离开口岸的;因不可抗力或者其他紧急原因需要临时入境的。

临时入境的期限不得超过15日;对申请办理临时入境手续的外国人,出入境边防检查机关可以要求外国人本人、载运其入境的交通运输工具的负责人或者交通运输工具出境入境业务代理单位提供必要的保证措施。

(三) 外国人的入境出境

1. 入境

依据我国《出境入境管理法》,外国人入境,应当向出入境边防检查机关交验本人的护照或者其他国际旅行证件、签证或者其他入境许可证明,履行规定的手续,经查验准许,方可入境。外国人有下列情形之一的,不准入境:未持有效出境入境证件或者拒绝、逃避接受边防检查的;具有不予签发签证中规定情形的;入境后可能从事与签证种类不符的活动的;法律、行政法规规定不准入境的其他情形。对不准入境的,出入境边防检查机关可以不说明理由。对未被准许入境的外国人,出入境边防检查机关应当责令其返回;对拒不返回的,强制其返回。外国人等待返回期间,不得离开限定的区域。

2. 出境

依据我国《出境入境管理法》,外国人出境,应当向出入境边防检查机关交验本人的护照或者其他国际旅行证件等出境入境证件,履行规定的手续,经查验准许,方可出境。外国人有下列情形之一的,不准出境:被判处刑罚尚未执行完毕或者属于刑事案件被告人、犯罪嫌疑人的,但是按照中国与外国签订的有关协议,移管被判刑人的除外;有未了结的民事案件,人民法院决定不准出境的;拖欠劳动者的劳动报酬,经国务院有关部门或者省、自治区、直辖市人民政府决定不准出境的;法律、行政法规规定不准出境的其他情形。

(四) 外国人的停留居留

1. 停留期限

我国《出境入境管理法》规定,外国人停留证件的有效期最长为180日。外国人所持签证注明的停留期限不超过180日的,持证人凭签证并按照签证注明的停留期限在中国境内停留。需要延长签证停留期限的,应当在签证注明的停留期限届满7日前向停留地县级以上地方人民政府公安机关出入境管理机构申请,按照要求提交申请事由的相关材料。经审查,延期理由合理、充分的,准予延长停留期限;不予延长停留期限的,应当按期离境。延长签证停留期限,累计不得超过签证原注明的停留期限。

2. 居留证件

外国人所持签证注明入境后需要办理居留证件的,应当自入境之日起30日内,向拟居留地县级以上地方人民政府公安机关出入境管理机构申请办理外国人居留证件。申请办理外国人居留证件,应当提交本人的护照或者其他国际旅行证件,以及申请事由的相关材料,并留存指纹等人体生物识别信息。公安机关出入境管理机构应当自收到申请材料之日起15日内进行审查并作出审查决定,根据居留事由签发相应类别和期限的外国人居留证件。外国人工作类居留证件的有效期最短为90日,最长为5年;非工作类居留证件的有效期最短为180日,最长为5年。

依据我国《出境入境管理法》外国人有下列情形之一的,不予签发外国人居留证件:所持签证类别属于不应办理外国人居留证件的;在申请过程中弄虚作假的;不能按照规定提供相关证明材料的;违反中国有关法律、行政法规,不适合在中国境内居留的;签发机关认为不宜签发外国人居留证件的其他情形。符合国家规定的专门人才、投资者或者出于人道等原因确需由停留变更为居留的外国人,经设区的市级以上地方人民政府公安机关出入境管理机构批准可以办理外国人居留证件。在中国境内居留的外国人申请延长居留期限的,应当在居留证件有效期限届满30日前向居留地县级以上地方人民政府公安机关出入境管理机构提出申请,按照要求提交申请事由的相关材料。经审查,延期理由合理、充分的,准予延长居留期限;不予延长居留期限的,应当按期离境。

3. 住宿

我国《出境入境管理法》规定,外国人在中国境内旅馆住宿的,旅馆应当按照旅馆业治安管理的有关规定为其办理住宿登记,并向所在地公安机关报送外国人住宿登记信息。外国人在旅馆以外的其他住所居住或者住宿的,应当在入住后24小时内由本人或者留宿人,向居住地的公安机关办理登记。在中国境内出生的外国婴儿,其父母或者代理人应当在婴儿出生60日内,持该婴儿的出生证明到父母停留居留地县级以上地方人民政府公安机关出入境管理机构为其办理停留或者居留登记。外国人在中国境内死亡的,其家属、监护人或者代理人,应当按照规定,持该外国人的死亡证明向县级以上地方人民政府公安机关出入境管理机构申报,注销外国人停留居留证件。

4. 就业

我国《出境入境管理法》规定,外国人在中国境内工作,应当按照规定取得工作许可和工作类居留证件。任何单位和个人不得聘用未取得工作许可和工作类居留证件的外国人。外国人有下列行为之一的,属于非法就业:未按照规定取得工作许可和工作类居留证件在中国境内工作的;超出工作许可限定范围在中国境内工作的;外国留学生违反勤工助学管理规定,超出规定的岗位范围或者时限在中国境内工作的。

5. 关于外国人停留居留的其他规定

根据维护国家安全、公共安全的需要,公安机关、国家安全机关可以限制外国人、外国机构在某些地区设立居住或者办公场所;对已经设立的,可以限期迁离。

未经批准,外国人不得进入限制外国人进入的区域;聘用外国人工作或者招收外国留学生的单位,应当按照规定向所在地公安机关报告有关信息。

公民、法人或其他组织发现外国人有非法入境、非法居留、非法就业情形的,应当及时向所在地公安机关报告;申请难民地位的外国人,在难民地位甄别期间,可以凭公安机关签发的临时身份证明在中国境内停留;被认定为难民的外国人,可以凭公安机关签发的难民身份证件在中国境内停留居留。

6. 永久居留

我国《出境入境管理法》规定,对中国经济社会发展作出突出贡献或者符合其他在中国境内永久居留条件的外国人,经本人申请和公安部批准,取得永久居留资格。取得永久居留资格的外国人,凭永久居留证件在中国境内居留和工作,凭本人的护照和永久居留证件出境入境。外国人有下列情形之一的,由公安部决定取消其在中国境内永久居留资格:对中国国家安全和利益造成危害的;被处驱逐出境的;弄虚作假骗取在中国境内永久居留资格的;在中国境内居留未达到规定时限的;不适宜在中国境内永久居留的其他情形。

案例导读

外国旅游者的合法权益受目的地国法律保护

马来西亚某旅游公司组织46名游客交香港一家旅行社负责安排该团在内地旅程。香港旅行社将该团交给深圳某国际旅行社接待。3月25日该团游客自深圳入境。入境后,因未收到该团团费,香港旅行社通知深圳某国际旅行社现收深圳至桂林机票费。在桂林,游客又向地接社现付机票费用。旅游团抵陕后,鉴于团费仍未收到,香港旅行社通知深圳市某国际旅行社:如果3月29日中午12时仍未收到款,就将旅行团就地解散。马来西亚某旅游公司接到此信息后,请求西安某旅行社暂借款清欠深圳某国际旅行社的团费,并在30日中午,将该团转交西安某旅行社负责接待,安排后半段行程,并许诺今后还有很多业务。在此团接待完以后,马来西亚某旅游公司仍未按约将团费交给西安某旅行社。为了追讨马来西亚某旅游公司欠下的旅行团费,西安某旅行社错误地采取"暂让各位团友推迟出境日程,以迫使马来西亚某旅游公司交回团款"的办法,并扣留了领队的护照。4月14日,陕西省旅游局根据国家旅游局的指示,书面通知西安某旅行社:立即放人;立即将领队护照交还本人。并对该旅行社作出停业整顿的处罚。国家旅游局对在此起旅游纠纷中负有一定责任的深圳某国际旅行社给予通报批评。

我国《出境入境管理法》及相关法律规定,外国人的合法权益,受旅游地国法律保护,当他们的人身自由或者财产安全受到损害时,可以提起诉讼。西安某旅行社非法滞留旅游团事件在海内外引起强烈反响,损害了我国旅游业的形象和声誉。国家旅游局重申:旅行社在经营活动中必须执行先收费,后接待的原则,双方订立合同,不得以允许拖欠团款等不正当竞争手段进行经营活动,也不得为争夺客源,允许海外旅行社在中国旅游期间搞分段委托;不得以任何理由、方式扣留旅游者和领队的证件、机车票,滞留旅游者行程,不得违法限制旅游者人身自由;旅行社之间在出现业务纠纷时,应及时向各级管理部门请示报告,应该通过法律途径解决。

(资料来源:赵正平,《对外经济贸易大学公共管理:涉外行政管理教程》,中国商务出版社,2007年版。)

三、旅游者出入境检查检疫制度

(一) 海关检查

海关是国家的门户,是国家入出境管理机构。海关检查,是指海关在国境口岸依法对进出国境的货物、运输工具、行李物品、邮递物品和其他物品执行监督管理、代收关税和查禁走私等任务时所进行的检查。我国海关在执行任务时贯彻既严格又方便的原则,既保卫国家的政治、经济利益,维护国家主权,又便利正常往来。

外国旅游者来中国,主要接受海关对其入境运输工具和行李物品的检查。在现代旅游实践中,旅游者不仅搭乘飞机、船舶或列车,而且在邻近国家之间,往往驾驶车辆、船舶等旅游,因此各国都制定了对外国旅游者运输工具的监督和检查制度。

进出中国国境的旅游者应将携带的符合规定的行李物品交海关检查。旅游者应填写"旅客行李申报表"一式两份,经海关查验行李物品后签章,双方各执一份,在旅游者回程时交海关验核。

进出中国国境旅游者向海关的申报,应在海关对有关物品实施查验(包括检查设备查验)之前完成;海关开始检查后,旅游者对其所携带物品以任何方式作出的申明,均不视为申报。

来我国居留不超过6个月的旅游者,携带海关认为必须复运出境的物品,由海关登记后放行,旅游者出境时必须将原物带出;旅游者携带的金银、珠宝、钻石等饰物,如果准备携带出境,应向海关登记,由海关发给证明书,以便出境时海关凭证核放。

进出中国国境的旅游者携带的行李物品符合纳税规定的,应照章纳税。

(二) 边防检查

各国为维护国家主权和安全,禁止非法出入境,便利进出境人员和交通运输畅通,都在对外开放的港口、机场、国境车站和边防通道以及特许的进出口岸设立了边防检查站,对进出国境的人和物进行检查。边防检查人员必须依法执行公务;任何组织和个人不得妨碍边防检查人员依法执行公务。出入境人员和交通工具,必须经对外开放的口岸或经主管机关特许的地点通行,接受边防检查、监护和管理。

1. 对出入境人员的检查

我国《出境入境管理法》规定,县级以上地方人民政府公安机关或者出入境边防检查机关对涉嫌违反出境入境管理的人员可以采取当场盘问、继续盘问、拘留审查、限制活动范围、遣送出境等措施。

外国人有下列情形之一的,不适用拘留审查,可以限制其活动范围:患有严重疾病的;怀孕或者哺乳自己不满1周岁婴儿的;未满16周岁或者已满70周岁的;不宜适用拘留审查的其他情形。

被限制活动范围的外国人,应当按照要求接受审查,未经公安机关批准,不得离开限定的区域。限制活动范围的期限不得超过60日。对国籍、身份不明的外国人,限制活动范围期限自查清其国籍、身份之日起计算。

外国人有下列情形之一的,可以遣送出境:被处限期出境,未在规定期限内离境的;有不准入境情形的;非法居留、非法就业的;违反本法或者其他法律、行政法规需要遣送出境的。其他境外人员有所列情形之一的,可以依法遣送出境。被遣送出境的人员,自被遣送出境之日起一至五年内不准入境。

2. 对运输工具的检查

出入境的交通运输工具离抵口岸时,必须接受边防检查。对交通工具的入境检查,在最先抵达的口岸进行;出境检查,在最后离开的口岸进行。在特殊情况下,经主管机关批准,对交通运输工具的入境、出境检查,也可以在特许的地点进行。

3. 行李物品、货物的检查

边防检查站根据维护国家安全和社会秩序的需要,可以对出境、入境人员携带的行李物品和交通运输工具载运的货物进行重点检查。

出境、入境的人员和交通运输工具不得携带、载运法律、行政法规规定的危害国家安全和社会秩序的违禁物品;携带、载运违禁物品的,边防检查站应当扣留违禁物品,对携带人、载运违禁物品的交通运输工具负责人依照有关法律、行政法规的规定处理。

任何人不得非法携带属于国家秘密的文件、资料和其他物品出境;非法携带属于国家秘密的文件、资料和其他物品的,边防检查站应当予以收缴,对携带人依照有关法律、行政法规规定处理。

出境、入境的人员携带或者托运枪支、弹药,必须遵守有关法律、行政法规的规定,向边防检查站办理携带或者托运手续;未经许可,不得携带、托运枪支、弹药出境、入境。

(三) 安全检查

中国海关和边防站,为保证旅游者生命和财产安全,禁止携带武器、凶器、爆炸物品,采用通过安全门使用磁性探测检查、红外线透视、搜身开箱检查等方法,对旅游者进行安全检查。

(四) 卫生检疫

为防止传染病由国外传入或由国内传出,保护人身健康,各国都制定了国境卫生检疫法。我国依据《国境卫生检疫法》设立了国境卫生检疫机关,在边境口岸依法对包括旅游者在内的有关人员及其携带的动植物和交通运输工具等实施传染病检疫、检测和卫生监督;只有经过检疫,由国境卫生检疫机关许可,才能入出境。

(五) 动植物检疫

为了保护我国农、林、牧、渔业生产和人体健康,维护对外贸易信誉,履行国际义务,防止危害动植物的病、虫、杂草及其他有害生物由国外传入或由国内传出,我国同世界各国都制定了动植物检疫的法律,对动植物检疫意义重大。

在我国边境口岸设立的口岸动植物检疫站,代表国家对入出境的动物、动物产品、植物、植物产品及运载动植物的交通工具等执行检疫任务。旅游者应主动接受动植物检疫,并按有关规定入出境。

本章小结

(1) 分析了旅游权利及其要素构成,提出了旅游者权益保护的法律依据是保障公民基本旅游权利的宪法精神,以及我国《合同法》、《消费者权益保护法》和《旅游法》等法律法规等。

(2) 介绍了旅游者的法律权利和法律义务,以及旅游者权益保护的法律原则。

(3) 分析了旅游经营者义务,以及旅游者与经营者权益争议的解决途径和责任承担。

(4) 针对我国旅游者出入境现状,介绍了旅游者出入境管理与法律保护的内容。

核心关键词

旅游权利	tourism right
旅游义务	tourism obligation
国民待遇	national treatment
旅游目的地	tourism destination
旅游客源地	tourist generating region

思考与练习

1. 简述旅游权利及其要素构成。
2. 简述旅游者权益保护的法律原则。
3. 联系实际分析旅游者的权利与义务。
4. 联系实际分析旅游经营者的义务。
5. 分析中国旅游者在什么情况下不得出境?

案例分析

"群旅游"引发的旅游者权益保护思考

2016年3月,国家旅游局门户网"旅游消费"板块,转发了来自山东省旅游监察总队和福建省泉州市旅游局发布的旅游消费警示,"群旅游"的消费陷阱,具有一定的典型性,引发对旅游者权益保护的思考。

事例1:"3·15"消费者权益日即将来临,山东省旅游监察总队为保障广大游客旅游开心、放心、安心,在此向广大旅游者发出旅游消费警示:警惕新型旅游传销陷阱。如今,随着社交越来越多元化,许多户外群、车友群及有关网站利用现代传播手段和途径,非法经营旅游业务,纷纷组织出外旅游活动,由于"群"这种自然组织不具备经营旅游业务的资质和相关经营许可,在操作旅游业务时专业能力不足,风险防范能力差,又规避相关主管部门的监管,不仅扰乱正常的旅游市场秩序,也带来一定的安全风险。

因此,山东省旅游监察总队提醒广大游客消费者:外出旅游请务必选择有资质的正规旅行社,拒绝个人或无资质单位提供的旅游服务。旅游传销陷阱主要存在以下一些问题。

(1) 貌似AA制,实则为赢利。

户外群等自发组织在宣传旅游线路产品时,价格常以AA制的形式出现,分解为火车票×元,景点门票×元,餐费×元等,乍一听起来价格透明,群主只是活动的发起者,群成员分担费用,公平合理。其实不然,当人数达到一定数量后群主在吃、住、行、门票等方面都能拿到相当优惠的团队价格,这和群成员交纳的费用有一定差价,加上参与人数众多,产生的利润就相当可观。

(2) 领队无资质,合同未签订。

领队没有专业资质,而且出游前一般是口头召集,不会和参与者签订协议合同,约定双方的权利和义务,一旦出现安全或服务质量方面问题,领队常会解释为自由选择的结伴出游,不承担任何责任。另外,正规旅行社按照我国《旅游法》的要求,都投保旅行社责任险,用于因旅行社原因出现责任事故时保障游客的合法权益,可"群旅游"没有此项保险,一旦发生事故,赔偿就无从谈起。

(3) 监督有死角,安全无保障。

"群旅游"这类旅游组织者具有无形性,他们既没有固定经营场所,也未在工商部门办理营业执照,监管难度大。即便发生损害事故和投诉,管理部门也无从收集证据,为旅游者维权困难。"群旅游"属于个人达成的约定,因为缺乏监管,所以在组织旅游活动时常有夜间行车等危及游客安全的行为发生。

(4) 追责无依据,游客难维权。

户外群等组团游的付款方式,有些是通过现金支付,也有些是通过预付或银行转账的方式,这些付款方式没有发票、保险,也不签订合同,发起人只是一个网名,人都很难找到。如果出现纠纷或损害事故,出游者很难举证维权。而且,这种情况给旅游行政执法部门取证也造成很大困难,参与的网友也事不关己,高高挂起,不配合提供证据,导致游客遭遇侵权后叫天天不应,叫地地不灵,无法合理维权。并且在法律层面,"群旅游"引发的民事纠纷受理起来也面临困难。

山东省旅游监察总队再次提醒广大旅游者,谨慎选择户外群出游。在选择群组织上要慎重,学会分辨各种形式的"黑"俱乐部,警惕组织者以"廉价"为诱饵欺骗参与者。另外,要做好风险防范,与组织者签订旅游合同,明确各方应承担的责任和义务。

同时,要注意出游安全,出游前认真学习相关旅游安全知识,旅行过程中不要脱离组织,并掌握相关的户外生存和急救技巧。

事例2: 阳春三月,旅游市场又开始升温。福建省泉州市旅游局向广大旅游爱好者发出旅游消费警示:慎选"群旅游",莫入低价陷阱。"群旅游"的低价游陷阱主要表现在以下几个方面。

(1) 未签订旅游合同,临时退团难退费。

陈女士与丈夫报名参加泉州某旅行社组团的2015年9月10日的泰国游(6000元/人)。意外的是,9月6日晚其丈夫眼睛出问题,送医被告知视网膜脱落,必须尽快安排手术,她立即告知旅行社这个情况,并表示无法继续参团。旅行社得知后答应尽量帮其退还未发生的费用,但到最后却只能退还15%团款,陈女士认为不合理,故投诉至泉州市旅游质监所。据该所了解,双方未签订旅游合同,经调解,旅行社退还陈女士二人合计8000元。市旅游局提醒,旅游合同是旅行社与旅游者在旅游行程开始前签订的包括了双方权利义务、合同的变更与转让、合同的解除、违约责任等内容在内的协议。旅行社未与游客签订旅游合同不仅无合法权益保障,更是违法、违规行为。

提醒广大旅游爱好者,在参团旅游时一定要与旅行社签订旅游合同,遇到合法权益被侵害时才有依据受法律、法规的保护。

(2) 免费旅游券不免费,途中被要求购物。

王先生是某保险公司的客户,保险公司为回馈老顾客,赠送他一张"4天3夜港澳游"旅游券。该旅游券上赫然写着:"持本券自行到达深圳跟团每人收220元(导游小费和口岸费),全程再无任何费用。"谁知,他出行后才发现,免费旅游却成了有额度购物,让他感觉被骗了。市旅游局提醒,所谓的"赠送"、"免费",都是以付出更多的金钱和精力为代价的,甚至还会带来身心伤害,请广大旅游者务必谨慎选择。如需执券旅游,请向当地旅游部门核实旅游券发行方的资质,切勿盲目出行。如果旅游经营者强迫旅游者签订购物协议或有强制交易行为时,旅游者应当机立断予以拒绝。市民在报名时,要理性认识旅游线路价格,更要警惕以"免费"、"赠送旅游券"形式为名的旅游活动,防止跌入低价陷阱。

(3) 轻信微信朋友圈,报泰国游却去了香港。

王女士与丈夫看到微信朋友圈有泰国旅游线路产品,于是报名参加,并交付3800元款项。临出发前两天,她突然接到一名香港导游的电话,问说什么时候到达香港且需要准备的事项。参加旅游线路明明是泰国,怎么会接到香港导游电话?她感觉被骗了,就要求退款,谁知遭到对方拒绝。于是,她打电话投诉到泉州市旅游质量监督管理所。市旅游局提醒,如今,随着社交越来越多元化,许多户外群、车友群及有关网站利用现代传播手段和途径,非法经营旅游业务。由于"群"这种自然组织不具备经营旅游业务的资质和相关经营许可,在操作旅游业务时专业能力不足,风险防范能力差,又规避相关主管部门的监管,不仅扰乱正常的旅游市场秩序,也带来一定的安全风险。

综上所述,外出旅游请务必选择有资质的正规旅行社,拒绝个人或无资质的"群"等提供的旅游服务。"群旅游"虽然表面看起来价格低廉,自由随意,但背后隐藏着旅游者不易察觉的问题。

问题:

1. 试对"群旅游"组织者的行为进行分析,其法律依据是什么?
2. 结合案例资料,并依据旅游者权益保护的相关法律,给旅游者出行提出建议。

(资料来源:http://www.cnta.gov.cn/zdgz/lyxf/index_2.shtml2016-3-11/2016-3-22。)

第七章

旅游景区管理法律制度

学习引导

我国《旅游法》在"旅游规划与促进"基础上,从保护旅游者合法权益、满足游客旅游活动的需求出发,建立了景区管理制度,并将"景区"界定为突出旅游产业集聚、旅游资源整合,以及特色旅游功能的观赏游憩、文化娱乐、具有旅游设施与服务的相对完整管理系统的游览区。

本章首先介绍了旅游景观与景观业,分析了旅游景观的概念与特点,旅游景观业的发展趋势、旅游景观商品及开发,以及景观业的利益相关者;其次,对旅游景区开放、旅游景区门票控制、旅游景区容量管理等法律制度建设进行阐释,并对旅游景区质量等级的评定与管理制度,风景名胜区及级别划分、风景名胜区设立、规划与保护等制度,以及相关主体的法律责任进行解析。

学习目标

- 旅游景观与景观业;
- 旅游景区开放制度;
- 旅游景区门票控制制度;
- 旅游景区容量管理制度;
- 旅游景区质量等级管理制度;
- 风景名胜区管理制度。

第一节 旅游景观与旅游景观业

一、旅游景观

(一)旅游景观及其内涵

1. 景观概念的历史沿革

景观(landscape),泛指一定区域内可供人们观赏的景物,包括"风景"、"景致"、"景色",等同于英语中的"scenery"。景观概念反映了人们对人与自然关系的认识的不断加深,大多数园林风景学者所理解的景观,主要是视觉美学意义上的景观,即风景。

随着大规模旅行和探险活动的开展,人们已不满足于对自然地形、地物的观赏和对其美的再现,开始更多地从科学的角度去分析它们在空间上的分布和时间上的演化,对"景观"概念的理解也发生了深刻的变化。例如,德语的"景观"(landschaft)已用来描述环境中视觉空间的所有实体,而且不局限于美学意义。19世纪中叶,动植物学家和自然地理学家将"景观"作为一个科学的术语引用到地理学中来,并将其定义为"某个地球区域内的总体特征"。随着西方经典地理学、地质学及其他地球科学的产生,"景观"一度被看作是地形(landform)的同义语,主要用来描述地壳的地质、地理和地貌属性。之后,俄国地理学家又进一步发展了这一概念,赋之以更为广泛的内容,把生物和非生物的现象都作为景观的组成部分,并把研究生物和非生物这一景观整体的科学称为"景观地理学"(landscape geography)。这种整体景观思想为以后系统景观思想的发展打下了基础。

景观生态思想的产生使景观的概念发生了革命性的变化。早在1939年,德国著名生物地理学家Carl Troll提出了"景观生态学"(landscape ecology)的概念。该观点把景观看作是人类生活环境中的"空间的总体和视觉所触及的一切整体",把陆圈、生物圈和理性圈都看作是这个整体的有机组成部分。景观生态学就是把地理学家研究自然现象空间关系时的"横向"方法,同生态学家研究生态区域内功能关系时"纵向"方法相结合,研究景观整体的结构和功能。

另一名德国著名学者Buchwald进一步发展了系统景观思想,他认为:所谓景观可以理解为地表某一空间的综合特征,包括景观的结构特征和表现为景观各因素相互作用关系的景观收支,人的视觉所触及的景观像、景观的功能结构和景观像的历史发展。换句话说,景观是一个多层次的生活空间,是一个由陆圈和生物圈组成的、相互作用的系统。景观生态的任务就是为了协调大工业社会的需求与自然所具有的潜在支付能力之间的矛盾。

在国内,最初的景观学主要是地理学性质,植被、土地利用与环境的关系只是作为自然综合体中不同要素而展现。随着生态系统概念影响日渐深入,景观学以生物(包括人类)与环境的关系问题为景观结构的中心,并从分析现存问题转向对景观结构及相关前沿性的预测。

经过多年的应用与发展,景观学再次成为地理科学中的瞩目问题,在景观的形态与发生、景观的稳定与演化、景观的分析与综合、景观与环境、景观的价值与应用等方面都有长足的发展,并产生了若干新的分支,如景观生态学、景观地球化学、人文景观学等。

2. 旅游景观的概念与内涵

旅游景观,是指能吸引旅游者并可供旅游业开发利用的可视物像的总称,是旅游者通过视觉、听觉、嗅觉等对特定的某一时间、空间的自然旅游资源和人文旅游资源在一定区域范围内的综合表征和现象的感知景象。旅游景观是相关要素的复合体,是由自然与文化要素两部分叠加而成的人类活动和自然相互作用的结果。旅游景观是瞬间的,是不断变化的,但任何瞬间都反映了一个时代的情感及其社会意识形态,它是一个体验空间,需要人们去体验,去设计、改造和管理,以实现人与自然的和谐。"旅游景观"可以作如下理解:

1) 旅游景观是人类的感知对象

旅游景观是审美的对象,是艺术品,它是旅游者通过感觉来获得的一种映象,因而面对同样的景物对象,景观会随感知主体(旅游者)的不同而有一定的差异,也因同一感知主体在对景物进行审美时的即时心境的不同而有差异。这是景观最低层次或者最早的含义。

2) 旅游景观是人类历史和价值观的反映

旅游景观是在一定地域内的自然与人文多种因素有规律地组合起来的有形或无形的地域综合体,它反映的是人与人之间的社会关系以及人与自然之间的自然关系和态度。

3) 旅游景观是生态系统

旅游景观生态系统有结构,有功能,有能流、物流、信息流,有物种在运动,有动物在活动,有植物在生长。所以说,景观是生态功能体,是活动的过程,具有时间的限定性。

由于景观是随昼夜交替、季节变化、年度轮回而变换的,只有在某一时刻或某一短时段内才有可能把握该生态系统的具体内涵。

(二) 旅游景观的特征与分类

1. 旅游景观的特征

旅游景观是客观存在的自然与人文物象通过旅游者的视觉而获得的一种感知意象。因此,其特征应体现出物象的客观与感知主体的主观这两大方面,具体表现为以下几个特征。

1) 整体性

旅游景观之所以能给人以美感,能为人们所把握,是因为它以一个完整的面貌出现在感知主体面前,从而体现出其区别于其他景观的特征。如果景观是凌乱的、支离破碎的,则不能给人们以美感,也是难以把握的。

旅游者在把握景观整体性的时候,一是从不同的层面去把握,即从景观整体最小的景物到景点到景区去观察景观;二是不同的旅游者会从不同的角度去把握景观的整体性。

2) 区段性

旅游景观是在一定的自然、人文地理环境下形成的,由于形成景观的自然、人文地理因素组合的差异性,必然造成景观在不同的地域、地段的差异,这种差异在空间上的变化大多会体现出一定的分异规律。

3) 节律性

节律性又称季节性,是指旅游地的自然条件和旅游资源在一定阶段所发生的有节奏的

变化,这种变化影响到旅游活动,使之产生同样周期的变动,从而出现旅游淡季与旺季。旅游景观是由地质、地貌、气候、生物等自然因素和历史遗迹、建筑、村落、城镇、风情等人文因素构成的。这些构成因素,尤其是自然因素,有着明显的随时间推移而有规律循环变化的现象,无论是气候的变化,河流、湖泊、海洋水位涨落,生物的生长繁殖,还是海侵与海退,冰川的进退,岩石形成的循环等,都可以观察到。景观变化的时间可长可短,有日节律、月节律、年节律、世纪节律,甚至有以几百年、几千万年为周期的地质节律。景观因素的节律变化必然引起景观的节律变化。景观的节律性在人文景观中不如自然景观明显,但由于人是生活在自然环境中,生活起居、工作、休闲娱乐以至宗教都必然打上自然环境的烙印,因此许多活动也有明显的节律性,如节庆日、农事活动、宗教仪式等。

4) 可观赏性

旅游景观的核心功能是具有观赏价值,能给人以美的享受,陶冶情操,净化心灵,激发起爱国主义感情。可观赏性体现了景观的功能价值,是旅游景观的吸引力所在,不具观赏价值的事物是不能被称为旅游景观的。

2. 旅游景观的分类

由于旅游景观种类多、成因差异大、利用方式与程度不一,因而可从不同的角度对其分类。常见的分类主要有以下几种。

1) 按性质与成因分类

按性质与成因分类,旅游景观可分为自然旅游景观,如地文景观、水域风光、生物景观、天象气象景观等;人文旅游景观,如文物古迹、文化艺术、民俗风情、现代设施景观等;人造旅游景观,如主题公园、休闲度假综合体、游乐场等。

2) 按利用方式分类

按利用方式分类,旅游景观可分为游览鉴赏型,如优美的自然风光、著名的古建筑及园林等;知识型,如文物古迹、博物展览、自然奇观等;体验型,如民俗风情、节庆活动、宗教仪式等;康乐型,如度假疗养、康复保健、人造乐园等。

3) 按开发利用程度分类

按开发利用程度分类,旅游景观可分为原始地区,如原始森林、原始荒原、极地地区等;近原始地区,如森林公园、自然风景名胜区、海礁海滩等;乡村地区,如田园风光、草原牧场、渔村等;人类利用集中的地区,如小城镇、工矿区、大地型工程点等;城市化地区,如城市景观、公园园林、博物馆、游乐场等。

二、旅游景观业

(一) 旅游景观业及其发展趋势

旅游景观业,是指通过对旅游资源的开发、设计,专门或者主要从事招徕、接待游客,为其提供相关服务,并获取经济收益的综合性行业。旅游景观业是一项经济性产业,其主要目的是通过对旅游景观活动的整体把握和向游客提供相关服务而获取经济收入。

中国旅游业发展初期,历史文化的神秘感和人文旅游资源的独特性交汇形成强大的吸引力,旅游市场供不应求。"成本低,换汇能力强"是当时旅游景观业的典型特征,向国际客源市场推出的大多是以静态观赏为主的历史文化型的旅游产品。随着旅游市场的推进,人们的旅游消费方式正在发生着变化,如娱乐、度假等旅游需求呈上升趋势,观光旅游的比重逐渐下降;具有一定科技含量和参与性的旅游产品大受欢迎,以静态观光为主的旅游产品的吸引力下降;旅游需求朝着多样化、综合性的方向发展,旅游者既喜欢集自然旅游资源和人文旅游资源于一身的复合型旅游产品,又追求融历史文化内涵和当代科技手段为一体的旅游活动项目。旅游需求的演变使得那些浅层次开发、粗放式经营的观光型景观难以为继,进而产生了旅游资源开发和旅游景区建设的新取向。例如,旅游景区的开发建设从小型化向大规模发展,旅游景区的项目设计从静态观赏形式向动态参与形式发展,旅游产品从垄断型人文旅游产品向市场型综合旅游产品发展。

因此,随着市场经济的发展和旅游需求的演变,面对旅游景观业发展中存在的问题,调整旅游景观业结构,充分发挥市场机制和价值规律的作用,重新构造旅游景观业的投资主体、开发、运行机制与模式,是完善旅游景观业的组织结构,推动旅游产品升级换代的关键。

（二）旅游景观商品及开发

1. 旅游景观商品的概念

景观具有满足人们审美需求的功能,但并不就是天然的旅游景观商品,它必须经过开发,才能成为旅游景观商品投入旅游市场;从景观到旅游景观商品的过程,正是投资者或开发商介入的过程。开发商甚至可以根据市场需求创造出一些人造景观供游人欣赏。

景观与景观商品的差异主要体现在以下几个方面。

第一,景观是一种自然的存在状态,并非是为了观赏者而特意生成的,在人们意识到它的美时,它早已存在上百万年的时间。而旅游景观商品则是针对观赏者的审美需求特意开发或创造的,只有根据旅游者的需求,经过开发、设计,并以旅游景观组合的形式出售给旅游者时,景观才成为旅游景观商品。旅游景观商品是在19世纪中叶才出现的。

第二,从关系上讲,景观只涉及观赏者与景物,且观赏者不一定是外地旅游者,更多的时候是当地居民。旅游景观商品则介入了开发商及中介服务机构,涉及的关联体增多。

可见,旅游景观商品是指经过一定的规划、设计、开发、组合的景观,经过包装宣传推向旅游市场以满足游客观光需求的一种旅游商品。旅游景观商品往往是一个旅游地的核心所在,其他旅游商品大多依附其而生存,旅游景观商品,还必须有相应的基础设施、服务设施与各种服务人员的配套组合,才能得以销售。

2. 旅游景观商品的开发

1) 旅游景观商品开发的基本思路

旅游景观商品开发,是旅游地或旅游开发商从市场需求出发,依据当地旅游景观资源、区位条件、社会经济背景进行景观的规划、设计、营造、宣传促销的过程。

旅游景观商品开发应该包括新的旅游景观商品的开发、已有旅游景观商品的改造、现有旅游景观旅游商品的组合设计。

传统的旅游景观商品主要有自然景观、文物古迹、民族风情和都市风貌等,但随着旅游的日益普及与旅游者旅游经历的增加,传统的旅游景观商品难以满足市场需求,一些传统的景区、景点经过修建、改造或进一步包装,焕发新的活力,新的旅游景观商品也不断推出,进入了旅游观光的行列。

旅游景观商品的开发应以保护资源为前提,以获得经济效益为出发点,因此在确定旅游景观被开发之前必须做可行性论证。可行性论证主要基于旅游资源、旅游市场、区位条件的分析,然后作出是否开发、什么时候开发、以什么样的方式开发的决策。

其开发的基本思路如下:旅游景观商品的类型与设施的档次应根据景观和市场的特点定位,包括景观旅游商品的特色定位、功能定位、客源定位,以及基础与服务设施类别、档次定位;充分注意旅游景观商品的文化品位,实行精品战略或品牌战略,开发具有典型性、代表性、标志性的景观,并以此带动其他景观的开发;把握旅游景观商品的生命周期、开发时序,适时调整、更新,以适应旅游市场的变化需求,对人造旅游景观商品则应有更大的灵活性;注意与周边旅游景观商品的关系,能与周边旅游点形成旅游商品差异、旅游功能互补、客源互送的局面;形象策划与设计是旅游景观商品开发不可缺少的一环。形象策划与设计应遵循当地地脉、史脉、文脉,以确立一个独特、简洁、鲜明的旅游形象。

2) 旅游景观商品开发的原则

(1) 总体协调原则。

旅游景观商品是地区总体旅游商品的一部分。景观旅游商品开发,应符合总体规划中所确立的地区旅游商品发展方向,此外,还需与其他旅游商品在风格、规模上相协调。

(2) 特色性原则。

特色性即差异性,鲜明的特色是旅游景观的生命力所在。只有特色,才会有注意力。旅游经济本身就是注意力经济,要重视旅游景观之间的差别性,体现人无我有的特色。

开发利用旅游资源的实质就是要寻找、发掘和利用旅游资源的特色。经过开发的旅游景观,不仅应使它的原有的特色得以保持,同时,还应使其原有特色更加鲜明,有所创新和发展,绝对要避免旅游景观的原有的特色在开发过程中丧失或遭到破坏。

(3) 共生性原则。

旅游景观具有外部性很强的特点,并有正向和负向外部性之分。所谓正向的外部性,是指旅游景观之间是相容的、互补的、协调的,看了这一景观之后,有一种再去游览另一景观的渴望。

所谓负向的外部性是指旅游景观之间是相克的、类同的,而不是呈现合作形态。旅游资源的共生性,包括自然资源与自然资源之间、自然资源与文化资源之间以及文化资源与文化资源之间的共生性现象,而且不同的旅游景观,其共生现象是不同的。

所以,要注意各种旅游景观之间人工美与自然美、现代美与传统美之间的统一协调。

(4) 效益性原则。

旅游景观商品的开发必须优先开发地理位置优越、易于旅游者前往的旅游景观,才能较快地产生效益,充分利用现有景观资源,通过创新不断挖掘其价值,从而提高利用率;密切关注供求关系,适时调整旅游景观商品的供给;同时,要强调当地群众的参与性和收益性。只有当地群众的参与,才能把破坏景观的力量转变为保护景观的力量、建设性的力量。群众参与存在着直接性,因为他们本身就是利益主体,确定了利益主体,旅游景观商品的开发保护就比较容易进行。

当然,在重视经济效益的同时,也要重视社会效益和环境效益,并使经济效益、社会效益、生态环境效益达到最大化。

3）旅游景观商品的文化建设

旅游归根到底是人们通过旅游活动获得一种美的享受，其本质是一种文化行为。旅游吸引物文化品位越高，吸引力就越大。作为处于旅游核心地位的旅游景观商品，其文化建设具有特别重要的意义。

旅游文化包括审美文化和服务文化。审美文化是旅游者对旅游客体或吸引物的审美过程中所包含的文化内涵，审美文化主要包括景观文化、饮食文化、娱乐文化、休闲文化、购物文化等；服务文化是指包含于旅游服务之中的文化内涵，旅游企业及从业人员是服务文化的主体生产者与实施者，旅游者是参与者。服务文化主要包括礼仪文化、语言艺术、服务技艺、公关艺术、企业文化等。旅游景观文化包含于审美文化之中，是指旅游者在对旅游景观的审美过程中和旅游景观开发者在旅游景观的开发过程中所体现的文化内涵。

可见，旅游景观商品文化应包括景观商品欣赏文化和景观商品开发文化，其丰富程度与格调高低，决定旅游景观商品品位的高低，也在一定程度上决定旅游景区（点）的经济效益、社会效益和环境效益。

（二）旅游景观业利益相关者责任

旅游景观的开发、设计、利用与保护是一项系统工程，它需要政策、资金和管理同步进行，需要景观地政府、非政府组织、旅游企业、社区和旅游者的共同努力，并根据主体自身角色，担负起各自的责任。

1. 政府

1）强化政府主导

各级政府要把旅游业的发展，作为推动区域经济发展、改善投资环境、提高人民生活质量的重要途径，在政策上给予倾斜，在资金上给予扶持，在品牌策划上给予引导。把旅游景观业的开发建设纳入地方经济发展规划中，切实加快交通、食宿、通信等基础设施建设，为游客提供最基本的旅游产品和旅游服务，满足游客的旅游需求，逐步形成旅游市场一体化、集团化，使旅游业的小市场与地方旅游业的大市场相衔接，增强活力与竞争力。

2）多方筹措资金

首先，各级政府和主管部门应对旅游资源开发与保护给予资金倾斜，重点用于旅游资源的导向性投入，如用于总体形象策划、品牌创建、市场营销、基础设施建设以及人才培养等。

其次，激活经营机制，发展民营经济。在进行资产评估的前提下，通过有限度的经营权转让、合资、合作等方式，广泛吸纳社会各方资金投资旅游资源的开发与保护。

最后，将旅游资源开发保护项目向外招商引资，做到谁投资、谁经营、谁受益。当然，无论采取哪种方式，都要求严格按总体规划开发利用，其隶属关系、权属不变，以保障合法权益不被侵害。

3）采取措施，提高项目质量

对于出现了环境破坏的风景区，应减缓开发速度、扩大保护范围、压缩开发项目、提高项目质量；对出现的环境生态破坏或视觉污染应急时处理，以防累积影响不断增加、扩大；对于需恢复自然力的景区，可采用退耕还林，拆除人工物的办法扩大植被面积；对于已出现资源

破坏,需要恢复的景区,可禁止人工建造和破坏生态环境的活动,如采取限制进入、限制利用类型、限制游人数量、限制滞留时段和时间等办法;可加大植树造林力度,改造林相,增加群落层次。这些方法都可以减小自然环境承受的负荷,使其逐步恢复自然力。

4) 提高旅游从业人员的素质

通过旅游从业人员的相关服务和导游的讲解,实地普及环保意识,让越来越多的游人了解保护资源的重要性及如何做才是保护环境,如旅游垃圾该如何处理,随意乱涂乱画是对文物景观的破坏等,引导旅游者提高环境保护意识。

2. 旅游企业

旅游景观业是一个由客源的流动带动消费、创造利润的经济产业,没有市场的营销,不重视市场的开发,客源的增长就无从谈起。面对国际国内旅游市场的双重竞争,旅游企业必须参与竞争,重视营销,树立新的营销观念,把市场开发作为重要任务来抓,加大宣传力度,采用不同方式促销,要按照市场需求开发旅游产品,调整服务项目,编排调整游线路,牢牢掌握和占有旅游市场。

旅游企业应根据旅游资源的不同特点,如特殊的地质地貌、典型的森林植被、动物资源、药材资源、森林群落景观、水域景观、人文景观等,开发出有特色的旅游项目,优化旅游资源地的旅游产品结构;还可结合各地的风俗民情等地方特色,开发具有实用性、艺术性、纪念性、时代性和独特性的旅游商品系列。

此外,旅游企业应不断挖掘旅游资源的文化内涵,建立特有的旅游产品个性化服务和品牌,以吸引更多的旅游者。

3. 旅游者

通过广泛的宣传,使旅游者在旅游活动中积极支持旅游目的地或旅游景观行业资源与环境保护活动,尽可能地了解和尊重当地的人文和自然遗产,并且要有效防止和制止那些对旅游目的地造成不良影响、破坏生态环境的不正当行为,积极支持旅游业的可持续发展。

4. 社区

社区参与旅游发展是指把社区作为旅游发展的主体进入到旅游景观业规划、开发等涉及旅游景观业发展重大事宜的决策和执行体系中,社区参与的旅游发展是旅游可持续发展的一个重要内容和评判标准。

社区参与旅游发展是基层社区居民以主人翁的姿态和意识积极投身农村城镇化、农业产业化以及农民生活小康化过程的一个重要内容,是以发展旅游景观业的形式唤醒和提升社区参与意识与能力、改善农村条件、提高村民生活水平。

社区参与旅游发展主要表现在参与旅游发展决策、参与旅游经济活动、参与旅游资源、环境的保护,以及参与有关旅游教育培训等。

5. 非政府组织

非政府组织要为旅游资源的开发与保护提供有力支持,加强对地区旅游环境进行评价、研究和监督,关注旅游业发展对环境与文化的影响,防止地方文化与民族文化的消失、商品化、庸俗化,并组织和参与各种公共教育活动,提高人们对实施旅游业可持续发展的认识和支持。

第二节 旅游景区管理法律制度建设

一、景区管理的依据

我国《旅游法》在"旅游规划与促进"基础上,从保护旅游者合法权益、满足游客旅游活动的需求出发,建立了景区开放制度。该法所称景区,"是指为旅游者提供游览服务、有明确的管理界限的场所或者区域",既包括传统旅游景区,也包括按照各类旅游产业集聚区发展需要,整合相关旅游资源,突出特色旅游功能而设置的可接待旅游者,具有观赏游憩、文化娱乐等功能,具备相应旅游服务设施并提供相应旅游服务,且具有相对完整管理系统的游览区。

景区开放制度是关于旅游主管部门对景区开放条件管理、景区门票控制管理、景区容量管理等制度的总和。

(一) 景区开放条件

我国《旅游法》第42条规定,景区开放应当具备下列条件,并听取旅游主管部门的意见:一是有必要的旅游配套服务和辅助设施;二是有必要的安全设施及制度,经过安全风险评估,满足安全条件;三是有必要的环境保护设施和生态保护措施,以及法律、行政法规规定的其他条件。

这里的"必要"是指景区开放需要满足旅游者的最基本要求,符合保障旅游者人身财物安全和保护生态环境要求的最低标准,即要求景区开放必须具备安全性、便利性、舒适性等条件,同时要保护生态环境,实现可持续发展。

"旅游配套服务设施和辅助设施"一般包括食宿设施及其服务、文娱设施及其服务、医疗设施及其服务、景区穿梭交通设施及其服务、无障碍设施、景区导向系统、游客中心与游览讲解系统、救助电话,以及供排水设施、供电系统、停车场、通信设备、公厕、垃圾箱等生活必要配套设施。

"安全设施及制度"主要是指场所的安全保障、游乐等设备设施的安全保障、配备必要的抢险救灾设备设施、旅游者的安全保障制度等。

"安全风险评估"主要包括识别景区可能发生安全事故的危害、评估危害的风险,以及评估控制风险的措施与管理制度等。

"环境保护设施和生态保护措施"的要求是对我国《环境保护法》和《文物保护法》的衔接。景区要有污水处理、环保生态公厕、植被及绿地保护、噪音限制、空气质量监控、游客容量控制等设施和措施。

此外,"听取旅游主管部门的意见"是我国《旅游法》赋予旅游部门新职能,这是对旅游部门全面介入景区行业管理的一次依法行政赋权,对于确立旅游部门对旅游景区的行业管理具有重要意义。

(二) 门票控制制度

景区门票涨价原因具有多样性,如产权责任制度问题、地区发展的差异性问题,以及旅游资源的不可替代性等均可能引起门票的涨价。在国外,很多国家将景区分为公益型景区、市场型景区和混合型景区,其景区门票的模式为:公益型景区是指具有极大的、明显的社会公益价值的"优中选优"的景区,这类景区实行国家全额或差额补贴,采取国家公园模式的门票价格机制,免票或者低门票价格;市场型景区是指不依托所在地传统的旅游资源,依靠开发商投入资本、土地、文化创意等旅游发展要素产生市场价值的"无中生有"的景区,实行门票市场化定价,其应采取完全放开模式的门票价格机制,只需在主管部门依法备案;混合型景区是指依托所在地的自然或一般人文古迹等国有资源,同时也依靠开发商投入资本、土地、文化创意等旅游发展要素,产生市场价值的"平中见奇"的景区。这类景区门票定价模式理应介于公益型景区和市场型景区之间,由政府实行市场指导价或最高限价管理。

我国《旅游法》第43条规定,利用公共资源建设的景区的门票以及景区内的游览场所、交通工具等另行收费项目,实行政府定价或者政府指导价,严格控制价格上涨;拟收费或者提高价格的,应当举行听证会,征求旅游者、经营者和有关方面的意见,论证其必要性、可行性;利用公共资源建设的景区,不得通过增加另行收费项目等方式变相涨价;另行收费项目已收回投资成本的,应当相应降低价格或者取消收费;公益性的城市公园、博物馆、纪念馆等,除重点文物保护单位和珍贵文物收藏单位外,应当逐步免费开放。

这是关于利用公共资源建设的景区门票和其他项目收费的规定。"利用公共资源建设的景区"主要包括世界自然遗产、风景名胜区、自然保护区等自然资源景区和世界文化遗产、重点文物保护单位、珍贵文物收藏单位、历史文化街区等人文资源景区。

公共资源类旅游景区的核心和主要吸引力依托"公共资源",其产权人应当是"全民",应当由政府代表全民拥有和承担旅游资源不可替代型景区的一切权利和责任。公共资源类旅游景区具有较强的观光游览价值及很强的非竞争社会性,即同在一个景区内消费的游客所观赏的是同一景观,他们不影响彼此欣赏的效用,即使再增加一个人,原来享用景区内消费者产品的人的消费利益也不会随之减少。但这种非竞争性因拥挤现象的出现,使景区内每个游客的观赏效用就会降低。因此,景区管理者通过门票控制制度的建立与实施,使景区游客规模在合理容量或承载力范围内,这样旅游消费便具备了排他性,只有支付得起或者愿意支付该价格的人才有资格进行消费,显然,价格过高,会侵犯普通旅游消费者的权利。

当然,门票控制制度的建立与实施,也使得依托公共资源建立起来的旅游景区由公共产品变为准公共产品,因此,根据我国《价格法》,确立公共资源类旅游景区定价与提价的听证制度,主要目的在于保障定价和调价的公开、公平、公正、效率与科学,保障经营者、旅游者等相关方在门票价格问题上的知情权和参与权,充分论证其必要性和可行性。

我国《旅游法》第44条规定,景区应当在醒目位置公示门票价格、另行收费项目的价格及团体收费价格;景区提高门票价格应当提前6个月公布;将不同景区的门票或者同一景区内不同游览场所的门票合并出售的,合并后的价格不得高于各单项门票的价格之和,且旅游者有权选择购买其中的单项票;景区内的核心游览项目因故暂停向旅游者开放或者停止提供服务的,应当公示并相应减少收费。

这是关于景区门票公示、打包售票以及门票据实收费的规定。目前,旅游景区门票价格一般分为散客价、团体价和旅行社协议价。这里的"团体价"是指景区自行制定的,满足一定人数条件即可享受的对外公布价,与旅行社无关。我国《旅游法》第44条规定了景区调价必须提前6个月公布,即6个月内不得调价。同时,该条款的主要目的在于禁止景区为提高效益,将辖内不同的景点硬性组合成套票捆绑向旅游者出售,非法剥夺旅游者的自主选择权和公平交易权。"核心游览项目"主要指景区内最主要、最经典的,具有不可替代性、独特性和唯一性的吸引物,旅游者的主要游览和体验点。景区必须按照其开放和服务情况据实收费,并及时降价并公示,否则,应当承担相应的法律后果。

知识活页　　价格听证会制度

价格听证,是指定价机关依法制定或调整政府指导价、政府定价过程中,由政府价格主管部门采取听证会形式,征求经营者、消费者和有关方面的意见,对制定价格的必要性、可行性进行论证的活动。价格听证会制度是政府定价程序中的一项重要制度。我国《价格法》第23条规定,制定关系群众切身利益的公用事业价格、公益性服务价格,自然垄断经营的商品价格等政府指导价、政府定价时,应当建立听证会制度,由政府价格主管部门主持,征求消费者、经营者和有关方面的意见,论证其必要性、可行性。这项法律制度确定了价格听证会制度的主要内容:

①听证的范围。明确是"关系群众切身利益的公用事业价格、公益性服务价格、自然垄断经营的商品价格等政府指导价、政府定价",表明凡属于关系群众切身利益而又有必要更多地听取意见的价格,都可以列为听证的范围。

②价格听证会的主持单位。我国《价格法》规定,举行价格听证会由政府价格主管部门主持。这主要是为了能够更公正地听取意见,防止有的部门将制定价格与自己的部门利益、局部利益相联系。

③征求意见的对象。我国《价格法》规定为消费者、经营者和有关方面,这是因为价格的制定与其利益有直接的关系,必须保障利益相关当事人的代表享有提出意见的权利,同时举行价格听证会不仅是为了听取政府有关部门的意见,更重要的是听取广大群众的意见。

④论证的内容。我国《价格法》论证的内容主要是所制定的政府指导价与政府定价的必要性、可行性问题,具体包括政府指导价与政府定价是否合理,是否切合实际,是否符合国家利益和广大人民群众的利益等内容。

资料来源:http://www.gov.cn/flfg/2008-10/22/content_1127705.htm。

(三)景区流量控制制度

我国《旅游法》第45条规定,景区接待旅游者不得超过景区主管部门核定的最大承载量;景区应当公布景区主管部门核定的最大承载量,制定和实施旅游者流量控制方案,并可以采取门票预约等方式,对景区接待旅游者的数量进行控制;旅游者数量可能达到最大承载量时,景区应当提前公告并同时向当地人民政府报告,景区和当地人民政府应当及时采取疏导、分流等措施。这是关于景区流量控制制度的规定。景区是流量控制的责任主体,其主要

责任包括适时报请主管部门核定最大承载量并予公布,制定流量控制方案和分流预案,并通过包括门票预约等各种有效手段进行有效控制,将达最大承载量时及时公告并报告;当地人民政府对景区流量负有统筹职责,接到报告后应当指挥、指导景区及时采取疏导、分流等措施;景区主管部门有核定和监督景区最大承载量的职责。作为控制流量的方法,除门票预约方式外,景区还可以采取另外一些措施来控制,例如:合理设计景区内游览线路,提高旅游者流动率;设置明确、清晰的导向标识,避免旅游者迷路而造成不必要的拥堵;提前、及时公布景区流量信息并保持实时畅通,以供旅游者选择和参考;合理设计旅游者排队的方式和途径等。

总之,我国《旅游法》对旅游景区的管理提出了更高的要求,在旅游法律和旅游管理转型方面起到了积极的作用。但是,目前我国旅游景区的资源隶属、主管部门,以及投资主体有所不同,仅仅依赖我国《旅游法》是无法解决景区管理实践中诸多法律问题的,因此,在市场经济环境下,要主动适应市场需求,符合市场发展规律,从而维护旅游业的稳定和持续发展。

二、旅游景区质量等级管理

为了加强旅游景区质量等级的评定和管理,进一步规范A级旅游景区评定程序,严格A级旅游景区质量要求,建立和完善A级景区退出机制和社会监督体系,切实提高服务质量和管理水平,树立旅游景区行业良好形象,国家旅游局按照科学、合理、规范的原则,根据《旅游景区质量等级的划分与评定》(修订)(GB/T17775—2003)将《旅游景区质量等级评定管理办法》进行修订后,于2012年发布《旅游景区质量等级管理办法》(以下简称《办法》)。该办法适用于旅游景区质量等级的申请、评定、管理和责任处理等。凡在我国境内正式开业一年以上的旅游景区,均可申请质量等级。旅游景区质量等级划分为5个等级,从低到高依次为A(1A)、AA(2A)、AAA(3A)、AAAA(4A)、AAAAA(5A)。旅游景区质量等级管理工作,遵循自愿申报、分级评定、动态管理、以人为本、持续发展的原则。

(一)旅游景区评定机构与证书标牌

1. 评定机构设立

《旅游景区质量等级管理办法》规定,国务院旅游行政主管部门组织设立全国旅游景区质量等级评定委员会,负责全国旅游景区质量等级评定工作的组织和实施,授权并督导省级及以下旅游景区质量等级评定机构开展评定工作。各省、

知识关联

旅游承载力是指在一定时间条件下,一定旅游资源的空间范围内的旅游活动能力。它是在保证游客体验或环境质量的前提下,游览区所能容纳的最大游客数,是景区游人最低游览要求,包括心理感应气氛以及达到保护资源的环境标准,是旅游资源的物质和空间规模所能容纳的游客活动量,亦称景区旅游容量。旅游承载力决定着可持续旅游发展的规模极限,旅游目的地的承载力由多方面内容共同构成和确定,其中主要包括:旅游设施用地的承载力、物质环境承载力、生态环境承载力、游客心理承载量以及社会承载力等。

自治区、直辖市人民政府旅游行政主管部门组织设立本地区旅游景区质量等级评定委员会，按照全国旅游景区质量等级评定委员会授权，负责本行政区域内旅游景区质量等级评定工作的组织和实施。

依据《旅游景区质量等级管理办法》，省级旅游景区质量等级评定委员会及时向全国旅游景区质量等级评定委员会报备各级评定委员会及其办公室成员组成与变动。应当全面掌握本地区各级旅游景区新增及变动情况，实现动态管理，每年分别于6月底和12月底将本地区各级旅游景区名称和数量报全国旅游景区质量等级评定委员会备案。省级及以下旅游景区质量等级评定委员会出现玩忽职守，未按要求开展工作的，上级评定机构可以撤销其已获得的评定权限。

2. 证书标牌

《旅游景区质量等级管理办法》规定，旅游景区质量等级的标牌、证书由全国旅游景区质量等级评定委员会统一制作，由相应评定机构颁发。旅游景区在对外宣传资料中应正确标明其等级。旅游景区质量等级标牌，须置于旅游景区主要入口显著位置。旅游景区可根据需要自行制作庄重醒目、简洁大方的质量等级标志，标志在外形、材质、颜色等方面要与景区特点相一致。

（二）旅游景区申请与评定

1. 申请

1）组织评定机构

《旅游景区质量等级管理办法》规定，3A级及以下等级旅游景区由全国旅游景区质量等级评定委员会授权各省级旅游景区质量等级评定委员会负责评定，省级旅游景区评定委员会可向条件成熟的地市级旅游景区评定委员会再行授权。4A级旅游景区由省级旅游景区质量等级评定委员会推荐，全国旅游景区质量等级评定委员会组织评定。5A级旅游景区从4A级旅游景区中产生。被公告为4A级三年以上的旅游景区可申报5A级旅游景区。5A级旅游景区由省级旅游景区质量等级评定委员会推荐，全国旅游景区质量等级评定委员会组织评定。

2）材料提交

《旅游景区质量等级管理办法》规定，申报3A级及以下等级的旅游景区，由所在地旅游景区评定机构逐级提交评定申请报告、《旅游景区质量等级申请评定报告书》和创建资料，创建资料包括景区创建工作汇报、服务质量和环境质量具体达标说明和图片、景区资源价值和市场价值具体达标说明和图片。省级或经授权的地市级旅游景区评定机构组织评定，对达标景区直接对外公告，颁发证书和标牌，并报全国旅游景区质量等级评定委员会备案；申报4A级的旅游景区，由所在地旅游景区评定机构逐级提交申请报告、《旅游景区质量等级申请评定报告书》和创建资料，省级旅游景区评定机构组织初评。初评合格的景区，由省级旅游景区评定机构向全国旅游景区质量等级评定委员会提交推荐意见，全国旅游景区质量等级评定委员会通过调查、暗访等方式进行检查，对达标景区对外公告，颁发证书和标牌；申报5A级的旅游景区，由所在地旅游景区评定机构逐级提交申请报告、《旅游景区质量等级申请评定报告书》和创建资料，省级旅游景区评定机构组织初评。初评合格的景区，由省级旅游

景区评定机构向全国旅游景区质量等级评定委员会提交推荐意见。

2. 评定

《旅游景区质量等级管理办法》规定,全国旅游景区质量等级评定委员会对申报5A级旅游景区评定的程序如下:

1) 资料审核

全国旅游景区质量等级评定委员会依据景区评定标准和细则规定,对景区申报资料进行全面审核,审核内容包括景区名称、范围、管理机构、规章制度及发展状况等。通过审核的景区,进入景观评估程序,未通过审核的景区,一年后方可再次申请重审。

2) 景观价值评价

全国旅游景区质量等级评定委员会组建由相关方面专家组成的评议组,听取申报景区的陈述,采取差额投票方式,对景区资源吸引力和市场影响力进行评价,评价内容包括景区观赏游憩价值、历史文化科学价值、知名度、美誉度与市场辐射力等。通过景观评价的景区,进入现场检查环节,未通过景观评价的景区,两年后方可再次申请重审。

3) 现场检查

全国旅游景区质量等级评定委员会组织国家级检查员成立评定小组,采取暗访方式对景区服务质量与环境质量进行现场检查,检查内容包括景区交通等基础服务设施,安全、卫生等公共服务设施,导游导览、购物等游览服务设施,电子商务等网络服务体系,对历史文化、自然环境保护状况,引导游客文明旅游等方面。现场检查达标的景区,进入社会公示程序,未达标的景区,一年后方可再次申请现场检查。

4) 社会公示

全国旅游景区质量等级评定委员会对达到标准的申报景区,在中国旅游网上进行7个工作日的社会公示。公示阶段无重大异议或重大投诉的旅游景区通过公示,若出现重大异议或重大投诉的情况,将由全国旅游景区质量等级评定委员会进行核实和调查,作出相应决定。

5) 发布公告

经公示无重大异议或重大投诉的景区,由全国旅游景区质量等级评定委员会发布质量等级认定公告,颁发证书和标牌。

同时,《旅游景区质量等级管理办法》规定,各质量等级旅游景区必须按照国家统计部门和旅游行政主管部门要求,履行旅游统计调查制度,按时报送旅游景区各项相关统计数据和信息,确保数据的真实性和准确性。

3. 检查员

依据《旅游景区质量等级管理办法》的规定,旅游景区质量等级评定现场工作由具有相应资格的检查员担负。旅游景区质量等级评定检查员分为国家级检查员和地方级检查员;旅游景区质量等级评定检查员需熟练掌握国家标准及相关细则要求,熟悉景区建设管理知识,业务水平高,实践经验丰富,严格遵守评定工作规范,工作责任心强;旅游景区质量等级评定检查员由旅游景区研究、管理的专业人员,旅游景区协会成员单位的有关人员,景区评定机构的相关人员组成;旅游景区质量等级评定检查员采取分级培训聘任的方式。国家级检查员由全国旅游景区质量等级评定委员会培训,经国务院旅游行政主管部门批准后聘任并颁发证书,地方级检查员由省级旅游景区质量等级评定委员会聘任并颁发证书;旅游景区质量等级评定国家级与地方级检查员每三年进行一次审核。对于出现重大工作失误、未按工作规范开展工作、未承担相应工作职责以及由于各种原因不再适宜担负旅游景区评定工作的检查员,不予通过审核,并取消旅游景区检查员资格。

（三）旅游景区的管理与监督

1. 监督检查

《旅游景区质量等级管理办法》规定,各级旅游景区质量等级评定机构对所评旅游景区要进行监督检查和复核。监督检查采取重点抽查、定期检查和不定期暗访以及社会调查、听取游客意见反馈等方式进行;全国旅游景区质量等级评定委员会负责建立全国旅游景区动态监测与游客评价系统和景区信息管理系统,系统收集信息和游客评价意见,作为对旅游景区监督检查和复核依据之一;对游客好评率较低、社会反响较差、发生重大安全事故、被游客进行重大投诉经调查情况属实及未按时报送数据信息或填报虚假信息的景区,视情节给予相应处理;4A级及以下等级景区复核工作主要由省级质量等级评定委员会组织和实施,复核分为年度复核与五年期满的评定性复核,年度复核采取抽查的方式,复核比例不低于10%。5A级旅游景区复核工作由全国旅游景区质量等级评定委员会负责,每年复核比例不低于10%。经复核达不到要求的,视情节给予相应处理。

2. 处理方式与权限

1）处理方式

《旅游景区质量等级管理办法》规定,对景区处理方式包括签发警告通知书、通报批评、降低或取消等级。旅游景区接到警告通知书、通报批评、降低或取消等级的通知后,须认真整改,并在规定期限内将整改情况上报相应的等级评定机构;旅游景区被处以签发警告通知书和通报批评处理后,整改期满仍未达标的,将给予降低或取消等级处理。凡被降低、取消质量等级的旅游景区,自降低或取消等级之日起一年内不得重新申请等级。

2）处理权限

依据《旅游景区质量等级管理办法》的规定,旅游景区质量等级评定委员会签发警告通知书、通报批评、降低或取消等级的处理权限如下:省、自治区、直辖市旅游景区质量等级评定委员会有权对达不到标准规定的3A级及以下旅游景区签发警告通知书、通报批评、降低或取消等级,并报全国旅游景区质量等级评定委员会备案;省、自治区、直辖市旅游景区质量等级评定委员会有权对达不到标准规定的4A级旅游景区签发警告通知书、通报批评,并报全国旅游景区质量等级评定委员会备案。如需对4A级旅游景区作出降低或取消等级的处理,须报全国旅游景区质量等级评定委员会审批,由全国旅游景区质量等级评定委员会对外公告;全国旅游景区质量等级评定委员会对达不到标准规定的5A级旅游景区作出相应处理;全国旅游景区质量等级评定委员会有权对达不到标准规定的各级旅游景区,作出签发警告通知书、通报批评、降低或取消等级通知的处理。

案例导读

国家旅游局将集中整治5A、4A级旅游景区(2016年8月)

为切实加强旅游景区管理,强化事中、事后监管,不断提升5A级景区管理服务水平,近来,全国旅游资源规划开发质量等级评定委员会对部分景区开展了质量等级复核。复核工作的重点是,近期游客投诉比较集中的5A景区的旅游安全、环境卫生、秩序管理、设施维护、服务品质等方面的符合性和有效性;复核的依据是《旅游景区质量等级的划分与评定》(修订)(GB/T17775—2003)及评定细则;复核方式采取委托第三方专家组进行独立暗访检查和情况核实的方式。国家旅游局依据复核结果撤销了2家5A景区,3家景区被严重警告。

为了维护游客利益,国家旅游局日前下发通知,决定以5A、4A级景区为重点,对全国旅游景区进行集中整治。对存在问题的景区,将作出严肃处理,包括取消一批问题突出的5A、4A级景区资格。

2015年以来,国家旅游局持续加大了对5A级旅游景区的管理力度,建立了动态退出机制,取得了良好反响。在现行管理体制下,4A级景区评定管理职责由各省区市旅游部门承担,各地4A级旅游景区取得了长足发展。但也有部分景区在获得A级景区资格之后,不重视管理,出现了设施老化、环境恶化、管理弱化、服务退化等问题。

通知指出,按照《旅游景区质量等级管理办法》(旅办发〔2012〕166号)、《国家旅游局关于下放4A级旅游景区质量等级评定管理工作的通知》(旅发〔2014〕77号)及《关于加强和完善旅游景区评定工作有关事项的通知》(旅景评发〔2015〕1号)的要求,国家旅游局决定以5A、4A级景区为重点,在全国范围内开展集中整治。

通知要求,2016年9—12月,各省区市旅游部门开展自查自纠,对照《旅游景区质量等级的划分与评定》(修订)(GB/T17775—2003),重点针对景区安全、服务质量、厕所革命、公共基础设施、讲解服务、景区价格等方面问题,对本地区5A、4A级旅游景区予以全面检查,同时推进3A及3A以下A级景区检查工作。各地要针对景区存在的问题,指导督促有关方面制定整改措施,明确责任要求,督促景区认真整改到位。

(资料来源:http://www.cnta.gov.cn/xxfb/jdxwnew2/201608/t20160825_781771.shtml。)

第三节 风景名胜区管理

一、风景名胜区及其设立

(一) 风景名胜区的概念与级别

1. 风景名胜区的概念

风景名胜区是我国辽阔国土上自然景观与人文景观比较集中的具有典型意义的精华所在,是维护国土风貌、优化生态环境的重要保证,是弘扬民族文化、激发爱国热情的重要场所,是扩大对外开放、促进旅游事业发展的物质基础,是推动地区经济发展的重要因素。

国务院发布的《风景名胜区条例》规定,风景名胜区是指具有观赏、文化或者科学价值,自然景观、人文景观比较集中,环境优美,可供人们游览或者进行科学、文化活动的区域。国家对风景名胜区实行科学规划、统一管理、严格保护、永续利用的原则。任何单位和个人都有保护风景名胜资源的义务,并有权制止、检举破坏风景名胜资源的行为。

2. 风景名胜区级别的划分

依据《风景名胜区条例》,风景名胜区划分为国家级风景名胜区和省级风景名胜区。国家级风景名胜区是指自然景观和人文景观能够反映重要自然变化过程和重大历史文化发展过程,基本处于自然状态或者保持历史原貌,具有国家代表性的风景名胜区;省级风景名胜区是指具有区域代表性的风景名胜区。

(二) 风景名胜区的设立

1. 风景名胜区的设立原则

《风景名胜区条例》规定,设立风景名胜区,应当有利于保护和合理利用风景名胜资源。新设立的风景名胜区与自然保护区不得重合或者交叉;已设立的风景名胜区与自然保护区重合或者交叉的,风景名胜区规划与自然保护区规划应当相协调。

2. 设立风景名胜区提交材料的要求

依据《风景名胜区条例》,申请设立风景名胜区应当提交包含下列内容的有关材料:风景名胜资源的基本状况;拟设立风景名胜区的范围以及核心景区的范围;拟设立风景名胜区的性质和保护目标;拟设立风景名胜区的游览条件;与拟设立风景名胜区内的土地、森林等自然资源和房屋等财产的所有权人、使用权人协商的内容和结果。

3. 风景名胜区设立的程序

1) 国家级风景名胜区的设立程序

依据《风景名胜区条例》,设立国家级风景名胜区,由省、自治区、直辖市人民政府提出申请,国务院建设主管部门会同国务院环境保护主管部门、林业主管部门、文物主管部门等有关部门组织论证,提出审查意见,报国务院批准公布。

2) 省级风景名胜区的设立程序

依据《风景名胜区条例》,设立省级风景名胜区,由县级人民政府提出申请,省、自治区人

民政府建设主管部门或者直辖市人民政府风景名胜区主管部门,会同其他有关部门组织论证,提出审查意见,报省、自治区、直辖市人民政府批准公布。

4. 风景名胜区的土地管理

《风景名胜区条例》规定,风景名胜区内的土地、森林等自然资源和房屋等财产的所有权人、使用权人的合法权益受法律保护。申请设立风景名胜区的人民政府应当在报请审批前,与风景名胜区内的土地、森林等自然资源和房屋等财产的所有权人、使用权人充分协商。因设立风景名胜区对风景名胜区内的土地、森林等自然资源和房屋等财产的所有权人、使用权人造成损失的,应当依法给予补偿。

二、风景名胜区规划与保护

(一)风景名胜区规划

1. 风景名胜区规划的类别与内容

1) 风景名胜区规划总体规划及内容

风景名胜区总体规划的编制,应当体现人与自然和谐相处、区域协调发展和经济社会全面进步的要求,坚持保护优先、开发服从保护的原则,突出风景名胜资源的自然特性、文化内涵和地方特色。

风景名胜区总体规划应当包括下列内容:风景资源评价;生态资源保护措施、重大建设项目布局、开发利用强度;风景名胜区的功能结构和空间布局;禁止开发和限制开发的范围;风景名胜区的游客容量;有关专项规划。

依据《风景名胜区条例》,风景名胜区应当自设立之日起 2 年内编制完成总体规划。风景名胜区总体规划的规划期一般为 20 年。

2) 风景名胜区详细规划及要求

风景名胜区详细规划应当根据核心景区和其他景区的不同要求编制,确定基础设施、旅游设施、文化设施等建设项目的选址、布局与规模,并明确建设用地范围和规划设计条件。风景名胜区详细规划,应当符合风景名胜区总体规划。

2. 风景名胜区规划的编制

1) 规划编制的要求

依据《风景名胜区条例》,国家级风景名胜区规划由省、自治区人民政府建设主管部门或者直辖市人民政府风景名胜区主管部门组织编制;省级风景名胜区规划由县级人民政府组织编制。编制风景名胜区规划,应当采用招标等公平竞争的方式选择具有相应资质等级的单位承担。风景名胜区规划应当按照经审定的风景名胜区范围、性质和保护目标,依照国家有关法律、法规和技术规范编制。

2) 规划编制程序与审批

《风景名胜区条例》规定,编制风景名胜区规划,应当广泛征求有关部门、公众和专家的意见;必要时,应当进行听证。风景名胜区规划报送审批的材料应当包括社会各界的意见以及意见采纳的情况和未予采纳的理由;国家级风景名胜区的总体规划,由省、自治区、直辖市人民政府审查后,报国务院审批。国家级风景名胜区的详细规划,由省、自治区人民政府建设主管部门或者直辖市人民政府风景名胜区主管部门报国务院建设主管部门审批;省级风景名胜区的总体规划,由省、自治区、直辖市人民政府审批,报国务院建设主管部门备案。省级风景名胜区的详细规划,由省、自治区人民政府建设主管部门或者直辖市人民政府风景名胜区主管部门审批。

3. 风景名胜区规划的地位与效力

《风景名胜区条例》强化了风景名胜区规划的权威性,明确规定,风景名胜区规划经批准后,应当向社会公布,任何组织和个人都有权查阅。风景名胜区内的单位和个人应当遵守经批准的风景名胜区规划,服从规划管理。风景名胜区规划未经批准的,不得在风景名胜区内进行各类建设活动;经批准的风景名胜区规划不得擅自修改。确需对风景名胜区总体规划中的风景名胜区范围、性质、保护目标、生态资源保护措施、重大建设项目布局、开发利用强度以及风景名胜区的功能结构、空间布局、游客容量进行修改的,应当报原审批机关批准;对其他内容进行修改的,应当报原审批机关备案。风景名胜区详细规划确需修改的,应当报原审批机关批准。政府或者政府部门修改风景名胜区规划对公民、法人或者其他组织造成财产损失的,应当依法给予补偿。风景名胜区总体规划的规划期届满前2年,规划的组织编制机关应当组织专家对规划进行评估,作出是否重新编制规划的决定。在新规划批准前,原规划继续有效。

(二) 风景名胜区保护

1. 风景名胜区保护的一般原则

依据《风景名胜区条例》的规定,风景名胜区内的景观和自然环境,应当根据可持续发展的原则,严格保护,不得破坏或者随意改变。风景名胜区管理机构应当建立健全风景名胜资源保护的各项管理制度。风景名胜区内的居民和游览者应当保护风景名胜区的景物、水体、林草植被、野生动物和各项设施,风景名胜区管理机构应当对风景名胜区内的重要景观进行调查、鉴定,并制定相应的保护措施。

2. 风景名胜区保护的具体规则

1) 禁止从事的活动与行为

依据《风景名胜区条例》的规定,在风景名胜区内禁止进行下列活动:开山、采石、开矿、开荒、修坟立碑等破坏景观、植被和地形地貌的活动;修建储存爆炸性、易燃性、放射性、毒害性、腐蚀性物品的设施;在景物或者设施上刻划、涂污;乱扔垃圾。

同时,《风景名胜区条例》还规定,禁止违反风景名胜区规划,在风景名胜区内设立各类开发区和在核心景区内建设宾馆、招待所、培训中心、疗养院以及与风景名胜资源保护无关的其他建筑物;已经建设的,应当按照风景名胜区规划,逐步迁出。

2) 需要审核或批准的行为

依据《风景名胜区条例》的规定,在风景名胜区内从事禁止范围以外的建设活动,应当经风景名胜区管理机构审核后,依照有关法律、法规的规定办理审批手续。在国家级风景名胜区内修建缆车、索道等重大建设工程,项目的选址方案应当报国务院建设主管部门核准。

在风景名胜区内进行下列活动,应当经风景名胜区管理机构审核后,依照有关法律、法规的规定报有关主管部门批准:设置、张贴商业广告;举办大型游乐等活动;改变水资源、水环境自然状态的活动；其他影响生态和景观的活动。

3. 风景名胜区保护的特别规定

依据《风景名胜区条例》的规定，风景名胜区内的建设项目应当符合风景名胜区规划，并与景观相协调，不得破坏景观、污染环境、妨碍游览。在风景名胜区内进行建设活动的，建设单位、施工单位应当制定污染防治和水土保持方案，并采取有效措施，保护好周围景物、水体、林草植被、野生动物资源和地形地貌；国家建立风景名胜区管理信息系统，对风景名胜区规划实施和资源保护情况进行动态监测。国家级风景名胜区所在地的风景名胜区管理机构应当每年向国务院建设主管部门报送风景名胜区规划实施和土地、森林等自然资源保护的情况；国务院建设主管部门应当将土地、森林等自然资源保护的情况，及时抄送国务院有关部门。

案例导读

德国景点让乱涂乱画变得不容易

作为文化资源丰富的旅游大国，德国的名胜古迹上极少出现"到此一游"等乱涂乱画的痕迹。原来德国人对此自有妙招。首先是为人们在景点等公共场所直抒胸臆提供各种方便，比如设留言本，设专供人们刻字留念的石头等；其次，对违反规定者重罚；最后，不断提高科技手段，让乱涂乱抹变得不那么容易。

科隆是德国最受欢迎的旅游城市之一。游客们喜欢到莱茵河边的霍亨索伦桥上以科隆大教堂为背景留影。霍亨索伦桥是一座重要的交通铁路桥梁，已经有100多年历史。如今桥上多了一堵"锁墙"。只见铁路桥和并行的行人桥之间的铁丝网上挂满五颜六色的锁。锁表达了游客们的心愿。其中最多的是爱情锁。自从有了"锁墙"，游客去其他景点"留言"的情况大大减少。其他城市纷纷仿效，柏林温登大坝桥、不来梅特尔霍福桥、德累斯顿罗西舒维策尔桥、慕尼黑塔尔克西纳尔桥以及法兰克福铁桥等桥上都相继出现了"锁墙"。德国《时代周报》评论说，"锁代替了景点乱涂乱画"。除了"锁墙"，德国各个景区还有许多引导游客"正确留言"的措施。记者观察到，德国各个博物馆、古堡官殿、教堂等景点几乎都设有留言本。这些留言本大而厚实，一般放在景点的出口。游客参观后，可以随心所欲地发表意见。为避免游客在柏林墙上直接涂鸦，柏林政府在柏林墙遗址附近还开辟一些废旧建筑物的外墙，让游客们自由创作。有这种涂鸦墙的德国景点还有不少，比如，德国鲁尔区工业遗址公园、德国汉堡港等。

德国以前有一些游客喜欢在树上刻字留念。为此，德国一些公园想出了金点子，指定一棵树为"许愿树"。游客可以写上自己的心愿，放进挂在树上的信箱里。还有一些景点，像德国"古长城"等，专门设立一些大石块，让游客在上面刻写自己喜欢的词句。此外，像新天鹅堡等景点，都提供可以写自己名字的茶杯，或"到此一游"的纪念牌，捐钱则能把名字刻在"资助榜"上。德国家长常常送孩子参加旅游景点的公益活动，帮孩子树立保护公共物品和文物古迹的意识。

德国很多景点还使用新技术,防止乱涂乱画。比如,很多景点的外墙涂上防涂鸦涂料,难以在墙面上留下痕迹。德国国家铁路公司正计划对一种无人直升机进行测试,该无人机将用于夜间执勤,从而减少火车涂鸦行为。

德国对乱涂乱画惩罚绝不手软。德国柏林景点法律顾问海尔泽曼对记者说,如果有人在德国景点写"到此一游",少则会罚数百欧元的清洗费,最高可以罚款20万欧元,还要被罚做社区服务。造成严重损失的,还可能受到刑事指控,被判2年监禁。

(资料来源:http://go.huanqiu.com/news/2013-05/3986134.html。)

三、风景名胜区管理与法律责任

(一)风景名胜区管理

1. 风景名胜区的管理机构

依据《风景名胜区条例》规定,风景名胜区实行行业专门管理与行政机构的监督管理相结合的管理体制。在行业专门管理方面,风景名胜区所在地县级以上地方人民政府设置的风景名胜区管理机构,负责风景名胜区的保护、利用和统一管理工作。在行政机构监督管理方面,国务院建设主管部门负责全国风景名胜区的监督管理工作。国务院其他有关部门按照国务院规定的职责分工,负责风景名胜区的有关监督管理工作;省、自治区人民政府建设主管部门和直辖市人民政府风景名胜区主管部门,负责本行政区域内风景名胜区的监督管理工作;省、自治区、直辖市人民政府其他有关部门按照规定的职责分工,负责风景名胜区有关监督管理工作。

2. 风景名胜区管理机构的职责

1) 基本职责

《风景名胜区条例》规定,风景名胜区管理机构应当根据风景名胜区的特点,保护民族民间传统文化,开展健康有益的游览观光和文化娱乐活动,普及历史文化和科学知识;风景名胜区管理机构应当根据风景名胜区规划,合理利用风景名胜资源,改善交通、服务设施和游览条件,并在风景名胜区内设置风景名胜标志和路标、安全警示等标牌;风景名胜区内宗教活动场所的管理,依照国家有关宗教活动场所管理的规定执行。风景名胜区内涉及自然资源保护、利用、管理和文物保护以及自然保护区管理的,还应当执行国家有关法律、法规的规定。

2) 安全保障职责

风景名胜区管理机构应当建立健全安全保障制度,加强安全管理,保障游览安全,并督促风景名胜区内的经营单位接受有关部门依据法律、法规进行的监督检查。禁止超过允许容量接纳游客和在没有安全保障的区域开展游览活动;国务院建设主管部门应当对国家级风景名胜区的规划实施情况、资源保护状况进行监督检查和评估。对发现的问题,应当及时纠正、处理。

3) 门票管理与其他职责

《风景名胜区条例》规定,进入风景名胜区的门票,由风景名胜区管理机构负责出售;风景名胜区内的交通、服务等项目,应当由风景名胜区管理机构依照有关法律、法规和风景名胜区规划,采用招标等公平竞争的方式确定经营者;风景名胜区管理机构应当与经营者签订合同,依法确定各自的权利义务。经营者应当缴纳风景名胜资源有偿使用费。

该《风景名胜区条例》还规定,风景名胜区的门票收入和风景名胜资源有偿使用费,实行收支两条线管理。风景名胜区的门票收入和风景名胜资源有偿使用费应当专门用于风景名胜资源的保护和管理以及风景名胜区内财产的所有权人、使用权人损失的补偿。

4) 关于管理机构的禁止性规定

《风景名胜区条例》规定,风景名胜区管理机构实行政企分离,不得从事以营利为目的的经营活动,不得将规划、管理和监督等行政管理职能委托给企业或者个人行使;风景名胜区管理机构的工作人员,不得在风景名胜区内的企业兼职。

(二)违反《风景名胜区条例》的法律责任

1. 相关单位与个人的责任

对于违反《风景名胜区条例》规定的单位或个人,根据情节轻重,承担停止违法行为、恢复原状、限期拆除或者采取其他补救措施,没收违法所得和罚款等行政处罚责任;对直接负责的主管人员和其他直接责任人员给予降级或者撤职的处分;构成犯罪的,依法追究刑事责任。如果当事人的违法行为,侵害国家、集体或者个人财产的,有关单位或者个人应当依法承担民事责任。

此外,《风景名胜区条例》还规定,责令限期拆除在风景名胜区内违法建设的建筑物、构筑物或者其他设施的,有关单位或者个人必须立即停止建设活动,自行拆除;对继续进行建设的,作出责令限期拆除决定的机关有权制止。有关单位或者个人对责令限期拆除决定不服的,可以在接到责令限期拆除决定之日起15日内,向人民法院起诉;期满不起诉又不自行拆除的,由作出责令限期拆除决定的机关依法申请人民法院强制执行,费用由违法者承担;违法行为侵害国家、集体或者个人财产的,有关单位或者个人应当依法承担民事责任。

2. 游客的责任

《风景名胜区条例》规定,在景物、设施上刻划、涂污或者在风景名胜区内乱扔垃圾的,由风景名胜区管理机构责令恢复原状或者采取其他补救措施,处50元的罚款;刻划、涂污或者以其他方式故意损坏国家保护的文物、名胜古迹的,按照治安管理处罚法的有关规定予以处罚;构成犯罪的,依法追究刑事责任。

3. 主管部门的责任

《风景名胜区条例》规定,国务院建设主管部门、县级以上地方人民政府及其有关主管部门有下列行为之一的,对直接负责的主管人员和其他直接责任人员依法给予处分;构成犯罪的,依法追究刑事责任:违反风景名胜区规划在风景名胜区内设立各类开发区的;风景名胜区自设立之日起未在2年内编制完成风景名胜区总体规划的;选择不具有相应资质等级的单位编制风景名胜区规划的;风景名胜区规划批准前批准在风景名胜区内进行建设活动的;擅自修改风景名胜区规划的;不依法履行监督管理职责的其他行为。

4. 风景名胜区管理机构的责任

《风景名胜区条例》规定,风景名胜区管理机构有下列行为之一的,由设立该风景名胜区管理机构的县级以上地方人民政府责令改正;情节严重的,对直接负责的主管人员和其他直接责任人员给予降级或者撤职的处分;构成犯罪的,依法追究刑事责任。这些行为是:超过允许容量接纳游客或者在没有安全保障的区域开展游览活动的;未设置风景名胜区标志和路标、安全警示等标牌的;从事以营利为目的的经营活动的;将规划、管理和监督等行政管理职能委托给企业或者个人行使的;允许风景名胜区管理机构的工作人员在风景名胜区内的企业兼职的;审核同意在风景名胜区内进行不符合风景名胜区规划的建设活动的;发现违法行为不予查处的。

本章小结

(1) 介绍了旅游景观与景观业的概念与特征,对景观业利益相关者进行分析。

(2) 以我国《旅游法》为依据,分析了旅游景区开放制度、门票控制与容量控制法律制度。

(3) 分析了旅游景区质量等级评定与管理制度的有关内容。

(4) 介绍了风景名胜区及其级别、规划、利用与保护,并对相关主体法律责任进行分析。

核心关键词

旅游景观组合	combination of tour landscape
旅游承载力	tourism carrying capacity
价格听证制度	public price hearing system
动态管理制度	dynamic management system
风景名胜区	scenic spots

思考与练习

1. 简述旅游景区开放制度。
2. 简述旅游景区门票控制制度。
3. 简述旅游景区容量管理制度。
4. 分析风景名胜区的利用与管理。
5. 联系实际分析旅游景区动态退出机制。

案例分析

景区"限客" 避免人满为患

国庆黄金周临近,不少市民想通过旅游度假来放松身心,但又担心路上堵车、景区堵心,游客爆棚使得观景成了"看人"。要消除黄金周里观景成"看人"现象,关键是景区要主动发挥最大承载量的作用。2015年9月,河南省旅游局发布《河南省第一批4A级旅游景区最大承载量公告》,省内84家4A级旅游景区有了"限客"标准。业内人士认为,这一举措有助于缓解每到节假日景区人满为患、只见人不见景的尴尬。

河南省旅游局要求,已核定公布最大承载量的各旅游景区,要严格按照我国《旅游法》要求,强化最大承载量管理,景区接待旅游者不得超过最大承载量,可能达到最大承载量时,景区应当提前公告,并向当地人民政府报告,景区和当地人民政府应当及时采取疏导、分流等措施,确保游客人身财产安全。

1. 4A、5A景区都有了"限客"标准

景区最大承载量是指在景区日开放时间内,保障景区内每个游客人身安全和旅游资源环境安全的前提下,能够容纳的最大旅游者数量。我国《旅游法》规定景区应公布最大承载量。

2014年,国家旅游局发布了《景区最大承载量核定导则》(LB/T 034—2014)旅游行业标准,2015年7月17日,国家旅游局公布了全国5A级旅游景区最大承载量。其中,河南省开封清明上河园景区的日最大承载量为7.6万人次,云台山风景名胜区为8.1万人次,洛阳龙门石窟景区为7.9万人次,栾川老君山景区为7.6万人次,栾川鸡冠洞景区为1.5万人次,平顶山尧山景区为5万人次,平顶山中原大佛景区为9.9万人次。

根据《河南省第一批4A级旅游景区最大承载量公告》,全省经各旅游景区主管部门核定的第一批4A级旅游景区最大承载量中,嵖岈山风景名胜区的日最大承载量为6.29万人次,栾川重渡沟风景名胜为2.1万人次,林州太行大峡谷景区为2.52万人次,巩义康百万庄园为6.912万人次,三门峡豫西大峡谷风景区为1.5万人次,三门峡黄河丹峡景区为0.8万人次,商丘市睢县北湖景区为1.5万人次……

2. 达到最大承载量即停止售票

根据国家旅游局发布的《景区最大承载量核定导则》(LB/T 034—2014),景区内旅游者数量达到最大承载量的80%时,需启动包括交通调控、入口调控等措施来控制旅游者流量;景区内旅游者数量达到最大承载量时,应立即停止售票,向旅游者发布告示,做好解释和疏导等相关工作。

据了解,5A级旅游景区最大承载量由国家旅游局发布,4A级旅游景区最大承载量由省旅游局发布,3A级旅游景区则由各地市旅游景区主管部门公布。此次,河南省旅游局公布了首批84家4A级旅游景区的最大承载量,接下来会公布第二批4A级旅游景区的最大承载量。

专业人士分析,此次河南省集中公布4A级旅游景区最大承载量,目的在于加强景区游客流量监管,避免景区因游客流量超载带来旅游安全隐患、旅游服务质量得不到保障和对资源环境的不利影响,为游客的安全出游多提供一份保障,促进旅游景区可持续发展。

3. "限客"还要靠自觉

采访中,不少旅游业内人士认为,景区最大承载量虽已公布,但要真正发挥其作用,还要靠各景区自觉执行。

我国《旅游法》规定,景区在旅游者数量可能达到最大承载量时,未依照规定公告或者未向当地人民政府报告,未及时采取疏导、分流等措施,或者超过最大承载量接待旅游者的,由景区主管部门责令改正,情节严重的,责令停业整顿1个月至6个月。

但是,对违规者的处罚面临着"举证难"的问题,因为景区接待量的实时数据掌握在景区手里,除非景区主动上报,否则监管部门难以对景区超负荷运营进行及时处理,也极少有游客会因为景区内游人过多而投诉的案例。这就需要景区自觉消除安全隐患,避免发生景区客流过大而造成极端拥挤和安全事故。当游客数量快要达到最大承载量时,景区应在售票处等明显位置和通过景区网站等渠道,发布提醒信息,并及时采取疏导、分流等措施。

问题:
1. 结合我国《旅游法》,分析景区管理法律关系中的主体及其责任。
2. 结合案例,分析旅游景区门票控制制度的现实意义。

(资料来源:http://news.ifeng.com/a/20150929/44757587_0.shtml。)

第八章

旅游经营管理法律制度

学习引导

旅游具有人身依附性,具有涉及吃、住、行、游、购、娱等环节的综合性,旅游产品和服务的无形性,使得旅游者对旅游企业具有高度的依赖性,而旅游者与旅游企业之间存在着信息不对称,需要可以保证诚信的条件。本章包含了旅行社经营管理法律制度、旅游饭店经营管理法律制度和旅游交通运输管理法律制度三部分的内容。第一部分以介绍我国《旅游法》关于旅行社及其从业人员的相关内容为主线,结合《旅行社条例》、《导游人员管理》的规定,分析国家对旅行社设立、审批、市场准入等方面的要求,阐述了旅行社及其导游人员的经营行为及其法律责任;第二部分以分析旅游饭店与旅客之间的权利义务关系为主线,对当下旅游饭店运行中的法律问题、法规规范,以及法律责任进行探析,进而介绍了我国《旅游饭店星级的划分与评定》国家标准、《中国旅游饭店行业规范》的主要内容;第三部分主要介绍了我国《民用航空法》、《铁路法》以及《旅游法》关于道路旅客运输安全管理等内容。

学习目标

- 旅行社的设立与经营;
- 导游人员的执业资格制度;
- 旅游饭店标准化建设;
- 旅游饭店行业规范;
- 道路旅客运输安全管理;
- 航空旅客运输管理;
- 铁路旅客运输管理。

第一节 旅行社经营管理法律制度

一、旅行社的法律性质与业务范围

为了加强对旅行社业务经营活动的管理,保障旅游者和旅行社的合法权益,维护旅游市场秩序,我国《旅游法》从行政法视角,对旅行社的核心业务、设立条件、设立程序、业务经营范围,以及旅行社的经营行为等方面进行规制,并与现行《旅行社条例》及其实施细则为旅行社业的健康可持续发展营造良好的法律环境,对促进中国旅行社业转型升级和增长方式的转变具有重要的影响作用。

(一)旅行社的概念及其法律特征

《旅行社条例》所称旅行社,是指从事招徕、组织、接待旅游者等活动,为旅游者提供相关旅游服务,开展国内旅游业务、入境旅游业务或者出境旅游业务的企业法人。旅行社业务,是指以营利为目的,预先或者按照旅游者的要求安排行程,提供或者通过履行辅助人提供交通、住宿、餐饮、游览、娱乐、导游或者领队等两项以上旅游服务,并以总价销售的活动。可见,旅行社具有以下法律特征。

1. 旅行社是具有法人资格的企业法人

旅行社是依法设立的企业法人,它具有企业法人成立的一切条件,如它有自己的组织章程、组织机构、有自己的办公场所、有自己的财产,具有权利能力和行为能力,因而,能够独立从事旅游业务经营、获取有偿服务,并独立承担法律责任。

旅行社的权利能力是指旅行社作为旅游法律关系主体,参与旅游经营活动,享有权利并承担义务的资格。旅行社的权利能力从其取得经营业务许可,领取营业执照时开始,到其歇业、解散、破产或被吊销经营许可证和营业执照时即告消灭。

旅行社的行为能力是指旅行社能够以自己的名义,在法定业务范围内,按照自己的意思开展旅游业务活动,履行法定义务或合同义务,并享有相应权利的资格。旅行社的行为能力与权利能力同时产生,同时终止。

2. 旅行社的业务是从事招徕、组织和接待旅游者

旅行社的业务是从事招徕、组织和接待旅游者,为旅游者提供相关旅游服务。

"招徕"是指旅行社按照法律规定并在经主管部门批准的经营范围内开展宣传营销活动,组织招徕游客的工作,具体包括招徕宣传、为旅游者提供旅游行程咨询、与旅游者签订旅游合同、收取旅游费用、向旅游者通知有关行程事项等,此5项业务仅限于旅行社服务网点的前台对客工作。

"组织"是指策划设计旅游线路产品、采购并委托供应商接待事宜和团队接待计划的落实,包括出境游签证等相关出境手续的办理。

"接待"是指团队出发后的接待服务,即团队接待计划的实施兑现工作。

招徕、组织和接待业务,旅行社可以仅经营其中的一项,也可以同时经营三项的组合。

仅经营招徕业务的旅行社通常称为"旅游零售商",经营组织或者招徕和组织业务的通常称为"旅游批发商",仅经营接待业务的通常称为"旅游供应商"。

"为旅游者提供旅游服务"包括包价旅游服务、导游和领队服务,以及其他受托代订服务等。

3. 旅行社是以营利为目的,实行独立核算的经济实体

旅行社是以营利为目的,预先或者按照旅游者的要求安排行程,提供或者通过履行辅助人提供交通、住宿、餐饮、游览、娱乐、导游或者领队等两项以上旅游服务,并以总价销售的活动。

旅行社是实行独立核算的经济实体,为了实现营利的目的,为了合理地做到有偿服务,应当开拓旅游招徕和接待业务,增加旅游收入,开展精确的核算活动,节省经营中的人力、物力、财力消耗。做到以收抵支,并有盈余,取得较好的经济效益。

(二)旅行社经营业务范围与许可

1. 旅行社经营业务范围

我国《旅游法》对旅行社的业务范围进行规定,该法第29条规定,旅行社可以经营下列业务:境内旅游;出境旅游;边境旅游;入境旅游;其他旅游业务。

可见,旅行社业务经营范围包括招徕、组织、接待境内旅游和入境旅游、出境旅游、边境旅游等,但下列情形不属于经营旅行社业务:交通、景区和住宿经营者在其交通工具上或者经营场所内,提供交通、住宿、餐饮等单项或者多项服务的;社会团体组织会员、机关企事业单位组织员工、学校组织学生进行旅游活动的;家庭成员、朋友、同学等彼此相识的群体自发组织的旅游活动的。

境内旅游是指内地(大陆)居民在境内旅游。入境旅游是指境外旅游者在境内旅游。出境旅游分为出国和赴港澳旅游、赴台旅游:出国和赴港澳旅游是指内地(大陆)居民出国旅游和内地居民赴香港特别行政区、澳门特别行政区旅游,赴台旅游是指大陆居民赴台湾地区旅游。边境旅游是指内地(大陆)居民和毗邻国家居民,从指定边境口岸出入境,且在双方政府商定的边境特定区域和停留期限内旅游。

"其他旅游业务"属于兜底条款,主要包括可以接受委托提供交通、住宿、餐饮、游览、娱乐等各类代订服务,如自由行小包价、单项委托代订、代售旅游产品、提供旅游设计、咨询等业务等。

2. 旅行社业务经营许可

旅行社业务经营许可,是旅行社经营旅游业务的资格证明,由国家旅游局统一印制,由具有审批权的旅游行政管理部门颁发。我国《旅游法》规定,设立旅行社,应当取得旅游主管部门的许可,取得行政许可的旅行社可经营境内旅游业务和入境旅游业务。经营出境旅游业务的行政许可,适用《旅行社条例》第8条的规定,即旅行社取得经营许可满2年,且未因侵害旅游者合法权益受到行政机关罚款以上处罚的,可以申请经营出境旅游业务。

此外,我国《旅游法》还规定,旅行社经营出境和边境旅游业务,应当取得相应的业务经营许可;通过网络经营旅行社业务的,应当依法取得旅行社业务经营许可,并在其网站主页的显著位置标明其业务经营许可证信息;发布旅游经营信息的网站,应当保证其信息真实、

准确;未取得旅行社业务经营许可的,不得经营旅行社业务;旅行社未取得相应许可或者未经指定的,不得经营出国和赴港澳旅游业务、边境旅游业务、赴台旅游业务。

旅行社业务经营许可证由正本和副本组成。正本应当与旅行社营业执照一并悬挂在营业场所的显要位置,以便有关部门监督检查以及旅游者、其他企业识别;副本主要为旅行社开展业务的需要而印制、核发。许可证上应当注明旅行社的名称、许可证编号、企业性质及形式、注册资本和质量保证金、法定代表人和主要负责人、经营范围、颁证日期及有效期等内容。许可证有效期为3年。旅行社应当在许可证到期前的3个月内,持许可证到原颁证机关换发。许可证损坏或遗失,旅行社有义务向原颁证机关作出明确的书面说明,并到原颁证机关申请换发或补发。遗失许可证,旅行社应当在发现之日起尽快在全国性报纸上声明作废。

依据我国《旅游法》,违反上述规定,未经许可经营旅行社业务的,由旅游主管部门或者工商行政管理部门责令改正,没收违法所得,并处1万元以上10万元以下罚款;违法所得10万元以上的,并处违法所得1倍以上5倍以下罚款。对有关责任人员,处2000元以上2万元以下罚款;未经许可经营出境旅游和边境旅游业务,或者出租、出借旅行社业务经营许可证,或者以其他方式非法转让旅行社业务经营许可的,除依照前款规定处罚外,并责令停业整顿;情节严重的,吊销旅行社业务经营许可证。对直接负责的主管人员,处2000元以上2万元以下罚款。

二、旅行社的设立

（一）旅行社的设立及其审批

1. 旅行社的设立

1）旅行社的设立条件

根据我国《旅游法》的规定,设立旅行社,招徕、组织、接待旅游者,为其提供旅游服务,应当具备下列条件,取得旅游主管部门的许可,依法办理工商登记:有固定的经营场所;有必要的营业设施;有不少于人民币30万元的注册资本;有必要的经营管理人员和导游;法律、行政法规规定的其他条件。

2）旅行社分支机构的设立

（1）旅行社分社。

旅行社设立分社的,应当向分社所在地的工商行政管理机关办理工商登记,并自工商登记之日起3个工作日内向分社所在地的旅游行政管理部门备案;旅行社分社的设立不受地域限制。分社的经营范围不得超出设立分社的旅行社的经营范围。

（2）旅行社服务网点。

旅行社服务网点是指旅行社设立的,为旅行社招徕旅游者,并以旅行社的名义与旅游者签订旅游合同的门市部等机构。设立社设立服务网点的区域范围,应当在设立社所在地设区市的行政区划内。服务网点的名称、标牌应当包括设立社名称、服务网点所在地地名等,不得含有使消费者误解为是旅行社或者分社的内容,也不得作易使消费者误解的简称。

服务网点应当在设立社的经营范围内,招徕旅游者、提供旅游咨询服务。旅行社服务网点应当接受旅行社的统一管理,不得从事招徕、咨询以外的活动。

2. 旅行社的审批程序

《旅行社条例》规定,申请设立旅行社,经营国内旅游业务和入境旅游业务的,应当向所在地的省、自治区、直辖市旅游行政管理部门提出申请,并提交符合《旅行社条例》规定的设立条件的相关证明文件;受理申请的旅游行政管理部门应当自受理申请之日起20个工作日内作出许可或者不予许可的决定;予以许可的,向申请人颁发旅行社业务经营许可证;不予许可的,书面通知申请人并说明理由。

申请经营出境旅游业务的,应当向国务院旅游行政主管部门或其委托的省、自治区、直辖市旅游行政管理部门提出申请,受理申请的旅游行政管理部门应当自受理申请之日起20个工作日内作出许可或者不予许可的决定。予以许可的,向申请人换发旅行社业务经营许可证;不予许可的,书面通知申请人并说明理由。

《旅行社条例》还规定,旅行社变更名称、经营场所、法定代表人等登记事项或者歇业的,应当到工商行政管理机关办理相应的变更登记或者注销登记,并在登记办理完毕之日起10个工作日内,向原许可的旅游行政管理部门备案,换领或者交回旅行社业务经营许可证。

(二)旅游服务质量保证金制度

1. 质量保证金及其交存数额

旅游服务质量保证金是指根据我国《旅游法》及《旅行社条例》的规定,由旅行社在指定银行缴存或由银行担保提供的一定数额用于旅游服务质量赔偿支付和团队旅游者人身安全遇有危险时紧急救助费用垫付的资金。

《旅行社条例》规定,经营国内旅游业务和入境旅游业务的旅行社,应当存入质量保证金20万元;经营出境旅游业务的旅行社,应当增存质量保证金120万元。旅行社每设立一个经营国内旅游业务和入境旅游业务的分社,应当向其质量保证金账户增存5万元;每设立一个经营出境旅游业务的分社,应当向其质量保证金账户增存30万元。质量保证金及其利息,属于旅行社所有,任何单位和个人不得挪用。

2. 质量保证金的使用范围

(1)旅游行政管理部门使用

我国《旅游法》第31条规定,旅行社应当按照规定交纳旅游服务质量保证金,用于旅游者权益损害赔偿和垫付旅游者人身安全遇有危险时紧急救助的费用。

《旅行社条例》明确了质量保证金的使用范围,规定旅游行政管理部门可以使用质量保证金,赔偿旅行社给旅游者造成损失的情形。具体包括:旅行社违反旅游合同约定,侵害旅游者合法权益,经旅游行政管理部门查证属实的;旅行社因解散、破产或者其他原因造成旅游者预交旅游费用损失的;旅游者人身安全遇有危险,旅行社申请垫付紧急救助费用的。

(2)人民法院划拨

《旅行社条例》规定,人民法院判决、裁定及其他生效法律文书认定旅行社损害旅游者合法权益,旅行社拒绝或者无力赔偿的,人民法院可以从旅行社质量保证金账户划拨赔偿款。

3. 质量保证金的动态管理

《旅行社条例》建立了质量保证金的动态管理机制,规定了质量保证金的降低、补交或取回的情形和程序。

1) 质量保证金的降低

《旅行社条例》规定,旅行社自交纳或者补足质量保证金之日起3年内未因侵害旅游者合法权益受到行政机关罚款以上处罚的,旅游行政管理部门应当将旅行社质量保证金的交存数额降低50%,并向社会公告。旅行社可凭省、自治区、直辖市旅游行政管理部门出具的凭证减少其质量保证金。

2) 质量保证金的补交与取回

《旅行社条例》规定,旅行社在旅游行政管理部门使用质量保证金赔偿旅游者的损失,或者质量保证金退还后,因侵害旅游者合法权益受到行政机关罚款以上处罚的,应当在收到旅游行政管理部门补交质量保证金通知之日起5个工作日内补足质量保证金。旅行社不再从事旅游业务的,凭旅游行政管理部门出具的凭证,向银行取回质量保证金。

知识活页　《旅游服务质量保证金存取管理办法》(摘选)

第二章　存款

第7条　旅行社需要存缴保证金时,须持《营业执照》副本、《旅行社业务经营许可证》副本到银行办理存款手续。存缴保证金的旅行社须与银行签订《旅游服务质量保证金存款协议书》(附件1),并将复印件送许可的旅游行政主管部门备案。

第8条　为最大限度提高资金效益、简化续存手续,银行按照不少于1年定期、到期自动结息转存方式管理保证金,中途提取部分改按活期结算利息。利息收入全部归旅行社所有。

第9条　为防止保证金存单质押,银行应在存单上注明"专用存款不得质押"字样。

第10条　银行提出保证金担保的,由银行向许可的旅游行政主管部门出具《旅游服务质量保证金银行担保函》。银行担保期限不得少于1年。担保期限届满前3个工作日,应续办担保手续。

第三章　取款

第11条　旅行社因解散或破产清算、业务变更或撤减分社减交、3年内未因侵害旅游者合法权益受到行政机关罚款以上处罚而降低保证金数额50%等原因,需要支取保证金时,须向许可的旅游行政主管部门提出,许可的旅游行政主管部门审核出具《旅游服务质量保证金取款通知书》。银行根据《旅游服务质量保证金取款通知书》,将相应数额的保证金退还给旅行社。

第12条　发生《旅行社条例》第15条规定的情形,银行应根据旅游行政主管部门出具的《旅游服务质量保证金取款通知书》及《旅游行政主管部门划拨旅游服务质量保证金决定书》,经与旅游行政主管部门核实无误后,在5个工作日内将保证金以现金或转账方式直接向旅游者支付。

第13条　发生《旅行社条例》第16条规定的情形,银行根据人民法院判决、裁

定及其他生效法律文书执行。

第14条 发生《旅游法》第31条规定的旅游者人身安全遇有危险时紧急救助费用垫付的情形,旅行社提出申请的,旅游行政主管部门应立即予以审核;旅游行政主管部门决定垫付的,需按实际所需确定垫付额度。申请额度和决定垫付额度均应在保证金账户现有额度内。

银行根据旅游行政主管部门出具的《旅游服务质量保证金取款通知书》及《关于使用旅游服务质量保证金垫付旅游者人身安全遇有危险时紧急救助费用的决定书》后24小时内,经与旅游行政主管部门核实无误后,将保证金以现金或转账方式直接向《旅游服务质量保证金取款通知书》中确定的单位或账户提供。

第15条 提供保证金担保的银行,因发生《旅行社条例》第15条、第16条规定的情形,在收到《旅游服务质量保证金取款通知书》及《旅游行政主管部门划拨旅游服务质量保证金决定书》或人民法院判决、裁定及其他生效法律文书5个工作日内履行担保责任;因发生《旅游法》第31条旅游者人身安全遇有危险时紧急救助费用垫付的情形,在收到《旅游服务质量保证金取款通知书》及《关于使用旅游服务质量保证金垫付旅游者人身安全遇有危险时紧急救助费用的决定书》24小时内履行担保责任。

资料来源:http://www.cnta.gov.cn/zwgk/fgwj/gfxwj_2120/201506/t20150625_429425.shtml。

(三)外商投资旅行社及其设立

1. 外商投资旅行社及其设立程序

外商投资旅行社,包括外国旅游经营者同中国投资者依法共同投资设立的中外合资经营旅行社、中外合作经营旅行社和外国旅游经营者依法设立的独资旅行社。

依据《国家旅游局关于落实简政放权和行政审批工商登记制度改革有关规定的通知》(旅发〔2015〕96号)的文件精神,设立外商投资旅行社应先经商务部门审批,再取得工商营业执照,最后申请旅行社业务经营许可证。据此,申请设立外商投资旅行社的,直接持工商行政管理部门颁发的外商投资企业的营业执照,依照内资旅行社的审批程序办理。换句话说,就是依《旅行社条例》规定,设立外商投资旅行社,应当向所在地省、自治区、直辖市旅游主管部门提出申请,并提交符合《旅行社条例》规定设立条件的相关证明文件。省、自治区、直辖市旅游主管部门应当自受理申请之日起30个工作日内审查完毕。予以许可的,颁发旅行社业务经营许可证;不予许可的,书面通知申请人并说明理由。设立外商投资旅行社,还应当遵守有关外商投资的法律、法规。我国香港特别行政区、澳门特别行政区和台湾地区的投资者在内地投资设立旅行社的,参照适用该规定。

2. 关于外商投资旅行社的特别规定

《旅行社条例》规定,除国务院决定或者我国签署的自由贸易协定,以及内地与香港特别行政区、澳门特别行政区关于建立更紧密经贸关系的安排和大陆与台湾地区海峡两岸经济合作框架协议另有规定外,外商投资旅行社不得经营出境旅游、边境旅游业务;外商向具有出境旅游、边境旅游业务经营范围的旅行社投资的,旅行社应当办理工商变更登记,原许可的旅游主管部门应当取消其出境旅游、边境旅游业务的经营范围,并换发旅行社业务经营许可证。

三、旅行社的经营

(一)旅行社的经营原则

依据我国《旅游法》及相关法律法规,旅行社在经营活动中应当遵循自愿、平等、公平、诚实信用的原则,提高服务质量,维护旅游者的合法权益。

1. 自愿原则

自愿原则就是要求参与市场交易的经营者,在市场交易中能充分表达自己的真实意志。根据自己的意愿选择交易对手、交易内容和条件以及终止或变更交易的条件。

我国《民法通则》把自愿原则作为一项基本原则,即一切民事活动都必须遵守这一原则。凡以欺诈、胁迫等手段或者乘人之危,使对方在违背真实意愿的情况下所为的民事行为均为无效的民事法律行为。

2. 平等原则

平等原则是指在具体的交易中,不论经营者一方是法人还是自然人,或双方在经济力量上存在的差别有多大,或即便一方交易者属某行政机关管辖,交易者双方都是平等的,在双方权利与义务的约定上必须平等协商。一方不得恃强凌弱,强迫对方服从自己的意志。

同时,平等原则要求法律、法规对交易者双方提供平等的法律保障与保护。

3. 公平原则

公平原则是指在交易和竞争的方法、条件和结果上都应当是公平的。发展社会主义市场经济必须保护公平竞争,发挥竞争机制推动市场经济的作用。

4. 诚实信用原则

诚实信用原则要求经营者以善意、诚实、公正为基础,自觉履行对其他经营者、消费者和国家所承担的基本责任。

诚实信用原则是市场经济中公认的商业道德,也是道德规范在法律上的表现。

(二)旅行社的权利与经营规则

1. 旅行社的权利

旅行社具有下列权利:要求旅游者提供真实、准确的、履行旅游合同所需的信息资料;拒绝旅游者提出的违反法律法规、社会公德、职业道德或者包价旅游合同约定的要求;法定情形下变更旅游行程、解除旅游合同;要求旅游者对其造成的损失承担赔偿责任;拒绝有关行政管理部门违法的检查、收费或者摊派。

2. 旅行社的经营规则

我国《旅游法》及《旅行社条例》对旅行社的经营规则给予明确规定,其内容包括:旅行社为招徕、组织旅游者发布信息,必须真实、准确,不得进行虚假宣传,误导旅游者;旅行社及其从业人员组织、接待旅游者,不得安排参观或者参与违反我国法律、法规和社会公德的项目或者活动;旅行社组织旅游活动应当向合格的供应商订购产品和服务;旅行社不得以不合理的低价组织旅游活动,诱骗旅游者,并通过安排购物或者另行付费旅游项目获取回扣等不正

当利益;旅行社组织、接待旅游者,不得指定具体购物场所,不得安排另行付费旅游项目。

但是,经双方协商一致或者旅游者要求,且不影响其他旅游者行程安排的除外;旅行社组织团队出境旅游或者组织、接待团队入境旅游,应当按照规定安排领队或者导游全程陪同。

旅行社为接待旅游者委派的导游人员和为组织旅游者出境旅游委派的领队人员,应当持有国家规定的导游证或者领队证;旅行社对发生危及旅游者人身安全的情形的,应当采取必要的处置措施并及时报告旅游行政管理部门。在境外发生的,还应当及时报告中华人民共和国驻该国使领馆、相关驻外机构、当地警方;旅游者在境外滞留不归的,旅行社委派的领队人员应当及时向旅行社和中华人民共和国驻该国使领馆、相关驻外机构报告。旅行社接到报告后应当及时向旅游行政管理部门和公安机关报告,并协助提供非法滞留者的信息。

旅行社接待入境旅游发生旅游者非法滞留我国境内的,应当及时向旅游行政管理部门、公安机关和外事部门报告,并协助提供非法滞留者的信息。

案例导读

购买在线旅游遭遇投诉无门

如今,在线旅游模式遍地开花。很多大型正规旅游网站如携程、途牛、同程等都具备旅行社资质,甚至拥有自己的领队、导游队伍,合法从事国内游、出境游等经营业务。还有网络旅游服务提供者由线上发展到线下,开设实体旅行社,与传统旅行社模式趋近。但同时,网络上也充斥着大量资质不明、真假难辨的低价揽客信息,给旅游者的财产和人身安全带来了隐患。

2015年底,张先生计划去趟云南旅游,在咨询了几家正规旅行社后发现,价格相差不多,提供的服务各有特色,一时难以抉择。张先生偶然在一家本地论坛上看到一则组团游云南的信息,"五星酒店入住"、"全程专车接送"等宣传字眼,价格则比旅行社的报价便宜800余元。组织者称拼团出行,可享受团体订票、订房的优惠,又节省了诸多中间差价,所以价格优惠。张先生决定尝试一下在线旅游。然而,这场"说走就走"的旅行并没有给张先生带来预期的美好体验。张先生发现,组织者并没有给他们提供正规旅行合同,只有简单的行程单。到云南后,一家地接旅行社的导游全程负责他们的行程,让张先生不满的是,旅行中到店消费,推销特产一样不少,说好的"拼团游"不过是组织者线上收客,线下在当地找到地接"旅行社",提供各项服务。

在线旅游发生消费纠纷如何处理?张先生首先想到的是工商部门和旅游管理部门。某工商部门12315平台的相关负责人表示,去年该市旅游相关投诉有20多起,其中低价游、夸大、不实的广告宣传仍是网络游的揽客秘籍。记者咨询业内人士得知,有些网站平台缺乏资质仍然代理旅游产品,打监管的"擦边球",并且频繁发生纠纷,消费者往往投诉无门。一些网站平台为了节约成本,私自找黑车充当交通工具,存在安全隐患。此外,这些没有资质的企业或自然人没有旅行社责任险,也未缴纳旅游服务保证金,发生纠纷或事故后,赔偿得不到保障。

该市旅游质量监督管理所有关负责人则表示,我国旅游行业的法律法规和管理部门,以监管正规的旅行社为主,对在线旅游市场仍然存在监管盲区。首先,线上组织旅游的商家大多不具备旅行社资质,发生纠纷后,被投诉的主体往往不是旅行社,旅游执法部门管不了;其次,网络平台提供的旅游产品地域跨度大,被投诉的主体往往是在外地,也加大了执法难度。

业内人士则建议,消费者选择在线旅游方式时,尽量选择企业自营网络平台或有相关资质的大型网站。同时,要注意"低价的诱惑",面对不合理的低价时,要留意价格缩水是否意味着产品服务的缩水。

(资料来源:http://www.cnii.com.cn/internetnews/2016-02/02/content_1689415.htm。)

四、导游人员管理法律制度

随着我国旅游业的发展,导游人员的工作内容、数量、规模等都发生了极大的变化,为了规范导游活动,保障旅游者和导游人员的合法权益,促进旅游业的健康发展,国务院公布实施的《导游人员管理条例》,国家旅游局通过的《导游人员管理实施办法》、《导游员职业等级标准》等一系列法规为我国导游队伍建设和发展完善了法规上的依据。现在,旅游已成为大众百姓的日常消费方式,旅游业具有的人身服务、异地服务等特殊性,使得导游服务品质与大众百姓的生活质量和切身利益密切关联。我国《旅游法》对导游的执业管理、行为规范等内容作了原则性规定,并为导游制度的改革指明了方向。

(一)导游人员的概念与分类

1. 导游人员的概念及含义

《导游人员管理条例》规定,该条例所称导游人员,是指依照该条例的规定取得导游证,接受旅行社委派,为旅游者提供向导、讲解及相关旅游服务的人员。可见,导游人员这一概念包含以下三层法律含义。

1)从业资格要求

从业资格是标志某人从事某一特定行业,能够胜任该行业职业或工作的资格证明。"取得导游证"标志某人具备从事导游职业资格,是表明某人具备导游职业的资格。

导游证由国务院旅游行政部门颁发,即在参加导游人员资格考试并合格后,向旅游行政部门领取。

2)执业形式要求

导游执业形式是指通过法律法规明确旅行社委派导游服务的制度,"接受旅行社委派"是导游人员从事导游业务活动的方式要件。当然,导游职业社会化,使其成为全社会全行业共享的资源,既能够体现导游工作的特点,又符合旅游市场的现实需要,应当是社会导游管理体制改革的目标和方向。

2016年5月,国家旅游局下发《关于开展导游自由执业试点工作的通知》(旅发〔2016〕59号),在全国9个省市试点线上线下相结合的导游自由执业试点工作。其中,江、浙、沪三省市以及广东省将开展线上导游自由执业试点工作;吉林长白山、湖南长沙和张家界、广西桂林、海南三亚、四川成都则同时开展线上和线下导游自由执业试点工作。

3) 服务内容要求

"为旅游者提供向导、讲解服务及相关旅游服务"是导游业务活动的内容要件。所谓"向导",一般是指为他人引路、带路;而"讲解"则是指为旅游者解说,讲解景点的历史等;至于"相关旅游服务"一般是指为旅游者代办各种旅行证件、代购交通票据、安排旅游住宿、旅程就餐等与旅行游览有关的各种服务。

2. 导游人员的类别

1) 从导游的服务范围分类

从导游的服务范围分类,导游可分为:领队人员、全程陪同、地方陪同和定点陪同。

领队人员又称出境旅游领队人员,我国《旅游法》规定,从事领队业务,应当取得导游证,具有相应的学历、语言能力和旅游从业经历,并与委派其从事领队业务的取得出境旅游业务经营许可的旅行社订立劳动合同。因此,领队人员是具备领队条件,接受具有出境旅游业务经营权的旅行社委派,为出境旅游团提供旅途全程陪同和有关服务的人员。

全程陪同,是指受旅行社委派或聘用,在旅游者(团)的整个行程中,为跨省、自治区、直辖市范围的旅游者安排旅行和游览事项,提供全部旅程导游服务的人员。

地方陪同,是指受旅行社委派或聘用,在省、自治区、直辖市范围内为旅游者提供导游服务的人员。在业务实践中,地方陪同只在当地帮助全程陪同,安排旅行和游览事项,提供讲解和旅途服务。

定点陪同,是指在旅游景区或参观点内为旅游者提供导游服务的人员。

2) 从导游隶属关系分类

从导游隶属关系分类,导游可分为:专职导游人员和社会导游人员。

专职导游人员,是指专门从事导游工作,以其工作收入为主要生活来源的人员。专职导游隶属旅行社,旅行社要对导游承担全部的教育和管理职责,特别是对带团过程中违规违纪行为要承担后果和责任。

社会导游人员,主要是指利用业余时间在旅游旺季担任临时导游工作的人员。这部分人员的主要成分大多是旅游院校导游专业的教师和学生,他们精通各种语言,并通过全国导游资格考试,取得了导游证。社会导游由专门的导游服务机构承担日常管理、教育培训和奖罚清退的管理责任。

3) 从导游语言上分类

从导游语言上分类,导游可分为:使用外国语的导游人员(如英语、日语、俄语、法语、德语、泰语、西班牙语、印度尼西亚语、阿拉伯语、意大利语等);使用汉语普通话的导游人员;使用方言的导游人员(如广东话、闽南话等);使用少数民族语言的导游人员(如蒙古语、维吾尔语、藏语等)。

(二) 导游执业制度

1. 导游资格考试制度

《导游人员管理条例》规定,国家实行全国统一的导游人员资格考试制度,参加导游资格考试应当具备下列条件。

1) 有关国籍的条件

国籍是指一个人属于某一个国家的国民或公民的法律资格,表明一个人同一个特定国家间的固定的法律联系,是国家行使属人管辖权和外交保护权的法律顾问依据。

在我国,从事导游工作的人员,必须是具有中华人民共和国国籍的公民。2008年,中央政府与港、澳特区政府分别签署协议,允许香港、澳门永久性居民中的中国公民参加内地导游人员资格考试。考试合格者依据有关规定领取导游人员资格证书。为此,国家旅游局下发《关于香港、澳门永久性居民中的中国公民报考全国导游人员资格考试有关事项的通知》(旅办发〔2008〕174号)对港澳居民报考全国导游人员资格考试有关事项进行规定。外国人、无国籍的人,不得参加我国导游资格考试,不能担任导游工作。

2) 有关学历的条件

学历条件是衡量一个从业人员的知识结构及文化程度的一个客观标准,也是从事某种职业对从业人员的基本要求。《导游人员管理条例》规定,参加导游资格考试的报考者应当具有高级中学、中等专业学校或以上学历。考试合格方可领取"导游资格证书"。

3) 有关身体的条件

"身体健康"是《导游人员管理条例》对报考导游资格考试人员身体素质的基本要求。联合国世界卫生组织对健康下的定义是:健康不但没有身体疾患,而且有完整的生理、心理状态和社会适应能力。我国著名医学家傅连暲认为,"健康"的含义应包括如下的因素:身体各部位发育正常,功能健康,没有疾病;体质坚强,对疾病有高度的抵抗力,并能刻苦耐劳,担负各种艰巨繁重的任务,经受各种自然环境的考验;精力充沛,能经常保持清醒的头脑,精神贯注,思想集中,对工作、学习都能保持有较高的效率;意志坚定,情绪正常,精神愉快。由于导游业务的特殊性,导游人员必须具有良好的身体素质,才能适应导游工作的需要。

4) 有关知识与能力的条件

《导游人员管理条例》规定,报考导游资格考试的人员应当"具有适应导游需要的基本知识和语言表达能力",这是对报考导游资格考试人员基本的业务素质与能力的要求。"知识"是从业人员的基础、是载体,"能力"则是技能化的知识,是知识的综合体现。一个具有较强能力和良好素质的人必须掌握丰富的知识,而能力和素质的培养必须通过具体知识的传授来实施,或者说在许多场合下,专业能力和专业素质,是通过知识表现出来的。

导游人员应当具有运用知识发现问题、分析问题、解决问题的能力;相反,能力的增强,有利于从业人员学习更多知识,并因此而提高自身的专业知识结构和综合素养。

2. 导游执业资格制度

1) 导游证及其种类

依据《导游人员管理条例》的规定,在中华人民共和国境内从事导游活动,必须取得导游证。导游证是导游人员从业行为能力的证明,是表明导游人员身份的外在标识,它是国家准许从事导游工作的执业资格证件。

我国《旅游法》规定,参加导游资格考试成绩合格,与旅行社订立劳动合同或者在相关旅游行业组织注册的人员,可以申请取得导游证。这是关于导游执业资格制度的规定。

根据该规定,导游资格考试合格是办理导游证的前提条件,与旅行社签订劳动合同或者在相关旅游行业组织登记注册是必备条件,它改变了社会导游现有的管理模式,对导游人员准入制度做了优化。

该规定取消了《导游人员管理条例》设立的导游人员资格证书制度,改为凭导游资格考试合格成绩单办理。同时,取消了导游服务公司的社会导游登记注册的职能,改由旅游行业组织登记注册,这是国家将从业人员管理职能从政府实现向行业协会转变的一个重大步骤。这里的"旅游行业组织"是指经民政部门登记注册依法成立的社团组织,如旅游协会、旅行社协会、导游协会或者旅游协会导游分会等。鉴于导游协会或分会尚未普遍成立,可在各地已比较完善的旅游协会中先行设立导游工作部作为过渡,承担相关职能。这里需要说明的是,到相关旅游行业组织登记注册并不意味着一定要加入该协会成为会员。根据行业协会管理的相关法律法规,行业协会可以对本协会会员和仅依法登记注册成员在其权利义务上分别对待。

我国《旅游法》规定,未取得导游证从事导游、领队活动的,由旅游主管部门责令改正,没收违法所得,并处 1000 元以上 1 万元以下罚款,予以公告。

导游证可分为正式导游证和临时导游证两种:

(1) 正式导游证。

正式导游证,又称导游证,是指参加导游人员资格考试并合格,与旅行社订立劳动合同或者在相关旅游行业组织注册的人员,由省、自治区、直辖市人民政府旅游行政部门颁发的导游证。持有正式导游证的人员,可以是专职导游人员,也可以是社会导游人员;可以是某旅行社的正式员工,也可以是某旅行社聘用人员。

导游证的有效期限为 3 年。导游证持有人需要在有效期满后继续从事导游活动的,应当在有效期限届满 3 个月前,向省、自治区、直辖市人民政府旅游行政部门申请办理换发导游证手续。

(2) 临时导游证。

临时导游证是指具有特定语种语言能力的人员,虽未参加导游人员资格考试或考试成绩不合格,但因旅行社特殊需要,聘请其临时从事导游活动,由旅行社向省、自治区、直辖市人民政府旅游行政部门申请领取的导游证。可见,领取临时导游证的条件有:一是具有某种特定语种语言能力;二是旅行社需要聘请其临时从事导游活动。

临时导游证的有效期限最长不超过 3 个月,并不得展期。

2) 不得颁发导游证的情形

(1) 无民事行为能力或者限制民事行为能力的。

民事行为能力是指公民能够通过自己的行为取得民事权利和承担民事义务的资格,即公民可以独立进行民事活动的资格。法律要求公民达到一定年龄以及能够对自己的行为及可能产生的法律后果具有认识能力和判断的能力后,才具有行为能力。

《导游人员管理条例》规定的对无民事行为能力或者限制民事行为能力的人,不得颁发导游证,也就是说,无民事行为能力的人和限制民事行为能力的人,不得充任导游员。只有具有完全民事行为能力的公民,才能申请领取导游证,从事导游职业。

(2) 患有传染性疾病的。

对患有传染性疾病的人员,不得颁发导游证。所谓传染性疾病是指由病原体侵入生物体,使生物体产生病理反应而引起的疾病。一个人是否患有传染性疾病,应当由医疗机构作出诊断证明。对患有传染性疾病的人员,之所以不得颁发导游证,是由导游这一职业特性所决定的。

(3) 受过刑事处罚的,过失犯罪的除外。

旅游行政部门对受过刑事处罚的人员,不得颁发导游证。所谓受过刑事处罚的人员,是指因其行为触犯了国家刑法而受到刑罚制裁的人。但是对于过失犯罪的人,尽管其也受过刑事处罚,仍然可以申请领取导游证,旅游行政部门也可以颁发给其导游证。

(4) 被吊销导游证,未满3年的。

旅游行政部门对曾被吊销过导游证的人员,不得颁发导游证。这一规定是指有些曾经取得导游证的导游人员,因违反导游管理法规,被旅游行政管理部门处以吊销导游证的处罚,因其在导游执业中有过不良记录、受过被吊销导游证的处罚,已经不适合继续从事导游职业。

《导游人员管理条例》规定,对曾经被吊销过导游证的人员,旅游行政部门不得重新对其颁发导游证。我国《旅游法》第103条规定,违反该法规定被吊销导游证、领队证的导游、领队和受到吊销旅行社业务经营许可证处罚的旅行社的有关管理人员,自处罚之日起未逾3年的,不得重新申请导游证、领队证或者从事旅行社业务。

可见,我国《旅游法》改变了《导游人员管理条例》对导游执业资格一经吊销终身淘汰的规定,自吊销之日起满3年后可以按照本条的规定重新报考申办导游证。因此,不予颁发导游证的第4种情形可界定为"被吊销导游证,未满3年的"。

3) 颁发导游证的期限及有关规定

旅游行政部门颁发导游证,是准予申请领取导游证人员从事导游活动的具体行政行为,这种具体行政行为,直接决定着申请领取者能否从事导游活动,直接影响着他们的合法利益。

依据《导游人员管理条例》的规定,旅游行政部门对符合颁发导游证条件的申请领取者,必须在收到申请领取导游证之日起15日内颁发导游证。这是一条强制性规定,旅游行政部门必须依此规定执行。

知识活页 《导游自由执业试点管理办法(试行)》(摘选)

第1章 总则

第3条 本办法所称导游自由执业,包括线上导游自由执业和线下导游自由执业两种方式。线上导游自由执业是指导游向通过网络平台预约其服务的消费者提供单项讲解或向导服务,并通过第三方支付平台收取导游服务费的执业方式。线下导游自由执业是指导游向通过旅游集散中心、旅游咨询中心、A级景区游客服务中心等机构预约其服务的消费者提供单项讲解或向导服务,并通过第三方支付平台收取导游服务费的执业方式。本办法所称导游自由执业试点,是指在国家旅游局确定的试点区域内,开展导游自由执业。

第4条　导游在开展自由执业试点的地区，可以自主选择从事自由执业或者接受旅行社聘用委派执业。

第5条　自由执业的导游，人格尊严受到尊重，其人身安全不受侵犯。对下列情形之一的要求，自由执业的导游人员有权拒绝：侮辱其人格尊严的要求；违反其职业道德的不合理要求；与我国民族风俗习惯不符的要求；可能危害其人身安全的要求；法律、法规和规章禁止的其他行为。

第2章　导游自由执业的条件

第8条　持有在试点地区注册的初级及以上导游证，身体健康且2年内未受到行政处罚的导游，由各试点地区旅游主管部门审核，可以参与导游自由执业。

第9条　参与自由执业的导游应具有导游自由执业责任保险，每次事故每人责任限额不低于50万元人民币。用于导游自由执业过程中对旅游者和第三人人身财产及其他损失的赔偿。鼓励参与自由执业的导游投保导游执业综合保险等商业保险，保障导游自身权益。

第10条　提供线上导游自由执业业务的机构是依法搭建导游服务网络预约平台、在国家旅游局备案从事导游自由执业业务的企业法人。

第12条　提供线下导游自由执业业务的机构，是在国家旅游局确定的线下导游自由执业试点区域内，经试点地区旅游主管部门审核的旅游咨询中心、旅游集散中心、A级景区游客中心等线下旅游机构。供线下导游自由执业业务的机构，由省级旅游主管部门向国家旅游局备案。

资料来源：http://www.bj.xinhuanet.com/bjyw/2016-05/10/c_1118836914.htm。

（三）导游权益保障

1.《旅游法》对导游权益的保障

我国《旅游法》第38条规定，旅行社应当与其聘用的导游依法订立劳动合同，支付劳动报酬，缴纳社会保险费用；旅行社临时聘用导游为旅游者提供服务的，应当全额向导游支付该法第60条第3款规定的导游服务费用；旅行社安排导游为团队旅游提供服务的，不得要求导游垫付或者向导游收取任何费用。此处"第60条第3款规定"即安排导游为旅游者提供服务的，应当在包价旅游合同中载明导游服务费用。这是关于保障导游合法收入的法律规定。其内容体现在以下几个方面。

1）保障导游合法收入

目前我国导游人员的收入来源主要有工资、带团津贴、佣金分成或回扣、小费等。但根据抽样调查的结果，有超过70%的导游是没有基本工资的，带团津贴也非常低，与导游工作的辛苦程度和劳动强度根本就无法匹配。通过立法明确我国导游的薪酬制度，并使其得到真正的落实，是保障导游人员合法权益，提升导游服务质量的必要前提。

2）旅行社不得要求导游垫付费用或向导游收取任何费用

在旅行社业务实践中，要求导游垫付团队接待费用或者向导游收取"人头费"，是导游市场的"潜规则"。尤其是在聘用临时导游提供团队服务时，有不少旅行社会要求导游垫付全程的接待费用,也有要求导游"买团"的。这种做法严重违反劳动法的规定。

我国《旅游法》规定旅行社安排导游为团队旅游提供服务的,不得要求导游垫付或者向导游收取任何费用。具有禁止性法律效力,是国家整顿导游服务市场秩序,维护导游人员合法权益的依据。

3) 旅游者不得损害导游的合法权益

我国《旅游法》第14条规定,旅游者在旅游活动中或者在解决纠纷时,不得损害当地居民的合法权益,不得干扰他人的旅游活动,不得损害旅游经营者和旅游从业人员的合法权益。

该规定既体现了旅游者权利义务的对等性,同时也是对导游在接受旅行社委派,为旅游者提供导游服务时,其合法权益应当得到保护的基本依据。

2. 《导游人员管理条例》对导游权益的保障

1) 导游享有人格尊严不受侵犯权

《导游人员管理条例》规定,导游人员进行导游活动时,其人格尊严应当受到尊重,其人身安全不受侵犯;导游人员有权拒绝旅游者提出的侮辱其人格尊严或者违反其职业道德的不合理要求。可见,导游人员在执行导游职务活动中,享有人格尊严不受侵犯权。人格权是民事主体具有法律上的独立人格必须享有的民事权利。例如,生命、健康、名誉等,既是构成人的人格要素,又是人作为民事主体从事民事活动所必须具备的条件。导游人员在进行导游活动时,其人格尊严应当受到尊重,其人身安全不受侵犯,在旅行游览过程中,个别旅游者对导游提出一些有辱其人格尊严或者违反其职业道德的不合理要求,导游人员有权拒绝。

2) 导游在旅游活动中享有调整或变更接待计划权

《导游人员管理条例》规定,导游人员在引导旅游者旅行、游览过程中,遇有可能危及旅游者人身安全的紧急情形时,经征得多数旅游者的同意,可以调整或变更接待计划,但是应当立即报告旅行社。依此规定,导游人员享有调整或变更接待计划的权利。但是,导游人员行使这一权利时,必须符合以下几项条件。

(1) 应当是在引导旅游者旅行、游览过程中。

导游调整或变更接待计划权必须在引导旅游者旅行、游览过程中,即必须是在旅游活动开始后。在旅行、游览开始之前,导游人员不得行使这一权利。在旅游合同订立之后,旅游活动开始之前,如果出现不利于旅游活动的情形,应当由旅行社与旅游者进行协商,达成一致意见后,由旅行社调整或者变更旅游接待计划。

(2) 应当是遇到可能危及旅游者人身安全的紧急情形。

导游调整或变更接待计划权必须是遇到可能危及旅游者人身安全的紧急情形时,才可以行使这一权利。为了避免可能危及旅游者人身安全情形的发生,导游人员就需要当机立断地调整或变更旅游行程计划。

(3) 应当经多数旅游者同意。

应当经多数旅游者同意,即在旅行、游览中导游人员如果要调整或变更接待计划,必须要征得旅游团中多数旅游者的同意。这是因为旅游合同一经双方确认订立后,就应当严格按照合同约定履行,如果需要调整或变更旅游计划,应当经过双方协商一致。但是,由于现在发生了可能危及旅游者人身安全的紧急情形,所以导游人员只要征得多数旅游者的同意,

就可以调整或变更旅游接待计划,而不必得到全体旅游者的同意。

(4) 应当立即报告旅行社。

应当立即报告旅行社是因为旅游接待计划是由旅行社确定的,是得到旅游者认可的,而导游人员是受旅行社的委派带团执行旅游接待计划,调整或变更旅游接待计划并不是导游人员的职责权限。但是,由于导游人员在执行带团旅游任务的途中,遇到可能危及旅游者人身安全的紧急情形,为了避免旅游者人身安全发生危害,在征得多数旅游者同意后,导游人员依法可以调整或变更接待计划。导游人员在调整或者变更接待计划后,必须立即报告旅行社,以得到旅行社的认可。

3. 相关法律法规对导游权益的保障

1) 导游享有申请行政复议权

我国《旅游法》、《导游人员管理条例》规定了对导游或领队违反条例的行政处罚。如果导游或领队人员对旅游行政部门所给予的行政处罚不服时,依照我国《行政复议法》的规定,有权向旅游行政机关申请复议。

结合旅游行政管理实际,导游人员对旅游行政部门的下列具体行政行为不服时,可以申请复议:对罚款、吊销导游证、责令改正、暂扣导游证等行政处罚不服的;认为符合法定条件申请行政机关颁发导游人员资格证书和导游证,旅游行政部门拒绝颁发或者不予答复的;认为旅游行政部门违法要求导游人员履行义务的;认为旅游行政部门侵犯导游人员人身权、财产权的;法律、法规规定可以提起行政诉讼或者可以申请复议的其他具体行政行为的。

2) 导游享有提起行政诉讼权

我国《行政诉讼法》规定,公民、法人或者其他组织认为行政机关和行政机关工作人员的具体行政行为侵犯其合法权益,有权依照本法规定向人民法院提起诉讼。由此规定可见,导游人员对旅游行政管理部门所给予的行政处罚和有关行政行为,不仅享有申请复议权,还享有向人民法院提起行政诉讼权。导游人员对旅游行政部门的下列具体行政行为不服时,有权向人民法院提起诉讼:对行政处罚不服,可以提起诉讼;对符合法定条件向旅游行政部门申请颁发导游人员资格证书和导游证,旅游行政部门拒绝颁发或不予答复的,可以提起诉讼;对旅游行政机关违法要求导游人员履行义务的,可以提起诉讼;对旅游行政机关侵犯导游人员人身权、财产权的具体行政行为,可以提起诉讼。

(四) 导游行为规范与法律责任

1. 业务素养与职业道德规范

我国《旅游法》第41条规定,导游和领队从事业务活动,应当佩戴导游证,遵守职业道德,尊重旅游者的风俗习惯和宗教信仰,应当向旅游者告知和解释旅游文明行为规范,引导旅游者健康、文明旅游,劝阻旅游者违反社会公德的行为。

《导游人员管理条例》规定,导游人员应当不断提高自身业务素质和职业技能;导游人员进行导游活动时,应当自觉维护国家利益和民族尊严,不得有损害国家利益和民族尊严的言行;导游人员进行导游活动时,应当遵守职业道德,着装整洁,礼貌待人,尊重旅游者的宗教信仰、民族风俗和生活习惯;导游人员进行导游活动时,应当向旅游者讲解旅游地点的人文和自然情况,介绍风土人情和习俗;但是,不得迎合个别旅游者的低级趣味,在讲解、介绍中掺杂庸俗下流的内容。

《导游人员管理条例》规定,导游人员进行导游活动时未佩戴导游证的,由旅游行政部门责令改正;拒不改正的,处 500 元以下的罚款。

我国《旅游法》规定,旅行社违反规定,安排旅游者参观或者参与违反我国法律、法规和社会公德的项目或者活动的,由旅游主管部门责令改正,没收违法所得,责令停业整顿,并处 2 万元以上 20 万元以下罚款;情节严重的,吊销旅行社业务经营许可证;对直接负责的主管人员和其他直接责任人员,处 2000 元以上 2 万元以下罚款,并暂扣或者吊销导游证。

2. 不得私自承揽业务的规定

我国《旅游法》第 40 条规定,导游和领队为旅游者提供服务必须接受旅行社委派,不得私自承揽导游和领队业务。这是导游或领队人员不得私自承揽业务的规定。

《导游人员管理条例》也规定,导游人员不得私自承揽或者以其他任何方式直接承揽导游业务,进行导游活动。这里的"私自承揽"是与旅行社委派相对应的,指导游或领队人员没有经过旅行社委派擅自揽活提供导游服务,包括以营利为目的自行非法组团。

因此,导游或领队确因特殊情况需要更换时,尽管当事人可以提名替补人选,但必须得到委派的旅行社的同意并办理换人手续;私下更换的一律视为违反本条规定。当然,持导游证人员为亲朋好友做陪同讲解,或者在特定情况下作为志愿者提供免费向导与讲解服务,则不属于法律法规禁止的行为。

我国《旅游法》规定,导游、领队违反规定,私自承揽业务的,由旅游主管部门责令改正,没收违法所得,处 1000 元以上 1 万元以下罚款,并暂扣或者吊销导游证。

3. 具体行为规范

我国《旅游法》第 41 条的规定,导游和领队应当严格执行旅游行程安排,不得擅自变更旅游行程或者中止服务活动,不得向旅游者索取小费,不得诱导、欺骗、强迫或者变相强迫旅游者购物或者参加另行付费旅游项目。这是关于导游在执业过程中的具体行为规范,主要体现在以下几个方面。

1) 不得擅自变更旅游行程或者中止服务活动

导游人员应当严格按照旅行社确定的接待计划安排旅游者的旅行、游览活动,不得擅自增加、减少旅游项目或者中止导游活动。

依据《旅行社条例实施细则》规定,旅行社及其委派的导游人员和领队人员的下列行为,属于擅自改变旅游合同安排行程:减少游览项目或者缩短游览时间的;增加或者变更旅游项目的;增加购物次数或者延长购物时间的;其他擅自改变旅游合同安排的行为。该细则同时规定了"允许导游在现场实施情势变更的情形",即在旅游行程中,当发生不可抗力、危及旅游者人身、财产安全,或者非旅行社责任造成的意外情形,不得不调整或者变更旅游合同约定的行程安排时,应当在事前向旅游者作出说明;确因客观情况无法在事前说明的,应当在事后作出说明。"擅自中止服务活动"是指导游或领队人员,在执业过程中拒绝继续履行旅游合同的情况。

我国《旅游法》规定,在旅游行程中擅自变更旅游行程安排,严重损害旅游者权益的,对直接负责的主管人员和其他直接责任人员,处 2000 元以上 2 万元以下罚款,并暂扣或者吊销导游证。

2）不得向旅游者索取小费

导游人员进行导游活动，不得向旅游者兜售物品或者购买旅游者的物品，不得以明示或者暗示的方式向旅游者索要小费。

我国《旅游法》无禁止导游或领队人员收取旅游者主动自愿给予的小费。但是，根据境外支付小费的交易习惯，旅游者在境外旅游过程中需要向境外相关服务人员支付小费的，旅行社应当在签订旅游合同时向旅游者明确说明。事先无约定事后又要求旅游者缴纳的，视为索取。

我国《旅游法》规定，导游、领队违反规定，向旅游者索取小费的，由旅游主管部门责令退还，处1000元以上1万元以下罚款；情节严重的，并暂扣或者吊销导游证。

3）不得诱导、欺骗、强迫或者变相强迫旅游者购物或者参加另行付费旅游项目

根据我国最高人民法院关于我国《民法通则》的司法解释的术语界定，"欺骗"指一方当事人故意告知对方虚假情况，或者故意隐瞒真实情况，致使对方当事人作出错误意思表示的行为。"诱骗"指当事人通过引诱和引导的方式，实施前述欺骗行为。"强迫"指通过施加压力迫使对方违背其真实意愿服从自己意愿的行为。"变相强迫"指虽然一方没有直接向对方施加压力，但对方实质上已经处于别无选择的境地，不得不作出违背自己真实意思的选择的情形。导游人员进行导游活动，不得欺骗、胁迫旅游者消费或者与经营者串通欺骗、胁迫旅游者消费。

《导游人员管理条例》规定，导游人员进行导游活动，欺骗、胁迫旅游者消费或者与经营者串通欺骗、胁迫旅游者消费的，由旅游行政部门责令改正，处1000元以上3万元以下的罚款；有违法所得的，并处没收违法所得；情节严重的，由省、自治区、直辖市人民政府旅游行政部门吊销导游证并予以公告；对委派该导游人员的旅行社给予警告直至责令停业整顿。

4）保障旅游者安全义务

《导游人员管理条例》规定，导游人员在引导旅游者旅行、游览过程中，应当就可能发生危及旅游者人身、财物安全的情况，向旅游者作出真实说明和明确警示，并按照旅行社的要求采取防止危害发生的措施。由于导游人员的侵权行为而使旅游者人身或财产遭受损害时，导游人员要承担相应的赔偿责任。

案例导读

导游强迫、诱导购物问题

一则云南"导游辱骂游客强迫购物消费"的消息，使旅游业再次被推到舆论浪尖。尽管相关执法部门已及时调查并依法处理，但究竟如何根治旅游业"病态"，让今后出行不闹心？记者展开调查。根据官方通报，此事件中骂人导游存在"欺骗、胁迫旅游者消费或者与经营者串通欺骗、胁迫旅游者消费"的行为，涉事旅行社违反了"未向临时聘用的导游支付导游服务费用；要求导游垫付或者向导游收取费用"等规定。事实上，此次对导游的处罚决定并不陌生。这不禁让人反思：旅游行业发展迅猛的同时，为什么服务水平没有得到相应的提高？当事导游小陈承认骂人不对，也坦承像这样

的低价团,只有游客多多购物消费,自己才拿得到带团的酬劳。"如果团费是交够的,导游应得的报酬旅行社也给了,(那么)该怎么玩就怎么玩,怎么还会产生这样的事呢?"专家指出,当前,旅行社与导游之间劳资关系不规范,旅游业竞争"惨烈","恶"导游是旅游市场竞争畸形的产物。有律师认为,对于此种情况,一方面要加强对导游进行职业素养的教育和行业自律;另一方面要加强旅游执法,更好地规范旅游业,改善行业秩序等。

另一则"315投诉案例"是:2015年3月14日,谈女士一行四人在湖北黄石一家旅行社报了团,参加云南5晚6日游。在签订旅游合同前,旅行社向谈女士等人说明,该旅行团并不是购物团。然而四人到达云南后,情况瞬间产生了变化。"到达昆明后,一位当地导游接待了我们。"谈女士说,旅行途中,导游带他们去了许多购物店。每去一站前,导游都会苦口婆心地游说游客们进行消费。"导游一边说当地的产品品质好,一边告诉我们他没有工资,全靠游客消费才有收入。除此之外,游客消费后,导游还要登记消费金额。对于不愿购物的消费者,他表示不愿接待。"在导游压力下,谈女士等人在腾冲一家玉器店购买了5只玉手镯,共计31826元。然而,等四人回到黄石后,专家的鉴定给他们当头泼了一盆凉水。"我们拿着这些镯子到黄石一些商场和珠宝店进行鉴定,内行人说我们购买的玉器和市价不符,在黄石的珠宝店以一折的价格就能买到。"对于这次购物,谈女士等人感到心痛万分。在黄石市旅游局旅游质监所的督促下,组团旅行社帮助谈女士等人拿回了大部分购买玉器费用,共计30961元。如果消费者要到旅游购物点购物时,特别是在购买金银、珠宝首饰等贵重商品时一定要慎之又慎。即使要购买,也不要忘记要求商家在发票上注明材质、规格、款式、重量、产地和价格,别忘了索要商品的合格证和保质单等。外出旅游若要带一些土特产,最好到当地大型超市或农贸市场购买,那里的东西不仅便宜而且货真价实。在购物时应保持理性,尽量购买平日了解价格的商品,并索要购物正规发票。

(资料来源:http://news.xinhuanet.com/2015-05/04/c_1115171225.htm; http://hb.ifeng.com/a/20160316/4373332_0.shtml。)

第二节 旅游饭店经营管理法律制度

一、旅游饭店法律问题及其权利义务

(一)旅游饭店法律问题

1. 质量等级标准与价格问题

我国《旅游法》对饭店业影响最大的是在质量等级方面,该法第50条第2款明确规定,旅游经营者取得相关质量标准等级的,其设施和服务不得低于相应标准;未取得质量标准等级的,不得使用相关质量等级的称谓和标识。这里的"不得低于相应标准"、"不得使用"等属于强制性规范,对保障旅游者权益、规范饭店服务合同、促进饭店业的发展等具有重要作用。

旅游饭店取得的质量标准等级,不管其标准是否为强制性标准,都表明其产品和服务质量达到了一定的美誉度和识别度,是其对社会和市场的保证和承诺,旅游者往往据此加以选择。因此,已取得相应质量标准等级的旅游饭店,就负有与等级认定相符的质量担保义务,未取得质量标准等级的旅游饭店禁止使用相关质量等级的称谓和标志,误导旅游者,扰乱旅游市场秩序。但是,目前国内饭店使用"饭店"、"酒店"、"旅馆"、"宾馆"等不同称谓,自称"超五星级"、"白金五星级"、"六星级"、"七星级"的现象普遍存在。

而在旅游饭店价格方面,我国《旅游法》没有类似景区票价涨价那么明确细致的规定,因此,现实中对于团体客人或包价旅游客人,旅游饭店的低成本价竞争、制定垄断价格等问题,或者基于自由行和散客旅游的发展,在旅游高峰期,在热点旅游目的地或旅游景区周边,经济型饭店市场销售价格上涨等问题普遍存在。总之,伴随着旅游饭店质量等级标准和定价混乱,带来的是旅游服务上的参差不齐,以及旅游饭店业低价恶性循环竞争。

2. 在线服务引来的投诉问题

目前,在线旅游服务提供商,在饭店业务方面主要表现在以下几个方面。

一是以旅游网站为代表的旅游垂直搜索引擎,将消费者引导到饭店产品供应商的页面进行结算。

二是各传统旅游饭店自设线上平台进行饭店服务产品销售。

三是传统电子商务网站提供销售平台,加入旅游饭店产品销售。

四是旅游要素提供商进行线上直销,包括各连锁饭店,甚至单体饭店企业、各航空公司的机票在线销售等。在线旅游服务的高速发展,为大众提供资源、信息共享和行动便利的同时,因 CRS 酒店预订系统事前的"预付费机制"和事后的"酒店违约处罚机制"不明确,导致旅游饭店、在线旅游服务商或第三方交易平台违约的情况时有发生,因而引来的旅游投诉问题比较突出。

3. 安全问题处理的统一标准依据缺失

我国《产品质量法》规定,可能危及人体健康和人身、财产安全的工业产品,必须符合保障人体健康和人身、财产安全的国家标准、行业标准;未制定国家标准、行业标准的,必须符合保障人体健康和人身、财产安全的要求。

我国《消费者权益保护法》与《旅游法》在保护旅客人身财产安全方面作出了一致的规定,有利于星级饭店行业标准的统一、行业发展的规范,进而通过审批干预或者听证会等形式,对市场表现不佳的饭店设限,住宿、餐饮相对安全。

现在,旅游饭店类型多样化,旅游产品合同价格的增加及自由行比例的增加,如何引导

知识关联

CRS 酒店预订系统,即 Central Reservation System 中央预订系统,主要是指酒店集团所采用的,由集团成员共用的预订网络,是集团总部控制其成员酒店的有效工具之一。该系统使酒店集团利用中央资料库管理旗下酒店的房源、房价、促销等信息,并通过同其他各旅游分销系统,如 GDS(全球分销系统)、IDS(互联网分销商)与 PDS(酒店官方网站预订引擎)连接,使成员酒店能在全球范围实现即时预订。

消费者重复消费,确立对品牌的信赖,成为经济型饭店发展的一个课题。但经济型饭店或者所谓"精品酒店"内,因设施配备、服务管理等引起的旅客人身财产损害,或因饭店上下游服务供应商的设备设施安全、食品卫生安全的管控不严,带来的人身财产安全引起旅客投诉的问题时有发生,但因缺乏公认的衡量标准或统一的安全质量标准,使得国内饭店行业缺乏统一的管理,相关部门在处理旅客投诉时也难以寻求具体的法律依据,导致同一类事件或相似事件,其处理方式和后果却不甚相同。

(二)旅游饭店权利义务关系

我国《旅游法》对酒店行业最直接的影响就是确保了服务的诚信和质量。旅游饭店的权利和义务,体现在它与其他法律关系当事人之间,在此,仅介绍旅游饭店与旅客之间的权利义务关系。基于散客和包价旅游客人的区别,旅游饭店的权利义务关系,表现为旅游饭店与旅客之间,或旅游饭店与旅行社之间的旅游住宿服务合同关系中。

在法律上,我们把旅客或旅行社向旅游饭店提出订房的要求称为要约;旅游饭店答应旅客或旅行社订房的要求称为承诺。订房的要约和承诺达成了协议,旅游饭店与旅客或旅行社之间的旅游住宿服务合同关系即告成立。为此,在旅游饭店与旅游者或旅行社之间即产生了法律上的权利义务关系。

1. 权利义务关系的时空范围

旅游饭店与旅客之间权利义务关系的产生,可分为以下两种情况:

一种情况是旅游者直接到旅游饭店投宿。在这种情况下,当旅游饭店接受了旅客的要求,履行了登记手续,将客房钥匙交给旅客时起,双方的权利义务关系随之产生。

另一种情况是旅客向旅游饭店预订房间。在这种情况下,旅客既可以采取口头的、电话形式,也可以通过旅游饭店自运营网络平台,或者第三方网络运营商等形式向旅游饭店预订房间,经过旅游饭店明示或默示的同意,旅游饭店与旅客之间的权利义务关系也随之产生。

依据我国《旅游法》的规定,在包价旅游中,旅游饭店作为旅行社的履行辅助人,与旅行社签订团体旅游住宿合同,协助旅行社履行包价旅游合同义务,并按约定实际提供客房和相关服务。旅游住宿服务合同一经成立,对双方当事人即具有法律上的约束力,任何一方或双方不按协议的规定履行自己的义务,都应承担相应的旅游法律责任。

旅游饭店与旅客或旅行社的权利义务关系是随着协议的履行、解除和终止而消灭。在一般情况下,当旅客准备离开饭店时,旅游饭店提出账单,旅客付清房费之后,双方的权利义务关系也随之消灭。但是,在旅客结账之后到离开旅游饭店之前还有一段时间,这段时间可以把它看作是双方权利义务关系的延伸。在这段时间内,如果由于旅游饭店的过错造成旅游者损失时,旅游饭店应承担相应的责任。

随着饭店业的不断发展,旅游饭店和旅客之间权利义务关系的空间范围已不限于客房和餐厅。现代饭店有许多附加产品或附属设施,如会议中心、疗养地、停车场、游泳池以及娱乐场所等。这样,旅游饭店的责任范围也就扩大到一切由它实际控制或提供服务的区域。

2. 旅游饭店权利义务

1）旅游饭店的权利

（1）依约或依规范收取费用的权利。

旅游饭店有权按照协议的约定或《中国旅游饭店行业规范》，收取旅客支付的住宿费和各种合理的费用。其他各种合理的费用主要包括：客房饮料费、电报电话费、膳食费、洗衣费等。如果旅游者无力或拒绝支付这些费用时，按照我国《民法通则》的有关规定，旅游饭店有权留置由其控制的旅游者的行李物品，并可以折价或变卖该行李物品，从中得到优先受偿的权利。

（2）法定情由下拒绝接受旅客的权利。

旅游饭店在有合法理由的情况下，有权拒绝接受旅客。例如，客房已满，旅客患有传染病、精神病，或者旅客有损害饭店或他人人身财产安全嫌疑的等，在这种情况下，旅游饭店有拒绝接受的权利。同时，对于以旅游饭店为掩护，进行违法犯罪活动的人，旅游饭店有驱赶其出饭店的权利。

（3）保护自身合法利益的权利。

我国《旅游法》第72条规定，旅游者在旅游活动中或者在解决纠纷时，损害旅行社、履行辅助人、旅游从业人员或者其他旅游者的合法权益的，依法承担赔偿责任。依此，旅游饭店有权要求旅游者爱护饭店内的一切设备设施和财物。同时，对于旅客无正当理由取消订房而造成旅游饭店经济损失的，旅游饭店有权要求其承担违约或赔偿责任。

2）旅游饭店的义务与责任

（1）不加歧视地接受旅客的义务与责任。

旅游饭店从产生时起，不加歧视地接受旅游者已成为其基本义务之一。只要旅游饭店具有接待条件，不论是本国人还是外国人，不论其是何种族，有何宗教信仰等，旅游饭店都有义务接待。

依据我国《旅游法》第50条关于旅游经营者质量等级的规定，对于星级饭店而言，在与旅客或旅行社的住宿协议确立后，应当依据《旅游饭店星级的划分与评定》（GB/T14308—2010）的规定，为旅客提供相应标准的客房和服务。

在包价旅游合同中，旅行社一般是通过"预订房间"这种形式与旅游饭店签订旅游住宿服务合同。旅游饭店为了防止旅客或旅行社取消订房或者在合同约定的时间不提供合同约定数量的客人，在经营中采取了"超额订房"这种措施，以减少自己的经济损失。

依据我国《旅游法》第75条的规定，住宿经营者应当按照旅游服务合同的约定为团队旅游者提供住宿服务。住宿经营者未能按照旅游服务合同提供服务的，应当为旅游者提供不低于原定标准的住宿服务，因此增加的费用由住宿经营者承担；但由于不可抗力、政府因公共利益需要采取措施造成不能提供服务的，住宿经营者应当协助安排旅游者住宿。在包价旅游合同中，因住宿经营者与团队旅游者之间没有直接的合同关系，其合同义务主要体现在按照旅行社订单的要求，本着诚实信用的原则，向旅游者提供住宿服务，否则即构成违约。住宿经营者承担违约责任的方式，是在同一地区或预订酒店附近，提供档次不低于原标准的替代酒店，并依法承担因此增加的费用。该"费用"是指因饭店违约所导致的所有增加费用，包括因订不到就近的同等酒店而增加的交通费用以及旅行社因此需支付给旅游者的违约金等。同时,在酒店因不可抗力和政府行为导致不能提供服务的,可免于继续提供并免付违约责任,但酒店有"协助另行安排的法定义务",否则,酒店仍须就此过错承担违约责任。

此外,我国《旅游法》第71条第1款规定,由于地接社、履行辅助人的原因导致违约的,由组团社承担责任;组团社承担责任后可以向地接社、履行辅助人追偿。因此,在包价旅游服务中,由于旅游饭店的原因,导致旅行社为旅游者提供的住宿及相关服务不符合合同约定的,旅客可以向组团社索赔偿,组团社承担责任后,可以向旅游饭店进行追偿。相反,如果旅行社没有按照住宿合同的约定时间、人数为旅游饭店输送客人,或者无正当理由而取消订房时,旅游饭店有权要求旅行社承担相应的法律责任。

(2) 保证旅客的人身财产安全的义务与责任。

旅游饭店属于特种服务行业,保证旅客的人身财产安全是旅游饭店的法定义务。这里的"人身财产安全法定义务"包括:住宿安全、设备设施安全、餐饮食品安全、环境安全等。我国《旅游法》、《消费者权益保护法》、《产品质量法》和《食品安全法》等法律法规明确规定,旅游经营者应当保证其提供的商品和服务符合保障人身、财产安全的要求,对可能危及人身、财产安全的商品和服务,应当向消费者作出真实的说明和明确的警示,并说明和标明正确使用商品或者接受服务的方法以及防止危害发生的方法。经营者发现其提供的商品或者服务存在严重缺陷,即使正确使用商品或者接受服务仍然可能对人身、财产安全造成危害的,应当立即向有关行政部门报告和告知消费者,并采取防止危害发生的措施。

依据我国《侵权责任法》的规定,宾馆、商场、银行、车站、娱乐场所等公共场所的管理人或者群众性活动的组织者,未尽到安全保障义务,造成他人损害的,应当承担侵权责任。因第三人的行为造成他人损害的,由第三人承担侵权责任;管理人或者组织者未尽到安全保障义务的,承担相应的补充责任。

我国《旅游法》第71条第2款规定,由于地接社、履行辅助人的原因造成旅游者人身损害、财产损失的,旅游者可以要求地接社、履行辅助人承担赔偿责任,也可以要求组团社承担赔偿责任;组团社承担责任后可以向地接社、履行辅助人追偿。

因此,在包价旅游服务中,因旅游饭店的原因造成旅游者人身损害、财产损失的,旅客可以要求旅游饭店承担赔偿责任,也可以要求组团社承担赔偿责任;组团社承担责任后可以向旅游饭店追偿。

(3) 对旅客个人信息保密的义务与责任。

个人信息被誉为21世纪最有价值的资源,它不但可以为政府决策提供依据,而且可以被商业利用并产生利润。随着信息技术的不断发展,个人信息的采集、储存和传播变得更加迅速而快捷,批量处理和传递大量个人信息越来越容易,个人信息遭到不当采集、恶意使用、篡改的隐患也随之出现,滥用个人信息的情形屡见不鲜,消费者权益频频受损,旅游行业也不例外。

我国《旅游法》第52条规定,旅游经营者对其在经营活动中知悉的旅游者个人信息,应当予以保密。这是关于旅游经营者对旅游者个人信息保密义务的规定。旅游者的个人信息指旅游者的个人身份信息,主要包括姓名、性别、年龄、血型、身高、健康状况、证件号码、工作单位、通信地址、联系方式、教育程度、家庭状况等信息,属于旅游者的个人隐私。除旅行社外,旅游饭店同样会接触到上述旅客的个人信息。保密一般指不得泄露旅客个人信息和未

经旅游者同意不得公开其个人信息。

《全国人民代表大会常务委员会关于加强网络信息保护的决定》规定,网络服务提供者和其他企业事业单位及其工作人员对在业务活动中收集的公民个人电子信息必须严格保密,不得泄露、篡改、毁损,不得出售或者非法向他人提供。

最高人民法院《关于审理旅游纠纷案件适用法律若干问题的规定》规定,旅游经营者、旅游辅助服务者泄露旅游者个人信息或者未经旅游者同意公开其个人信息,旅游者请求其承担相应责任的,人民法院应予支持。

我国《旅游法》规定,包括旅游饭店在内的旅游经营者对于旅游者信息保密的附随义务,其价值在于宣告了旅游者享有个人信息的权益,同时,通过法律明确规定该义务,为权益受到侵害的旅游者提供了一种救济渠道,即通过提起侵权之诉来获得救济。不管旅游经营者无意泄露了旅游者个人信息,还是故意泄露、出卖个人信息,给旅游者造成损害的,都需要承担相应的责任。

(4) 与外包的实际经营者承担损害连带责任的义务与责任。

我国《旅游法》第54条规定,景区、住宿经营者将其部分经营项目或者场地交由他人从事住宿、餐饮、购物、游览、娱乐、旅游交通等经营的,应当对实际经营者的经营行为给旅游者造成的损害承担连带责任。这是关于景区、住宿经营者与外包的实际经营者承担损害连带责任的规定。就旅游饭店而言,这里的"外包"主要指场地出租和项目承包,前提是旅客或旅行社在与旅游饭店的服务合同存续期间,外包经营者提供了原应由旅游饭店自己向旅客或旅行社提供的服务;这里的"连带责任"属于侵权法定一般连带,其含义是,旅客或旅行社既可以追究外包经营者的责任,也可以追究旅游饭店的责任。旅游饭店承担责任后,可以按照双方的责任份额向外包经营者追偿。因此,旅游饭店应当在场地出租协议和承包协议中明确外包经营者应承担的责任,以有效转移经营风险。当然,如果旅客对旅游饭店提起违约之诉的,旅游饭店可以依据最高人民法院《关于审理旅游纠纷案件适用法律若干问题的规定》,请求法院将外包经营者追加为第三人共同诉讼;如果旅客对旅游饭店提起侵权之诉的,旅游饭店可依该规定追加外包经营者为共同被告。这样可以避免连环诉讼的讼累,提高理赔效率。在包价旅游服务中,旅行团出现上述损害的,根据我国《旅游法》第71条的规定,旅行社在承担连带责任的同时,同样可以依法追加第三人或者共同被告。

案例导读

度假被烫伤,谁承担责任

甲旅客夫妇到乙旅行社报名参加华东5市8日游。他们与乙旅行社签订了《国内旅游组团标准合同》并交付两人旅游费用3790元。签订的旅游合同中注明"服务标准为住宿标准为二星酒店(双标、独卫),导游服务为全程导游服务。"10月30日,乙旅行社即与南京某地接旅行社传真联系,行程表上的服务标准:1.住宿:二星酒店……5.全程导游服务,接站时由导游举着接站牌。南京某旅行社确认了乙旅行社的散客接待计划。

按照行程安排，甲旅客夫妇与另一对夫妇乘火车抵达南京后，由旅行社接站，随团活动。第2天在苏州游览，晚上住在苏州某酒店，甲旅客在沐浴时被热水烫伤，当即被送往苏州市第三人民医院医治，诊断为深二度烫伤，需住院治疗。甲旅客住院期间，乙旅行社为甲旅客垫付人民币6180元。事后，甲旅客给乙旅行社、南京某地接旅行社、苏州某酒店3家的"关于伤害赔偿意见书"中要求：全额返还旅游费3790元，赔偿由此伤害事故而产生的交通费、伙食费、通信费、营养费、误工损失、精神损失费共计14590元，总计18380元。

由于几方面协调不成，甲旅客向人民法院提出民事诉讼。

原告提起诉讼，请求：1.双倍返还旅游费7580元；2.误工、交通、住院陪同护理费6200元，精神损失费3000元，继续治疗费8000元，共计24780元；3.承担诉讼费用。

被告乙旅行社辩称：原告甲旅客所述情况与事实不符，原告的烫伤系使用不当而造成，与被告无关。且被告出于人道主义已给原告6500元的经济补偿。另外，原告要求赔偿的主张与被告无关。

这是一起包价旅游合同引发的人身伤害赔偿案件。组团的乙旅行社提供的是包括吃、住、行、游等要素的完整产品，它要为自己的旅游服务提供人没有履行合同或者履行合同不当承担责任。其原理在于包价旅游组织者利用这些给付提供人扩大了自己的营业范围，延伸了盈利能力，加之出于对消费者保护的考虑，旅游者到异地请求保护自己的权益有诸多不便，而包价旅游组织者却对给付提供人有一定的控制能力，在这一点上相对于游客处于优势地位，所以国际上通常均认可包价旅游组织者先行承担责任。

在本案中，南京某地接旅行社、甲旅客入住的饭店均是包价合同组织者乙旅行社的旅游服务提供人。发生了烫伤事件，如果确系洗澡热水水温不稳定而突然变化导致，显然是入住宾馆提供服务有过失导致游客受伤。依据我国《旅游法》的规定，由于地接社、履行辅助人的原因造成旅游者人身损害、财产损失的，旅游者可以要求地接社、履行辅助人承担赔偿责任，也可以要求组团社承担赔偿责任；组团社承担责任后可以向地接社、履行辅助人追偿。因此，乙旅行社应该先行赔付，之后再向宾馆追索。

(资料来源：http://www.zjjlyjd.com/news/show_1504.htm。)

二、旅游饭店星级评定制度

(一) 星级评定总则及机构

1. 星级评定总则

依据《旅游饭店星级的划分与评定》(GB/T 14308—2010)，由若干建筑物组成的饭店其管理使用权应该一致，饭店内包括出租营业区域在内的所有区域应该是一个整体，评定星级时不能因为某一区域财产权或经营权的分离而区别对待。饭店开业一年后可申请星级，经星级评定机构评定批复后，可以享有五年有效的星级及其标志使用权。开业不足一年的饭店可以申请预备星级，有效期一年。除非本标准有更高要求，饭店的建筑、附属设施、服务项

目和运行管理应符合安全、消防、卫生、环境保护等现行的国家有关法规和标准。

2. 星级评定机构及职权

旅游饭店星级评定工作由全国旅游饭店星级评定机构统筹负责,其责任是制定星级评定工作的实施办法和检查细则,授权并督导省级以下旅游饭店星级评定机构开展星级评定工作,组织实施五星级饭店的评定与复核工作,保有对各级旅游饭店星级评定机构所评定饭店星级的否决权。

省、自治区、直辖市旅游饭店星级评定机构按照全国旅游饭店星级评定机构的授权和督导,组织本地区旅游饭店的星级评定与复核工作,保有对本地区下级旅游饭店星级评定机构所评饭店星级的否决权,并承担推荐五星级饭店的责任。同时,负责将本地区所评星级饭店的批复和评定检查材料上报全国旅游饭店星级评定机构备案。

其他城市或行政区域旅游饭店星级评定机构按照全国旅游饭店星级评定机构的授权和所在地区省级旅游饭店星级评定机构的督导,实施本地区旅游饭店星级评定与复核工作,保有对本地区下级旅游饭店星级评定机构所评饭店星级的否决权,并承担推荐较高星级饭店的责任。同时,负责将本地区所评星级饭店的批复和评定检查资料逐级上报全国旅游饭店星级评定机构备案。

(二) 星级评定的办法、原则及规程

1. 星级评定办法

旅游饭店的星级评定,依据国家标准《旅游饭店星级的划分与评定》(GB/T 14308—2010)、行业标准《星级饭店访查规范》(LB/T 006—2006),以及国家旅游局发布的《旅游饭店星级的划分与评定》实施办法进行评定。

星级评定检查工作的主要形式是明查和暗访,由持证评定员担任,无证则评定员身份无效。明查侧重检查饭店在必备和选择项目上的达标情况,并参照《旅游饭店星级的划分与评定》(GB/T 14308—2010)附录A据实给分,查阅附录D规定的制度性文件。暗访则侧重检查饭店的管理水平和服务质量,对照《旅游饭店星级的划分与评定》(GB/T 14308—2010)附录B、附录C和《星级饭店访查规范》(LB/T 006—2006),据实评定,检查饭店申请材料中列明的服务项目实际达标情况,体察饭店经营机制的运行情况和员工的礼节礼貌。

2. 旅游饭店星级评定原则

饭店所取得的星级表明该饭店所有建筑物、设施设备及服务项目均处于同一水准。如果饭店由若干座不同建筑水平或设施设备标准的建筑物组成,旅游饭店星级评定机构应按每座建筑物的实际标准评定星级,评定星级后,不同星级的建筑物不能继续使用相同的饭店名称;否则,旅游饭店星级评定机构应不予批复或收回星级标志和证书。

饭店取得星级后,因改造发生建筑规格、设施设备和服务项目的变化,关闭或取消原有设施设备、服务功能或项目,导致达不到原星级标准的,必须向原旅游饭店星级评定机构申报,接受复核或重新评定,否则,原旅游饭店星级评定机构应收回该饭店的星级证书和标志。

某些特色突出或极其个性化的饭店,若自身条件与本标准规定的条件有所区别,可以直接向全国旅游饭店星级评定机构申请星级。全国旅游饭店星级评定机构应在接到申请后1

个月内安排评定检查,根据检查和评审结果给予评定星级批复,并授予相应星级的证书和标志。

3. 旅游饭店星级评定规程

1) 受理

接到饭店星级申请报告后,相应评定权限的旅游饭店星级评定机构应在核实申请材料的基础上,于14天内作出受理与否的答复。

对申请四星级以上的饭店,其所在地旅游饭店星级评定机构在逐级递交或转交申请材料时应提交推荐报告或转交报告。

2) 检查

受理申请或接到推荐报告后,相应评定权限的旅游饭店星级评定机构应在1个月内以明查和暗访的方式安排评定检查。检查合格与否,检查员均应提交检查报告。对检查未予通过的饭店,相应星级评定机构应加强指导,待接到饭店整改完成并要求重新检查的报告后,于1个月内再次安排评定检查。对申请四星级以上的饭店,检查分为初检和终检。

初检由相应评定权限的旅游饭店星级评定机构组织,委派检查员以暗访或明查的形式实施检查,并将检查结果及整改意见记录在案,供终检时对照使用;初检合格,方可安排终检。终检由相应评定权限的旅游饭店星级评定机构组织,委派检查员对照初检结果及整改意见进行全面检查;终检合格,方可提交评审。

3) 评审

接到检查报告后1个月内,旅游饭店星级评定机构应根据检查员意见对申请星级的饭店进行评审。评审的主要内容有:审定申请资格,核实申请报告,认定本标准的达标情况,查验违规及事故、投诉的处理情况等。

4) 批复

对于评审通过的饭店,旅游饭店星级评定机构应给予评定星级的批复,并授予相应星级的标志和证书。对于经评审认定达不到标准的饭店,旅游饭店星级评定机构不予批复。饭店星级评定后,其星级标志须置于饭店前厅最明显位置。

(三) 旅游饭店星级的复核及处理

《星级饭店访查规范》(LB/T 006—2006)是对已经评定星级的饭店进行质量检查活动的依据和要求。星级复核是星级评定工作的重要补充部分,其目的是督促已取得星级的饭店持续达标,其责任划分完全依照星级评定的责任分工。

1. 复核

旅游饭店的复核是对已经评定星级的饭店,评定机构每年进行一次复核检查工作。依据《星级饭店访查规范》(LB/T 006—2006),复核工作应在饭店对照星级标准自查自纠,并将自查结果报告旅游饭店星级评定机构的基础上,由旅游饭店星级评定机构以明查或暗访的形式安排抽查验收。旅游饭店星级评定机构应于本地区复核工作结束后进行认真总结,并逐级上报复核结果。

2. 处理

《星级饭店访查规范》(LB/T 006—2006)规定,旅游饭店星级评定机构对严重降低或复核认定达不到本标准相应星级的饭店,按以下办法处理:旅游饭店星级评定机构根据情节轻重给予签发警告通知书、通报批评、降低或取消星级的处理,并在相应范围内公布处理结果。凡在1年内接到警告通知书3次以上或通报批评2次以上的饭店,旅游饭店星级评定机构应降低或取消其星级,并向社会公布。被降低或取消星级的饭店,自降低或取消星级之日起1年内,不予恢复或重新评定星级;1年后,方可重新申请星级。已取得星级的饭店如发生重大事故,造成恶劣影响,其所在地旅游饭店星级评定机构应立即反映情况或在权限范围内作出降低或取消星级的处理。饭店接到警告通知书、通报批评、降低星级的通知后,必须认真整改并在规定期限内将整改情况报告处理机构。旅游饭店星级评定机构对星级饭店进行处理的责任分工依照星级评定的责任分工办理。全国旅游饭店星级评定机构保留对各星级饭店的直接处理权。凡经旅游饭店星级评定机构决定提升或降低、取消星级的饭店,应立即将原星级标志和证书交还授予机构,由旅游饭店星级评定机构做出更换或没收的处理。

三、旅游饭店行业规范

(一)旅游饭店业务管理制度

1. 预订、登记及入住

1)预订

依据《中国旅游饭店行业规范》,旅游饭店应与客人共同履行住宿合同,除双方另有约定以外,因不可抗力不能履行双方住宿合同的,任何一方均应当及时通知对方。由于饭店出现超额预订而使客人不能入住的,饭店应当主动替客人安排本地同档次或高于本饭店档次的饭店入住,所产生的有关费用由饭店承担。

2)住房合同、登记及入住

依据《中国旅游饭店行业规范》,旅游饭店应当同团队、会议、长住客人签订住房合同。合同内容应包括客人进店和离店的时间、房间等级与价格、餐饮价格、付款方式、违约责任等款项。饭店在办理客人入住手续时,应当按照国家的有关规定,要求客人出示有效证件,并如实登记。

3)不予接待的情形

依据《中国旅游饭店行业规范》,饭店可以不予接待的情况是:携带危害饭店安全的物品入店者;从事违法活动者;影响饭店形象者;无支付能力或曾有过逃账记录者;饭店客满;法律、法规规定的其他情况。

2. 饭店收费

旅游饭店应当将房价表置于总服务台显著位置,供客人参考。饭店如给予客人房价折扣,应当书面约定。饭店客房收费以"间/夜"为计算单位(钟点房除外)。按客人住一"间/夜",计收一天房费;次日12时以后、18时以前办理退房手续者,饭店可以加收半天房费;次日18时以后退房者,饭店可以加收一天房费。根据有关规定,饭店可以对客房、餐饮、洗衣、电话等服务项目加收服务费,但应当在房价表及有关服务价目单上注明。客人在饭店商场内购物,不应加收服务费。

（二）保护旅客人身和财产安全制度

1. 安全保护义务

1）设备设施

为了保护旅客的人身和财产安全，饭店客房房门应当装置防盗链、门镜、应急疏散图，卫生间内应当采取有效的防滑措施。客房内应当放置服务指南、住宿须知和防火指南。有条件的饭店应当安装客房电子门锁和公共区域安全监控系统。饭店应当确保健身、娱乐等场所设施、设备的完好和安全。对不按使用说明及饭店员工指导进行操作而造成伤害的，饭店不承担责任。

2）安全措施

旅游饭店对可能损害客人人身和财产安全的场所，应当采取防护、警示措施。警示牌应当中外文对照。饭店应当采取措施，防止客人放置在客房内的财物灭失、毁损。由于饭店的原因造成客人财物灭失、毁损的，饭店应当承担责任；由于客人自己的行为造成损害的，饭店不承担责任；双方均有过错的，应当各自承担相应的责任。

3）保护客人的隐私权

旅游饭店应当保护客人的隐私权，除日常清扫卫生、维修保养设施设备或者发生火灾等紧急情况外，饭店员工未经客人许可不得随意进入客人下榻的房间。

2. 物品保管义务

1）贵重物品的保管

依据《中国旅游饭店行业规范》，饭店应当在前厅处设置有双锁的客人贵重物品保险箱。贵重物品保险箱的位置应当安全、方便、隐蔽，能够保护客人的隐私。饭店应当按照规定的时限免费提供住店客人贵重物品的保管服务。饭店应当对住店客人贵重物品的保管服务做出书面规定，并在客人办理入住登记时予以提示。否则，造成客人贵重物品灭失的，饭店应当承担赔偿责任。客人寄存贵重物品时，饭店应当要求客人填写贵重物品寄存单，并办理有关手续。对没有按规定存放在饭店前厅贵重物品保险箱内而在客房里灭失、毁损的客人的贵重物品，如果责任在饭店一方，可视为一般物品予以赔偿。在客人结账退房离开饭店以后，如无事先约定，饭店可以将客人寄存在贵重物品保险箱内的物品取出，并按照有关规定处理。饭店应当将此条规定在客人贵重物品寄存单上明示。客人如果遗失饭店贵重物品保险箱的钥匙，除赔偿钥匙成本费用外，饭店还可以要求客人承担维修保险箱的费用。

2）一般物品的保管

依据《中国旅游饭店行业规范》，客房内设置的保险箱仅为客人提供存放一般物品之用。饭店保管客人寄存在行李寄存处的行李物品时，应当检查其包装是否完好、安全，询问有无违禁物品，并经双方当面确认后签发给客人行李寄存牌。客人在餐饮、康乐、前厅、行李处等场所寄存物品时，饭店应当当面询问客人物品中有无贵重物品。客人寄存的行李中如有贵重物品的，应当向饭店声明，由饭店员工验收并交饭店贵重物品保管处免费保管；客人事先未声明或不同意核实而造成物品灭失、毁损的，如果责任在饭店一方，饭店按照一般物品予

以赔偿;客人对寄存物品没有提出需要采取特殊保管措施的,因为物品自身的原因造成毁损或损耗的,饭店不承担赔偿责任;由于客人没有事先说明寄存物的情况,造成饭店损失的,除饭店知道或者应当知道而没有采取补救措施的以外,饭店可以要求客人承担其所受损失的赔偿责任。

(三) 有关旅游饭店的其他规定

1. 洗衣服务

依据《中国旅游饭店行业规范》,客人送洗衣物,饭店应当要求客人在洗衣单上注明洗涤种类及要求,并应当检查衣物有无破损。客人如有特殊要求或者饭店员工发现衣物破损的,双方应当事先确认并在洗衣单上注明;客人事先没有提出特殊要求,饭店按照常规进行洗涤,造成衣物损坏的,饭店不承担赔偿责任。客人的衣物在洗涤后即发现破损等问题,而饭店无法证明该衣物是在洗涤以前破损的,饭店承担相应责任。饭店应当在洗衣单上注明,要求客人将衣物内的物品取出。对洗涤后客人衣物内物品的灭失,饭店不承担责任。

2. 停车场管理

依据《中国旅游饭店行业规范》,饭店应当保护停车场内饭店客人的车辆安全。由于保管不善,造成车辆灭失或者毁损的,饭店应承担相应责任,但因为客人自身的原因造成车辆灭失或者毁损的除外。双方均有过错的,应当各自承担相应的责任。饭店应当提示客人保管好放置在汽车内的物品,对汽车内放置的物品的灭失,饭店不承担责任。

3. 饭店的其他权利和义务

依据《中国旅游饭店行业规范》,饭店可以谢绝客人自带酒水和食品进入餐厅、酒吧、舞厅等场所享用,但应当将谢绝的告示设置于有关场所的显著位置;饭店有义务提醒客人在客房内遵守国家有关规定,不得私留他人住宿或者擅自将客房转让给他人使用及改变使用用途。对违反规定造成饭店损失的,饭店可以要求下榻该房间的客人承担相应的赔偿责任;饭店可以口头提示或书面通知客人不得自行对客房进行改造、装饰。未经饭店同意进行改造、装饰并因此造成损失的,饭店可以要求客人承担相应的赔偿责任;饭店有义务提示客人爱护饭店的财物。由于客人的原因造成损坏的,饭店可以要求客人承担赔偿责任;由于客人原因维修受损设施设备期间导致客房不能出租、场所不能开放而发生的营业损失,饭店可视其情况要求客人承担责任;对饮酒过量的客人,饭店应恰当、及时地劝阻,防止客人在店内醉酒。客人醉酒后在饭店内肇事造成损失的,饭店可以要求肇事者承担相应的赔偿责任;客人结账离店后,如有物品遗留在客房内,饭店应当设法同客人取得联系,将物品归还或寄还给客人,或替客人保管,所产生的费用由客人承担。3个月后仍无人认领的,饭店可进行登记造册,按拾遗物品处理;饭店应当提供与本饭店档次相符的产品与服务,如果存在瑕疵,饭店应当采取措施及时加以改进。由于饭店的原因而给客人造成损失的,饭店应当根据损失程度向客人赔礼道歉,或给予相应的赔偿。

酒店停车场车辆损坏责任如何认定？

2014年10月5日,韩女士与家人开车到达某市,晚上入住该市一大酒店。当时他们把车停在酒店前的开放式停车场,保安给了她一张车辆临时出入证。然而第二天上午7时,他们准备离开酒店时,却发现自己的保时捷车的两个后视镜被刮花并且破碎。韩女士马上找到酒店方,但是酒店称停车场已经外包给了物业公司,他们对于车辆损坏不负责。之后他们又找到了负责停车场收费的物业公司,但物业公司称"停车所收的费用是车位占用费,并不是保管费,所以车辆发生损坏他们并不负责"。

于是,韩女士报了警,警方来现场了解情况后,希望车主和物业双方协商解决。韩女士解释说,"主要是这款车在当地没有4S店",经过估算,如果重新更换两个后视镜的话,需要大概14000元。在与保险公司沟通后,保险公司只负责50%的损失,因此,韩女士提出要求物业方赔偿3000元。

问题的焦点在于:物业方收取的停车费到底是车位占用费还是保管费。韩女士认为,物业方收取了车辆停车费,那就有承担看管义务,并且保证停放车辆的安全。但是物业方则表示,他们收取的停车费只是车位占用费,主要是保安在这一过程中进行疏导车辆的停放,并不存在保管的义务。

目前,很多停车场收取的停车费,到底是保管费还是车位占用费,在这个问题上存在很大的争议。《中国旅游饭店行业规范》第27条规定,饭店应当保护停车场内饭店客人的车辆安全;由于保管不善,造成车辆灭失或者毁损的,饭店承担相应责任,但因为客人自身的原因造成车辆灭失或者毁损的除外。双方均有过错的,应当各自承担相应的责任。

我国《合同法》第374条规定,保管期间,因保管人保管不善造成保管物毁损、灭失的,保管人应当承担损害赔偿责任,但保管是无偿的,保管人证明自己没有重大过失的,不承担损害赔偿责任。

我国《旅游法》第54条规定,景区、住宿经营者将其部分经营项目或者场地交由他人从事住宿、餐饮、购物、游览、娱乐、旅游交通等经营的,应当对实际经营者的经营行为给旅游者造成的损害承担连带责任。

因此,律师认为:消费者如果入住酒店,将车辆停放至酒店附属的停车场时,就与酒店形成了一种服务与被服务的合同法律关系,酒店有为消费者人身财产安全提供安保的义务,车辆在酒店方的停车场发生损坏,酒店方就有义务承担相应的责任。本案中,酒店将停车场外包给物业公司,就应当对物业公司的经营行为给韩女士造成的损害承担连带责任,酒店方承担责任后可以向物业公司追偿。当然,韩女士也可以直接向物业公司要求赔偿,物业公司应当赔偿韩女士因车辆损坏造成的经济损失。

(资料来源:http://news.163.com/14/1007/09/A7UN3NGK00014AED.html。)

第三节 旅游交通运输管理法律制度

一、民用航空运输管理

（一）民用航空运输的概念与经营准则

1. 民用航空运输的概念

民用航空运输，分为国内航空运输和国际航空运输。我国《民用航空法》规定，国内航空运输是指根据当事人订立的航空运输合同，运输的出发地点、约定的经停地点和目的地点均在中华人民共和国境内的运输。而国际航空运输则是指根据当事人订立的航空运输合同，无论运输有无间断或者有无转运，运输出发地点、目的地点或者约定的经停地点至少有一个不在中华人民共和国境内的运输。

2. 民用航空运输的经营准则

我国《民用航空法》规定，公共航空运输企业应当以保证飞行安全和航班正常，提供良好服务为准则，采取有效措施，提高运输服务质量。公共航空运输企业应当教育和要求本企业职工严格履行职责，以文明礼貌、热情周到的服务态度，认真做好旅客和货物运输的各项服务工作。旅客运输航班延误的，应当在机场内及时通告有关情况。

我国《民用航空法》的规定旨在促进公共航空运输企业改善经营管理，在保证飞行安全和正常飞行的基础上，进一步提高运输服务质量。对于旅游业来说，航空运输具有很强的窗口性，公共航空运输企业的服务质量，直接体现着中国在国际上的形象和声誉，必须上升到法律的高度来要求服务质量。

从法律上讲，旅客与公共航空公司是平等的合同主体。航空公司将客票售出，便意味着与旅客签订了航空运输合同。公共航空运输企业在运输服务中必须恪尽职守、文明礼貌、热情周到，把旅客及其行李及时、安全、完好地运送到目的地，才算是适当地履行了航空运输合同。因为旅客是为了得到更好的服务，才付出比其他运输方式更高的费用来选择航空运输的。旅客航空运输航班延误的，法律规定公共航空企业应当在机场内及时通告有关情况。因为航空旅客运输合同签订后，公共航空运输企业就应当按照公布的班期时刻运送旅客，如果因故无法按照客票中规定的航班运送旅客，应当及时在机场向航空运输合同的另一方旅客公布有关情况。

上述法律规定中的"有关情况"，主要包括航班延误的原因（依法不能公布的原因除外）、航班延误的时间、对旅客的住宿安排等。这不仅是法律规定的义务，也是对民航优质服务工作方针的要求。

3. 有关禁运的规定

1）禁运物品

我国《民用航空法》规定，公共航空运输企业不得运输法律、行政法规规定的禁运物品；禁止旅客随身携带法律、行政法规规定的禁运物品乘坐民用航空器。该规定是为了与其他法律、法规相衔接,以使公共航空运输企业的运输行为符合安全要求和公共利益。

国家在很多法律、法规中规定了禁运物品,以及运输物品应承担的法律责任。例如,我国《刑法》规定,制造、贩卖、运输鸦片、海洛因、吗啡或者其他毒品的,处5年以下有期徒刑或者拘役,可以并处罚金。除毒品外,黄色淫秽音像制品或图片、伪钞等也被我国法律、法规列为禁运品。因此,公共航空运输企业必须严格遵照法律、法规的有关规定,不得运输禁运物品。不仅如此,作为旅客,法律也规定禁止携带禁运物品乘坐航空器,因为这些禁运物品大都是危害人民群众身体健康、社会公共秩序、社会经济秩序、社会道德水平的。

所以,公共航空运输企业有义务配合公安机关等有关部门,对私带禁运物品乘坐民用航空器的行为进行打击,认真检查旅客的人身及随身物品。发现携带禁运物的旅客,不允许其乘坐民用航空器,并按照国家有关规定,将其连同禁运物品一并移交公安机关或其他有关部门处理。作为旅游业的导游人员,也有自身不携带禁运物品的义务,还应该协助、配合公共航空运输企业和公安机关禁止旅游者随身携带禁运物品乘坐民用航空器。

2) 禁止携带、托运危险品

我国《民用航空法》规定,禁止旅客携带危险品乘坐民用航空器;禁止违反国务院民用航空主管部门的规定将危险品作为行李托运。所谓危险品,是指对运输安全构成威胁的易燃、易爆、剧毒、易腐蚀、易污染和放射性物品,这是出于对航空安全的考虑。由航空器的特点所决定,航空运输对安全措施的要求最高。做好航空运输的安全保障工作,仅靠机组人员是不够的,必须要有广大旅客的支持和配合。

因此,禁止旅客携带危险品乘坐航空器,不仅是对航空安全的保障,同时也是对广大旅客生命财产安全的保障。

3) 禁止携带枪支、管制刀具

我国《民用航空法》规定,除因执行公务并按照国家规定经过批准外,禁止旅客携带枪支、管制刀具乘坐民用航空器。此规定是出于对航空器安全保卫工作的考虑,防止不法分子利用枪支、管制刀具劫持航空器,破坏航空器,或者在航空器内进行其他违法犯罪活动,扰乱秩序,影响飞行安全。对于拒绝接受安全检查的旅客,公共航空运输企业有权拒绝运输。这同样是保障航空运输安全以及所载旅客生命财物安全的需要,这也是世界上其他各国管理公共航空运输通行做法。

依据我国《民用航空法》的规定,公共航空运输企业不得运输拒绝接受安全检查的旅客,不得违反国家规定运输未经安全检查的行李。

(二) 民用航空运输凭证和依据

1. 旅客运输凭证

我国《民用航空法》规定,客票是航空旅客运输合同订立和运输条件的初步证据;承运人运送旅客,应当出具客票。旅客乘坐民用航空器,应当交验有效客票。这是关于承运人出具客票和旅客交验客票的义务性规定。此规定的含义有以下几点。

1) 出具客票是承运人的法定义务

承运人运送旅客,必须向旅客签发客票,如果承运人不出具客票而又同意旅客乘坐民用航空器,承运人将无权援用法定的赔偿责任限额。客票是航空旅客运输合同订立和运输合同条件的初步证据,如果承运人不出具客票,航空旅客运输过程中一旦发生纠纷,就缺乏这种初步证据,因此,法律要求承运人出具客票。

2) 登机前交验有效客票是旅客的法定义务

旅客乘坐民用航空器,在办理登机手续时,必须向承运人交验有效的客票。旅客如不交验客票,或者所交验的客票已经过期或因其他原因失效,承运人可以拒绝其乘坐民用航空器,这是我国长期航空运输实践中的习惯做法。

如上所述,客票是航空运输合同订立和运输合同条件的初步证据。这一规定是指航空旅客运输合同一般在旅客购入客票时即告成立。但是,客票只是此项合同订立的初步证据,而不是合同本身。因为,航空旅客运输合同一般不采用书面形式订立,而客票是证明合同订立的一个证据。客票除作为旅客运输安全合同订立的证明外,还对运输合同条件具有初步证据力。运输合同条件是关于运输合同当事人双方的主要权利、义务的规定,一般记载于客票最后一页的背面。运输合同条件中最主要的内容是承运人的责任规则,即在何种情况下承担责任,在何种情况下不承担责任以及责任限额等。

正是由于客票是初步证据而不是最终证据,当出现下列情形时,运输合同存在或者效力不受影响:

一是旅客未能出示客票。旅客虽然购买了客票,但由于某种原因而无法向承运人出示客票,如旅客忘记随身携带已购买的客票,运输合同确已订立并仍然有效。

二是客票不符合规定。它是指客票不符合我国《民用航空法》的规定。例如,该法第110条规定,客票应当包括的内容由国务院民用航空主管部门规定,至少应当包括以下内容:①出发地点和目的地点;②出发地点和目的地点均在中华人民共和国境内,而在境外有一个或者数个约定的经停地点的,至少注明一个经停地;③旅客航程的最终目的地点、出发地点或者约定的经停地点之一不在中华人民共和国境内,依照所适用的国际航空运输公约的规定,应当在客票上声明此项运输是适用于该公约的。客票上应当载有该项声明。依照我国《民用航空法》的规定,客票上如果没有包括上述规定,即"客票不符合规定"。但是这并不影响运输合同的成立,即合同仍然有效,但承运人的权利在某种程度上将受到影响。

三是客票遗失。旅客已经购买了客票,但客票遗失,运输合同仍然存在并有效。

我国《民用航空法》上述关于承运人出具客票的规定和第110条关于在国际航空旅客运输的客票中声明适用的国际航空运输公约的规定,都是强制性规定,承运人违反强制性规定,就必须要承担没有限额的完全责任。具体来讲,在国内航空运输中,承运人违反出票的强制性规定,不出具客票而同意旅客乘坐民用航空器的,就无权援用我国《民用航空法》第128条有关赔偿责任限制的规定。

在国际航空运输中,承运人不出具客票而同意旅客乘坐民用航空器,或者虽然出具了客票,但客票上未载明我国《民用航空法》第110条第3项的声明时,无权援用该法第129条有关赔偿责任限制的规定。

2. 行李运输凭证

我国《民用航空法》规定,承运人载运托运行李时,行李票可以包含在客票之内或者与客票相结合;除该法第110条规定外,行李票还应当包括下列内容:托运行李的件数和重量;需要声明托运行李在目的地点交付时的利益的,注明声明金额。行李票是行李托运和运输合同条件的初步证据。旅客未能出示行李票、行李票不符合规定或者行李票遗失,不影响运输合同的存在或者有效。在国内航空运输中,承运人载运托运行李而不出具行李票的,或者行李票上未依照该法第110条第3项的规定声明的,承运人无权援用该法第129条有关赔偿责任限制的规定。

这是关于行李票的形式、内容、性质、法律地位以及承运人违反行李票规则的法律后果的规定,其含义如下:

1)承运人有出具行李票的义务

承运人载运托运行李,应当向旅客出具行李票。根据国际航空运输协会(运输合同条件)对行李的表述,行李是指一位旅客的与其旅程有关的穿、用舒适与方便所必需的适当的物品以及其他个人财物。除另有规定外,行李包括旅客托运行李和旅客自带行李。托运行李又称登记行李,旅客自带行李指的是旅客随身携带的物品,又称非登记行李。承运人载运旅客自带行李,不必出具行李票,而只有在载运托运行李时才需要出具行李票。

2)行李票的形式

承运人载运托运行李时出具的行李票,可以包含在客票之内,也可以与客票相结合。根据我国的航空实践,承运人载运托运行李,一般不出具单独的行李票,其所出具的行李票或者是包含在客票之内,或者是与客票相结合。所谓行李票包含在客票之内,是指承运人所出具的运输凭证名称为"客票",其中有行李栏目可供填写有关行李票应包含的内容;所谓行李票与客票相结合,是指承运人所出具的运输凭证名称为"客票行李票"。

无论是采取哪种形式,该运输凭证就旅客本身的运送而言是客票,就托运行李的运输而言是行李票;如果旅客没有托运行李,该运输凭证仅起客票的作用。

3)行李票的性质

行李票是行李托运和运输合同条件的初步证据,即行李票是一项初步证据,它不是行李运输合同本身。行李票的出具,能基本上证明旅客已经履行了行李托运的手续,即将托运行李交给承运人照管,并表明旅客和承运人已就托运行李运输合同的条件达成一致。

正是由于行李票是行李托运和运输合同条件的初步证据,而不是最终证据,因此,发生下列情形时,托运行李运输合同的存在或有效不受影响:旅客未能出示行李票,即旅客虽然托运了行李,但由于某种原因无法向承运人出示行李票,承运人经查对核实旅行社确已将行李托运,运输合同仍然存在并有效;承运人出具的行李票不符合规定。行李票不符合规定主要指行李票未载明应当载明的内容。这种情况下,不影响运输合同的存在或有效。如果行李票上未载明法定的强制性内容,如未作我国《民用航空法》第110条第3项的声明的,承运人的权利将受到影响;行李票遗失。承运人已向旅客出具了行李票,但旅客已将行李票遗失,不影响运输合同的存在和有效。

4)承运人违反强制性义务的后果

承运人未履行出具行李票的强制性义务或未在行李票上规定法定的强制性内容的法律后果:在国内航空运输中,承运人载运行李而不出具行李票,则承运人无权援用我国《民用航空法》第128条有关赔偿责任限制的规定,其赔偿责任金额将是无限制的;在国际航空运输中,承运人载运行李而不出具行李票,或者行李票上未作我国《民用航空法》第110条第3项的声明的,则承运人无权援用我国《民用航空法》第129条有关赔偿责任限制的规定,其赔偿

责任数额将是无限制的。

(三) 航空承运人的责任

1. 承运人对旅客的责任

我国《民用航空法》规定,因发生在民用航空器上或者在旅客上、下民用航空器过程中的事件,造成旅客人身伤亡的,承运人应当承担责任;但是旅客的人身伤亡完全是由于旅客本人的健康状况造成的,承运人不承担责任。

这是关于承运人对旅客人身伤亡的责任的规定,其含义如下:

1) 主体及其责任

依据我国《民用航空法》,承运人承担民事责任的对象是旅客;承运人承担民事责任的范围仅限于旅客的人身伤亡;承运人承担民事责任的前提条件是旅客的人身伤亡是因发生在民用航空器上或在旅客上、下民用航空器过程中的事件造成的,而这一事件与旅客的人身伤亡存在着因果联系;承运人的责任期间是"在民用航空器上或者在旅客上、下民用航空器的过程中",凡在该期间以外的事件,造成旅客人身伤亡,承运人不承担责任。

2) 身体健康状况引起的责任认定

依据我国《民用航空法》,对完全是由于旅客本人的健康状况,即旅客的疾病而造成的旅客人身伤亡,承运人不承担责任;对部分由旅客本人的健康状况造成的旅客人身伤亡,承运人应当承担责任。例如,某旅客患有心脏病,飞行中飞机发生剧烈颠簸造成该客人摔倒,病发身亡。

这种情况下,承运人应对该旅客的死亡承担责任。

2. 承运人对携带物品与托运行李的责任

1) 对携带物品的责任

我国《民用航空法》规定,因发生在民用航空器上或者在旅客上、下民用航空器过程中的事件,造成旅客随身携带物品毁灭、遗失或者损坏的,承运人应当承担责任。旅客随身携带物品的毁灭、遗失或者损坏完全是由于行李,即该随身携带物品本身的自然属性、质量或者缺陷造成的,承运人不承担责任。

这是关于承运人对旅客随身携带行李的责任的规定,其含义如下:承运人应当对因发生在航空器上或者旅客上、下民用航空器过程中的事件造成的旅客随身携带物品的毁灭、遗失或者损坏承担责任;旅客随身携带物品的毁灭、遗失或者损坏完全是由于行李本身的自然属性、质量或缺陷造成的,承运人不承担责任。因为这些情况的发生一方面与飞机的航行活动无关,另一方面也是承运人无法预料、无法防范的;对部分因旅客随身携带物品的自然属性、质量或者缺陷造成该物品的毁灭、遗失或者损坏,承运人仍应承担责任。

2) 对托运行李的责任

我国《民用航空法》规定,因为发生在航空运输期间的事件,造成旅客的托运行李毁灭、遗失或者损坏的,承运人应当承担责任。该"航空运输期间"是指在机场内、民用航空器上或机场外降落的任何地点,托运行李处于承运人掌管之下的全部期间。承运人应当对发生在航空运输期间的事件造成旅客的托运行李的毁灭、遗失或者损坏承担责任;如果托运行李的毁灭、遗失或者损坏,完全是由于托运行李本身的自然属性、质量或者缺陷造成的,承运人不承担责任;如果托运行李的毁灭、遗失或者损坏,部分是由于托运行李本身的自然属性、质量或者缺陷造成的,承运人仍要承担责任。

3. 承运人对延误旅客、行李运输的责任

我国《民用航空法》规定,旅客、行李或者货物在航空运输中因延误造成的损失,承运人应当承担责任;但是承运人证明本人或者其受雇人、代理人为了避免损失的发生,已经采取一切必要措施,或者不可能采取此种措施的,不承担责任。

1)责任期间

我国《民用航空法》规定的"航空运输中",是指承运人的责任期间,承运人仅对在其责任期间造成的旅客、行李迟延运输负责,而不对在此期间外因其他运输方式的延误造成的损失负责。而且"延误"是指承运人未能按照运输合同约定的时间将旅客、行李运抵目的地点。运输合同约定的时间,一般指承运人的班机时刻表,或者机票上载明的旅客抵达目的地的时间。此外,从国际航空司法实践看,航班的撤销也作延误处理。

2)责任范围

依据我国《民用航空法》的规定,承运人只在因延误造成损失时才承担责任,如果延误没有造成任何损失,承运人就不承担责任。

法律之所以作如此规定,首先,并不是所有的延误都可能造成损失,因此,在虽然发生延误,但并未造成实际损失的情况下,承运人不承担责任;其次,并不是一出现延误就会给每个旅客或托运人造成损失,只有当旅客或托运人因延误遭受损失时,承运人才承担责任,这就要求旅客或托运人负责举证其某项损失是由延误造成的,并列举出延误所造成损失的具体款项;最后,因延误造成的损失是指因延误而给旅客或者托运人造成的实际经济损失,不包括因延误给旅客或托运人造成的精神损失,如给旅客造成的身体上的不便、不适等。至于因延误造成的损失是仅指直接的经济损失,还是既包括直接经济损失,也包括间接经济损失,法律尚无明确规定。如果承运人能够履行其举证责任,证明其本人或者其受雇人、代理人已经采取一切必要措施以避免损失的发生,或者根本不可能采取此种措施,可以不承担责任。

4. 承运人责任的减免与限制制度

1)承运人责任的减轻与免除

我国《民用航空法》规定,在旅客、行李运输中,经承运人证明,损失是由索赔人的过错造成或者促成的,应当根据造成或者促成此种损失的过错的程度,相应免除或者减轻承运人的责任;旅客以外的其他人就旅客死亡或者受伤提出赔偿请求时,经承运人证明,死亡或者受伤是旅客本人的过错造成或者促成的,同样应当根据造成或者促成此种损失的过错的程度,相应免除或者减轻承运人的责任。这里的"索赔人"主要是指旅客或其代理人。如果旅客在航空运输中死亡,索赔人即为旅客的继承人或其代理人。"旅客以外的其他人"是指旅客的代理人、继承人或该继承人的代理人。

2)承运人责任限制制度

承运人责任限制制度,是指发生重大的航空事故时,作为责任人的承运人,一般情况下,即航空公司可以根据法律的规定,将自己的赔偿责任限制在一定范围内进行赔偿的法律制度。

我国《民用航空法》关于航空承运人责任限制制度的规定是对民法中一般民事损害赔偿

原则,即按照实际损失赔偿的原则作出的特殊规定。例如,根据《国内航空运输承运人赔偿责任限额规定》的规定,对每名旅客的赔偿责任限额为人民币 40 万元,对每名旅客随身携带物品的赔偿责任限额为人民币 3000 元,对旅客托运的行李和对运输的货物的赔偿责任限额,为每千克人民币 100 元。又如,《统一国际航空运输某些规则的公约》规定了国际航空运输承运人对旅客伤亡的双梯度责任制度,在第一梯度下,无论承运人是否有过错,都要对旅客的死亡或者身体伤害承担以 10 万特别提款权,约合 100 万元人民币为限额的赔偿责任。因此,赔偿责任限制制度是通过法律或者行政法规规定承运人的最高赔偿责任限额,将承运人的责任限制在一定数额范围内,以达到保护承运人利益、使承运人不致过度赔偿而破产的目的。

当然,赔偿责任限制制度不仅考虑到对承运人利益的保护,也要考虑到对合同对方当事人利益的保护,这种对合同对方当事人利益的保护,一般体现在允许合同对方当事人另行约定高于法定责任限额的赔偿责任限额。就该合同而言,该赔偿责任限额一经约定即取代法定责任限额。一旦发生损失且损失额巨大时,承运人将要在双方约定的赔偿责任限额的范围内承担责任。

依据我国《民用航空法》及其相关法律法规,无论是在国内航空运输还是在国际航空运输中的赔偿责任限制,只要能够证明在航空运输中的损失是由于承运人的故意或重大过失造成的,那么,承运人无权援用上述赔偿责任限制制度,即承运人不仅无权援用法定的赔偿责任限额,同时,也无权援用约定的赔偿责任限额。也就是说,在这种情况下,承运人将承担无限责任。

知识活页　　我国《民用航空法》(摘选)

第 109 条　承运人运送旅客,应当出具客票。旅客乘坐民用航空器,应当交验有效客票。

第 110 条　客票应当包括的内容由国务院民用航空主管部门规定,至少应当包括以下内容:

(一) 出发地点和目的地点;

(二) 出发地点和目的地点均在中华人民共和国境内,而在境外有一个或者数个约定的经停地点的,至少注明一个经停地点;

(三) 旅客航程的最终目的地点、出发地点或者约定的经停地点之一不在中华人民共和国境内,依照所适用的国际航空运输公约的规定,应当在客票上声明此项运输适用该公约的,客票上应当载有该项声明。

……

第 128 条　国内航空运输承运人的赔偿责任限额由国务院民用航空主管部门制定,报国务院批准后公布执行。

旅客或者托运人在交运托运行李或者货物时,特别声明在目的地点交付时的利益,并在必要时支付附加费的,除承运人证明旅客或者托运人声明的金额高于托运行李或者货物在目的地点交付时的实际利益外,承运人应当在声明金额范围内承担责任;本法第129条的其他规定,除赔偿责任限额外,适用于国内航空运输。

第129条 国际航空运输承运人的赔偿责任限额按照下列规定执行:

(一)对每名旅客的赔偿责任限额为16600计算单位;但是,旅客可以同承运人书面约定高于本项规定的赔偿责任限额。

(二)对托运行李或者货物的赔偿责任限额,每公斤为17计算单位。旅客或者托运人在交运托运行李或者货物时,特别声明在目的地点交付时的利益,并在必要时支付附加费的,除承运人证明旅客或者托运人声明的金额高于托运行李或者货物在目的地点交付时的实际利益外,承运人应当在声明金额范围内承担责任。

托运行李或者货物的一部分或者托运行李、货物中的任何物件毁灭、遗失、损坏或者延误的,用以确定承运人赔偿责任限额的重量,仅为该一包件或者数包件的总重量;但是,因托运行李或者货物的一部分或者托运行李、货物中的任何物件的毁灭、遗失、损坏或者延误,影响同一份行李票或者同一份航空货运单所列其他包件的价值的,确定承运人的赔偿责任限额时,此种包件的总重量也应当考虑在内。

(二)对每名旅客随身携带的物品的赔偿责任限额为332计算单位。

资料来源:http://www.caac.gov.cn/XXGK/XXGK/JGGLL/XGFG/201603/t20160304_29320.html。

二、旅客铁路运输管理

(一)旅客铁路运输的基本规范

1. 铁路运输企业的义务

我国《铁路法》规定,铁路运输企业必须坚持社会主义经营方向和为人民服务的宗旨,改善经营管理,切实改进路风,提高运输服务质量。该条法律是对铁路运输企业的义务性的规定。铁路运输企业的义务就是为旅客、托运人和收货人提供运输服务。因此,铁路运输企业应当始终把为人民提供良好的运输生产服务,切实做好各项工作放在首位;应当不断改进铁路的服务方式、提高服务质量、加强企业管理,真正做到优质、高效、全面地为旅客、托运人和收货人提供各种运输服务活动。

2. 铁路运输有关安全的规定

我国《铁路法》规定,公民有爱护铁路设施的义务。禁止任何人破坏铁路设施,扰乱铁路运输的正常秩序。铁路运输安全保护问题不仅仅是铁路部门的事,它同时也是全体公民的重要义务。只有依靠全体公民的共同努力,才能从根本上保证铁路运输安全,保证铁路运输的畅通无阻,因此,每个公民都应从法律的高度来认识自己的义务,维护铁路运输的安全,使"人民铁路人民爱"的宣传宗旨能够落到实处。

同时,我国《铁路法》又规定,铁路运输企业应当保证旅客和货物运输的安全,做到列车正点到达。这一规定有三层含义:一是必须保证旅客的乘车安全;二是保证货物、行李的安全和完好;三是保证列车安全正点到达目的地。

（二）铁路运输合同及其权利义务

1. 铁路运输合同

我国《铁路法》规定，铁路运输合同是明确运输企业与旅客、托运人之间权利义务关系的协议。旅客车票、行李票、包裹票和货物运单是合同或者合同的组成部分。

铁路运输合同是我国《铁路法》的重要内容，它是铁路企业作为承运人与旅客之间订立的明确承运人与旅客之间权利义务关系的协议。合同一经成立，承运人便有义务根据运输合同使用运载工具（火车），将旅客从一地运送到另一地，实现地理上的位移。旅客便必须依据运输合同向承运人支付与服务等价的运费。铁路运输企业在多年的运输生产活动中，虽然每时每刻都在同旅客打交道，但对体现双方权利义务的合同关系一直不明确，特别是旅客运输。旅客持有旅客车票，与铁路发生旅客运输关系，但车票的法律属性如何，它是什么性质的文件都不明确。

在实践中，一直把客票、行李票、包裹票和货物运单视为运输合同或合同的组成部分，我国《铁路法》明确规定了旅客车票、行李票、包裹单和货物运单是合同或合同的组成部分，同时也是铁路旅客运输合同成立的标志。当承运人向旅客支付客票时，铁路旅客运输合同成立。但应当注意的是该合同并未同时生效，而是旅客在进站经过检票时起生效。不记名的客票，在检票前，旅客是可以自由转让客票的，但在当今实名制记名客票的情况下客票是不能转让的。承运人按票面规定将旅客运送到站，旅客出站时止，为合同履行完毕。

2. 铁路运输企业的权利义务

我国《铁路法》规定，铁路运输企业应当保证旅客按车票载明的日期、车次乘车，并到达目的站；因铁路运输企业的责任造成旅客不能按车票载明的日期、车次乘车的，铁路运输企业应当按照旅客的要求，退还全部票款或者安排改乘到达相同目的站的其他列车。旅客旅行的基本目的就是要到达旅行目的地，旅客到铁路车站购买车票，要向铁路运输企业提出具体的车次、时间、到站，铁路运输企业按照旅客的要求售给相应的车票，则铁路旅客运输合同即告成立。旅客凭车票有权要求铁路运输企业按照票面载明的日期、车次及时安排旅行；铁路运输企业也有义务按照票面的规定，组织旅客旅行，为乘客提供条件，把旅客及时运送到旅行目的地。但是，由于客观情况的变化，有时旅客并不能按时乘车。从实际看，这种情况的发生主要有两个方面的原因。

1）旅客自身的原因

因旅客自身的原因，如情况发生变化、放弃或改变了旅行计划，也可能是由于各方面的原因，发生了误车等情况。由于旅客自身的原因造成不能按时乘车的，其法律后果应当由旅客自己负责，铁路运输企业不承担法律责任。但是旅客可以按照铁路的规定，办理退票或改乘其他列车的手续，并缴纳规定的退票或改乘的签证费用。旅客退票实际上是向铁路运输企业提出解除铁路运输合同的请求，铁路运输企业按照旅客的要求办理了退票手续，则双方之间的合同即告解除。

由于是旅客单方解约，则应向铁路交纳违约费用，即所谓"退票费"；旅客要求办理改乘手续，实际上是向铁路运输企业提出变更合同的请求，铁路运输企业按照旅客的要求改签了旅客车票的乘车车次、日期，则与旅客之间成立了新的旅客运输合同，双方当事人应当按照改签后的合同履行各自的权利和义务。在变更合同的情况下,旅客也应承担相应的法律责任,即向铁路支付签证费及其他规定的手续费。

2) 铁路运输企业的原因

因铁路运输企业的原因,如列车晚点、车次取消等等原因。这两种情况的法律责任是不同的。由于铁路运输企业的原因而造成旅客不能按照车票载明日期、车次乘车的,铁路运输企业应当承担法律责任,即退还全部票款或安排乘坐到达相同目的站的其他列车。在这种情况下改乘列车,铁路运输企业就不得收取任何费用。实际上,上述法律规定是要求铁路运输合同的双方当事人都应当信守合同,按照合同约定履行义务,无论是哪一方违反合同、不履行合同义务,都要承担相应的法律责任。

此外,我国《铁路法》还规定,铁路运输企业应当采取有效措施做好旅客运输服务工作,做到文明礼貌、热情周到,保持车站和车厢内的清洁卫生,提供饮用开水,做好列车上的饮食供应工作。我国《铁路法》作此规定是因为铁路运输企业从事运输生产活动,其本身就是为旅客或者托运人、收货人提供服务,其要求就是为旅客提供优质的运输服务。旅客运输是铁路运输企业为公众服务的"窗口",旅客运输服务质量和水平的高低,直接关系到路风路誉,因此,做好铁路旅客服务工作,是铁路运输企业经营管理一项首要任务。

3. 关于旅客乘车条件的规定

我国《铁路法》规定,旅客乘车应当持有效车票。对无票乘车或者持失效车票乘车的,应当补收票款,并按照规定加收票款;拒不交付的,铁路运输企业可以责令其下车。旅客乘车旅行必须具备的条件是应当持有效车票。所谓"有效车票",是指必须是铁路车站出售的,有规定的乘车期限、规定的上车车站和票面指定的乘车车次的车票。如果旅客无票乘车或者持无效车票乘车,通常情况下,铁路运输企业可以根据有关规章的规定补收票款,并加收一定的票款。补收并加收票款是符合我国《民法通则》规定的,因为,旅客持失效车票或者无票乘车,实际上是一种侵害铁路运输企业合法权益的行为。依照我国民法规定,实施侵权行为的加害人,应当承担相应的法律责任。

从实际情况看,旅客无票乘车的原因是多种多样的,如旅客因紧急事务来不及购买车票或者有急事而临时要求乘车。对这些情况,如果是经列车长同意上车的,则可以按照正常的票价补票即可,因为这种情况下乘车是经过铁路运输企业同意的。而对于未经列车长允许,旅客自己上车的,旅客则应承担相应的责任,即除补收票款外,还需加收票款及有关手续费。

4. 铁路旅客人身损害赔偿责任

1) 铁路承运人的责任范围

我国《合同法》规定,承运人应当对运输过程中旅客的伤亡承担损害赔偿责任,但伤亡是旅客自身健康原因造成的或者承运人证明是旅客故意、重大过失造成的除外。可见,铁路旅客人身损害违约赔偿责任为严格责任原则,即承运人对运输过程中,除"旅客因自身健康原因"造成伤亡外,应当承担对旅客故意或重大过失造成人身伤害的举证责任。承运人不能举证或证据不足以证明伤亡是旅客故意或重大过失造成的,无论承运人是否有过错,就应当承担赔偿责任。

我国《合同法》将铁路运输企业不承担赔偿责任的范围限定在因"旅客健康"或有证据证明"旅客故意或重大过失",这是对我国《铁路法》规定的"由于受害人自身的原因造成,铁路运输企业不承担赔偿责任"更具体、清晰的规定,或更有操作性。

2) 铁路旅客人身损害赔偿的法律适用

铁路旅客的人身受到伤害后,当受害人选择违约之诉起诉到法院时,法院适用的法律是合同法的相关规定,对确已进站上车并在运输中的旅客发生的损害赔偿问题,只要不是旅客的健康原因造成的或承运人不能证明伤亡是旅客故意或重大过失造成的,承运人就应当承担赔偿责任。但是对那些已经检票进站,还未上车或已经到达终点、已下车还未出站的旅客,人身损害赔偿责任的法律适用问题成为一个焦点。

例如,原告张某在网上购买了客票,检票进站后,在乘坐通往站台的电梯时摔倒,造成右股骨胫骨折,张某丈夫当即拨打120急救电话,并送往医院进行医治,经诊断,张某右股骨胫骨折,住院治疗31天。后经司法鉴定,原告张某右髋关节功能障碍,构成九级伤残,后期治疗费为8000元,误工日为365天。于是,张某以违约之诉向法院起诉,请求判令被告某铁路经营企业赔偿各项损失共计人民币16万余元。法院经过审理认为,原告持网上购买的有效车票乘车,与被告铁路经营企业之间形成铁路旅客运输合同关系。原告张某在铁路旅客运送期间发生人身损害,被告依法应当承担赔偿责任。但原告张某在车站受伤后,没有按照相关规定及时告知被告并作出客运记录;也未报警确认受到损害的事实和原因,违反了铁路旅客运输合同中旅客应尽的义务。且原告张某也没有提供有效证据证明其损害事实是被告管理、服务上的瑕疵所致,故应由原告张某承担举证不能的后果。依照我国《合同法》、最高人民法院《关于审理铁路运输人身损害赔偿纠纷案件适用法律若干问题的解释》、最高人民法院《关于民事诉讼证据的若干规定》的相关规定,判决被告赔偿原告全部损失额的40%。原告张某不服判决,提起上诉,认为被告应当按照合同法规定全额赔偿。二审法院裁定驳回了原告的上诉请求,维持原判。

该案例因受害人没有证据证明其损害事实是被告管理、服务上的瑕疵所致,其损害是在正常运行的电梯上摔倒所致,属于对损害的发生具有过错,因此,法院适用过失相抵原则减轻被告的赔偿责任。

最高人民法院《关于审理铁路运输人身损害赔偿纠纷案件适用法律若干问题的解释》第12条规定,铁路旅客运送期间发生旅客人身损害,赔偿权利人要求铁路运输企业承担违约责任的,人民法院应当依照我国《合同法》的规定确定铁路运输企业是否承担责任及责任的大小。该规定尽管没有使用"过失相抵、减轻赔偿"等语言表述,但已十分明确的要求依照

知识关联

所谓过失相抵是指当受害人对于损害的发生或者损害结果的扩大具有过错时,依法减轻或者免除赔偿义务人的损害赔偿责任,从而公平、合理地分配损害赔偿责任的一种制度,即被侵权人对损害的发生有过错的,侵权人可以被侵权人的过错为由进行抗辩,要求减轻自己的侵权责任,减少损害赔偿的数额。过失相抵原则在以过错责任为归责原则的一般侵权领域里已有法律的明文规定,如我国《侵权责任法》规定被侵权人对损害的发生也有过错的,可以减轻侵权人的责任;我国《民法通则》规定,受害人对损害的发生也有过错的,可以减轻侵害人的民事责任。

我国《合同法》确定铁路运输企业是否承担责任及责任的大小。

因此,在审理铁路旅客人身损害违约赔偿责任案件时,如果损害是由于旅客自身的原因造成的,可以适用一般侵权领域里的过失相抵制度,解决无过错责任原则下,铁路旅客人身损害违约赔偿责任的问题,即适用过失相抵原则减轻赔偿义务人的损害赔偿责任。

三、道路旅客运输安全管理

依据我国《旅游法》的规定,旅游经营者应当采取措施保证商品和服务符合保障人身、财产安全的要求。其安全措施包括:旅游交通经营者应当依法取得法律、法规规定的经营、运营许可,配备有资质的经营管理和服务人员;严格遵守消防技术和设施、特种设备等方面的强制性标准要求;建立严格的安全生产、经营和服务机制,加强安全经营和服务培训,对危及人身、财产安全的不合理危险因素有充分的预判和防范能力;外购相关商品和服务提供给旅游者时,也应尽到安全保证义务,对商品和服务进行查验,由于采购的商品和服务有瑕疵对旅游者造成损害的,应依法承担相应的责任。

道路旅客运输安全管理是旅游交通运输安全中最具有典型性、代表性的安全管理制度。

(一)道路旅游客运经营者的经营规范

我国《旅游法》第53条规定,从事道路旅游客运的经营者应当遵守道路客运安全管理的各项制度,并在车辆显著位置明示道路旅游客运专用标识,在车厢内显著位置公示经营者和驾驶人信息、道路运输管理机构监督电话等事项。

这是关于道路旅游客运经营者经营规范的规定,在与相关法律法规相衔接基础上,针对旅游客运的特殊性作出了一些针对性规定。

1. 遵守道路客运安全管理的各项制度

目前,在国家层面,与道路客运安全管理相关的安全制度主要是我国《道路交通安全法》、《道路运输条例》和《道路旅客运输及客运站管理规定》。我国《道路交通安全法》涉及车辆和驾驶人、道路通行条件、道路通行规定等要求;我国《道路运输条例》规定了客运经营者应当取得许可,经营规范包括:从事包车客运的,应当按照约定的起始地、目的地和线路运输;从事旅游客运的,应当在旅游区域按照旅游线路运输。客运经营者不得强迫旅客乘车。不得甩客、敲诈旅客;不得擅自更换运输车辆;应当加强对从业人员的安全教育、职业道德教育,确保道路运输安全。道路运输从业人员应当遵守道路运输操作规程,不得违章作业;驾驶人员连续驾驶时间不得超过4个小时。《道路旅客运输及客运站管理规定》规定了客运经营的区域、方式、车辆技术、驾驶人员、责任险等要求。国务院《关于加强道路交通安全工作的意见》(国发〔2012〕30号)也提出了要求。道路旅游客运属于道路客运的一部分,以上相关法规及其制度适用道路旅游客运,从事道路旅游客运的经营者都应当严格遵守。

2. 遵守旅游方面的道路客运安全管理制度

与普通客运相比,旅游客运安全问题具有其自身特点,发生事故的风险更高:一是由于旅游客运的运输线路不固定,有的运程较远,旅途不可控性较大,涉及旅游者、旅行社、客运经营者等多个主体;二是道路旅游客运除应当接受交通、安监、公安等系统监管,还需要符合运载旅游者的要求,接受旅游主管部门的行业要求管理;三是道路旅游客运通常不出现超载现象,但为了不延误行程,疲劳驾驶、夜间行驶、违规超车等现象客观存在。

因此,在地方层面,不少地方性旅游法规也对道路旅游客运作出了针对性的规定。

3. 明示道路旅游客运经营的相关信息

1)在车辆显著位置明示道路旅游客运专用标识

道路客运在我国实行经营许可,具备法律规定条件的客运企业、客车、驾驶人员,取得相关证书方可从事客运运营。根据《道路旅客运输及客运站管理规定》的规定,客运车辆驾驶人员应当在规定位置放置客运标志牌;客运包车应当凭车籍所在地县级以上道路运输管理机构核发的包车客运标志牌,按照约定的时间、起始地、目的地和线路运行。省际临时客运标志牌、省际包车客运标志牌由省级道路运输管理机构按照交通部的统一式样印制,由当地县以上道路运输管理机构向客运经营者核发。

我国《旅游法》所指"标识",主要是客运标志牌。目前,定线旅游客运按照普通班车客运管理,非定线旅游客运按照普通包车客运管理,其客运标志牌的核发和摆放与普通客运的要求一致。由于旅游客运以运送旅游者为目的,为了与普通客运有较显著的区别,便于旅游者和管理部门识别与监督,我国《旅游法》专门提出了明示旅游客运专用标识的要求。

2)在车厢内显著位置公示经营者和驾驶人信息等相关信息

我国《旅游法》针对不具有合法资质的黑车、黑驾驶人员从事旅游客运的问题,在《道路旅客运输及客运站管理规定》要求客运车辆驾驶人员随车携带《道路运输证》、从业资格证等有关证件的基础上,进一步要求旅游客运经营者应在车厢内显著位置公示经营者和驾驶人信息、道路运输管理机构监督电话等事项,为旅游者搭乘、选择、识别具备旅游客运资质运营者提供信息,以便于旅游者和执法部门进行监督。

(二)旅游客车设施与服务安全规范

随着我国旅游业的发展,旅游者对于旅游客车设施和服务的要求也在不断提高。旅游客车设施设备应成为方便服务人员为乘客提供各种服务的载体,以旅游客车为载体提供的服务,除满足乘客作为一般车辆使用者的需求外,更能满足乘客作为旅游者而产生的服务需求。为了促进旅游客车生产企业设计、制造出更能满足旅游市场需要的旅游客车,提高旅游客车服务提供者的服务水平,使旅游客车的使用者能够享受到更高质量的产品和更规范的服务,我国制定了《旅游客车设施与服务规范》(GB/T 26359—2010)。该规范从旅游客车设施与服务的基本要求、技术要求,服务规范,运营规范,安全与事故处理,以及设施与服务评价等方面提出了标准。其中,《旅游客车设施与服务规范》(GB/T 26359—2010)在旅游客车的运营及设施服务安全方面的具体规范如下:

知识关联

旅游客车,是指为旅游团队(者)在旅行活动中提供地面交通服务的,由旅游企业或由旅游需求的组织和个人预订的,通常配有专职驾驶员的客运汽车。不包括提供公共服务的城市观光客车、房车和用于自驾旅游的车辆。设施,是在游客旅行过程中,满足游客合理的旅行需求的硬件设施,包括车辆及配套设备等。服务,是在游客旅行过程中,由服务人员提供的满足游客合理的旅行需求的活动。

1. 运营规范

《旅游客车设施与服务规范》(GB/T 26359—2010)对旅游客车的运营有如下规定:旅游客车运输服务各环节应协调配合,确保服务质量;车辆调度应准确无误地根据时间、地点、线路和人员等要求调派车辆;执行任务前严格按车容车况、仪容仪表、行车安全等方面进行检查,确保达到要求;服务人员接到任务后,应核准、记清用车单位、时间、地点、陪同姓名、联系电话、团队名称、人数、航班(车次)、活动日程及其他特殊要求;确保一人一座,不得让游客在车内站立;确保车内有足够的行李空间且不会危及行车和人身安全;驾驶员应提前10~15分钟到达用车地点,就近停靠,方便游客上下车;打开空调,调节车内温度,等候游客;游客到达时,驾驶员应主动站立于车门一侧,迎候游客上下车;遇携带大件行李物品的游客,应主动帮助提携,开启行李箱帮助妥善放置并锁好行李箱;对老、弱、病、残、幼、孕和抱婴者等行动不便的游客应细心服务,主动提供帮助;与导游、领队人员密切合作,合理选择最佳行车路线,保证游客的游览时间和安全。

到达游览地点后,应明确下一站地点和时间安排,准备充分并熟悉备选行车路线;根据乘客意愿使用车内空调、音视频等服务设施。

行车过程中谨慎驾驶,坚持安全礼让、中速行驶、拐弯平缓、刹车平稳,避免不必要的紧急制动,保证游客舒适安全。

行驶至复杂路面时应减速并提醒乘客扶好;游客到达目的地后,车辆应在就近地点停靠,方便游客上下车。

提醒游客携带贵重物品,游客离车后应检查门窗是否关好,并看管车内物品,时间充裕时应按规定实施车辆途中检查并清洁车内卫生;等候游客应保持耐心,不应在车内躺卧或有将腿脚伸向仪表盘、方向盘等不文明姿势;不应远离车辆或翻阅乘客放于车内的物品;不应用喇叭催促乘客或发生因驾驶员擅自离岗而造成游客无法及时上车或丢失物品等现象;营运中车辆若发生故障应积极抢修,若短时内无法修复致车辆不能正常行驶,应及时报告,安抚乘客并采取相应的补救措施;接待过程中如遇特殊情况或误解,应冷静处置,不应刁难乘客,不应有不文明语言;执行任务时不应干预导游人员正常的计划行程,严禁以各种借口强行安排团队进行计划外购物、参观、住宿、用餐等活动;完成任务后,应主动征求游客、导游和陪同人员意见,提高服务质量。

2. 设施与服务安全

1) 基本要求与安全设施

依据《旅游客车设施与服务规范》(GB/T 26359—2010)规定,旅游客车服务提供企业应设立安全管理机构,建立安全管理制度与规范,加强安全管理培训,并对旅游客车涉及安全的设施设备进行定期和不定期的检查;旅游客车服务人员在车辆运营及提供服务过程中,应强化安全意识,提高安全技能,消除安全隐患,妥善处理各种安全以外事件。旅游客车的安全设施主要包括以下内容:设安全门或紧急出口,且有明显标志;密闭式车窗有逃生装置和措施;前排座椅应配备安全带,其他座椅宜配备安全带;乘客门有防夹伤措施;自动开启的车窗应有防夹伤功能;自动开启的车门能在自动措施失效时通过另外的装置或措施开启车门;车上应备有必要的对人、对车的紧急救援设备、警示牌和工具等;应配备适用的消防器材,并确保有效;宜安装防劫防盗装置;宜安装车辆超时驾驶自动提醒或停止装置。

2）行车安全

依据《旅游客车设施与服务规范》(GB/T 26359—2010)，驾驶员应身体健康，定期体检，确保良好的驾车状态；驾驶员应提前熟悉行车路线和路况预报，并根据可能的计划变更指定备选路线方案；驾驶员应坚持安全操作，安全行驶，合理掌握车速，文明礼让，不强行超车；旅游客车在地形复杂、道路崎岖等路况危险的道路上行驶时，服务人员应提醒游客系好安全带、抓紧扶手，做好安全保护措施；旅游客车如果进行长途行车，应提前全面检查车况并备足备用胎和其他工具，行车中时刻关注车况，防止发生爆胎等安全事故。

3）人身与财产安全

依据《旅游客车设施与服务规范》(GB/T 26359—2010)，服务人员在行车中应提醒游客系好安全带，调好座椅，不要将脑袋、手臂、相机等伸出车外；妥善选择车辆停靠位置，严禁在危险路段或交通法规禁止的地方上下乘客；应建立游客财物报失管理制度，向游客公布报失联系方式；登记、储存游客的失物信息，保管好捡拾到的游客遗失物，尽力寻找失主；服务人员接到游客失物查询后，应及时与游客就物品遗失的相关信息进行沟通并及时回应查询结果；行李存放区域安全，可以闭锁；乘客在取放行李物品时，驾驶员应从旁予以协助，根据行李标签确认乘客所取的行李系本人所有；应提醒乘客随身携带贵重物品，注意看管放在座位上的物品，防止丢失；乘客下车活动期间，驾驶员应人不离车，并检查门窗是否关好；收车前应仔细查看车内和行李箱有无遗失物。如发现遗失物，应及时归还失主；无法归还的应按规定上缴，并做好相关记录；对涉嫌恶意侵占乘客财物的人员应依法处理。

4）突发事件处理

依据《旅游客车设施与服务规范》(GB/T 26359—2010)，旅游客车服务企业应针对交通事故、自然灾害和人为灾害等可能发生的情况制定应急预案，并定期对服务人员进行培训，确保相关人员能妥善应对各种突发事件，保障乘客的安全和利益。行车中如果发生交通事故，应保护现场，抢救伤者，并立即报告上级和公安交通管理部门，配合相关方面妥善处理事故；发生交通事故无法靠个人进行现场自救的，应请示上级组织启动应急预案，第一时间抢救受伤乘客，保护乘客生命安全。旅游客车进入天气状况恶劣、地形复杂的路段，应提前准备防滑链等设施设备，并时刻关注天气预报，提前掌握信息，避免在大风、大雪、大雨、冰雹等恶劣天气行车；旅游客车应避免进入自然灾害发生区域，在可能发生泥石流、山体滑坡、塌方等危险路段应谨慎通行。发生其他突发事件，如车内和途中如发生治安或刑事案件，应及时报警，并报告上级组织；车辆发生火灾时，应立即停车，协助乘客下车并疏散至安全区域，进行灭火并报警；如火灾导致车辆操作失灵，车门无法打开，应使用车内安全急救设施与工具，帮助和组织乘客安全逃生。

（三）旅游包车安全

依据《旅行社安全规范》(LB/T 028—2013)的规定，旅行社安排旅游者乘坐旅游公共交通工具，如乘坐飞机、火车、班轮、城际客运班车等公共客运交通工具时，导游有义务提醒旅游者遵守公共交通承运人的安全要求。旅行社安排旅游包车旅行，使用的旅游营运车辆应符合《旅游客车设施与服务规范》(GB/T 26359—2010)的要求，车辆应当符合旅游包车营运资质、安全检验合格，满足旅游行程运输要求。其具体内容有以下几点。

1. 督促承运人落实车辆出车检查制度

旅行社应督促旅游汽车承运人严格贯彻落实车辆出车检查制度,做到旅游车辆班组日检、部门周检、公司月检。检查中应使用安全检查表并签名。对检查中发现的问题,应立即处理;不能立即处理的,应及时报告;严重或累次违反采购协议的安全条款约定的,应及时停用。

2. 确保行车安全

旅行社使用的旅游汽车驾驶员应具备相关资质,并确保行车安全,不超载超速、不疲劳驾驶、不酒后驾车、不在出发前使用影响驾驶安全的各种违禁药物。对连续驾驶超过4小时,或连续行程超过400公里旅游线路,旅行社应安排驾驶员中途休息时间,或增配一名驾驶员。

3. 保障从业人员安全与安全提醒义务

旅行社使用的旅游汽车应在首排正座设置导游/领队专座,以保障导游/领队的人身安全。使用的旅游汽车应每车配备一部"游客安全乘车温馨提示"宣传片,同时每座配置一份《游客乘车安全须知》。

案例导读

旅客运输合同承运人的违约赔偿责任

2012年8月,何某乘坐某公交公司的旅游公交专线车前往其目的地。该公交车在途中一站点停车下客后,驾驶员周某未关闭后车门继续向前行驶。在距离目的站50米处时,何某起身离开座位走向后车门,在车辆运行过程中通过处于开启状态的后车门下车时跌至路面受伤。何某被送往医院抢救治疗无效死亡。当地公安交警部门对本次交通事故作出道路交通事故认定书,事故形成原因分析:

驾驶员周某驾驶机动车上路在未关闭车门的情况下行车,违反《道路交通安全法实施条例》第62条第1款第1项"驾驶机动车不得有下列行为:(一)在车门、车厢没有关好时行车"之规定;当事人何某在车辆行驶过程中下车,其行为违反了"车辆未停稳前,乘车人不得上下车。乘坐机动车时,身体和携带物品不得伸出车外,不得向车外抛洒物品"之规定。双方当事人的违法行为共同导致本次事故发生,过错程度相当。认定"周某、何某承担本起事故的同等责任"。

何某的亲属与公交公司为赔偿金额的比例划分发生争议,公交公司认为应按照交警部门的事故认定书来划分责任,何某的亲属遂向法院起诉,请求判令公交公司全额赔偿因何某死亡产生的死亡赔偿金及被抚养人生活费。

对于本案的处理,存在两种观点:第一种观点认为,本起交通事故的发生是因驾驶员周某在未关好车门时行车及何某在车辆未停稳时下车共同造成的,双方的行为均构成了违约,应当按照交警部门确定当事人的过错程度,对损害赔偿额各自承担50%的责任;第二种观点认为,何某本身虽具有一定过错,但其行为并未达到重大过失的程度,故公交公司并不具备我国《合同法》第302条规定的免责事由,公交承运人应对旅客的伤亡承担全部赔偿责任。

本案可从以下几个方面进行分析。

第一,交通事故责任认定书的采信。交通事故责任认定书是公安交警部门对事故成因作出的一种技术鉴定,是根据查明交通事故的基本事实、成因对交通事故责任作出划分,确定的是双方当事人对交通事故的过错程度,其性质属于民事证据,人民法院在确定民事赔偿责任的承担时,则应综合考虑当事人各自的过错及依法律规定或合同约定而确定的权利义务。

第二,法律条文的适用。我国《合同法》第120条规定了"双方违约的情况下各自承担责任",属于一般性条款。我国《合同法》第302条则规定,承运人应当对运输过程中旅客的伤亡承担损害赔偿责任,但伤亡是旅客自身健康原因造成的或者承运人证明是旅客故意、重大过失造成的除外,这一特别条款,按照一般性条款与特别条款相冲突的情况下应当适用特别条款的规定,故本案从法律适用上分析应适用我国《合同法》第302条的规定。

第三,旅客运输合同的特定性。旅客运输合同不同于其他合同,旅客在接受运输服务的同时也将自身身体处于机动车的内部,此时旅客的人身安全主要在承运人的操控范围内。因此,承运人除负有合同约定的主要给付义务之外,还有确保安全送达旅客的义务,这是旅客运输方式所决定的必然结果。"安全送达义务"直接源于合同,具有合同性,承运人必须遵守的法定合同义务。如果乘客在旅途中遭受伤亡,不管承运人主观上是否有过错,只要不存在法定或约定的免责事由,均应对旅客的伤亡承担违约责任。

(资料来源: http://www.chinacourt.org/article/detail/2013/11/06/1122600.shtml。)

本章小结

(1) 介绍了旅行社的法律特征、业务经营范围、设立与审批、经营原则与规则。

(2) 分析了旅游服务质量保证金制度及其范围。

(3) 分析了导游执业制度,导游人员的权益保障、行为规范及其法律责任。

(4) 阐释了旅游饭店的权利义务、行业规范与等级标准。

(5) 介绍了以我国《旅游法》为主线,分析了旅游交通运输企业权利义务,及其安全责任。

(6) 介绍我国《民用航空法》、《铁路法》和《旅游法》中关于旅客运输安全管理的内容。

第八章
旅游经营管理法律制度

核心关键词

在线旅行社	online travel agent
旅游履行辅助人	tourism performance assistants
旅游服务质量保证金	tourism quality margin
标准化体系	standardization system
责任限制制度	liability limitation system
旅客运输合同	passenger transport contract

思考与练习

1. 简述旅行社的设立条件与准入制度。
2. 简述包价旅游合同中,旅游企业对旅客的责任。
3. 联系实际分析旅行社及其从业人员的关系。
4. 联系实际分析旅游运输合同生效的条件及其运输凭证。

案例分析

2015旅游服务警示:规避陷阱 理性出行

日前,国家旅游局发布2015年上半年全国旅游投诉及行政执法情况通报。通报显示,旅游投诉主要集中在旅行社、景区景点、旅游购物等,在线旅游企业投诉明显增加。对旅行社的投诉主要是旅行社未经旅游者同意擅自增减旅游项目、延误变更行程、降低服务标准、强迫及变相强迫购物、导游服务质量问题等,为此,国家旅游局旅游质量监督管理所请广大旅游者务必提高警惕,规避陷阱,理性出行。特提出如下警示:

第一,选择有资质的旅行社。旅游产品是特殊的商品,经营旅游业务必须具备相应资质,商家如果将旅游产品作为奖品赠送或促销,请务必验证,可登录旅游行政管理部门的官方网站或向旅游部门查询旅游产品经营者的相应旅游业务资质。选择随团出行的旅游者,请务必留意组团社的资质,出境旅游要选择具有出境旅游业务经营权的旅行社,赴台湾地区旅游,要选择具有组织大陆居民赴台湾地区旅游业务资格的旅行社。

第二,警惕低价旅游团。旅游者应增强风险防范意识,克服侥幸心理,切不可贪图便宜贸然参加低价旅游团。低价旅游团通过降低吃住标准、擅自改变行程、增加购物点强迫消费盈利,旅游者一旦选择低价旅游团,势必要付出更多的金钱和精力,甚至还会带来身心伤害,不仅侵害了自身权益,也助长了不法经营者违法违规行为,严重扰乱旅游市场秩序。因此,旅游者在选择旅游产品时,应当将旅游产品的品质、旅游服务质量和价格进行综合考虑,合理估算产品成本,勿存侥幸心理。

第三,遵守他国公序良俗。选择出国出境旅游的旅游者,应充分了解旅游目的地的相关法律、风俗习惯及其他注意事项,做到守法尊俗、举止文明。保管好护照、通行证、旅游保险单据等重要证件材料。如遇突发事件或需要求助,可向当地中国使领馆通报情况,取得领事协助。

第四,参团旅游签订旅游合同。旅游者随团出游、购买旅游产品,包括通过网络购买旅游产品,务必要与旅行社签订书面的规范的旅游合同,明确约定旅游行程中交通、住宿、餐饮服务、购物次数及自费项目等,如不参加自费项目,则需在旅游合同和行程中明确。合同由旅游者本人签字,加盖组团社公章,双方各持一份。如果组团机构拒绝签订旅游合同,则不要随团旅游,同时可向旅游部门举报。

第五,留存证据合理维权。如果行程中遭遇旅行社及导游擅自更改行程、强迫消费等问题,应注意留存证据,可向旅游合同签订地或者被投诉人所在地县级以上旅游局或旅游质监所、旅游执法监察总(大)队投诉。

……

购物是旅游活动的重要组成部分,是规范旅游市场秩序的关键环节。"欺骗、强制旅游购物"已严重损害旅游者权益,深为人民群众诟病。为进一步明确旅行社及从业人员、购物场所和旅游者的责任和义务,大力整治"欺骗、强制旅游购物",2015年9月,国家旅游局发布《关于打击旅游活动中欺骗、强制购物行为的意见》(旅发〔2015〕217号),其内容如下:

一、"欺骗、强制旅游购物"行为的认定

有以下行为之一,可被认定为"欺骗、强制旅游购物":一是旅行社未经旅游者书面同意,安排购物的;二是旅行社、导游领队对旅游者进行人身威胁、恐吓等行为强迫旅游者购物的;三是旅行社、导游领队安排的购物场所属于非法营业或者未向社会公众开放的;四是旅行社、导游领队安排的购物场所销售商品掺杂、掺假,以假充真、以次充好,以不合格产品冒充合格产品的;五是旅行社、导游领队明知或者应知安排的购物场所的经营者有严重损害旅游者权益记录的;六是旅行社、导游领队收取购物场所经营者回扣等不正当利益的;七是购物场所经营者存在我国《消费者权益保护法》第56条规定情形的;八是法律、法规规定的旅行社、导游领队及购物场所经营者通过安排购物损害旅游者合法权益的其他行为。

二、对"欺骗、强制旅游购物"违法行为的处罚处理标准

各级旅游部门按以下标准依法对"欺骗、强制旅游购物"违法行为进行处罚处理:

(一)对旅行社的处罚处理:一是没收违法所得,责令停业整顿3个月,情节严重的,吊销旅行社业务经营许可证;二是处30万元罚款,违法所得30万元以上的,处违法所得五倍罚款;三是列入旅游经营服务不良信息,并转入旅游经营服务信用档案,向社会公布。

（二）对旅行社相关责任人的处罚处理：一是对直接负责主管人员和其他直接责任人员，没收违法所得，处2万元罚款；二是被吊销旅行社业务经营许可证的旅行社法人代表和主要管理人员，自处罚之日起未逾3年的，不得从事旅行社业务；三是列入旅游经营服务不良信息，并转入旅游经营服务信用档案，向社会予以公布。

（三）对导游、领队的处罚处理：一是没收违法所得，处2万罚款，并吊销导游证、领队证；二是被吊销导游证、领队证的导游、领队，自处罚之日起未逾3年的，不得重新申请导游证、领队证；三是列入旅游经营服务不良信息，并转入旅游经营服务信用档案，向社会予以公布。

（四）对购物场所及其经营者的处理：一是列入旅游经营服务不良信息，并转入旅游经营服务信用档案，向社会予以公布；二是要求旅行社及其从业人员不得带旅游者进入被列入旅游经营服务信用档案名单的购物场所；三是依法移送公安、工商等相关部门。

三、工作要求

（一）各地要督促旅行社诚信经营、提升品质，加强部门和分支机构及导游领队的管理，审慎选择购物场所，并与其签订合同，明确产品服务质量及责任，抵制"欺骗、强制旅游购物"行为，使用国家旅游局与国家工商总局制定的合同范本，载明旅游购物场所的基本信息，提示可能存在的消费风险。

（二）各地要加大对导游领队的培训教育，引导广大导游领队用辛勤劳动、诚实劳动创造美好生活，自觉提高自身素质和服务水平，主动举报旅行社、购物场所的"欺骗、强制旅游购物"行为。

（三）各地要通过媒体合作，加大对旅游者的宣传教育，引导旅游者理性消费、理性维权，与旅行社签订正规的旅游合同，拒绝签订旅行社提供的虚假旅游合同，主动索要团费和购物发票，积极举报旅行社、导游领队、购物场所经营者的违法违规行为。

（四）各级旅游部门要严格执行意见要求，要针对问题多发的旅游市场，加大对"欺骗、强制旅游购物"的打击力度，主动协调公安、工商、商务等部门，加强联合执法，共同净化旅游购物环境，推动旅游业可持续发展。

问题：

1. 试结合我国《旅游法》，分析旅行社及其从业人员的行为规范。
2. 联系上述材料，分析旅行社与导游人员的法律责任。

（资料来源：http://www.cnta.gov.cn/zwgk/tzggnew/gztz/201507/t20150728_743538.shtml。）

第九章

旅游安全与保险法律制度

学习引导

旅游安全是旅游业的生命线,是旅游业发展的基础和保障,旅游安全不仅关系到旅游者的生命财产,也关系到旅游目的地的形象。由于旅游活动的群体性、异地性,旅游经营场所的人员密集性,旅游安全事故的易发性和不确定性,旅游保险便应运而生。旅游保险从根本上维护了旅游者和旅游经营者的利益,保障了旅游业健康稳定的发展。本章以我国《旅游法》、《保险法》以及旅游安全与保险管理的相关法律法规为主要内容,对旅游安全、旅游保险的概念、特征及分类进行界定,同时结合旅游行业的实际,对旅游安全事故的成因及对策、旅游保险主体的权利与义务等问题进行分析,最后介绍了旅行社责任保险的相关内容。

学习目标

- 旅游安全管理法律依据;
- 旅游安全风险提示;
- 旅游保险法律关系;
- 旅游保险合同;
- 旅行社责任保险。

第一节 旅游安全管理法律制度

一、旅游安全管理的法律依据分析

(一)旅游安全管理法制建设

1. 基础性旅游安全管理依据

旅游安全,是指旅游活动中各相关主体的一切安全现象的总称。它包括旅游活动各环节的相关现象,也包括旅游活动中涉及的人、设备、环境等相关主体的安全现象,既包括旅游活动中的安全观念、意识培育、思想建设与安全理论等"上层建筑",也包括旅游活动中安全的防控、保障与管理等"物质基础"。

旅游安全是旅游业的生命线,是旅游业发展的基础和保障。20世纪末,国家旅游局相继发布了《旅游安全管理暂行办法》及其实施细则、《重大旅游安全事故报告制度试行办法》、《重大旅游安全事故处理程序试行办法》、《漂流旅游安全管理暂行办法》和《游乐园(场)安全和服务质量》等。同时,国家旅游局与相关部门联合发布了《关于加强旅游涉外饭店安全管理、严防恶性案件发生的通知》、《关于加强宾馆、饭店等旅游设施消防安全工作的通知》、《关于客运架空索道安全运营与监察规定》、《关于加强公园、风景区游览安全管理工作的通知》等。

上述关于旅游安全管理的规范性文件形成了我国旅游安全管理的基本制度,从法律上保障了旅游安全,为旅游活动过程中出现的各种安全问题的解决提供了依据,并依其权威性和强制性规范和约束了旅游从业人员的行为,增强旅游从业人员的安全意识和防控意识,提高旅游者的旅游安全防范意识,约束旅游者在旅游活动过程中的各种不当行为,在旅游安全管理中发挥了重要作用。但是这些制度对安全问题只是作出了原则性的指导和规定,在处理旅游安全的相关问题上还存在着很多空白处。随着人们闲暇时间的增多,旅游消费方式的转变,旅游安全已成为社会关注的焦点,旅游安全事故的发生在给旅游者带来人身财产损失的同时,严重地影响旅游目的地的整体形象,也阻碍旅游业发展。因此,旅游行业急需制定新的安全管理法律规范。

2. 新时期旅游安全管理依据

进入21世纪,为了规范事故灾难类突发公共事件的应急管理和应急响应程序,及时有效地实施应急救援工作,最大限度地减少人员伤亡、财产损失,维护人民群众生命财产安全和社会稳定,国务院发布了《关于事故灾难类突发公共事件专项应急预案》。该应急预案包括国家安全生产事故灾难应急预案,国家处置铁路行车事故应急预案,国家处置民用航空器飞行事故应急预案,国家海上搜救应急预案,国家处置城市地铁事故灾难应急预案,国家处置电网大面积停电事件应急预案,国家核应急预案,国家突发环境事件应急预案,国家通信保障应急预案等九大预案。

2009年,国务院《关于加快发展旅游业的意见》将"加强旅游安全保障体系建设"作为重要内容。该意见提出,以旅游交通、旅游设施、旅游餐饮安全为重点,严格安全标准,完善安全设施,加强安全检查,落实安全责任,消除安全隐患,建立健全旅游安全保障机制。严格执行安全事故报告制度和重大责任追究制度。完善旅游安全提示预警制度,重点旅游地区要建立旅游专业气象、地质灾害、生态环境等监测和预报预警系统。防止重大突发疫情通过旅行途径扩散。推动建立旅游紧急救援体系,完善应急处置机制,健全出境游客紧急救助机制,增强应急处置能力。搞好旅游保险服务,增加保险品种,扩大投保范围,提高理赔效率。

2013年12月,为加强旅行社防范和应对突发事件能力,提升旅行社安全管理和服务水平,保障旅游者和旅游从业人员的人身财产安全,根据我国《旅游法》、《安全生产法》、《突发事件应对法》及《旅行社条例》、《生产安全事故报告和调查处理条例》等有关法律、行政法规规定,结合旅行社实际,国家旅游局发布《旅行社安全规范》(LB/T 028—2013)行业标准。

2016年9月,国家旅游局公布了《旅游安全管理办法》,该办法自同年12月1日起施行。至此,我国旅游安全管理进入了制度化、系统化、规范化、全面化的新阶段,有利于更好地守护安全这条旅游发展的"生命线"。

(二)旅游安全管理的法律依据

1. 旅游者安全保护制度

旅游者人身安全和财产安全是其顺利进行旅游活动的物质基础。我国《旅游法》第12条规定,旅游者在人身、财产安全遇有危险时,有请求救助和保护的权利;旅游者人身、财产受到侵害的,有依法获得赔偿的权利。该法第82条规定,旅游者在人身、财产安全遇有危险时,有权请求旅游经营者、当地政府和相关机构进行及时救助;中国出境旅游者在境外陷于困境时,有权请求我国驻当地机构在其职责范围内给予协助和保护;旅游者接受相关组织或者机构的救助后,应当支付应由个人承担的费用。这是关于旅游者在人身和财产遇有危险和受到损害时有要求救助和赔偿的规定。

我国《旅游法》从旅游者权利的角度,对旅游者的人身安全和财产安全作出规定,并设"旅游安全"专章,对旅游经营者、当地政府及相关机构对旅游者的救助责任分别作出规定。

1)旅游者请求安全救助和保护的制度

自然灾害、事故灾害、公共卫生事件或者人为因素等都可能造成旅游者在人身、财产安全危险。这里的"当地政府"是指遇险地县和乡镇级人民政府;"相关机构"主要指有关职能部门和承担公共事务职能的事业单位、社会组织等;"我国驻当地机构"主要指中国政府驻当地使领馆或其他代表我国政府的机构,上述机构应当依据中国领事保护制度对中国公民提供领事保护。当然,旅游者应当依法履行承担相应费用的义务。

旅游者人身安全和财产安全危险是正在发生的,或者是能够预见、并且对旅游者的人身或者财产的安全直接构成威胁的情形;另外,旅游者在人身、财产安全遇有危险时,有权请求旅游经营者、当地政府和相关机构进行及时救助。中国出境旅游者在境外陷于困境时,有权请求我国驻当地机构在其职责范围内给予协助和保护。法律规定的特定义务人接到报警求助后必须立即组织施救。即在旅游者在人身、财产安全遇有危险时,旅行社及有关旅游经营者应立即按照法律法规的规定向有关部门报告,同时展开必要的救助,事后还应配合有关方面做好善后工作。对于在跨行政区域的地区发生的危险,相关的当地政府要协调配合,共同援救。

我国《突发事件应对法》规定,履行统一领导职责的人民政府可以采取单项或者多项应急处置措施,组织和救治受害人员,疏散、撤离并妥善安置受到威胁的人员及采取其他救助措施。总之,收到求助的政府及其有关部门应当迅速组织力量施救,最大限度地减少损害扩大,并组织做好善后处理等相关工作。

我国《旅游法》根据危险发生的情况,依照相关法律、法规的规定,要求负有法定义务的机构参与救助,增强了对事件处置的灵活性和可操作性。目前实践中较为普遍存在的问题是,一些旅游者为了追求新奇、刺激,无视当地"请勿入内"的安全警示,到一些尚未开发的地方自行"探险"。在这种情况下,一旦旅游者人身、财产安全遇有危险时,虽有请求救助和保护的权利,但可能因为当地不具备旅游的基本条件和安全设施,难以及时锁定出事位置或者由于地形过于奇特等障碍,不具备实施救援的条件,贻误救援时机。

同时,保护人身、财产安全,也是旅游者自己的重要责任,因旅游者个人的原因引起的旅游安全救助,旅游者接受相关组织或者机构的救助后,应当支付应由个人承担的费用,体现了"谁使用、谁付费"的平等原则。

2) 旅游者依法获得赔偿制度

由于旅游活动涉及吃、住、行、游、购、娱六大要素,涉及多个行业和部门,因而造成"侵害"的因素和侵害的主体较为复杂。在包价旅游合同中旅游者自行安排活动期间,旅行社未尽到安全提示、救助义务的,应当对旅游者的人身损害、财产损失承担相应责任;景区、住宿经营者将其部分经营项目或者场地交由他人从事住宿、餐饮、购物、游览、娱乐、旅游交通等经营的,应当对实际经营者的经营行为给旅游者造成的损害承担连带责任。同时,考虑到旅行社作为旅游活动的组织者,我国《旅游法》规定,由于地接社、履行辅助人的原因造成旅游者人身损害、财产损失的,旅游者可以要求地接社、履行辅助人承担赔偿责任,也可以要求组团社承担赔偿责任;组团社承担责任后可以向地接社、履行辅助人追偿;但是,由于公共交通经营者的原因造成旅游者人身损害、财产损失的,由公共交通经营者依法承担赔偿责任,旅行社应当协助旅游者向公共交通经营者索赔。由于其他原因造成旅游者人身损害、财产损失的,我国《旅游法》未作规定的,适用我国《侵权责任法》及相关法律的规定。

2. 高风险旅游项目经营许可制度

高风险旅游项目具有强烈的刺激性、挑战性和体验性,对崇尚冒险、追求新奇的旅游者具有强大的吸引力。但其安全系数低、风险性大,产生安全事件的概率要高于普通旅游形式。

目前,我国已有一些法律、法规对高风险旅游项目作出了一些规定,如我国《安全生产法》、《特种设备安全监察条例》等。鉴于我国高风险项目类型众多,规定比较零散,涉及的管理部门也很多,还存在设施设备及经营场所不符合有关安全规定和标准、项目经营者的管理和安全告知义务履行不到位、缺乏突发事件应对的体系和经验、操作人员不具备相应资质和技能等问题,我国《旅游法》第 47 条规定,经营高空、高速、水上、潜水、探险等高风险旅游项目,应当按照国家有关规定取得经营许可。这是对高风险旅游项目经营作出衔接性规定,是关于高风险旅游项目经营许可的规定。

1) 高风险旅游项目

目前,我国还没有制定高风险旅游项目目录,我国《旅游法》首次正式提出高风险旅游项目的概念,并将其概括为 5 种,即高空、高速、水上、潜水、探险。在实践中,高空类项目主要包括滑翔伞、热气球、动力伞等空中项目;高速类项目主要包括轮滑、滑雪、卡丁车以及大型游乐设施等速度类项目;水上类主要包括摩托艇、游艇、水上飞伞以及水上游乐设施等水域类项目;潜水类项目主要指旅游者穿戴潜水服、氧气瓶等潜入水下的观光、休闲项目,以及水下游艇等水下旅游项目;探险类项目包括穿越高山、峡谷、暴走,以及蹦极、攀岩等项目。

2) 国家对高风险旅游项目的经营许可规定

国家对高风险旅游项目有许可规定的,有关经营者应当取得许可。

高空类旅游项目,如《航空体育运动管理办法》规定,滑翔机、载人气球、飞艇等民用航空器由民用航空部门审批和管理,降落伞、滑翔伞等航空运动器材由体育部门审批。

高速类旅游项目一般是依托游乐设备等特种设备来实施的旅游项目,如《特种设备安全监察条例》规定,大型游乐设施的制造、使用、维修、检测、监督检查等均由特种设备安全监督管理部门来负责。经国务院批准执行的特种设备目录,对动力驱动、利用柔性绳索牵引箱体等运载工具运送人员的机电设备客运索道,包括客运架空索道、客运缆车、客运拖牵索道等,以及用于经营目的,承载乘客游乐的设施,其范围规定为设计最大运行线速度大于或等于每秒2米,或者运行高度距地面大于或等于2米的载人大型游乐设施,包括观览车、滑行车、架空游览车等13大类,提出了要求。

水上旅游类项目包括水域和海域两种水上空间,如《游艇安全管理规定》对游艇所有人自身用于游览观光、休闲娱乐等活动的游艇航行、停泊以及俱乐部等进行了规范。国家特种设备目录列出了"峡谷漂流系列、水滑梯系列"等水上游乐设施,依据《游乐园管理规定》,对采用沿轨道运动、回转运动、吊挂回转、场地上(水上)运动、室内定置式运动等方式承载游人游乐的机械设施组合的游艺机和游乐设施进行了规范,该规定明确园林行政主管部门负责游乐园的登记工作,质量技术监督行政部门负责游艺机和游乐设施的登记工作。

大众化的高危险性体育项目,即为高风险类旅游项目,如《全民健身条例》规定高危险体育项目属于特许经营项目,其条件包括相关体育设施符合国家标准,具有达到规定数量的取得国家职业资格证书的社会体育指导人员和救助人员,具有相应的安全保障制度和措施,国家强制标准《体育场所开放条件与技术要求》对蹦极、攀岩等13个场所进行了规范。

探险旅游一般是依托山地环境所进行的高风险活动。《国内登山管理办法》规定,对西藏自治区5000米以上和其他省、自治区、直辖市3500米以上独立山峰的登山活动进行审批;攀登7000米以上山峰,登山活动发起单位应当在活动实施前3个月向国家体育总局申请特批。

目前,一些探险旅游项目也在室内兴起,室内探险项目一般按照体育项目进行审批等。

3. "旅游安全"专项制度

我国《旅游法》专章规定旅游安全,建立旅游安全综合管理、保障和救助体系,包括确立旅游安全风险提示、高风险旅游、旅游保险管理等旅游安全保障制度,明确了政府部门和经营者的安全保障责任和义务,以及进一步细化了旅游者的救助请求权,体现了以人为本的思想和对旅游者的人文关怀。其主要内容有以下几点。

1)旅游安全监管及救助、协助义务

(1)旅游安全监管职责。

我国《旅游法》第76条规定,县级以上人民政府统一负责旅游安全工作;县级以上人民政府有关部门依照法律、法规履行旅游安全监管职责。这是关于县级以上人民政府及其部门旅游安全监管职责的规定。

"统一负责"主要体现在两个方面:一是加强旅游安全和应急工作的领导,督促有关部门履行旅游安全监管职责;二是对旅游安全监管和应急管理中存在的重大问题及时协调解决。"有关部门"涉及安监、公安、消防、交通、卫生、质监、农业、住建、旅游等众多部门。"法律法规"包括本法及其他法律、法规和国务院的有关规定。

(2)政府部门的救助、协助义务。

我国《旅游法》第78条规定,县级以上人民政府应当依法将旅游应急管理纳入政府应急管理体系,制定应急预案,建立旅游突发事件应对机制;突发事件发生后,当地人民政府及其有关部门和机构应当采取措施开展救援,并协助旅游者返回出发地或者旅游者指定的合理地点。这是关于政府应急管理和突发事件应对的规定。

依据此规定,政府应当依法建立健全包括应急预案和突发事件应对机制在内的旅游应急管理体系,应急预案应当具有针对性和可行性,明确旅游突发事件应急管理工作的组织指挥体系与职责以及预防与预警机制、处置程序、应急保障措施和事后恢复与重建等内容,以确保面对突发事件,旅游者及时撤离险地,并提出了当地政府要开展救援和协助旅游者返回的特殊要求。

2) 安全风险提示制度

我国《旅游法》第77条规定,国家建立旅游目的地安全风险提示制度;旅游目的地安全风险提示的级别划分和实施程序,由国务院旅游主管部门会同有关部门制定;县级以上人民政府及其有关部门应当将旅游安全作为突发事件监测和评估的重要内容。这是关于安全风险提示制度和旅游突发事件监测、评估制度的规定。

安全提示制度是我国旅游业发展过程中的重要安全管理手段,各地方人民政府应当根据本条规定,完善当地旅游目的地安全风险提示制度,国务院有关部门要完善境外旅游目的地安全风险提示制度。关于风险等级划分,依据我国《突发事件应对法》的规定共分四级,一级为最高级别。尽管旅游目的地安全风险提示的实施和发布的主体是旅游主管部门,但旅游安全风险防控是个相关主管部门的共同责任。因此我国《旅游法》规定等级划分和实施程序由国务院旅游主管部门会同有关部门制定。

旅游目的地安全风险监测评估是指对旅游目的地的自然灾害、事故灾难、公共卫生事件和社会治安事件等可能危及旅游者人身财产安全的时间进行监测、分析和评估的综合过程。

3) 旅游经营者安全责任制度

(1) 安全防范、管理和保障义务。

我国《旅游法》第79条规定,旅游经营者应当严格执行安全生产管理和消防安全管理的法律、法规和国家标准、行业标准,具备相应的安全生产条件,制定旅游者安全保护制度和应急预案;旅游经营者应当对直接为旅游者提供服务的从业人员开展经常性应急救助技能培训,对提供的产品和服务进行安全检验、监测和评估,采取必要措施防止危害发生;旅游经营者组织、接待老年人、未成年人、残疾人等旅游者,应当采取相应的安全保障措施。这是关于旅游经营者安全防范、管理和保障义务的规定,也是衡量旅行社供应商合格与否的标准之一。

(2) 安全说明或警示义务。

我国《旅游法》第80条规定,旅游经营者应当就旅游活动中的下列事项,以明示的方式事先向旅游者作出说明或者警示:正确使用相关设施、设备的方法;必要的安全防范和应急措施;未向旅游者开放的经营、服务场所和设施、设备;不适宜参加相关活动的群体;可能危及旅游者人身、财产安全的其他情形。这是关于旅游经营者安全说明或警示义务的规定,也是旅行社合格供应商的评定标准之一。

这里要求的"明示"是指用积极的、直接的、明确的方式,将说明或警示的内容告知给旅游者,包括口头明示、书面明示和警示牌标示等;"事先"是指整个旅游行程开始前或者行程中某个具体项目开始前的时间区间。

(3) 安全救助、处置和报告义务。

我国《旅游法》第81条规定,突发事件或者旅游安全事故发生后,旅游经营者应当立即采取必要的救助和处置措施,依法履行报告义务,并对旅游者作出妥善安排。这是关于旅游经营者安全救助、处置和报告义务的规定。

"立即采取"是指事件(故)发生后,旅游经营者自知道或应当知道的第一时间进行相关工作,强调即时性;国家有规定的,按规定要求。"必要的"是指在自身能力范围内积极采取合理措施施救和处置,如营救受害者、疏散、撤离安置受威胁者、控制危险源、标明危险区域、封闭危险场所以及防止维护扩大的其他措施等。"妥善安排"主要包括:转移至临时安全场所、解决食宿问题、协助旅游者返回等。

知识活页　　我国《突发事件应对法》(摘选)

第1条　为了预防和减少突发事件的发生,控制、减轻和消除突发事件引起的严重社会危害,规范突发事件应对活动,保护人民生命财产安全,维护国家安全、公共安全、环境安全和社会秩序,制定本法。

第2条　突发事件的预防与应急准备、监测与预警、应急处置与救援、事后恢复与重建等应对活动,适用本法。

第3条　本法所称突发事件,是指突然发生,造成或者可能造成严重社会危害,需要采取应急处置措施予以应对的自然灾害、事故灾难、公共卫生事件和社会安全事件;按照社会危害程度、影响范围等因素,自然灾害、事故灾难、公共卫生事件分为特别重大、重大、较大和一般四级。法律、行政法规或者国务院另有规定的,从其规定;突发事件的分级标准由国务院或者国务院确定的部门制定。

第4条　国家建立统一领导、综合协调、分类管理、分级负责、属地管理为主的应急管理体制。

第5条　突发事件应对工作实行预防为主、预防与应急相结合的原则。国家建立重大突发事件风险评估体系,对可能发生的突发事件进行综合性评估,减少重大突发事件的发生,最大限度地减轻重大突发事件的影响。

……

第41条　国家建立健全突发事件监测制度。县级以上人民政府及其有关部门应当根据自然灾害、事故灾难和公共卫生事件的种类和特点,建立健全基础信息数据库,完善监测网络,划分监测区域,确定监测点,明确监测项目,提供必要的设备、设施,配备专职或者兼职人员,对可能发生的突发事件进行监测。

第42条　国家建立健全突发事件预警制度。可以预警的自然灾害、事故灾难和公共卫生事件的预警级别,按照突发事件发生的紧急程度、发展势态和可能造成的危害程度分为一级、二级、三级和四级,分别用红色、橙色、黄色和蓝色标示,一级为最高级别。预警级别的划分标准由国务院或者国务院确定的部门制定。

第43条 可以预警的自然灾害、事故灾难或者公共卫生事件即将发生或者发生的可能性增大时,县级以上地方各级人民政府应当根据有关法律、行政法规和国务院规定的权限和程序,发布相应级别的警报,决定并宣布有关地区进入预警期,同时向上一级人民政府报告,必要时可以越级上报,并向当地驻军和可能受到危害的毗邻或者相关地区的人民政府通报。

资料来源:http://www.chinalaw.gov.cn/article/fgkd/xfg/fl/index.shtml? 6。

(三)旅游安全事故成因及对策分析

1. 旅游安全事故成因分析

1)旅游环境状态

旅游活动的开展需要一定的自然环境和社会环境基础。而这个基础却存在许多不稳定因素,表现出旅游环境的不安全状态。旅游环境的不安全状态包括自然环境的不安全和社会环境的不安全两大方面。旅游活动面临自然灾害尤其是骤发性自然灾害时,安全事故将不可避免地发生,这种状态称为自然环境的不安全状态;而社会环境的不安全状态主要来源于社会与管理灾害,包括战争、恐怖主义、社会动乱、犯罪活动、公共卫生安全,以及火灾、旅游设施管理差错等引起的灾难或损害。

2)旅游者行为

游客追求高风险旅游行为,增大了事故发生的可能性,如极限运动、峡谷漂流、探险旅游、野外生存等在内的一批惊、险、奇、特旅游项目成为流行时尚。然而,追求过分强烈刺激的代价往往是旅游者人身安全保障的牺牲,这类高风险活动对旅游者和旅游经营者均有极高的要求。另一类为旅游者不安全行为引发的安全事故,如烟头的随意扔弃、干旱季节里的野炊、野外烧烤等行为引发山林大火等。

3)状态与行为的相互影响关系

在实际旅游活动中,旅游环境状态与旅游者行为之间存在双向影响,且两者互为因果关系。环境的不安全状态会干扰旅游者的正常思维,使其失去应有的判断能力,刺激并诱发旅游者产生不安全行为,从而加剧安全事故的发生。反过来,旅游者的不安全行为也会加剧环境状态的不安全程度,引发新的不安全环境状态出现。

2. 管理失误对环境和行为造成的影响

1)管理失误加重了旅游环境的不安全

大规模的旅游开发在一定程度上破坏了旅游地的山体、水体、大气、动植物群落及其他生态环境,引发了一些自然灾害,而这些自然灾害已成为旅游活动中的安全隐患。

管理疏忽和失误也会使社会环境恶化,引发针对旅游者的各种犯罪活动增加,尤其在旅游旺季时表现更加明显,包括抢劫杀人、敲诈勒索、行窃、诈骗、色情、赌博等在内的各种犯罪活动极大地威胁到游客的生命财产安全。

2)管理失误加剧了旅游行为的不安全

在部分特殊景点或地段处,如悬崖、桥梁、湍急河流边等一切可能威胁到人身安全的地方,任何防护设施的不完善或疏于管理均会诱发部分游客越过安全限定范围,或进行本该加以严格限制的行为(如群体行为),使自己处于危险境地。

3) 事故发生机制

当人的不安全行为和环境的不安全状态发生于同一时间和同一空间时,也就是旅游者的一切不安全行为与旅游环境的不安全状态交叉相遇时,旅游安全事故将会在该时间和空间内发生。

旅游安全事故的发生必须同时具备三个要素:不安全的旅游环境、不安全的旅游行为、不安全的环境和行为在同一时空交叉相遇。事故三要素,任何事故发生,三要素缺一不可。可见,只要有效地控制"事故三要素"中任何一个要素,安全事故就不可能发生。因而,在加强安全管理意识的基础上,管理部门可以着手从控制"事故三要素"方面来预防安全事故的发生。

3. 旅游安全管理对策

1) 增强旅游管理的安全意识

根据系统安全理论的观点,没有任何一种事物是绝对安全的,任何事物中都潜伏着危险因素。通常所说的安全或危险只不过是一种主观的判断。能够造成事故的潜在危险因素称作危险源,来自某种危险源的造成人员伤害或物质损失的可能性叫作危险。危险源是一些可能出问题的事物或环境因素,而危险表征潜在的危险源造成伤害或损失的机会,可以用概率来衡量。

因此,在所有的旅游活动中,危险因素无处不在、无时不存,安全管理工作的目标就是控制危险源,努力把事故发生概率降到最低,万一发生事故,把伤害和损失控制在较轻的程度上。管理者应当随时随地保持安全意识,切实加强并落实旅游安全管理工作。

2) 树立全新的安全管理理念

树立全新的安全管理理念,其内容包括"安全第一、秩序第二、效益第三"应作为经营管理首要目标;树立安全管理出效益的观念。部分旅游经营者往往从省钱角度出发,尽可能地减少安全管理所需设备、资金,其结果却得不偿失。因为安全事故不仅带来巨大经济损失,还对旅游地造成极坏的社会影响。从长远来看,安全管理所带来的经济和社会效益回报远大于其初期经济投入成本,因而安全管理也是一种生产力;树立"主动预防"的安全理念。

事实上,保险可以在一定程度上规避经济风险,却不能完

知识关联

系统安全理论是约翰逊(Johnson)等人为解决复杂系统的安全性问题而开发、研究出来的安全管理的理论和方法体系。其观点认为,世界上不存在绝对安全的事物,任何人类活动中都潜伏着危险因素。能够造成事故的潜在危险因素称作危险源,包括物的故障、人的失误、不良的环境因素等,对于已经建成并正在运行的系统,管理方面的疏忽和失误是导致事故的主要原因。该理论的基本原则是在一个新系统的构思阶段就必须考虑其安全性的问题,制定并执行安全工作规划,把系统安全活动贯穿于整个系统生命周期,并将能量意外释放论和变化的观点引入安全管理中,其思想和方法对现代工业安全管理产生了深刻的影响。

全预防事故发生。管理者必须走出"保险"认识误区,积极消除安全隐患,变被动预防(保险)为主动预防,从而杜绝事故的发生。

管理者还应树立安全管理常抓不懈的理念。严禁出现走过场、应付检查之类流于形式的安全管理工作,走出治标不治本的循环怪圈。

3) 消除旅游环境的不安全状态

消除旅游环境的不安全状态,一是要清除旅游环境中的危险物。旅游管理者必须对安全隐患逐一进行排查,清除一切有碍于旅游活动顺利完成的各类障碍,降低事故发生的概率。

二是要完善旅游安全保护设施。在旅游活动中,完善可靠的安全保护设施尤其是在某些危险景点和危险路段必须设置牢固可靠的护栏、护墙或铁链,且随时加以检查、维修和完善。

三是要加强旅游区的社会治安管理。由旅游管理部门牵头,相关政府部门出面,联合公安、武警、边检、边防、交通、通信、水利、电力、消防、工商、卫生、保险等各个部门,建立旅游安全联动系统。加强对旅游企业的安全管理,并从本地实际出发,对容易危及安全的重点部门、地段、项目实行专人负责、分片包干并责任到人,实行责任事故领导追究制度,为旅游业创造一个良好的社会环境。

4) 控制旅游者的不安全行为

控制旅游者的不安全行为,其内容包括以下几点。

一是警告旅游危险。明确警示,真实说明。

二是加强旅游巡视。管理部门可借鉴国内外经验,设立联防大队或旅游警察,及时劝阻、制止、纠正游客的一切危险行为,将安全事故消灭在萌芽状态之中。

三是灾害预报。旅游管理部门与气象、水利、地质等部门通力合作,及时准确地获取各种灾害性天气预报,并预料由此可能引发的各种严重危及旅游安全的自然灾害。并在积极采取安全保障应对措施的同时,把自然灾害可能会给旅游活动带来的不便和危险告之旅游者,使之提高警惕,减少各种安全事故的发生。

四是加强对游客的宣传教育。利用社会公共资源,加强安全意识教育,强化安全心理训练,培养良好的心理素质。通过导游讲解系统使游客具备必要的安全知识和自我保护意识,以便游客在面对突发事故时保持冷静,从容得当地实行自救。

5) 加强救援

旅游救援是指在发生旅游意外事故时为旅游者提供紧急救护和援助。救援工作可以看作是一种"转移时空"的行为,当旅游环境中危险因素不可控制,旅游者身处个体无法避免或无力抗拒承受伤害的危险环境时,无论是游客的逃生、避难行为还是有关部门组织的紧急疏散、撤退等救援行动,其目的是将旅游者转移出不安全的环境空间,消除环境和行为的时空交叉,从而避免安全事故发生。其对策有以下几种。

一是在积极加入国际或全国旅行救援系统的同时,管理部门要增强自身事故救援能力。针对旅游地可能发生的安全事故,提出合理的事故应急预案及疏散避难对策。

二是在自然灾害频发地建设临时避难场所并提供简单有效的救生防护设施,其目的是通过游客早期自救为后继救援工作赢取时间,争取将事故损害降低到最小。

三是在开展特殊旅游项目时,必须事先制定周密的安全保护计划和急救措施,并报请相关部门审批后方可营业。

四是相关部门应组织工作人员定期、不定期地进行旅游救援演习,熟悉救援程序,掌握相关技术规范及技能要领,以便在事故发生时为游客提供及时、有效的救援。

案例导读

游客诉旅游公司旅游纠纷案:旅游者与经营者的责任分担

2013年9月,张某及家人前往某旅游公司经营的景区游玩,并购票参与了景区内的滑道游乐项目。张某在滑至山下即将到达终点时,鞋底与滑道侧壁接触引起了右腿骨折的伤害事故。事故发生后,张某被送往医院救治,后经司法鉴定:张某右下肢因(意外摔跌)伤致残,伤残等级评定为拾级;后续治疗费用约需人民币8000元整。另查明,某旅游公司在张某受伤住院期间垫付了医疗费人民币31770.12元,大腿支具费用人民币500元,其他费用人民币3000元。双方就精神损失费等赔偿事宜没有达成协议,故张某诉讼至原审法院。

法院通过举证、质证、开庭审理,原审法院认为此事故的发生原因系因某旅游公司未对高风险旅游高山滑道项目进行任何风险评估,也没有采取任何风险防范措施所致为由,故要求某旅游公司承担本案全部责任。由于法院查明某旅游公司提交的照片可以证明该公司在滑道入口处设置了温馨提示、注意事项等提示牌,但未设置其他安全防护措施。同时法院也查明张某在滑行过程中为照顾紧随其后滑行的女儿而回头,导致双腿弯曲,酿成本案事故。为维护湖旅游市场秩序,保护公民的人身权益,原审法院判决,张某承担30%的责任,某旅游公司承担张某经济损失70%的责任,驳回张某的其他诉求。张某不服原审判决,提出上诉。

二审法院对案件事实进行整理分析认为:张某通过购买门票的形式参与了某旅游公司在景区内经营的滑道游乐项目,双方之间即成立了旅游合同关系,双方应按照诚实信用的原则,全面、适当的履行各自的合同义务。旅游公司经营的滑道游乐项目未进行过风险评估,且旅游公司在经营过程中仅通过在滑道入口处悬挂提示牌的方式向游客告知相关注意事项,在滑道途中未安排人员引导和监督游客滑行,也未设置安全防护措施,在游客下滑过程中未采取适当的方式及时提醒游客相关的注意事项,因此某旅游公司作为旅游服务企业,在经营游乐项目过程中对于游客的人身安全并未尽到合理的保障义务,存在违约行为。张某购票参与滑道游乐项目,即视为作出承诺,即是对旅游公司所经营的滑道游乐项目注意事项的认可,因此张某在游乐过程中有相应的合同义务,但张某违反了合同约定。综上,当事人双方在履行合同过程中均存在违约行为,从而导致了张某在滑行过程中受到伤害。故二审法院维持原判。

(资料来源:http://www.chinacourt.org/article/detail/2015/09/id/1711519.shtml。)

二、旅游安全管理的制度化

为了加强旅游安全管理,提高应对旅游突发事件的能力,保障旅游者的人身、财产安全,促进旅游业持续健康发展,根据我国《旅游法》、《安全生产法》、《突发事件应对法》、《旅行社条例》和《安全生产事故报告和调查处理条例》等法律、行政法规,国家旅游局制定了《旅游安全管理办法》。该办法是具有系统性、针对性、前瞻性的旅游安全管理制度,对推进我国旅游安全管理工作发挥基础性的法制调节作用。

(一) 经营安全

《旅游安全管理办法》所称的旅游经营者,是指旅行社及地方性法规规定旅游主管部门负有行业监管职责的景区和饭店等单位。旅游经营者应当承担旅游安全的主体责任,加强安全管理,建立、健全安全管理制度,关注安全风险预警和提示,妥善应对旅游突发事件。旅游从业人员应当严格遵守本单位的安全管理制度,接受安全生产教育和培训,增强旅游突发事件防范和应急处理能力。旅游经营者及其从业人员应当依法履行旅游突发事件报告义务。

1. 安全管理制度的建立与落实

依据《旅游安全管理办法》的规定,旅游经营者应当遵守下列要求:服务场所、服务项目和设施设备符合有关安全法律、法规和强制性标准的要求;配备必要的安全和救援人员、设施设备;建立安全管理制度和责任体系;保证安全工作的资金投入。

旅游经营者应当定期检查本单位安全措施的落实情况,及时排除安全隐患;对可能发生的旅游突发事件及采取安全防范措施的情况,应当按照规定及时向所在地人民政府或者人民政府有关部门报告。

旅游经营者应当对其提供的产品和服务进行风险监测和安全评估,依法履行安全风险提示义务,必要时应当采取暂停服务、调整活动内容等措施。

经营高风险旅游项目或者向老年人、未成年人、残疾人提供旅游服务的,应当根据需要采取相应的安全保护措施。

2. 安全生产教育和培训

《旅游安全管理办法》规定,旅游经营者应当对从业人员进行安全生产教育和培训,保证从业人员掌握必要的安全生产知识、规章制度、操作规程、岗位技能和应急处理措施,知悉自身在安全生产方面的权利和义务。旅游经营者建立安全生产教育和培训档案,如实记录安全生产教育和培训的时间、内容、参加人员以及考核结果等情况。未经安全生产教育和培训合格的旅游从业人员,不得上岗作业;特种作业人员必须按照国家有关规定经专门的安全作业培训,取得相应资格。

3. 安全防范措施

依据《旅游安全管理办法》的规定,旅游经营者应当主动询问与旅游活动相关的个人健康信息,要求旅游者按照明示的安全规程,使用旅游设施和接受服务,并要求旅游者对旅游经营者采取的安全防范措施予以配合;旅行社组织和接待旅游者,应当合理安排旅游行程,向合格的供应商订购产品和服务。

旅行社及其从业人员发现履行辅助人提供的服务不符合法律、法规规定或者存在安全隐患的,应当予以制止或者更换;旅行社组织出境旅游,应当制作安全信息卡。安全信息卡应当包括旅游者姓名、出境证件号码和国籍,以及紧急情况下的联系人、联系方式等信息,使用中文和目的地官方语言(或者英文)填写。

旅行社应当将安全信息卡交由旅游者随身携带,并告知其自行填写血型、过敏药物和重大疾病等信息;旅游经营者应当依法制定旅游突发事件应急预案,与所在地县级以上地方人民政府及其相关部门的应急预案相衔接,并定期组织演练。

4. 应急处置与报告责任

1) 应急处置

依据《旅游安全管理办法》的规定,旅游突发事件发生后,旅游经营者及其现场人员应当采取合理、必要的措施救助受害旅游者,控制事态发展,防止损害扩大。旅游经营者应当按照履行统一领导职责或者组织处置突发事件的人民政府的要求,配合其采取的应急处置措施,并参加所在地人民政府组织的应急救援和善后处置工作。

旅游突发事件发生在境外的,旅行社及其领队应当在中国驻当地使领馆或者政府派出机构的指导下,全力做好突发事件应对处置工作。

2) 报告义务

依据《旅游安全管理办法》的规定,旅游突发事件发生后,旅游经营者的现场人员应当立即向本单位负责人报告,单位负责人接到报告后,应当于1小时内向发生地县级旅游主管部门、安全生产监督管理部门和负有安全生产监督管理职责的其他相关部门报告;旅行社负责人应当同时向单位所在地县级以上地方旅游主管部门报告。

情况紧急或者发生重大、特别重大旅游突发事件时,现场有关人员可直接向发生地、旅行社所在地县级以上旅游主管部门、安全生产监督管理部门和负有安全生产监督管理职责的其他相关部门报告。

旅游突发事件发生在境外的,旅游团队的领队应当立即向当地警方、中国驻当地使领馆或者政府派出机构,以及旅行社负责人报告。

旅行社负责人应当在接到领队报告后1小时内,向单位所在地县级以上地方旅游主管部门报告。

(二) 风险提示

1. 风险提示及其相关职责

《旅游安全管理办法》规定,国家建立旅游目的地安全风险提示制度。根据可能对旅游者造成的危害程度、紧急程度和发展态势,风险提示级别分为一级(特别严重)、二级(严重)、三级(较重)和四级(一般),分别用红色、橙色、黄色和蓝色标示。

风险提示信息,应当包括风险类别、提示级别、可能影响的区域、起始时间、注意事项、应采取的措施和发布机关等内容。

一级、二级风险的结束时间能够与风险提示信息内容同时发布的,应当同时发布;无法同时发布的,待风险消失后通过原渠道补充发布;三级、四级风险提示可以不发布风险结束时间,待风险消失后自然结束。

国家旅游局负责发布境外旅游目的地国家（地区），以及风险区域范围覆盖全国或者跨省级行政区域的风险提示。发布一级风险提示的，需经国务院批准；发布境外旅游目的地国家（地区）风险提示的，需经外交部门同意。地方各级旅游主管部门应当及时转发上级旅游主管部门发布的风险提示，并负责发布国家旅游局负责发布之外涉及本辖区的风险提示。风险提示信息应当通过官方网站、手机短信及公众易查阅的媒体渠道对外发布。一级、二级风险提示应同时通报有关媒体。

2. 旅行社及相关者应对风险的措施

《旅游安全管理办法》规定，风险提示发布后，旅行社应当根据风险级别采取下列措施：四级风险的，加强对旅游者的提示；三级风险的，采取必要的安全防范措施；二级风险的，停止组团或者带团前往风险区域，已在风险区域的，调整或者中止行程；一级风险的，停止组团或者带团前往风险区域，组织已在风险区域的旅游者撤离。

其他旅游经营者应当根据风险提示的级别，加强对旅游者的风险提示，采取相应的安全防范措施，妥善安置旅游者，并根据政府或者有关部门的要求，暂停或者关闭易受风险危害的旅游项目或者场所。

此外，《旅游安全管理办法》规定了旅游者的风险应对义务，提出风险提示发布后，旅游者应当关注相关风险，加强个人安全防范，并配合国家应对风险暂时限制旅游活动的措施，以及有关部门、机构或者旅游经营者采取的安全防范和应急处置措施。

（三）安全管理

1. 旅游安全日常管理

《旅游安全管理办法》规定，旅游主管部门应当加强下列旅游安全日常管理工作：督促旅游经营者贯彻执行安全和应急管理的有关法律、法规，并引导其实施相关国家标准、行业标准或者地方标准，提高其安全经营和突发事件应对能力；指导旅游经营者组织开展从业人员的安全及应急管理培训，并通过新闻媒体等多种渠道，组织开展旅游安全及应急知识的宣传普及活动；统计分析本行政区域内发生旅游安全事故的情况；法律、法规规定的其他旅游安全管理工作。

同时，旅游主管部门应当加强对星级饭店和 A 级景区旅游安全和应急管理工作的指导。

2. 地方各级旅游主管部门安全管理职责

依据《旅游安全管理办法》的规定，地方各级旅游主管部门应当根据有关法律、法规的规定，制定、修订本地区或者本部门旅游突发事件应急预案，并报上一级旅游主管部门备案，必要时组织应急演练。

同时，地方各级旅游主管部门应当在当地人民政府的领导下，依法对景区符合安全开放条件进行指导，核定或者配合相关景区主管部门核定景区最大承载量，引导景区采取门票预约等方式控制景区流量；在旅游者数量可能达到最大承载量时，配合当地人民政府采取疏导、分流等措施。

3. 旅游突发事件处置程序

1）启动应急预案

依据《旅游安全管理办法》的规定，旅游突发事件发生后，发生地县级以上旅游主管部门

应当根据同级人民政府的要求和有关规定,启动旅游突发事件应急预案,并采取下列一项或者多项措施:组织或者协同、配合相关部门开展对旅游者的救助及善后处置,防止次生、衍生事件;协调医疗、救援和保险等机构对旅游者进行救助及善后处置;按照同级人民政府的要求,统一、准确、及时发布有关事态发展和应急处置工作的信息,并公布咨询电话。

2)参与事件调查

依据《旅游安全管理办法》的规定,旅游突发事件发生后,发生地县级以上旅游主管部门应当根据同级人民政府的要求和有关规定,参与旅游突发事件的调查,配合相关部门依法对应当承担事件责任的旅游经营者及其责任人进行处理。

3)建立事件报告及信息通报制度

依据《旅游安全管理办法》的规定,各级旅游主管部门应当建立旅游突发事件报告制度。旅游主管部门在接到旅游经营者的报告后,应当向同级人民政府和上级旅游主管部门报告。一般旅游突发事件上报至设区的市级旅游主管部门;较大旅游突发事件逐级上报至省级旅游主管部门;重大和特别重大旅游突发事件逐级上报至国家旅游局。

向上级旅游主管部门报告旅游突发事件,应当包括下列内容:事件发生的时间、地点、信息来源;事件涉及的旅游经营者、其他有关单位的名称;事件发生原因及发展趋势的初步判断;采取的应急措施及处置情况;需要支持协助的事项;报告人姓名、单位及联系电话。如果所列内容暂时无法确定的,应当先报告已知情况;报告后出现新情况的,应当及时补报、续报。此外,各级旅游主管部门应当建立旅游突发事件信息通报制度。

旅游突发事件发生后,旅游主管部门应当及时将有关信息通报相关行业主管部门。省级旅游主管部门应当于每月5日前,将本地区上月发生的较大旅游突发事件报国家旅游局备案,内容应当包括突发事件发生的时间、地点、原因及事件类型和伤亡人数等;县级以上地方各级旅游主管部门应当定期统计分析本行政区域内发生旅游突发事件的情况,并于每年1月底前将上一年度相关情况逐级报国家旅游局。

4)制定改进措施

依据《旅游安全管理办法》的规定,旅游突发事件处置结束后,发生地旅游主管部门应当及时查明突发事件的发生经过和原因,总结突发事件应急处置工作的经验教训,制定改进措施,并在30日内按照下列程序提交总结报告:一般旅游突发事件向设区的市级旅游主管部门提交;较大旅游突发事件逐级向省级旅游主管部门提交;重大和特别重大旅游突发事件逐级向国家旅游局提交。旅游团队在境外遇到突发事件的,由组团社所在地旅游主管部门提交总结报告。

知识活页 　　《旅游安全管理办法》(摘选)

第39条　本办法所称旅游突发事件,是指突然发生,造成或者可能造成旅游者人身伤亡、财产损失,需要采取应急处置措施予以应对的自然灾害、事故灾难、公共卫生事件和社会安全事件;根据旅游突发事件的性质、危害程度、可控性以及造成或者可能造成的影响,旅游突发事件一般分为特别重大、重大、较大和一般四级。

第40条 本办法所称特别重大旅游突发事件,是指下列情形:
(一)造成或者可能造成人员死亡(含失踪)30人以上或者重伤100人以上;
(二)旅游者500人以上滞留超过24小时,并对当地生产生活秩序造成严重影响;
(三)其他在境内外产生特别重大影响,并对旅游者人身、财产安全造成特别重大威胁的事件。

第41条 本办法所称重大旅游突发事件,是指下列情形:
(一)造成或者可能造成人员死亡(含失踪)10人以上、30人以下或者重伤50人以上、100人以下;
(二)旅游者200人以上滞留超过24小时,对当地生产生活秩序造成较严重影响;
(三)其他在境内外产生重大影响,并对旅游者人身、财产安全造成重大威胁的事件。

第42条 本办法所称较大旅游突发事件,是指下列情形:
(一)造成或者可能造成人员死亡(含失踪)3人以上10人以下或者重伤10人以上、50人以下;
(二)旅游者50人以上、200人以下滞留超过24小时,并对当地生产生活秩序造成较大影响;
(三)其他在境内外产生较大影响,并对旅游者人身、财产安全造成较大威胁的事件。

第43条 本办法所称一般旅游突发事件,是指下列情形:
(一)造成或者可能造成人员死亡(含失踪)3人以下或者重伤10人以下;
(二)旅游者50人以下滞留超过24小时,并对当地生产生活秩序造成一定影响;
(三)其他在境内外产生一定影响,并对旅游者人身、财产安全造成一定威胁的事件。

第44条 本办法所称的"以上"包括本数;除第34条、第35条、第36条的规定外,所称的"以下"不包括本数。

资料来源:http://www.ctnews.com.cn/zglyb/html/2016-09/29/content_133311.htm?div=-1。

第二节 旅游保险法律制度

一、旅游保险及其法律关系

(一)旅游保险的概念与特征

1. 旅游保险的概念

保险分为社会保险和商业保险两大类。社会保险是指国家基于社会保障政策的需要,不以营利为目的而举办的一种福利保险。社会保险属法定保险，一般由社会保障立法予以规范，其费用主要来源于国家财政资金或企事业单位资金和经费。社会保险主要包括养老保险、医疗保险、生育保险、工伤保险、失业保险等。

商业保险是指社会保险以外的普通保险，保险人以营利为目的，其资金主要来源于投保人交纳的保险费，一般受保险法规范。我国《保险法》规定的保险，以商业保险为限。

在旅游活动中，由于旅游安全事故发生的不确定性，旅游者要承担可能出现的各种经营风险，于是，旅游保险便应运而生。旅游保险属于商业保险的范畴，其实质不是保证危险不发生、不遭受损失，而是对危险发生后遭受的损失予以经济补偿。

旅游保险最大的功能是大众在旅游过程中遭遇各种人身危险、财产危险和对他人之责任危险所产生之损失，分摊消化于共同团体。

旅游保险，是指投保人根据合同约定，向保险人支付保险费，保险人对被保险人在旅游过程中发生了保险合同约定的可能发生的事故因其发生所造成的财产损失承担赔偿保险金责任，或者当被保险人死亡、伤残、疾病或者达到合同约定年龄、期限时承担给付保险金责任的商业保险行为。

由于旅游服务跨地域、易受外界条件影响等特性，发生意外事件的情形时有发生，并导致旅游者人身、财产受到损害。特别是由于不可抗力等客观原因引起的，则往往无法通过损害赔偿责任获得救济。因此，在客观上有必要通过保险的方式分散风险。

2. 旅游保险的特征

1）旅游保险具有互助性

保险是通过运用多数社会成员的集合力量，根据合理的计算，共同建立保险基金，用于补偿少数社会成员因特定危险事故或因特定人身事件发生而造成的经济损失，是"集众人之力救助少数人灾难"的经济保障制度，具有互助性，其基本原理是聚合风险，分散损失。

2）旅游保险具有经济补偿性

保险是一种因合同而产生的债权债务关系，这种债权债务关系是基于保险法律规范和保险事实而产生的保险法律关系，其实质是当事人互为约定承担给付义务，即投保人承担给付保险费的义务，保险人承担赔偿或给付保险金的责任。

在保险法律关系中，保险人的责任与一般民事赔偿责任的区别在于：一般民事损害赔偿责任是当事人的侵权行为或违约行为所导致的法律后果，而投保人所遭受的损失是由被保险人的过错或不可抗力等危险事故造成的，保险人承担的保险赔偿责任和给付责任是基于保险合同设定的一种义务。因此，旅游保险具有对损失进行经济补偿的性质。

3）旅游保险以特定的危险为对象

危险的存在是构成保险的一个要件，无危险则无保险。作为旅游保险对象的危险必须具备如下特征：

（1）纯粹性。

危险按性质不同可以分为纯粹危险和投机危险。纯粹危险是指只有损失机会而无获利可能的危险，如旅游过程中的意外事故。

投机危险是指既有损失机会又有获利可能的危险，如股市风险、企业的经营风险等。

旅游保险人承保的危险一般是纯粹危险，对投机危险，保险人不承保。

(2) 不确定性。

一是旅游过程中的危险发生与否具有不确定性和不可预知,不可能发生或者肯定要发生的危险,不能构成保险危险;二是旅游过程中的危险发生的时间、地点、原因和损失程度(即所导致的后果)不能确定。

(3) 事先约定性。

就具体旅游保险合同而言,只有发生当事人事先约定的危险,保险人才予以赔偿或给付保险金。

(二) 旅游保险的分类

1. 以旅游保险的标的分类

以保险标的分类,旅游保险可分为旅游人身保险与旅游财产保险。旅游人身保险是以旅游者生命、健康为保险标的进行的保险;旅游财产保险是以旅游者携带的行李物品为标的进行的保险。我国《旅游法》第61条规定,旅行社应当提示参加团队旅游的旅游者按照规定投保人身意外伤害保险。这是关于旅行社对旅游者投保提示义务的规定。此项提示义务,属于包价旅游合同中的附随义务,旅行社如未履行此项提示义务,当旅游者遭受意外伤害时,仅承担与其提示义务相适应的责任。

2. 以保险实施的形式分类

以保险实施的形式分类,旅游保险可分为旅游强制保险和旅游自愿保险。旅游强制保险也叫法定保险,它是指国家颁布法令强制施行的保险。它既对投保人具有强制性,也对保险人有强制性。例如,我国的旅游交通运输保险就属于强制保险,旅游者购买的火车票、汽车票、飞机票、轮船票本身就将保险费包括在其中,只要旅游者持有此凭证,当旅游保险事故发生时,承运人就应承担赔偿责任。

同时,旅游者可以自行决定向保险公司投保旅游交通运输人身意外伤害险,此项保险金额的给付,不得免除或减少承运人应当承担的赔偿金额;旅游自愿保险是由保险双方当事人自愿协商签订旅游保险合同而确定的保险。这种行为要出于双方自愿,不能强迫,保险人不能因为另一方是自然人就可以强迫其订立合同;投保人也不能因为自己是一个大型的旅游企业法人而强迫保险人按不合理的条件承保。

另外,在我国,旅游保险的自愿是相对的,双方当事人有是否签订保险合同的权利,但一经确定下来,有关保险费,保险金额的标准等内容都由法律直接规定,投保人与保险人不能协商加以变更。

3. 以保险中被保险人国籍分类

以保险中被保险人国籍分类,旅游保险可分为国内旅游保险与涉外旅游保险。国内旅游保险,是对国内旅游者在我国境内旅游而进行的保险以及我国公民出国、出境旅游所进行的保险;涉外旅游保险,是指外国人、无国籍人来我国境内旅游进行的旅游保险,以及海外侨胞、港澳同胞回国旅游而进行的保险。

4. 以保险业务范围分类

以保险业务范围分类,旅游保险可分为全程旅游保险与单项旅游保险。

全程旅游保险,在国内旅游和出境旅游中是指从旅游者开始旅行登上旅行社指定的交通工具时起,至本次旅行结束离开旅行社指定的交通工具为止或者在入境旅游中,从旅游者入境后参加旅行社安排的旅游行程时开始,直至该旅游行程结束,办完出境手续出境为止的整个旅游过程所进行的保险。在全部的旅行过程中,不论被保险人是乘坐旅游交通工具,还是进行其他的旅行游览项目,只要发生了保险合同约定的旅游保险事故,保险人均要支付保险金。

单项旅游保险,是指对一个旅游项目所进行的保险,如"游船意外保险"、"索道意外保险"、"游览飞机意外伤害保险"等,在我国,目前有关单项旅游保险就有几十种之多。随着旅行游览项目的不断增多,旅游保险的项目将不断扩大和增加。在旅游实践中,单项旅游保险主要有旅游救助保险、旅游人身意外伤害保险、旅客意外伤害保险、住宿旅客人身保险等。

5. 以保险责任为标准进行分类

以保险责任为标准进行分类,旅游保险可分为旅游意外保险和旅游责任保险。

旅游意外保险,是指保险人于被保险人遭受意外伤害时,负有给付保险金责任的保险。从旅游者与保险公司的意外保险合同的角度来看,保险公司为旅游者意外伤害保险合同的保险人,旅游者为意外保险合同的被保险人,投保人既可以是旅游者,也可以是在保险合同订立时,对被保险人具有保险利益的其他人。保险人在旅游者发生保险合同约定的保险事故时,依照相关规定向旅游者或者投保人指定的受益人支付赔偿金。需要特别说明的是,人身意外伤害保险的赔付,是以被保险人受到伤害的结果为前提,并不考虑受到伤害的原因,极大地保障了旅游者的利益,这与旅行社责任险只在旅行社有过错的前提下才支付赔偿有根本的不同。

旅游责任保险是指以被保险人对第三者依法应负的赔偿责任为保险标的的保险,即保险人与投保人签订保险合同,约定由投保人缴纳保险费,由保险人承担投保人(被保险人)在生产、业务活动或日常生活中,由于疏忽、过失等行为造成他人财产或人身伤亡时所应承担的赔偿责任。

(三)旅游保险法律关系

旅游保险法律关系是指由旅游保险法律法规调整和确认的,具有保险权利与义务内容,在旅游过程中发生的社会关系。

旅游保险法律关系有广义和狭义之分,狭义的旅游保险法律关系基于旅游保险合同而产生,是指旅游保险合同主体在享有保险权利,履行保险义务过程中形成的民事法律关系;广义的旅游保险法律关系包含狭义的内容,以及国家保险监督管理机构依法对保险经营主体进行监督管理过程中形成的社会关系,属于经济法的范畴。本章仅从狭义角度对旅游保险法律关系进行分析。

1. 旅游保险法律关系的主体

旅游保险法律关系的主体,包括旅游保险法律关系的当事人、旅游保险法律关系的关系人和旅游保险法律关系的辅助人。

1)旅游保险法律关系的当事人

旅游保险法律关系的当事人是指旅游保险合同订立的双方参与者,包括保险人和投保人。

保险人是指经营旅游保险业务,收取保险费,按照旅游保险合同的约定,在旅游保险事故发生时,负责赔偿损失或履行给付保险金额义务的人,也就是我们通常所说的保险公司。

投保人是指与保险人签订旅游保险合同,并缴纳保险费的人。投保人既可以是自然人,也可以是法人;投保人既可为自己的利益投保,也可以为他人的利益投保。当投保人为自己的利益投保时,它就与被保险人合二为一。

在旅游保险中,投保人通常不是被保险人,而是组织旅游者旅行游览的企业、团体等。

2)旅游保险法律关系的关系人

旅游保险法律关系的关系人包括被保险人和受益人。

被保险人是指在保险事故发生时,遭受损害并享有赔偿请求权的人。我国《保险法》规定,被保险人是指其财产或者人身受保险合同保障,享有保险金请求权的人。

受益人是指在旅游保险合同中约定的,享有请求赔偿权的人。在旅游保险合同中,如果没有约定受益人的,受益人则为被保险人的继承人。

3)旅游保险法律关系的辅助人

(1)旅游保险代理人。

保险代理人是指根据保险人的委托,向保险人收取代理手续费,并在保险人授权的范围内代为办理保险业务的单位和个人,包括专业代理人、兼业代理人和个人代理人。

保险代理人根据保险人的授权代为办理保险业务的行为,由保险人承担责任;保险代理人为保险人代为办理保险业务,有超越代理权限行为,投保人有理由相信其有代理权,并已订立保险合同的,保险人应当承担保险责任;但是保险人可以依法追究越权的保险代理人的责任。

(2)保险经纪人。

保险经纪人包括狭义的保险经纪人和再保险经纪人。狭义的保险经纪人是基于投保人的利益,为投保人与保险人订立保险合同提供中介服务,并依法收取佣金的单位。

再保险经纪人是指基于原保险人利益,为原保险人与再保险人安排分出、分入业务提供中介服务,并依法收取佣金的单位。

保险经纪人必须采取有限责任公司形式设立。保险经纪人在办理保险业务中因自己的过错,给投保人、被保险人造成损失的,由保险经纪人承担赔偿责任。

2. 旅游保险法律关系的客体

旅游保险法律关系的客体,又称保险标的,是指保险法律关系双方当事人权利和义务指向的对象。旅游保险法律关系如果没有双方当事人权利和义务所指向的对象,就会因为没有目标而不能落实,从而也就丧失其存在的意义。

保险标的是保险合同的核心,是确定保险条件、保险金额、计算保险费率和赔偿标准的依据。我国《保险法》规定,保险标的是指作为保险对象的财产及其有关利益或者人的寿命和身体。

可见,保险标的可分为两类:一是财产及其有关利益;二是人的寿命和身体。

1)财产及其有关利益

财产是指现实存在的并为人们所控制和利用而具有经济价值的生产资料和消费资料。它包括动产和不动产,有形物和无形物。财产保险的客体,一般是有形物,但当财产遭受损

失时,除了财产本身的经济损失外,还会连带引起各种利益以及责任和信用等无形物的损失,后者也往往成为财产保险的标的。

2) 人的寿命和身体

这里所说的人,是指已经出生且具有生命的自然人,尸体、胎儿以及法人等不能列入其中。人身保险的客体不是物,而是人,即人的寿命和身体。这种保险标的无法用价值来衡量,因而在订立保险合同时,预先由双方当事人约定保险金额。

综上所述,旅游保险法,是以旅游保险关系为调整对象的一切法律规范的总和。它以旅游保险合同为其主要内容,对双方当事人的权利义务作了明确的规定,是旅游企业法人以及旅游者,在旅行游览过程中,发生旅游保险事故后取得赔偿的重大保障。

二、旅游保险合同

(一) 旅游保险合同的概念与特征

我国《保险法》规定,保险合同是投保人与保险人约定保险权利义务的协议。可见,旅游保险合同,是指旅游保险关系双方当事人之间签订的一方缴纳保险费,另一方在保险标的遭受法律规定或者当事人约定的保险事故时,承担经济补偿责任或者履行给付义务的一种协议。旅游保险合同具有以下几个特征。

1. 旅游保险合同是双务性补偿合同

旅游保险合同是双方当事人意思表示一致的结果,当投保人与保险人签订了旅游保险合同后,他们之间的权利与义务就用法律的形式固定下来。

投保人有缴纳保险费的义务,当旅游保险事故发生时,享有请求赔偿的权利;而保险人则有收取保险费的权利,当旅游保险事故出现时,有按合同的约定履行补偿或给付的义务。

此外,旅游保险合同是通过保险人集合为数众多的投保人的保险费以此建立集中的旅游保险基金来实现的。也就是说,在旅游活动中,当旅游保险事故给旅游者的人身或财产造成损失时,用旅游保险基金来弥补旅游者财产损失以及因死亡或伤残导致劳动力丧失,从而使个人或其家庭收入减少,而开支增加的负担。从这个意义上说,旅游保险合同又是一种互助性的补偿合同。

2. 旅游保险合同是具有保险利益的合同

保险利益是指投保人对保险标的具有法律上承认的利益。依据我国《保险法》的有关规定,保险利益的存在是旅游保险合同成立的前提,没有保险利益的人不能与保险人订立旅游保险合同,否则,所订的合同无效。也就是说,保险利益的存在是旅游保险合同成立的前提,这是因为:一可以防止没有保险利益的人利用保险的形式取得额外收入;二可以防止投保人或被保险人的道德危险甚至是犯罪危险。

3. 旅游保险合同是要式合同

要式合同,是指以履行一定方式为合同成立的要件。根据我国有关法律、法规的规定,旅游保险合同应采取书面形式,合同的主要内容即主要条款由保险人一方确定,投保方即旅游企业法人或旅游者只有在保险人设立的不同险种的条件中进行选择的自由,而不像其他合同,任何一方都可以草拟合同文本。

4. 旅游保险合同是射幸合同

旅游保险合同是合同当事人在法律规定的范围内实现转嫁风险目的的一种手段。在合同有效期限内,投保方以较少的保险费的支出,换取遇到旅游保险事故时取得较大保险金的保障。如果发生了旅游保险事故,投保人或被保险人从保险人那里得到的赔偿金可能远远超出其所缴付的保险费;反之,在合同有效期间,如果没有发生旅游保险事故或者旅游保险事故超过一定限度,投保人或被保险人只付出保险费,而无任何收入,所付的保险费也不得收回。保险人的情况则相反,当发生旅游保险事故时,它所支付的保险金可能远远大于其所收保险费;如果没有发生旅游保险事故或者旅游保险事故超过一定的限度,保险人只享有收取保险费的权利,而无赔偿的责任。

形成旅游保险合同射幸性特征的原因是旅游保险事故发生的偶然性,也就是说,旅游保险事故是否发生是不确定的,如果某一特定的旅游事故肯定不会发生,就无须保险;如果是肯定要发生的旅游事故,也无人愿意承担保险责任。只有当旅游保险事故是否发生不确定时,旅游保险合同才能成立。

5. 旅游保险合同是最大的诚信合同

诚实信用,是指任何一方当事人对另一方当事人不得隐瞒、欺骗,都必须善意地、全面地履行自己的义务。而旅游保险合同的诚实信用程度远远大于其他合同,因为当事人在投保前后,其保险标的均在投保人的控制之下,保险人主要是依据投保人对标的的告知和保证来决定是否承保和保险费的大小,如果投保人欺骗或隐瞒,就可能导致保险人判断失误和上当受骗,所以说保险合同是最大的诚实信用合同。

6. 旅游保险合同具有短期性

任何类型的保险合同都具有时间限制,旅游保险合同与其他保险合同相比较,其期限更短暂。例如,有关旅游交通运输保险合同的时间,是从旅游者登上交通工具时开始,到抵达目的地离开交通工具时止。又如,游乐场所的翻滚过山车的保险合同,保险人只对旅游者登上该游乐器具开始至离开该游乐器具结束,这一段时间内出现的旅游保险事故承担责任。

(二)旅游保险合同的主要形式与条款

1. 旅游保险合同的主要形式

1)保险单

保险单是由投保人与保险人共同签订的有关旅游保险事项的书面协议。这种协议要求双方当事人必须在同一张保险合同单上签名盖章,方才有效。

2)保险凭证

保险凭证是一种简单化的保险单。目前,广泛用于旅游交通运输保险和其他旅行游览保险,如火车票既是旅游者乘车的凭证,又是旅游者参加旅游保险的凭证。另外,有些旅游风景点出售的门票,就兼作旅游保险的凭证。

2. 旅游保险合同的主要条款

1)保险标的

保险标的是指旅游保险合同的保险对象。在旅游人身保险中,是指被保险人的生命、健康;在旅游财产保险中,是指旅游者随身携带的行李物品等。

2) 保险费和保险金额

保险费是投保人按照保险金额的一定比例,向保险人缴纳的费用。它是投保人的义务之一,根据旅游保险合同的特点,旅游保险费一般都是一次交清而且费用很低;保险金额是指当旅游保险事故发生时,保险人根据投保人缴纳的保险费,而支付的最高赔偿金额。但是在旅游财产保险中,保险金额不得高于投保财产的实际价值。

3) 保险期限

保险期限是指旅游保险合同中,明确约定保险人承担赔偿责任的起止期限。这里需要强调的是,保险人与投保人之间签订旅游保险合同的生效时间并不等于保险责任期限的开始。

4) 责任范围及除外责任

旅游保险责任范围是指导致保险人承担责任的事故和风险范围。在我国,旅游保险责任范围,一般是指旅游者在旅行游览过程中遇到的自然灾害或意外事故或者旅行社在从事旅游业务经营活动中,致使旅游者人身、财产遭受的损害。保险人根据法律规定或者合同的约定,在其责任范围内根据旅游保险事故的情节轻重承担相应的赔偿责任或者给付保险金。

除外责任范围,是指由旅游保险合同约定保险人在什么样情况下,不承担保险赔偿责任。依据我国有关法律、法规的规定,在下列情况出现时保险人可不承担赔偿责任:战争或军事行动;分娩、疾病、精神病;自杀、自伤、斗殴、犯罪行为、冒险行为;酗酒、药物中毒或麻醉;擅自改变或离开投保时规定的旅游路线,或不乘坐指定交通工具;行李、物品的自然消耗等。

5) 违约责任

违约责任是促使旅游保险合同双方当事人更好地履行合同规定义务的重要条款。一旦有一方违约,他方可依此条款要求违约方承担相应违约责任。

(三)旅游保险合同当事人的权利义务

1. 投保人的主要权利和义务

1) 支付保险费义务

在旅游保险合同履行过程中,按照约定交付保险费,是投保人的最基本义务。不同的保险条款对支付保险费的要求不尽相同,可以一次付清,也可以分期支付。财产保险合同保险费的额度,与保险标的的危险程度、保险价值等因素密切相关。

我国《保险法》规定,在合同有效期内,保险标的危险程度增加的,保险人有权要求增加保险费或者解除合同。同时,我国《保险法》又规定了保险费用降低的两种情形(合同另有约定除外),包括据以确定保险费率的有关情况发生变化,保险标的危险程度明显减少,以及保险标的的保险价值明显减少。

2) 通知义务

依据我国《保险法》规定,投保人、被保险人或者受益人知道保险事故发生后,应当及时通知保险人。保险事故发生后及时通知保险人,有利于保险人采取必要的措施,防止损失的扩大,有利于保险人及时调查损失发生的原因。

对于财产保险合同,我国《保险法》还规定,在合同有效期内,保险标的危险程度增加的,被保险人按照合同约定应当及时通知保险人。被保险人如果未履行该项通知义务,因保险标的危险程度增加而发生的保险事故,保险人不承担赔偿责任。

3) 协助义务

依据我国《保险法》规定,旅游保险事故发生后,依照保险合同请求保险人赔偿或者给付保险金时,投保人、被保险人或者受益人应当向保险人提供其所能提供的与确认保险事故的性质、原因、损失程度等有关的证明和资料(如保险单、保险标的原始凭证、出险报告、损失鉴定文件、损失清单和施救费用等索赔单证)。

保险人依照保险合同的约定,为有关的证明和资料不完整的,应当通知投保人、被保险人或者受益人补充提供有关的证明和资料。

4) 维护保险标的安全义务

对于财产保险合同,依据我国《保险法》的规定,被保险人应当遵守国家有关消防、安全、生产操作、劳动保护等方面的规定,维护保险标的的安全。

5) 防止或减少损失的责任

对于财产保险合同,依据我国《保险法》的规定,旅游保险事故发生时,被保险人有责任尽力采取必要的措施,防止或者减少损失。保险事故发生后,被保险人为防止或者减少保险标的的损失所支付的必要的、合理的费用,由保险人承担;保险人所承担的数额在保险标的的损失赔偿金额以外另行计算,最高不超过保险金额的数额。

2. 保险人的主要权利和义务

1) 给付保险金义务

(1) 给付期限。

保险人收到被保险人或者受益人的赔偿或者给付保险金的请求后,应当及时作出核定,并将核定结果通知被保险人或者受益人;对属于保险责任的,在与被保险人或者受益人达成有关赔偿或者给付保险金额的协议后 10 日内,履行赔偿或者给付保险金义务。

保险合同对保险金额及赔偿或者给付期限有约定的,保险人应当依照保险合同的约定,履行赔偿或者给付保险金义务。

(2) 先予赔付。

依据我国《保险法》的规定,保险人自收到赔偿或者给付保险金的请求和有关证明、资料之日起 60 日内,对其赔偿或者给付保险金的数额不能确定的,应当根据已有证明和资料可以确定的最低数额先予支付;保险人最终确定赔偿或者给付保险金的数额后,应当支付相应的差额。

(3) 除外责任。

保险人的除外责任概括起来,主要包括如下情形:在保险合同成立前,被保险人已知保险标的已经发生保险事故的;投保人故意不履行如实告知义务的,或者因过失不履行如实告知义务,保险事故发生有严重影响的;被保险人或者受益人在未发生保险事故的情况下,谎称发生了保险事故,保险人提出赔偿或者给付保险金的请求的;投保人、被保险人或者受益人故意制造保险事故的,包括人身保险合同中,以死亡为给付保险金条件的合同,自成立之日起 2 年内被保险人自杀的,或者被保险人故意犯罪导致其自身伤残或者死亡的;保险事故发生后,投保人、被保险人或者受益人以伪造、变造的有关证明、资料或者其他证据,编造虚

假的事故原因或者夸大损失程度的,保险人对其虚假的部分不承担赔偿或者给付保险金的责任;在合同有效期内,保险标的危险程度增加,被保险人未履行通知义务,因保险标的危险程度增加而发生的保险事故,保险人不承担赔偿责任;保险事故发生后,保险人未赔偿保险金之前,被保险人放弃对第三者的请求赔偿的权利的。

3. 保险人的代位求偿权

依据我国《保险法》的规定,当旅游保险事故是由第三人的行为造成时,若旅游保险标的是旅游者的行李物品,投保人应当向第三人要求赔偿。如果投保人向保险人提出赔偿要求时,保险人可以按照旅游保险合同的约定,先予赔偿。但是,投保人必须将向第三人追偿的权利转让给保险人,并有义务协助保险人向第三人追偿;若旅游保险标的是旅游者的生命、健康,当投保人从保险人处取得保险金后,仍然有向第三人要求损害赔偿的权利。同时,保险人也不得因支付保险金而取得代位请求权。

1)代位求偿权的概念

代位求偿权是指财产保险中保险人赔偿被保险人的损失后,可以取得在其赔付保险金的限度内,要求被保险人转让其对造成损失的第三人享有追偿的权利。

我国《保险法》规定,因第三者对保险标的的损害而造成保险事故的,保险人自向被保险人赔偿保险金之日起,在赔偿金额范围内代位行使被保险人对第三者请求赔偿的权利。

2)代位求偿权的范围

代位求偿权的行使范围限于财产保险合同,在人身保险合同中,保险人不得享有代位求偿权。

我国《保险法》第68条规定,人身保险的被保险人因第三者的行为而发生死亡、伤残或者疾病等保险事故的,保险人向被保险人或者受益人给付保险金后,不得享有向第三者追偿的权利。但被保险人或者受益人仍有权向第三者请求赔偿。

3)代位求偿权的行使

保险事故发生后,保险人未赔偿保险金之前,被保险人放弃对第三者的请求赔偿的权利的,保险人不承担赔偿保险金的责任。保险人向被保险人赔偿保险金后,被保险人未经保险人同意放弃对第三者请求赔偿的权利的,该行为无效。由于被保险人的过错致使保险人不能行使代位求偿权的,保险人可以相应扣减保险赔偿金。在保险人向第三者行使代位求偿权利时,被保险人应当向保险人提供必要的文件和其所知道的有关情况。

(四)旅游保险的理赔

1. 旅游保险理赔的概念

旅游保险的理赔,是指保险人审核处理旅游保险事故的法律行为。它是旅游保险合同实际履行的重要内容,是双方当事人权利义务的具体体现。也就是说,当旅游者在旅游过程中发生了旅游保险范围内的旅游事故后,经享有请求赔偿权的人在有效期限内索赔,由保险人进行调查核实和作出是否赔偿决定的活动。享有请求赔偿权的人(申请理赔人)在索赔时应注意以下几个问题。

1)通知及依法索赔义务

申请理赔人负有将旅游保险事故发生的情况尽快通知保险人,并在法定或约定的理赔时效内提出索赔请求的义务。

所谓申请理赔的时效,是指在旅游保险合同中约定的,享有请求赔偿权的人向保险人追索赔偿保险金的时间期限。

申请理赔人必须在法律规定或合同约定的时效内提出理赔请求,逾期提出申请的,视为自动放弃权益。换句话说,理赔申请人只有在法定或约定的期限内提出给付或赔偿保险金申请书,保险人才予以赔偿,否则,保险人不承担赔偿责任。

2) 提供相关证件及协助义务

申请理赔人在索赔时除了必须填报理赔申请单外,还必须提供法定或约定的有关证件,这是保险人受理理赔、给予赔款的主要依据。

在我国,这些证件主要有:参加旅游保险的保险单或者其他保险凭证,受益人的身份证件及其基层组织出具的证明。如果属于旅游财产保险事故,申请理赔人还应提供受损失清单,保护、抢救等费用的清单以及其他必要的单据、证明等;如果属于人身保险事故,申请理赔人应提供医院出具的人身伤亡情况证明、有关旅游行政管理部门和公安机关出具的旅游保险事故的证明,以及被保险人伤亡的医疗诊断书、医药费、住院费等单据。

此外,依据我国《保险法》,申请理赔人应当协助保险人做必要的审核工作。

2. 旅游保险中理赔的调查和处理

保险人在接到理赔申请书以后,应根据保险合同的约定及时审查,同时,应派人到事故现场实地调查或者邀请专家对事故进行分析。对属于保险责任范围内的旅游事故,保险人在与申请理赔人协商解决赔偿金额后,应立即偿付,否则,应承担违约责任。

保险人在确认具体的赔偿数额时,应以保险标的实际损失为限,即在旅游人身保险合同中,保险数额的确定,应以医院诊断证明确定的伤害程度为限。在旅游财产保险中,应以发生旅游保险事故造成被保险人行李物品的灭失或者损坏当天的实际价值为限,超过部分保险人不承担保险赔偿责任。

对于申请理赔人为抢救保险标的或者为减少损失,而进行救护所支付费用的赔偿数额,应以保险金额为限。即在保险金额以内支付的必要救护费用,支付多少就赔多少,当其超过保险金额时,保险人只赔偿相当于保险金额的数额,超过部分保险人不负责赔偿。

3. 旅游保险理赔中的仲裁和诉讼

理赔申请人在旅游保险事故发生以后,必须先向保险人申请,要求作出理赔处理。如果对处理结果没有异议,可以在接到通知后从保险人处领取保险赔偿金;若对处理结果有异议,双方可以协商解决,协商不成时,理赔申请人可以在法定的期限内,向仲裁机关申请仲裁,也可以直接向人民法院起诉。

三、旅行社责任保险制度

(一)旅行社责任保险及其法律依据

1. 旅行社责任保险的概念与特点

旅行社责任险自 2001 年实施以来完善了旅游保险体系,明确了旅行社、旅游者和保险公司各方的责任范围,理顺了保险各方的法律关系,对保护旅行社和旅游者的合法权益起到了重要作用。依据《旅行社责任保险管理办法》的规定,旅行社责任保险,是指以旅行社因其组织的旅游活动对旅游者和受其委派并为旅游者提供服务的导游或者领队人员依法应当承担的赔偿责任为保险标的的保险。旅行社责任保险是依法强制旅行社投保的保险,事关旅行社和旅游者的切身利益,完善旅行社责任险是建设旅游安全保障体系的重要组成部分。旅行社责任保险具有以下几个特点。

1) 实施形式的强制性

我国《旅游法》第56条规定,国家根据旅游活动的风险程度,对旅行社、住宿、旅游交通以及该法第47条规定的高风险旅游项目等经营者实施责任保险制度。这是关于旅行社、住宿、旅游交通和高风险旅游项目实施经营责任保险制度的强制性规定。

我国《旅游法》确立了对住宿和高风险旅游项目等经营者实施责任保险制度,并进一步确认了现行的旅行社和旅游交通的责任保险制度。

就旅行社实施责任保险制度而言,一是旅游活动的群体性、异地性,经营场所的人员密集性和旅游安全的易发性特点,其经营活动风险程度较高,一旦发生群体性伤亡事故,需要大量赔付资金,实行责任保险制度,有利于旅行社转移风险,提高赔付能力,保障旅游者的利益。二是责任保险费率的制定,通常根据责任保险的风险大小、损失率的高低及投保人的数量等来确定。法定强制责任险有利于降低单个旅行社投保责任险的保费。三是我国旅游者投保商业险的意识相对较低,规定强制责任保险制度,有利于提高经营者的风险防范和保险意识。

2) 责任范围的特定性

《旅行社责任保险管理办法》规定,旅行社责任保险的保险责任,应当包括旅行社在组织旅游活动中依法对旅游者的人身伤亡、财产损失承担的赔偿责任和依法对受旅行社委派并为旅游者提供服务的导游或者领队人员的人身伤亡承担的赔偿责任。具体包括下列情形:因旅行社疏忽或过失应当承担赔偿责任的;因发生意外事故旅行社应当承担赔偿责任的;国家旅游局会同中国保险监督管理委员会规定的其他情形。

3) 保障利益的协调性

旅行社责任保险是承保的保险公司对旅行社责任的保险,被保险人和受益人都是旅行社,但最终获取赔款的人是旅游者。正是因为游客的索赔,才导致保险公司的赔偿。如果发生了保险事故后,游客没有向旅行社索赔,旅行社没有承担实际的赔偿,则保险公司不承担责任。而责任保险的设计初衷和目的是保护旅游者的权益,进而维护社会的稳定与和谐。因此,旅行社责任保险具有利益协调性特点。

2. 旅行社责任保险的责任归属

1) 保险责任范围内的责任

依据我国《保险法》的规定,保险人对责任保险的被保险人给第三者造成的损害,可以依照法律的规定或者合同的约定,直接向该第三者赔偿保险金。

责任保险的被保险人给第三者造成损害,被保险人对第三者应负的赔偿责任确定的,根据被保险人的请求,保险人应当直接向该第三者赔偿保险金。

被保险人怠于请求的,第三者有权就其应获赔偿部分直接向保险人请求赔偿保险金。

责任保险的被保险人给第三者造成损害,被保险人未向该第三者赔偿的,保险人不得向被保险人赔偿保险金。

2) 保险责任范围外责任

我国《旅游法》规定,由于地接社、履行辅助人的原因造成旅游者人身损害、财产损失的,旅游者可以要求地接社、履行辅助人承担赔偿责任,也可以要求组团社承担赔偿责任;组团社承担责任后可以向地接社、履行辅助人追偿;但是,由于公共交通经营者的原因造成旅游者人身损害、财产损失的,由公共交通经营者依法承担赔偿责任,旅行社应当协助旅游者向公共交通经营者索赔。这是关于旅行社组织旅游活动中,非组团社的原因引起的人身损害、财产损失的赔偿途径规定。

依据国家旅游局在全国推行的"旅行社责任保险统保示范项目",在被保险人组织的旅游活动中发生交通事故等保险责任范围外的赔偿问题,由于组团社是旅游合同当事人,与旅游者有着合同关系,或者出于抢救伤者、受害者的目的,由旅行社承担实际赔偿责任的,保险公司根据条款的规定先行赔偿,再根据责任归属,向有关责任方进行追偿。这样做的目的是最大限度地救人,避免由于责任不清耽误抢救时机。

知识关联

(二)旅行社责任保险统保示范项目

1. 旅行社责任保险统保示范项目及其共同体

旅行社责任保险统保示范项目(以下简称"统保示范项目")是国家旅游局为创建和谐旅游环境、保障旅游业健康可持续发展,与中国保险监督管理委员会(以下简称"中国保监会")共同推出的旨在提高旅行社风险管理和保险保障水平的重要举措。

通过近几年的实施,旅行社责任保险统保示范项目越来越体现出服务的专业性,保障的有效性,信息的快捷性的优势,已成为处置旅行社各类安全事故的有力助手。

旅行社责任险投保人必须是在中华人民共和国境内依法登记注册、并持有旅行社业务经营许可证的公司,符合此资质要求的,可以投保旅行社责任险并享受基本保障。

鉴于统保示范项目范围广、责任大,非一家保险公司能够承担,需要整合保险行业的资源和智慧,为旅游行业所用,因此,国家旅游局与保监会引入了江泰保险经纪有限公司协助进行保险服务采购,通过公开竞争性谈判,最终选择了最具实力的6家保险公司共同承担本项目的风险和责任,按照事先约定的比例共同分配保费、分摊赔款和费用。统保示范项目共保体的6家保险公司分别是:中国人民财产保险股份有限公司、中国太平洋财产保险股份有限公司、中国平安财产保险股份有限公司、中国大地财产保险股份有限公司、中国人寿财

保险经纪人是基于投保人的利益,为投保人与保险人订立保险合同提供中介服务,并依法收取佣金的机构。其功能是:根据企业的具体需要量身定做保险方案,扩大保险保障;通过专业对话和运作,降低保险成本;确保保险索赔成功;提供风险管控服务;完善保险市场机制,解决了保险信息不对称的问题。由于保险经纪人的疏忽、过失,给被保险人造成经济损失的,由保险经纪人承担法律责任。保险经纪人承担法律责任的保障措施是向监管机关制定的账户缴纳保证金或购买职业责任保险。

产保险股份有限公司和太平财产保险有限公司。共保体为所有自愿参与统保示范项目的旅行社提供保险服务。其中,中国人民财产保险股份有限公司中选首席承保人,获得45%的共保份额,中国太平洋财产保险股份有限公司获得15%共保份额,其余4家保险公司分别获得10%份额。

2. 统保示范项目的特点

1) 保障更全

统保示范项目不仅包括6种疏忽、过失导致旅行社的赔偿责任,如选择旅游辅助服务者过程中的疏忽、过失,行前询问游客与旅游活动相关的个人健康信息和安全提示方面的疏忽、过失,发生事故后救助过程中的疏忽、过失,行程、项目安排过程中的疏忽、过失,导致行程延误的疏忽、过失,代管旅行证件、行李物品过程中疏忽、过失等;而且包括交通事故、食物中毒等意外事故导致的旅行社的赔偿责任;也包括随团工作人员的疏忽、过失导致的旅行社的赔偿责任;还包括旅行社因其或旅游辅助服务者(地接社、饭店、景区、车船、餐饮等)的经营场所发生旅游者人身伤亡、财产损失事件时应承担的赔偿责任;旅行社对随团导游、领队等工作人员在履行职务过程中发生的人身伤亡承担的赔偿责任;保险事故发生后的境内外转院费用;旅行社有责任的旅程延误费用;旅行社没有法律责任情况下的救助游客所发生的费用;法院认定的精神赔偿费用;法律诉讼费用和其他抢救费用;旅行社组织的"自由行"中依法应承担的责任。

2) 理赔更易

统保示范项目成立了事故调解处理中心,负责所有旅游者人伤事故的查勘、定损和调解处理,将旅行社从烦琐的索赔过程中解脱出来。1000元(境外500美元)以内的损失,导游和领队在现场就可按相关规定直接赔付,回来凭医疗单证和赔偿协议领取赔款。建立了先赔后追的理赔机制。发生交通事故、食物中毒等责任难定的事件,保险公司先行赔付,后向责任方追偿,解除了旅行社的后顾之忧。建立了统保赔付专项资金(最高可达3000万元),应对重特大事件的费用垫付、预付和公共救援,解决了旅游行政主管部门干着急、没办法的问题。建立了省级公共保额(全省保费的80%且不低于100万元)、国家级公共保额(全国保费的50%且不低于1000万元)、3000万元超赔资金这三层公共保障,解决了重特大事件发生后旅行社赔不起的问题,也减少了政府的"兜底"支出。保险经纪公司建立了400服务专线,为旅行社提供专业服务。

3) 性价比更高

统保示范项目的保障高,不仅每人赔偿限额提高到最低20万元,而且医疗费用保障额度与其相同。财产损失、有责延误、精神赔偿均单独设限额,最低分别为1万元、5000元和1万元。法律费用和施救费用为每次事故限额的30%,也为单独限额。一份保费,换来多项保障。旅行社不再为"保得少、赔不起"心神不宁,安心做好经营,从而利于行业稳定、社会和谐。

统保示范产品理赔不难,解决了以往低保费无法解决的问题,让保险更保险。享有公共保障,一旦旅行社自己的保险额度不够用,可以从"公共蓄水池"里获得补偿,增加了保障。设计了8个保费调整因子,更为公平地体现风险与价格的关系。进行动态优化,一旦发现市场上有了更好的产品,经过专家评价,统保示范产品就可以改进。

4) 风险管理更好

通过统保示范项目,旅行社拥有了自己的风险管控顾问,行业积累了足够的数据和案例,为风险管理提供科学依据和建议,提高了旅行社及行业的风险管理水平和安全保障能力。统保示范项目是旅行社的产品,与是旅游行业的产品。

3. 调节处理

1) 调解处理中心的性质

调解处理中心是根据《旅行社责任保险统保示范产品框架协议书》的约定设立的机构,可以是法人机构,也可以是非法人机构。由旅游行业协会和代表旅行社利益的经纪公司分别推荐人选,经全国统保联合工作小组核定后组建。该中心的任务是负责旅行社责任保险全国统保事故的调解和处理。中心的设立是为了避免和减少旅行社索赔难、理赔慢的风险。凡是发生人伤事故的,旅行社都通过400专线电话或12301服务热线电话找调解处理中心,具有"一按我帮您"的功能。

2) 调解处理中心机构及事故鉴定

调解处理中心分三级设立。首先是全国调解处理中心,其次是达到一定统保规模的省级调解处理中心,以及具有设立条件的地市调解处理中心,旨在确保旅游者权益得到保障,确保旅行社责任险的功能得到充分发挥。当旅游者人伤事故索赔金额超过10000元时,由调解处理中心向事故鉴定委员会提出事故责任鉴定。事故鉴定委员会与调解处理中心同时设立,由法律专家、旅游行业专家、医学专家、保险公司和保险经纪公司代表共同组成。委员会设立7个表决席位,其中保险公司占3席,旅游行业专家、保险经纪人、医疗行业专家、法律专家占4席,从机制上确保了理赔工作的顺利进行。

案例导读

江泰赴台游紧急救援工作纪实

2015年12月29日伴随着飞机降落在昆明机场,游客许先生安全返回大陆,台湾随行医护人员陪同许先生乘坐救护车抵达昆明延安医院。这起大陆游客在台湾突发严重疾病,江泰赴台游启动紧急救援的工作终于圆满告一段落。游客的安危始终牵挂着两岸江泰服务人员的心,自游客突发疾病,旅行社向江泰400报案开始,江泰两岸服务中心人员从游客的生命安全立场上考虑进行,帮助游客解决困难。

2015年11月9日许先生突发脑梗,旅行社工作人员立即将游客送往医院救治。同时向江泰400报案,接到报案后,江泰台湾服务中心立即前往医院探望游客了解病情,江泰大陆服务中心人员将游客病情转告家属,并承诺只要游客病情好转,适合乘坐飞机,就随时准备启动紧急救援将游客平安运送回大陆。大陆江泰服务人员主动联系组团旅行社,告知赴台游产品紧急救援项目包含1万元游客家属探望费用,请组团社马上协助安排游客的亲属前往台湾探望患病游客。

自游客发病至2015年11月28日,病情始终起伏不定,不适宜乘坐飞机,使救援工作无法启动。在此期间,江泰台湾服务中心人员一直对游客病情进行跟踪。2015年12月中旬,游客病情逐渐稳定,经过江泰多方部署,"最大限度地缩短救援工作时效,必须尽快将游客安全运送回大陆"。

救援工作通过总部、分公司、台湾服务中心三方联动方式进行,首先江泰台湾服务中心人员、救援公司、联系医师根据游客身体情况是否适合乘坐飞机做出全面评估,联系多家航空公司设计了多种救援方案,大陆江泰总部人员与保险公司理赔人员确定救援方案的启动程序,督促保险公司立即进入救援款项支付流程,江泰昆明分中心人员前往昆明延安医院了解游客抵达昆明的接送事宜。在最短的时间内完成了救援方案的制定、游客身体状况的评估、随行医护人员的安排、救援款项的确认、飞机落地大陆救护方案的确定。最后,江泰台湾服务中心人员、救援公司人员、地接社人员、随行医护人员通过不断努力终于将游客许先生安全送上回大陆的飞机。在救援过程中随行医护人员始终陪同在游客身边,时刻监测游客的病情,尽一切努力确保游客生命安全,将游客安全送达昆明延安医院完成医疗交接工作,此次救援送返18万元费用全部由江泰赴台游专属保险支付。

保险是一种责任,保险是一份服务,保险是一份关爱,只有当你真正遇到困难的时候,你才能感受保险的价值,江泰"赴台游"的保险产品是一份承诺,是一份人文关怀,通过这份承诺缩短了人们心与心的距离。

(资料来源:http://lvyou.jiangtai.com/news/2016-01-06/jt0000032406.shtml。)

(三)旅行社责任保险管理

《旅行社责任保险管理办法》为国家旅游局和中国保监会的联合部门规章,对旅游行业和保险行业都具有约束作用。该办法强化了中国保监会及其派出机构在旅行社责任保险实施过程中的职责,依法对旅行社责任保险的保险条款和保险费率进行管理,并对保险公司的旅行社责任险业务进行监管,对不按照规定操作的保险公司进行处罚。

1. 投保

《旅行社责任保险管理办法》规定,旅行社投保旅行社责任保险的,应当与保险公司依法订立书面旅行社责任保险合同,订立保险合同时,保险公司不得强制旅行社投保其他商业保险。保险合同成立后,旅行社按照约定交付保险费。保险公司应当及时向旅行社签发保险单或者其他保险凭证,并在保险单或者其他保险凭证中载明当事人双方约定的合同内容,同时按照约定的时间开始承担保险责任。除符合我国《保险法》规定的情形外,保险公司不得解除保险合同。旅行社责任保险的保险期间为1年,旅行社应当在保险合同期满前及时续保。旅行社投保旅行社责任保险,可以依法自主投保,也可以有组织统一投保。

2. 赔偿

1)赔偿限额

《旅行社责任保险管理办法》规定,旅行社在组织旅游活动中发生保险责任范围内的情形,保险公司依法根据保险合同约定,在旅行社责任保险责任限额内予以赔偿。责任限额可以根据旅行社业务经营范围、经营规模、风险管控能力、当地经济社会发展水平和旅行社自身需要,由旅行社与保险公司协商确定,但每人人身伤亡责任限额不得低于20万元人民币。

2)通知与材料提供义务

旅行社组织的旅游活动中发生保险事故,旅行社或者受害的旅游者、导游、领队人员通知保险公司的,保险公司应当及时告知具体的赔偿程序等有关事项。保险事故发生后,旅行社按照保险合同请求保险公司赔偿保险金时,应当向保险公司提供其所能提供的与确认保险事故的性质、原因、损失程度等有关的证明和资料。保险公司按照保险合同的约定,认为有关的证明和资料不完整的,应当及时一次性通知旅行社补充提供。

3) 赔偿途径与理赔

旅行社对旅游者、导游或者领队人员应负的赔偿责任确定的,根据旅行社的请求,保险公司应当直接向受害的旅游者、导游或者领队人员赔偿保险金。旅行社怠于请求的,受害的旅游者、导游或者领队人员有权就其应获赔偿部分直接向保险公司请求赔偿保险金。保险公司收到赔偿保险金的请求和相关证明、资料后,应当及时做出核定;情形复杂的,应当在30日内作出核定,但合同另有约定的除外。保险公司应当将核定结果通知旅行社以及受害的旅游者、导游、领队人员;对属于保险责任的,在与旅行社达成赔偿保险金的协议后10日内,履行赔偿保险金义务。

依据《旅行社责任保险管理办法》规定,因抢救受伤人员需要保险公司先行赔偿保险金用于支付抢救费用的,保险公司在接到旅行社或者受害的旅游者、导游、领队人员通知后,经核对属于保险责任的,可以在责任限额内先向医疗机构支付必要的费用。因第三者损害而造成保险事故的,保险公司自直接赔偿保险金或者先行支付抢救费用之日起,在赔偿、支付金额范围内代位行使对第三者请求赔偿的权利。旅行社以及受害的旅游者、导游或者领队人员应当向保险公司提供必要的文件和所知道的有关情况。旅行社与保险公司对赔偿有争议的,可以按照双方的约定申请仲裁,或者依法向人民法院提起诉讼。

本章小结

(1) 分析了旅游安全管理的法律依据。
(2) 对旅游安全事故成因及对策分析进行探析。
(3) 对旅游安全管理的制度化进行解析。
(4) 分析了旅游保险及其法律关系。
(5) 分析了旅游保险合同及其当事人的权利义务。
(6) 阐释了旅行社责任保险制度。

核心关键词

旅游安全	tourism safety
旅行社安全	safety of travel agency
旅游突发事件	travel emergency
旅游保险合同	tourism insurance contract
旅行社责任保险	travel agency liability insurance

思考与练习

1. 简述旅游安全的风险提示制度。
2. 分析旅游安全事故的成因,并从法律视角提出对策。
3. 分析旅游保险法律关系主体的权利义务关系。
4. 简述旅行社责任保险及其保险标的。
5. 联系实际分析旅行社责任保险统保示范项目的特点。

案例分析

游客人身安全突发事件引发的思考与分析

国庆节前夕,某国际旅行社接受某发展有限公司办事处的委托,组织该公司101名员工开展为期两天的拓展旅游活动。双方签订的旅游合同特别约定,游客不得擅自到江边游泳。开展活动前,旅行社团体部经理与公司负责人勘察了拓展旅游地,该区域有禁止游泳的警示牌。双方在签订旅游合同的基础上,又增加了旅游行程、活动安排、注意事项、有关要求等合同附件。拓展旅游活动按照合同的约定进展顺利。10月4日上午,在游览结束吃完午饭后,公司负责人与随团导游员协商,给游客1小时时间整理行李、稍事休息,下午4:00集中乘车返回广州。导游员随即宣布自由活动,在告知集合时间的同时,提醒大家不要下玩水、游泳。当日下午2:30,七八名游客擅自到沙滩戏水,约2:40,三名游客在水深处溺水,后来一名游客获救,两名游客死亡。事故发生后,在当地政府以及旅游、公安、海事等有关部门和组团社、组团单位的共同努力下,经过与死者家属友好协商,某发展有限公司代表旅行社、事故发生地村委会与死者家属签订协议,每位死者获得经济补偿10万元和旅行社为旅游团购买的旅游意外保险8万元。

侵害游客安全保障权的原因分析:

(1) 安全意识淡薄。本案旅行社组织的拓展旅游属于依托涉水场所的特种旅游,案发前旅游地曾降暴雨,江水泛滥;游客对水道又不熟悉,虽然设立了严禁下水游泳的警示牌,却没有相应的障碍物阻止游客下水;旅行社选择的区域存在安全隐患,自由活动,没有安排专人巡视并及时阻止要下水的游客。旅游业者缺乏必要的安全意识,是事故发生的不容忽视的原因。

(2) 盲目降价竞争。组团社以低于成本的价格组织旅游活动,服务质量、接待标准、住宿条件、交通工具大打折扣。低价格必然带来高风险:聘用不具备资质的人员、使用带病上路的交通工具、提供简陋的住宿设施、缺乏安全保证的游览地等,都为旅游安全事故的发生埋下伏笔。

（3）提供的旅游产品尤其特种旅游产品或者旅游环境不符合旅游安全要求。在旅游景区表现在游乐设施老化、质量不达标、缺少安全防护设施或警示标志、自然环境存在隐患等，如雷雨天使游客遭雷击、迷路等。旅行社在设计旅游产品时，如何避免或减少安全风险、如何针对可能出现的风险采取必要措施，是应首先考虑的问题。

（4）旅游行程中第三人的侵权行为。旅游行程中第三人的侵权行为主要是指在旅游活动中，不法分子针对游客实施的抢劫、强奸、杀人、伤害等侵害行为造成的人身侵权。实践中，这类案件容易发生在开放性的、以自然景观为内容的旅游景区，具有事件发生突然、防范较为困难的特点。

（5）游客缺乏应有的安全意识和防范知识。实践中，游客的旅游安全防范意识不强、旅游安全知识缺乏是较为普遍的现象。价格趋低的心理、追求利益最大化的不良消费动机，导致一些游客在选择旅游产品时过多地考虑价格因素，忽略了对提供旅游产品者的资质和能力、旅游产品的安全性、旅游环境的可靠性的正确评估和判断；忽略了对自身行为所进行的必要约束和权利行使的必要限制；忽略了对自身利益采取必要的保护措施以转嫁旅游活动中出现的非人为风险。此次旅游安全事故的出现，原本是可以避免的。

游客安全保障的对策分析：

（1）确保旅游产品的安全性，降低直至消除不安全因素。旅游业者提供的旅游产品和旅游服务应当符合国家标准或者行业标准；暂时没有标准的，应保证符合人身健康和安全；对可能危及游客安全的旅游产品或者服务，要实现向游客做出真实的说明和明确的警示，并在合同中予以约定；发现提供的旅游商品和服务有严重缺陷的，即使游客采取正确使用的方法仍然可能导致损害发生的，要及时告知游客，并采取切实可行的防范措施。

（2）坚持安全第一。开展新型的特种旅游活动，坚持安全第一。本案旅行社开展的拓展旅游，通过体验利用崇山峻岭、瀚海大川等自然环境设计的富有趣味性、刺激性的项目，达到磨炼意志、陶冶情操、完善人格、熔炼团队的收获。开展类似的特种旅游活动在风险性及其防范方面的难度很大。这要求旅游经营者在产品的设计、地点的选择、项目的安排、场所的安全系数、安全保障措施的采取等方面有更加严格的要求。

（3）组团单位的职责。组织单位的团队旅游，在旅游合同中要明确规定旅游过程中的组织指挥责任，并针对项目及活动地点的特殊性制定安全应急预案。旅行社接受单位委托组织旅游活动，是旅游合同的一方当事人，对团队游客的人身安全负有合理的保障责任。签订旅游合同，应当明晰旅游过程中的组织权限和责任划分，避免发生事故后，责任分担困难给旅行社增加管理成本。要针对开展活动环境的特殊性制定安全事故应急预案，把旅游安全保障工作贯穿于旅游活动始终。

（4）加强旅游安全教育。利用公益广告、公益讲堂等形式，对游客进行必要的旅游知识的教育，尤其是旅游安全知识的灌输，培养成熟的、理智的、文明的游客，使其养成良好的旅游消费习惯，游客有责任，政府、旅游企业和全社会也有责任。政府有

义务为游客创造学习旅游知识的条件,企业也应当承担必要的社会责任,为游客提供必要的旅游咨询服务、关于旅游项目的详细资料等真实信息,保证游客知情权的实现。

(5)政府的责任。政府部门应承担培养游客、旅游企业的旅游保险意识,探索建立逐步完善的社会救援体系的新路径,确保游客旅游权益实现的责任。购买旅游保险,是有效转嫁旅游风险的手段之一。各级旅游部门应当引导、鼓励游客、旅游企业购买旅游保险,各级保险监督机构应鼓励保险公司积极拓展市场,开发更多的旅游保险产品。

问题:

1. 结合《旅游安全管理办法》,分析旅游经营者的安全职责与义务。
2. 结合本案例,分析旅游突发事件的应急处置机制和旅行社责任保险的应用。

(资料来源:http://www.110.com/falv/xingfa/zuimingjiedu/aqscsgz/2010/0714/96172.html。)

第十章

旅游权利救济法律制度

学习引导

旅游权利救济制度旨在通过法律方式或类法律方式解决权利冲突,使得受损权益得到恢复或者补救的一种制度。旅游权利救济为实体旅游权利提供一种程序化的机制,使冲突或纠纷得以解决,它是对当事人违反法定义务或不履行合同义务所造成后果的一种矫正,即通过救济权的行使,原有旅游实体权利得到恢复或者实现。本章通过对旅游权利救济制度设计、旅游权利救济请求权基础,以及旅游权利救济的价值追求与法律方法分析,提出救济权的行使以旅游实体权利的存在为基础,并通过一定的方式方法使原权利得以实现和保护。在此基础上,对旅游行政救济制度、司法救济制度和仲裁救济制度进行阐释。

学习目标

- 旅游权利救济制度;
- 旅游权利救济请求权基础;
- 旅游权利救济的价值追求;
- 旅游行政救济制度;
- 司法救济制度;
- 仲裁救济制度。

第一节 旅游权利救济制度设计

一、旅游权利救济的法理阐释

（一）旅游权利救济的理论依据

1. 权利救济制度

《牛津法律大辞典》对"救济"的定义为：救济即纠正、矫正或改正已发生或业已造成伤害、危害、损失或损害的不正当行为。救济权是宪法或法律赋予权利主体的一项权利，即当实体权利受到侵害时当事人获得自行解决或请求司法机关及其他机关给予解决的权利。这里的"实体权利"是一种原权利或称第一权利，而"救济权"则是相对于原权利的助权，是第二权利，是原权利实现的保障。

救济权的产生以原有的实体权利受到侵害为基础，或者说，当主体的权益受到违法或不当处分侵害时，主体为了获得某项权益，可依法向有关机关或法院提出审查处理的权利。救济权的行使，为实体权利提供了一种程序化的机制，使冲突或纠纷得以解决，即通过救济的程序使原权利得以恢复或实现。如果主体被剥夺了救济权也就意味着他已丧失了第一权利即实体权利。因此说，权利救济实际上是通过法律方式及其类法律方式来解决权利冲突，保护合法利益的一种救济制度。

2. 权利救济实现途径——博弈论

博弈论是一种使用严谨的数学模型来解决现实世界中利害冲突的理论，是用来说明决策主体的行为发生和相互作用时的决策以及这种决策的均衡问题，它以一方的胜出为最终目的，以作用双方的共同生活为载体。

博弈可分为合作博弈和非合作博弈。前者指博弈双方达成了一个对各自有约束力的协议，使双方从中获得利益，它强调的是团体理性、效率、公正；后者指博弈各方都希望自己从中获得最大的利益，主要强调个人的理性、个人最优决策，其结果可能是最有效率、也可能是无效率。

在对抗性博弈中，参加博弈的当事人的收益或效用完全对立，一方利益的增加必然导致另一方利益的减少；在非对抗性博弈中，参加博弈的当事人有各自不同的收益值，其和不再等于零或常数，当事人之间的收益或效用既冲突又一致，具备了达成某种均衡的可能。

权利救济途径的选择是一个动态的博弈过程。在博弈论模型中，要求当事人清楚地了解自己的目标和利益所在，采取最佳策略以实现其效用或收益最大化。当然，当事人决策的变化不仅来自于效益最大化的考虑，而且也受到当事人各方所具备的信息的影响。受害人一方总会选择成本较小的方式实现权利救济，如果受害人有充分的证据证明致害人的侵权行为，知道对方有赔偿能力等，也就是说受害人信息充分，选择诉讼会使其效益最大化；对致害人一方来说，他也会选择一个最有利的方式来解决权利纠纷。而且，在权利救济的过程中，当事人各方所具备的信念和信息是不断变化的，每个参与人都会权衡收益而采取相应行动方案,降低成本支出,其结果是所有参与人的战略不断更新,进而达到最优组合。

(二)旅游权利及其救济性质分析

1. 旅游权利性质分析

旅游权利是指国家通过宪法和法律规定的公民从事旅游活动的可能性,是公民享有的通过旅游活动获得身心满足的权利。旅游权利是一项重要的涉及自然人身心健康和精神人格全面发展的基本权利,在形态上划分为应有权利、法定权利和现实权利三种具体形态。

应有权利是旅游权利的初始状态,它是特定社会的人们基于一定的物质生活条件和文化传统产生的权利需求,是主体认为应当享有或被承认应当享有的旅游权利。应有权利往往表现为道德上的主张,所以也被称为"道德权利"。

法定权利是通过法律明确规定或通过立法纲领、法律原则加以宣布的、以规范与观念形态存在的权利,如法律规定财产权和人身权。在重视法治和人权的国家,法定权利是权利的主要存在形态。

实有权利是权利主体实际享有与行使的权利。

应有权利只有上升为法定权利,才能以法律为后盾,受到法律的保护;法定权利只有转化成为实有权利,才能成为或再现生活的事实,才能对权利主体有实际的价值。应有权利转化为法定权利涉及权利的宣告与确认,从应有权利和法定权利到现实权利涉及权利的保护与救济,即从应有权利、法定权利到现实权利的转化需要一个过程,救济是关系到权利实现的关键。

2. 旅游权利救济的性质

旅游权利救济是指在旅游法主体的实体权利遭受侵害的时候,由有关机关或个人在法律所允许的范围内采取一定的补救措施消除侵害,使得权利人获得一定的补偿或者赔偿,以保护权利人的合法权益。

1) 旅游权利救济是诉求权

旅游权利救济作为一种基本权利具有程序意义上的性质,是宪法和法律为保障旅游活动当事人实体权利衍生出来的一种权利,它的存在为实体权利的实现或保障体系的建立提供了自足的和自我完结的内在契机。

2) 旅游权利救济是自由权

旅游权利救济不仅是权利主体向受理机关要求受理诉求的权利,更主要的是权利主体向有关机关或法院表达意愿的一项不可或缺的基本自由。它是既具有消极性质的自由,又具有积极性质的请求权,即旅游权利的救济由当事人自行决定,当利益受到损害时,是否需要或者采取何种方式救济,由当事人自己选择。例如,在旅游活动中,如果旅游者的利益受到侵害,旅游者可以通过法定程序解决,还可以与对方当事人自行协调解决,还可以通过隐忍而释放。

3) 旅游权利救济是受益权

旅游权利是主体被法律确认或普遍认可的利益,权利救济就是为了保障这种利益的实现或者是用强制来实现一项权利,阻止、纠正对一项权利的侵害,并使权利受到损害时在具体案件中给予补救的方式。

权利救济的内容不仅包括要求受理的权利,还包括受益权,通过救济,使诉求权人的利益得到保护,损失得到补偿。

总之,旅游权利救济旨在通过某种积极方式的运用,使受损权益得到恢复或者补救。也就是说,旅游权利救济是对旅游当事人违反义务所造成后果的一种矫正,它意味着合法权利的实现和法定义务的履行,即通过救济使原有旅游权利得到恢复或者实现。它包括两种情形:一是在权利能够"恢复原状"的情况下,通过排除权利行使的障碍,促使冲突主体继续履行其应履行的义务,以使权利的原有状态得以恢复;二是在不能"恢复原状"的情况下,通过和解或强制的方式使由冲突或者纠纷的影响造成的实际损失、危害、伤害、损害得到合理的补偿或者赔偿。

二、旅游权利救济请求权基础

(一)旅游权利救济的前提

当今世界两大法系,即英美法系和大陆法系就权利救济的前提有不同的理解。英美法系奉行"救济先于权利"的原则,即无救济则无权利。因此,英美法系救济的前提并非权利,而是损害,即需要加以改善的状态。随着法律的发展,英美法逐渐确定了实体权利的范围,但是在特定情况下,仍然采用救济先于权利的原则,允许在没有既存权利的情况下,当事人依据现行的社会标准要求救济。

与英美法系以救济和程序为中心不同,大陆法系是以实体权利为中心,奉行"权利先于救济"原则,将"权利受侵害"作为基础,即没有实体权利的存在则无救济。

我国历来遵从大陆法系的传统,救济的获得以侵害的事实且须以实体权利的存在为前提。也就是说,没有实体权利的存在,也就无所谓侵权,无所谓救济。在旅游权利救济方面,我国民法理论对旅游合法权益损失的认定,必须先通过证实某种旅游权利受到了侵犯才能获得法律的救济。受害人请求保护的利益,必须构成权利的内容,或至少与受法律保护的权利有密切联系。例如,我国《旅游法》根据保障公民基本权利的宪法精神,规定了公民享有自主选择旅游产品和服务的权利,拒绝旅游经营者的强制交易行为的权利等。

在旅游业实践中,当旅游者的这种实体权利遭到侵害时,他们通常会选择自我帮助、逃避、协商、通过第三方解决、忍让等方式解决问题。逃避和忍让的方式不属于救济的范畴,因为这两种方式虽可以使得纠纷或者冲突得到解决,但却未能使得受损的权益得到恢复或者补救,也就是说,权利得到救济意味着纠纷得到了解决;反过来,旅游纠纷的解决却未必是救济权行使的结果。旅游法定权利的存在是旅游权利救济的前提。

(二)旅游权利救济的方式

1. 私力救济

私力救济是指权利主体在法律允许的范围内,依靠自身的实力,通过实施自卫行为或者自助行为来救济自己被侵害的民事权利。私力救济是人们解决冲突,补偿受损的利益和权利的最初形式,这种救济方式,本质上是"权利受到损害的一方凭借一定的暴力或者非暴力手段,使自己的某种权利得以实现或者补偿,并使对方受到一定的制裁和惩罚"。

私力救济有广义和狭义之分:前者是一种事前性、防卫性、被动性私力救济,包括正当防卫和紧急避险;后者是一种新的攻击行为,指最初权利侵害业已过去并形成一定秩序后为恢复自己权利而谋求的救济,是一种事后性、攻击性、主动性私力救济。

与公力救济相比,私力救济解决冲突的程序简单、成本低,而且周期短、效率高。现代法治中协商、调解等自力救济方式及公众调解、仲裁等社会救济方式,实际上具有私力救济的一些特性。

2. 公力救济

公力救济是指国家公权力根据当事者的诉求或者主动介入权利冲突,依照特定的规范和程序,对冲突的是非作出裁判,并以强制力保证权利实现的救济方式。

公力救济体现了国家对权利冲突的掌控和对社会秩序的控制。与私力救济相比,公力救济具有的特点是:国家机关所代表的公权力介入纠纷的解决;救济受到法律的严格限制;救济需遵守严格的程序规则;救济的实现有国家强制力作为保障。

公力救济既然需要具有公权力的国家机关的介入,就具有一定的危险性,意味着第三者可以将自己的判断或者意志强加于产生纠纷的双方当事人。因此,为防止第三者判断的任意性,公力救济必须用法律的形式对裁判者的行为给予限制。表现在程序上,就是要严格遵守程序的正义规则。

第一,中立。中立包括任何人不能担任和自己有关联案件的法官;冲突的解决结果中不含有解决者个人的利益;冲突的解决者不应有对当事人一方的好恶偏见。

第二,冲突的劝导。冲突的劝导包括平等地告知每一方当事人有关程序的事项;冲突的解决者应听取双方的辩论和证据;冲突的解决者只应在一方当事人在场的情况下听取另一方的意见;每一个当事人都应有公平的机会回答另一方所提出的辩论和证据。

第三,裁决。裁决包括解决诸项内容需以理性推演为依据;推理应建立于当事人做出的辩论和提出的证据之上。

3. 私力救济与公力救济的区别

私力救济与公力救济的区别主要体现在行使主体、利益取向、取得方式、权力范围、自由度及运行方式等方面。

私力取得,就权利而言,自然人出生、法人成立即取得民事权利能力,其私力行使主体为自然人、法人和其他组织,一般体现个人或组织的利益,法无明文禁止皆可为。私力行使有任意性,是一种自主行为,私权主体多数情形下可放弃权利,但侵权应承担法律责任。私力运行的权利主体利益受到侵犯时,通常请求公力救济,在此特定情形下具有一定的强制性。

公力依法取得,以法律明文规定为限,不得放弃、非法转让或越权。公力行使主体为国家机关及工作人员,以及法律规定的其他组织,以国家、社会公益为目的,行使权力意味着要承担相应法律责任。公力运行始终与强制相关,主体在行使权力时可依法使用国家强制力。

(三) 旅游权利救济的原则

按自然法学的观点,人类从自然状态走向人类社会的第一步是通过将防卫被侵害的权利让渡给国家,由国家负责保护每个人的自由、生命、安全和财产,这种保护是没有个体差别、类型差别的,只要是个体遭到侵害,就必须通过有效途径进行救济,才能符合当初社会契约的目的。

当前,随着旅游者对旅游服务质量的重视程度和维权意识不断增强,旅游者与旅游经营者、旅游辅助服务者之间因旅游合同存在缺陷、旅行社经营不规范、旅游管理部门失职、旅游相关服务部门、旅游从业人员,以及旅游者自身等原因引起旅游纠纷频繁出现。而旅游权利救济意味着旅游纠纷得到解决,为此,在权利救济过程中,应当遵循有侵害必有救济原则、及时救济原则、充分救济原则、经济性协调原则、公力救济优先原则、司法最终救济原则等。

旅游权利救济的原则既反映了所有法律权利救济的一般要求,又反映了公民旅游权利救济的基本准则。

1. 有侵害必有救济原则

我国《旅游法》尊重和保护公民的基本权利,强调旅游者旅游权利的实现和保障。从现实意义看,对公民旅游权利侵害的救济是维护社会秩序的根本保证,也是公民幸福和社会和谐的保障。权利是人性尊重的表现,任何侵害无论是否存在损害后果都是对个人尊严和价值的贬损,都必须采取救济手段加以救济。

2. 及时救济原则

旅游权利救济是对损害行为的纠正,也是对旅游者造成损害的补救。权利救济的及时性是法律秩序的连续性、稳定性的必然要求,权利被侵害后没有完成救济必然造成秩序链条的断裂,随时可能导致更大程度的破坏。权利救济的及时原则最低要求是严格遵守时限规定。程序的时限性克服和防止法官和当事人行为的随意性和随机性,为这些行为提供了外在标准,也为程序参与者提供了统一化、标准化的时间标准,克服了行为的个别化和非规范化,从而使诉讼行为在时间上连贯和衔接,避免行为各环节的中断。因此,权利救济的及时性是权利救济程序公正的必然要求和重要保证。

3. 充分救济原则

充分救济是对旅游权利救济的质量要求,是一种对侵害者应当赔偿的国家判定,代表着一定时期国家对权利侵害救济的基本理念和救济力度,是对权利本身价值的社会判定,体现了权利人、侵害者、法官、法律规范和社会公众等不同标准之间的协调妥协和形式上的某种统一。充分救济的底线应满足被侵害者损失的补偿或恢复到原状。精神侵害的充分性尽管难以用金钱衡量,但给予适当的金钱补偿仍可起到抚平受伤心灵的作用。

当然,充分性必须考虑一定地区、一定经济条件下人们生活水平,受侵害者未来的生活状态等因素。

4. 经济性协调原则

旅游救济制度保护受侵害的权利,从制度设定状态到现实具体的权利保护需要权利人花费一定成本去完成这一救济过程。任何一项具体旅游权利救济充分性和有效性的衡量指标常以金钱形式显现。所以,权利救济的请求者必须考虑达到救济目标所花费的成本。当然,如果从整个社会而言,看待权利救济则必须将权利个体救济成本与救济后的社会整体因救济而带来的效益结合起来考虑。

因此,经济性原则应视不同侵害类型而有不同的衡量方式和标准,权利救济请求人应尽量采取最迅速、有效地恢复自己原有权利和人性状态的手段和途径去实现维权。

5. 公力救济优先原则

公力救济优先原则是由旅游业运行中复杂的利益体系和当事人价值之多元化、纠纷表现形式的多样化决定的,是由救济结果正义认同不足和终极性缺失决定的,是由彼此之间存在的自尊和补偿认同度的差异等因素决定的。在旅游当事人对立的权益冲突之间要寻求正义,就必须有无利害关系的第三方加入,并在制度和规则约束的环境中,使冲突或纠纷得到根本性解决。

因此,该原则维持了一个相对稳定的共同体秩序,有利于人们尽快彻底摆脱冲突的束缚和影响,增加了在社会控制下补偿机制的正当性和模式化,增强了人们的守法意识,有利于法律文化的延续和发展。

6. 司法最终救济原则

司法最终救济原则揭示了宪法权利救济制度建构的一般规律和要求。诚然,旅游过程中发生的所有纠纷并不都是通过审判来解决的,但司法救济的价值并不在于它解决纠纷的数量,而在于它促进其他方式解决纠纷的质量。所有旅游当事人不满意各种解决纠纷的结果都可以在这里重新检测并获得补救,因此,司法是"尊重与保障人权"原则的最后一道屏障。司法救济的法治意义在于:司法救济对原被告都具有正义的可期待性、平等的参与性和权利的对等性。如果说,在任何一个发达的司法制度中,以牺牲被告利益为代价考虑原告的利益显然是不公正的、误导的。司法救济在整个过程中,是对原被告双方的合法权利都给予了平等保障,而这是宪法和宪政的生命所在,也是司法救济最终和最具公正性的原因所在。

三、旅游权利救济的价值追求与法律方法

(一) 旅游权利救济的价值追求

1. 权利救济追求的价值目标

权利救济意味着权利冲突或纠纷的解决,意味着解决冲突或纠纷的目的之一是实现合法权利并保证法定义务的履行,意味着法定权利转化为现实权利,这个过程是正当地分配利益的过程,并且要通过这种分配达到理想社会秩序的目的。

旅游权利救济是在公平与正义前提下对旅游实体权利的保障,符合公平与正义的要求:一方面,公平与正义是建立和完善旅游权利救济机制的目标或取向,是评价旅游救济机制的价值标准;另一方面,公平与正义引导和约束着旅游权利救济过程,也是权利人行使请求权,启动救济程序的重要动力。因此,公平与正义是旅游权利救济追求的根本价值目标。

旅游权利救济既然是对受侵害的实体旅游权利进行恢复和补偿的方法和手段,针对不同受侵害的权利和不同的侵害行为,救济的方法可以是物质的也可以是非物质的,可以是实际履行的,也可以是替代性的救济的。

在具体的旅游侵权案例中,旅游权利救济追求的公平与正义目标要么是使旅游权利主体的权利得到实现或者使不当行为造成的伤害、危害、损失得到一定的补偿,要么是使未履行的义务得以履行,从而使旅游者的利益得到根本性保护。

案例导读

南京一女游客巴厘岛玩"飞鱼游"受伤获赔12.8万元

南京谭女士在赴巴厘岛旅游过程中,经不住导游劝说,参加了一项名为"飞鱼"的海上自费体验项目,结果出现意外导致伤残。由于协商赔偿不成,该女士遂将两家旅行社告上法院,提出索赔请求。某年9月2日,谭女士等四人和南京某旅行社签订了旅游合同,投保旅行社责任险,团费总价为14590元。合同补充条款中约定:四位客人由本旅行社转交上海某国际旅行社操作。9月8日,谭女士等人在上海某国际旅行社组织下赴巴厘岛旅游。9月11日,谭女士等在上海某国际旅行社领队带领下,至巴厘岛南湾水上活动项目区域,并自费参加了"飞鱼"项目。"飞鱼"项目系由一摩托快艇牵引一橡皮艇,游客被固定在橡皮艇上,快艇高速前进后拉动橡皮艇,后橡皮艇与海面脱离,呈"飞鱼"状。该项目由两名游客同时参加,配有一名项目教练。谭女士在游玩时,由于前面的快艇速度过快,致同坐在橡皮艇上的项目教练突然落水,橡皮艇失去控制后,谭女士及另一名游客亦先后落水并受伤。谭女士被送往印尼当地医院后,发现左右两上臂都有不同程度骨折,当地旅行社支付了谭女士在印尼的医疗费用。9月16日,谭女士回国后在某医院进行后续治疗,花费医疗费7000余元。次年1月8日,谭女士出院了。谭女士认为,自己体验"飞鱼"所受到的伤害,主要是旅行社安全提示不明,以及导游的反复劝说所致。于是她决定找旅行社讨说法。由于双方最终无法就赔偿事项达成一致,谭女士遂将上述两家旅行社告到法院,提出索赔。审理中,法院依申请委托专业机构对谭女士伤情进行了司法鉴定,结论为构成九级伤残。据此,谭女士追加要求两被告赔偿残疾赔偿金、误工费、护理费、后续治疗费等共计15.97万元。法院经核实,认定此次事故的总损失为12.8万元。案件审理中,两被告均称不该承担责任。南京某旅行社辩称,他们已将整个团全部转给上海某国际旅行社,谭女士出境游的行程全部由该旅行社操作,与他们无关,应当向上海某国际旅行社索赔。而上海某国际旅行社则辩称,他们和谭女士不存在合同关系,并未在旅游合同上签章,事后也无任何书面协议表明他们认可谭女士与南京某旅行社的合同。谭女士是自愿参加"飞鱼"项目的,谭女士所称领队和导游多次劝说其参加并承诺不会出现安全问题,并无证据证实。此外,他们在出团通知书上已经明确提醒"水上项目请注意安全",并且事发旅游景点也竖立了安全警示标识牌,他们已经履行了告知、警示义务,请求法院驳回谭女士的诉讼请求。

法院认为,上海某国际旅行社作为实际提供服务的旅游经营者,应承担保障义务,其作为专业旅游经营者,明知水上项目具有一定危险性,并应当向游客作出真实说明和明确警示。但其仅在"自费项目推荐表"上以同号字体书面告知"水上项目请注意安全",此种警示方式尚不足以使游客对该项目的危险性有足够认识,未尽到足够的提示、说明义务,对谭女士损害后果的发生应承担全部责任。谭女士系在导游将全部游客安排至南湾水上活动项目区域时受伤,其并未脱离旅游团队,且谭女士自身对该损害的发生并无过错,故对上海某国际旅行社辩称谭女士是自愿参加,应自负责任的意见不予采信。最终,法院判决上海某国际旅行社赔偿谭女士各项损失及后续治疗费12.8万元。

(资料来源:http://jsnews.jschina.com.cn/system/2011/10/22/011918426.shtml。)

通过上述案例可知,请求保护的旅游者利益必须在立法所确定的权利体系中有明确的位置,即为某种权利所包含或与之密不可分。因为法律的出发点和落脚点在于权利,利益损失只有与"法定权利受侵犯"挂钩,才能获得法律的保护,只有借助"权利"的桥梁,才能获得法律上的救济。也就是说,一项利益受损要获得救济,必须是该利益构成了某项权利的内容。利益的具体权利属性,是该项利益能获得法律保护的必要条件。在具体的诉讼活动中,则要求主张权益者明确无误地援引法律条文中规定的权利作为其主张利益的法律依据,也即应当指明其请求保护的利益的具体权利属性。

2. 旅游权利救济的成本

旅游权利救济的成本是指权利救济的自身成本及其所引起或导致的有关费用的支出或不必要的代价总和,包括自身成本、现实成本、机会成本以及不必要的代价。

自身成本是国家在有关旅游权利救济立法、行政法规中加以明确规定或推定的侵权的量与救济的量本身,即国家所支付的救济的成本。

现实成本是因旅游权利救济自身成本的运行引起的必要的费用支出。

机会成本指旅游权利请求人在选择一种救济方式时导致选择其他方式救济的机会的丧失。当然,机会成本也可能是法律制度造成的,如当国家认为一定的侵害行为只能通过行政救济来调整时,也就意味着它丧失了适用其他法律制度的机会,机会成本就会增加。

同时,权利救济必然涉及必要的代价和不必要的代价。必要的代价是指与主体追求的目标有直接联系,并为其所必然付出的某种代价;不必要的代价是指与主体追求的目标无内在必然联系,而由主观因素所造成的损失和由某种具体个人的失误所造成的损失。

3. 旅游权利救济的效益

效益是法律的基本价值取向,即通过对旅游权利、义务、责任、法律信息、法律程序的确认、分配,实现资源的最佳配置。

度量法律效益的基本标准是"帕累托改进",它所指的最好状态是不损害任何人的利益,而又改善了某些人利益或命运的状态。

旅游权利救济的效益是指从权利救济的成本和收益关系中,以最少的救济投入获得最大的权利救济的效益。它包括个人效益、国家效益和社会效益。

个人效益是由制度的规范向现实转换过程中,由于不同权利个体的利益追求和社会等原因而产生互相冲突,损害了受侵害者的人性尊严和自由。因此,旅游权利救济的个人效益要求体现人的平等性、人的尊严、自由及价值。

国家效益则是通过对侵害者制裁和对受害者的补救,国家由此获得权威和继续存在的效益最大化。

一个社会制度的成功,在很大程度上取决于它是否能够将人们的经济追求与精神追求方面未被耗尽的剩余精力,引入合乎社会需要的渠道。只有整个社会结构的基础牢固,才能实现社会效益最大化的目标,即实现人类最有价值的文明目标。

知识活页　　帕累托改进分析

帕累托改进是指在某种经济境况下,如果可以通过适当的制度安排或交换,至少能提高一部分人的福利或满足程度,而不会降低所有其他人的福利或满足程度。它是以意大利经济学家帕累托命名的,并基于帕累托最优(pareto optimality)基础之上。帕累托最优是指在不减少一方福利的情况下,就不可能增加另外一方的福利;如果对某种资源配置状态进行调整,使一些人的境况得到改善,而其他人的状况至少不变坏,符合这一性质的调整被称为帕累托改进。帕累托改进可以在资源闲置或市场失效的情况下实现。在资源闲置的情况下,一些人可以生产更多并从中受益,但又不会损害另外一些人的利益。在市场失效的情况下,一项正确的措施可以消减福利损失而使整个社会受益。

帕累托最优和帕累托改进是微观经济学,特别是福利经济学常用的概念。福利经济学的一个基本定理就是所有的市场均衡都是具有帕累托最优的。但在现实生活中,通常的情况是有人有所得就有人有所失,于是经济学家们又提出了"补偿准则",即如果一个人的境况由于变革而变好,因而他能够补偿另一个人的损失而且还有剩余,那么整体的效益就改进了,这就是福利经济学的另外一个著名的准则卡尔多-希克斯改进。

帕累托改进的局限。我们必须清楚地意识到,帕累托原则是一种简化形式。它导致的扩张行为,表面上没有触动任何人的利益,实际上需要更多就业并引发通货膨胀,实际的收入状态会改变,会导致工资下降和收入缩减的人群扩大。少量的改变,后果并不明显,但长期累积会发生严重扭曲而使帕累托原则失效。其基本表现是按不变的决策方向,经济增长率先增长,然后就会不可避免地下降甚至发生经济危机。问题的关键是帕累托改进准则无法识别什么是就业的最大化。就业最大化的问题是,就业就像海绵里的水,使劲挤的话总是有的,并没有人知道什么是充分就业状态;现实是,各种形式的"失业"总是一定程度存在。而我们所知道的是,按照帕累托改进原则,只要高效率者向低效率者融资,生产就可以扩大,就业就可以扩张,总产出也会增加,直到经济增长率不能扩张为止。这种扩张行为并不像帕累托最优所描述的那样,因为总存在收入减少的,只要受益者的收入增加超出受害者的利益减小,经济增长就能发生。这实际上就是股权的多数原则。资产的股权多数原则自身并没有什么限制,倾向于无限扩张。限制资本扩张的是劳动力,它会挑战劳动力的生理极限。劳动力作为人,作为生物,就具有生物极限,其生命力的最佳状态并不在极限状态。如果有人进入生理极限,会否发生动乱和革命并不确定,但危害健康甚至导致非自然死亡这是可以确定的,这证明,投资和就业不能无限扩张。

资料来源:张维迎,《产权激励与公司治理》,经济科学出版社,2005年版。

(二) 旅游权利救济的法律方法

旅游权利救济的法律方法,是指通过法律方式或者类法律方式实现或补救旅游活动主体被否定或被侵害的权利,从而使当事人合法权益受到保护的方法。这不仅是实体权利的要求,也是对旅游法律品质的要求。旅游权利救济的最主要方法是法律救济方法,包括司法救济、行政救济和仲裁救济。

1. 司法救济

司法救济又称为司法机关的救济或者诉讼救济,是指人民法院在旅游权利人权利受到侵害依法提起诉讼后,依其职权、按照一定的程序,对权利人的权利进行补救的手段与方式。司法救济具有范围的广泛性,方式的受动性,程序的法定性,结果的强制性及效力的终局性等特征。司法救济是法律救济的核心,构成现代权利救济体系的一个重要支柱。司法救济模式是一种费用较高、程序复杂、时间较长的救济模式。在旅游业实践中,旅游权益争议引发的纠纷与冲突,往往因"旅游的特性",在未通过增加法律援助的情况下便可获得解决。反而,司法救济途径必须要旅游者承受昂贵的诉讼费用,并不可避免地导致时间拖延。加之,大多数旅游者尚未形成请求司法救济的习惯、意识和知识,在旅游权利受到侵害时,旅游者更愿意选择行政救济模式。

2. 行政救济

行政救济是指行政机关作为救济主体为权利人提供的法律救济模式,这种特定的权利救济模式已成为现代市场经济国家加强宏观调控和政府对经济间接干预的重要手段。

我国的行政救济主要包括行政复议和行政裁决两种形式。在行政法律关系中,作为管理者的行政机关和行政相对方往往处于不对等地位。行政机关拥有履行行政职责所必需的行政权力,可以单方面作出赋予相对方权利或创设义务的行政决定。在行政机关内部救济行为中,作为裁决者的行政机关本身就是行政决定的作出者或者行政活动的参与者,始终难以摆脱管理者身份以及相应的行政权力的影响。

旅游权利的救济,调解是旅游纠纷解决的一种重要方式,其成功的关键,一是双方自愿,二是分清是非、互谅互让。在旅游纠纷发生后,除由双方当事人认可的第三方调解、仲裁委员会在作出裁决之前的调解以及法院在审理案件过程中的调解外,当事人一方可以向旅游行政管理部门投诉,旅游投诉处理机构在查明事实、分清是非的基础上通过调解解决旅游纠纷。

当旅游者申请层级救济的行政复议时,旅游行政管理部门根据监督效力,对所属下级机

关违法或不当的行为,在不损害当事人或第三人既得利益的情况下,可以撤销、变更或维持的决定。而这种行政调解、裁决或者行政决定一经作出,就会被推定有效并对有关方面产生拘束力和执行力。

3. 仲裁救济

仲裁救济是法院外提供的一种救济方法,是指根据当事人之间的合意即仲裁契约,把基于一定法律关系而发生或将来可能发生的纠纷的处理,委托给法院以外的第三方进行裁决。

在旅游纠纷发生后,仲裁机构依照法定程序对当事人在旅游活动中所产生的旅游争议居中调解、进行裁决。与诉讼相比,仲裁救济的功能特点在于程序简便、结案较快、费用低廉、不具备行政特色、能独立公正和迅速地解决争议,给予当事人充分的自治权;同时具有客观性、灵活性、保密性、终局性和裁决易于执行等特点。

随着人们权利意识的提高,人们对救济也提出了更高的要求,渴望救济获得更加高效率、低费用及意思自治。

总之,仲裁救济是在司法救济之外又一条权利救济途径,一方面它可以弥补诉讼的弊端,与之形成互补;另一方面,它又与诉讼展开竞争,互相牵制。当然,仲裁救济应以旅游纠纷当事人之间事先签订的仲裁条款或事后达成的仲裁协议为前提。

总之,旅游权利救济制度需要通过以下途径建立与实现:

一是明确完整的法律规范是救济充分实现的首要前提。就法律制度本身的构建而言,救济是与法律的诞生相伴而生的。法律首先确认主体享有救济的权利,权利主体才可能有寻求救济的机会。因此,确认救济权利的实体规范明确与否,直接关系到救济实现的充分程度。没有实体规范对救济权利的明确确认,救济也就无从谈起。

二是健全统一的救济机构体系是救济得以实现的重要条件。法律对于救济权利的确认,只是一种宣言。这种宣言只有通过实际机构的执行才能最终实现。只有实体规范对救济权利和救济途径的宣言,没有健全、科学的救济机构设置,只会导致救济给予的推诿和落空。因此,救济机构的设置也是考量救济能否得以充分实现的重要方面。

三是正当的程序规则是救济充分实现的最重要的保障。对于权利的救济,必须通过一定的程序完成才能被视为正义。在法治社会,人们通常将正当程序视为审判结果正当性的重要根据。因为在正当程序的实施中,当事人得到了充分表达自己观点和理由的机会,裁判者也被视为对当事人的陈述进行了慎重的考虑。程序本身的这种公正性使当事人对审判结果产生敬重,从而能够遵守;同时也使救济制度本身产生权威,得到社会公众的信赖,最终被需要救济的人们选择。

因此,正当的程序是人们乐于选择法律所规定的救济途径,并最终实现其救济的重要保障。

案例导读

团购旅游的权利救济框架亟待建立

2011年7月,家住汉口路的刘女士准备带放假在家的孩子外出旅游,咨询多家旅行社发现,暑假正值旺季,各项费用都比较高。正在此时,孩子从一家团购网站找到了一项旅游产品团购活动,原价每人980元的北京三日游,前往的景点有11个,而团购仅需398元。刘女士盘算了一下,她与孩子只需800元就可以在北京游玩三天,而如果不跟团,自己和孩子仅路费就要800多元。当即刘女士在网上"团"了两个名额,并支付了费用。次日,刘女士与网站沟通后,如约来到某停车场,结果等来的"旅游大巴"根本没有旅游标识,只是一辆普通客车。经过一夜的行驶,第二天到达景点时,随团的导游竟过来收"门票钱"。刘女士很奇怪,自己不是已经交费了吗?对方解释,旅客交纳的只是"跟团的费用",景点门票要单独交。刘女士这才意识到上当了,对方在网上所谓的"11个景点",都需要自费游玩。刘女士与同行旅客都很气愤。回到青岛后,刘女士与其他几位旅客一起找到团购网站讨要说法。而商家表示,这次团购是那名导游组织的项目,网站只是发布信息,导游是组织者。而导游表示,团购交纳的费用只是交通费及住宿费,旅游景点是要个人买单的,这个价钱全包根本做不下来。刘女士认为,该团购网站存在虚假宣传,应该标注哪些是免费的,哪些是自费的。随后刘女士咨询了消费者权益保护委员会了解到,要讨说法,需要提供相应的凭证,如合同或发票,这时刘女士才想到,自己当时只顾着高兴,根本没有与对方签订合同,更不用说要发票了。看到自己一时冲动导致索赔无门,刘女士只得自认倒霉。

专家指出,刘女士的遭遇,在全国各地的旅游景点时有发生。在旅游市场尚不规范的今天,旅游消费者一定要明明白白旅游,特别是团购旅游产品时,要看清团购网站资质,选择旅游项目时,要仔细咨询细节,并且把对方的约定写入正规合同中,遇到纠纷后,可维护自身的合法权益。同时,在消费时一定要注意保留好各种证据,比如录音、录像、购物凭证等,如果真受到损害,事后才能通过救济维护自身合法权益。而网站经营者必须保证其信息的真实性与来源的可靠性,对登录广告信息的"用户"应查证其是否具有良好的信誉。在投诉事件发生后,作为旅游产品团购的直接供应方,网站应当承担相应的责任。

"团购"已成为一种新的购物方式,并越来越被人们接受与采纳,从几元钱的小商品,到几十万元的车辆都有团购,旅游产品的团购也不例外。

旅游产品有其特殊性,是一种无形产品,是人们的一种体验和感受,旅游者从网站团购的只是经营者的"承诺",无法像有形产品可以看到实物,也无法货到付款或是不满意能退换货,它只能在游客消费完之后才能评价,这样就使旅游者的合法权益不能得到及时的保护。

旅游团购虽然越来越流行,甚至可能成为一种趋势,然而,它毕竟是一种新兴事物,它的运行机制并不成熟,各种维护旅游者合法权益的规章制度也不健全,容易给旅游者带来不好的旅游体验,甚至引发更多的投诉事件。

希望通过该案例,能引起旅游消费者的足够重视,也希望能引起旅游政策与法规方面专家的重视,制定针对旅游团购的相关规范,从而使旅游者的合法权益受到损害时得以救济。

(资料来源:http://www.cntour2.com。)

第二节 旅游行政救济制度

旅游投诉制度是我国旅游活动中相对完善的一项旅游行政法律救济制度,是处理旅游纠纷五种方式(协商、调解、投诉、仲裁、诉讼)中最具旅游特色的一种。旅游投诉制度的建立,有利于国家旅游行政机关更好地行使行政权力,公平合理地处理双方当事人的矛盾和纠纷,依法管理旅游业。

一、旅游投诉的概念与管辖

(一)旅游投诉的概念与特点

旅游投诉是指旅游者认为旅游经营者损害其合法权益,请求旅游行政管理部门、旅游质量监督管理机构或者旅游执法机构(以下统称"旅游投诉处理机构"),对双方发生的民事争议进行处理的行为。其特点有以下几点。

一是投诉人是与投诉案件有直接利害关系的旅游者,"直接利害关系"是指旅游投诉人必须是案件的当事人,或者案件处理的结果对他有直接的影响并承担由此产生的后果。

二是投诉案件必须有损害行为发生,这种损害行为具有违法、违纪、违反服务规则的性质。正当履行职务的行为,不在被投诉之列。

三是被投诉人主观上有过错,无论由于故意或者过失造成损害后果,被损害人可以对这种行为提出投诉。

四是投诉涉及的行为必须是发生在旅游活动之中的,或者是与旅游活动有密切联系的。

五是旅游投诉处理机构是处理投诉的权力机关,包括旅游行政管理部门、旅游质量监督管理机构和旅游执法机构。旅游投诉处理机构在处理旅游投诉中,发现被投诉人或者其从业人员有违法或犯罪行为的,应当按照法律、法规和规章的规定,作出行政处罚、向有关行政管理部门提出行政处罚建议或者移送司法机关。

知识关联

旅游纠纷是指旅游者与旅游经营者、旅游辅助服务者之间因旅游发生的合同纠纷或者侵权纠纷。"旅游经营者"是指以自己的名义经营旅游业务,向公众提供旅游服务的人;"旅游辅助服务者"是指与旅游经营者存在合同关系,协助旅游经营者履行旅游合同义务,实际提供交通、游览、住宿、餐饮、娱乐等旅游服务的人。

案例导读

国家旅游局通报近期受理旅游投诉举报和典型案件查办情况

2015年6月5日,国家旅游局召开新闻发布会,通报集中受理旅游市场违法违规案件投诉举报和典型案件查办情况。据统计,自5月9日国家旅游局开通"我要投诉举报"平台以来,至5月31日,共收到投诉举报183件,其中有效投诉举报154件,涉及不合理低价及由此导致的强迫购物或变相强迫购物占34%,排在首位。

经梳理分析,在所有有效投诉举报中,涉及旅行社及导游领队88件,占总数的57%;涉及在线旅游企业25件,占总数的16%;涉及旅游景区22件,占总数的14%;涉及购物店、保险、游船公司、非法一日游16件,占总数的11%;涉及旅游饭店3件,占总数的2%。从地域看,被投诉举报比较集中的为上海、云南、江苏、北京、广东、河南、湖南、山东、四川、浙江等地。游客投诉张家界导游威胁游客购物案;游客投诉昆明国旅春城路分公司服务质量案;游客投诉昆明缘分国际旅行社虚假宣传、增加自费项目、强迫购物案;游客投诉中国人寿保险公司信阳分公司、泰康人寿保险公司沈阳分公司、上海阳光保险公司赠送的港澳游、海南游存在强迫购物案;游客投诉昆明义云天旅行社强迫购物、昆明钰满天下购物店的玉器价格虚高案;游客投诉携程擅自减少游览项目、延误和变更行程等案件。

事例1,张家界导游杨某威胁游客购物案。经查,导游杨某受湘西中旅委派带一个50人散客团,在去往张家界途中,因部分游客不愿意参加购物,杨某不安排中餐,导致游客不满发生冲突,杨某随即到餐馆厨房拿了一把菜刀与游客对峙。依据我国《旅游法》、《导游人员管理条例》有关规定,已作出处罚。

事例2,游客投诉昆明国旅春城路分公司服务质量案。经查,昆明国旅春城路分公司存在招徕和地接经营活动不规范、服务质量差等问题。依据《旅行社条例》的有关规定,已作出处罚。

事例3,游客投诉昆明缘分国际旅行社虚假宣传案。经查,昆明缘分国际旅行社在云南云香坊购物店因火灾已不复存在的情况下,依然将该购物店列入行程,构成虚假宣传、误导旅游者的行为。依据《旅行社条例》的有关规定,已作出处罚。

据悉,针对旅游市场秩序中存在的欺行霸市、虚假广告、价格欺诈、非法经营、欺客宰客、强迫消费等突出问题,国家旅游局、公安部、工商总局三部门于近期联合印发了《关于治理规范旅游市场秩序的通知》,把整治"不合理低价"、违法"一日游"等扰乱旅游市场秩序的行为,作为2015年整治旅游市场乱象的突破口和切入点,并对治理规范旅游市场秩序工作进行全面动员和部署。

(资料来源:http://www.cnta.gov.cn/xxfb/。)

(二)旅游投诉管辖

1. 旅游投诉管辖的概念与原则

旅游投诉管辖,是指各级旅游投诉管理机关和同级旅游投诉管理机关之间受理旅游投诉案件的分工和权限。旅游纠纷一旦产生,对于旅游纠纷的当事人而言,首先面临着到什么地方去投诉、由哪个具体的旅游投诉管理机关处理的问题;对于旅游投诉处理机构而言,也面临着哪个机关有权对其处罚的问题。这些问题不仅关系到行政机关能否尽职尽责行使权力,既不互相推诿,又不彼此相争,还关系到国家是否及时、有效、准确地追究违法行为的法

律责任,也关系到旅游投诉者的权益能否真正实现。因此,旅游投诉的管辖在整个投诉制度中占有重要位置。确定旅游投诉的管辖主要本着以下几个原则。

1) 效率原则

效率原则即旅游投诉管辖的确定,应当便于旅游行政管理部门迅速、及时发现并制裁违法行为,既要使投诉方便、及时,也要使日常的旅游行政管理的有关情况能及时反馈。

2) 兼顾部门分工与案件性质原则

兼顾旅游行政管理部门分工与案件性质原则是由于我国旅游行政管理部门按级别组成,以及不同级别的机关职责不同所决定的。据此,县级以上旅游投诉处理机构要处理较多的旅游纠纷,而国家旅游投诉处理机构则要处理一些重要的、影响大、性质恶劣的案件。

3) 原则性与灵活性相结合的原则

确定旅游投诉管理机关,既要明确实施主体,也要给旅游投诉处理机构在管辖上机动性,将原则性与灵活性相结合,使管辖能适应各种变化情况。

2. 级别管辖与地域管辖

级别管辖是指划分上下级旅游投诉处理机构之间对处理投诉案件的分工和权限。地域管辖是指同级旅游投诉处理机构之间横向划分在各辖区内处理旅游投诉案件的分工和权限,即确定旅游行政管理部门实施其行政权力的地域范围。

《旅游投诉处理办法》规定,旅游投诉由旅游合同签订地或者被投诉人所在地县级以上地方旅游投诉处理机构管辖;需要立即制止、纠正被投诉人的损害行为的,应当由损害行为发生地旅游投诉处理机构管辖。这是关于地域管辖的规定,其标准确定如下:

一是旅游合同签订地的确定。旅游合同签订地的确定,一般应当以实际签订地为准,但需要证据证明实际签订地,如果不能证明的,以约定的签订地为准。

二是被投诉者所在地的确定。被投诉者是公民的,其所在地是他长久居住的住所。我国《民法通则》规定,公民以他的户籍所在地的居住地为住所,经常居住地与住所不一致的,经常居住地视为住所。被投诉者是法人的,根据我国《民法通则》的规定,法人以其主要办事机构所在地为住所。

三是损害行为发生地的确定。损害行为发生地是指导致投诉人人身、财产权利或其他权利受到损害的被投诉人的过错行为发生地。

上述前两个标准,没有先后顺序之分,可以本着完全尊重投诉者意愿的精神,允许投诉者自愿选择。只要投诉者提出,旅游合同签订地或者被投诉人所在地的旅游投诉处理机构都有权管辖该投诉案件。损害行为发生地的旅游投诉处理机构管辖投诉案件的前提是"需要立即制止、纠正被投诉人的损害行为的"。

3. 移送管辖、管辖权的转移与指定管辖

移送管辖是指旅游投诉受理机构受理某一案件后,发现对该案无管辖权,为保证该案件的审理,依照法律相关规定,将该案件移送给有管辖权的旅游投诉受理机构。

管辖权的转移是级别管辖中的特殊情况,依据《旅游投诉处理办法》的规定,上级旅游投诉处理机构有权处理下级旅游投诉处理机构管辖的投诉案件。

指定管辖是指上级旅游投诉管理机关以决定方式指定下一级投诉管理机关对某一投诉案件行使管辖权。指定管辖实际上是赋予投诉处理机构在受理投诉案件上一定的自由,以适应各种错综复杂的处罚情况,有利于解决重复管辖和管辖空白等问题。《旅游投诉处理办法》规定,发生管辖争议的,旅游投诉处理机构可以协商确定,或者报请共同的上级旅游投诉处理机构指定管辖。

二、旅游投诉的受理与处理

（一）旅游投诉的受理

1. 旅游投诉受理的条件

旅游投诉的受理,是指旅游投诉处理机构对投诉案件接受、审理。具体而言,是指有管辖权的旅游投诉处理机构接到旅游投诉者的投诉状或者口头投诉后,经审查认定符合受理条件予以立案的行政行为。

依据《旅游投诉处理办法》的规定,旅游投诉受理的条件:一是投诉人与投诉事项有直接利害关系;二是要有明确的被投诉人、具体的投诉请求、事实和理由。

同时,《旅游投诉处理办法》规定,投诉人委托代理人进行投诉活动的,应当向旅游投诉处理机构提交授权委托书,并载明委托权限;投诉人4人以上,以同一事由投诉同一被投诉人的,为共同投诉;共同投诉可以由投诉人推选1～3名代表进行投诉;代表人参加旅游投诉处理机构处理投诉过程的行为,对全体投诉人发生效力,但代表人变更、放弃投诉请求或者进行和解,应当经全体投诉人同意。

2. 旅游投诉的范围

依据《旅游投诉处理办法》的规定,投诉人可以就下列事项向旅游投诉处理机构投诉:一是认为旅游经营者违反合同约定的;二是因旅游经营者的责任致使投诉人人身、财产受到损害的;三是因不可抗力、意外事故致使旅游合同不能履行或者不能完全履行,投诉人与被投诉人发生争议的;其他损害旅游者合法权益的。

3. 旅游投诉受理的程序

旅游投诉受理的程序,是指旅游投诉处理机构接受投诉者的投诉,依法立案审查所依据的程式和顺序。

依据《旅游投诉处理办法》的规定,旅游投诉处理机构接到投诉,应当在5个工作日内作出以下处理:投诉符合《旅游投诉处理办法》的,予以受理;投诉不符合本办法的,应当向投诉人送达《旅游投诉不予受理通知书》,告知不予受理的理由;依照有关法律、法规和本办法规定,本机构无管辖权的,应当以《旅游投诉转办通知书》或者《旅游投诉转办函》,将投诉材料转交有管辖权的旅游投诉处理机构或者其他有关行政管理部门,并书面告知投诉人。

依据《旅游投诉处理办法》的规定,不予受理的旅游投诉的情形主要包括:人民法院、仲裁机构、其他行政管理部门或者社会调解机构已经受理或者处理的;旅游投诉处理机构已经作出处理,且没有新情况、新理由的;不属于旅游投诉处理机构职责范围或者管辖范围的;超过旅游合同结束之日90天的;不符合该办法第10条规定的投诉条件的;该办法规定情形之外的其他经济纠纷。对于不属于旅游投诉处理机构职责范围或者管辖范围的规定情形的,旅游投诉处理机构应当及时告知投诉人向有管辖权的旅游投诉处理机构或者有关行政管理部门投诉。

案例导读

不予受理的投诉

游客刘某等4人参加了北京某旅行社组织的"昆明、大理、丽江、版纳、中缅+森林公园四飞八日游"。在这一行程中，引起游客不满意的焦点问题有两个：一是在昆明和边境城市被安排参观多个玉石珠宝商店，其中含有行程内未约定的商店；二是第四日从西双版纳飞昆明的时间与昆明赴大理的火车之间有大半天空余，时间安排不合理，且行程计划中未显示有自由活动或自费项目安排。针对多次参观玉石商店问题，刘某等人当天就通过电话向北京的组团社进行了投诉。经联络协商，地接社导游向游客道歉并退还了自费项目的费用，作为参观计划外购物点的补偿（游客未购物），刘某等人对此处理结果表示满意。针对空余半天的问题，北京组团社电话答应在昆明增加两个景点作为补偿，地接社表示只能提供车辆，景点门票费用自理。于是，刘某等人又投诉至云南省旅游局质监所。在省质监所的协调下，双方达成协议，增加翠湖观海鸥和圆通寺两个景点。回京后，刘某等人到北京市旅游局质监所再次投诉组团旅行社，仍然反映上述问题。北京市质监所经过认真研究，决定不予受理该投诉。

这是一起因旅游纠纷引起的投诉，北京市质监所决定不予受理该投诉的理由是充分的。游客在云南旅游过程中，发现旅行社存在服务质量问题后，即分别向组团社、云南省旅游质监所进行投诉，地接社导游向游客道歉并退还了相关自费项目的费用，游客对此表示同意；对于第四日旅游行程不合理、空闲时间过长的问题，游客向云南省质监所投诉后，经调解，地接社为游客额外增加两个景点作为补偿，客人接受此调解。综上，就游客反映的旅游中出现的服务质量问题，在当地已经得到解决。因此，刘某没有理由再次异地请求，有关旅游质监部门可以拒绝受理。

（资料来源：王莉霞，《旅游法规理论与实务》，东北财经大学出版社，2014年版。）

（二）旅游投诉的处理

1. 旅游投诉的调解

《旅游投诉处理办法》规定，旅游投诉处理机构处理旅游投诉，除本办法另有规定外，实行调解制度；旅游投诉处理机构应当在查明事实的基础上，遵循自愿、合法的原则进行调解，促使投诉人与被投诉人相互谅解，达成协议。

由此可见，调解是指旅游投诉处理机构主持投诉双方通过和解解决纠纷而达成协议的行为。旅游投诉调解的主体是旅游投诉处理机构，调解本身是一种行政行为。无论是选择调解方式，还是达成调解协议，都要出于投诉双方的完全自愿。旅游投诉处理机构在整个调解过程中起主导作用，要使双方心悦诚服，而不能施加任何压力迫使双方达成协议。

2. 旅游投诉处理程序

旅游投诉处理程序，是指旅游投诉处理机构受理投诉案件后，调查核实案情、促进纠纷解决或作出处理决定所必须经过的程序和顺序。依据《旅游投诉处理办法》的规定，旅游投诉的处理主要程序如下：

1）立案程序

旅游投诉处理机构处理旅游投诉，应当立案办理，填写《旅游投诉立案表》，并附有关投诉材料，在受理投诉之日起5个工作日内，将《旅游投诉受理通知书》和投诉书副本送达被投诉人。对于事实清楚、应当即时制止或者纠正被投诉人损害行为的，可以不填写《旅游投诉立案表》和向被投诉人送达《旅游投诉受理通知书》，但应当对处理情况进行记录存档。被投诉人应当在接到通知之日起10日内作出书面答复，提出答辩的事实、理由和证据。投诉人和被投诉人应当对自己的投诉或者答辩提供证据。

2）审查、调查程序

旅游投诉处理机构应当对双方当事人提出的事实、理由及证据进行审查。旅游投诉处理机构认为有必要收集新的证据，可以根据有关法律、法规的规定，自行收集或者召集有关当事人进行调查；需要委托其他旅游投诉处理机构协助调查、取证的，应当出具《旅游投诉调查取证委托书》，受委托的旅游投诉处理机构应当予以协助；对专门性事项需要鉴定或者检测的，可以由当事人双方约定的鉴定或者检测部门鉴定。没有约定的，当事人一方可以自行向法定鉴定或者检测机构申请鉴定或者检测。鉴定、检测费用按双方约定承担。没有约定的，由鉴定、检测申请方先行承担；达成调解协议后，按调解协议承担。鉴定、检测的时间不计入投诉处理时间。

3）和解、调解

在投诉处理过程中，投诉人与被投诉人自行和解的，应当将和解结果告知旅游投诉处理机构；旅游投诉处理机构在核实后应当予以记录并由双方当事人、投诉处理人员签名或者盖章；旅游投诉处理机构受理投诉后，应当积极安排当事双方进行调解，提出调解方案，促成双方达成调解协议。

4）处理

旅游投诉处理机构应当在受理旅游投诉之日起60日内，作出以下处理：

一是双方达成调解协议的，应当制作《旅游投诉调解书》，载明投诉请求、查明的事实、处理过程和调解结果，由当事人双方签字并加盖旅游投诉处理机构印章。

二是调解不成的，终止调解，旅游投诉处理机构应当向双方当事人出具《旅游投诉终止调解书》。

三是调解不成的，或者调解书生效后没有执行的，投诉人可以按照国家法律、法规的规定，向仲裁机构申请仲裁或者向人民法院提起诉讼。

5）关于质量保证金

根据《旅游投诉处理办法》的规定，对于两种情形：一是旅行社因解散、破产或者其他原因造成旅游者预交旅游费用损失的；二是因旅行社中止履行旅游合同义务，造成旅游者滞留，而实际发生了交通、食宿或返程等必要及合理费用的。

经旅游投诉处理机构调解，投诉人与旅行社不能达成调解协议的，旅游投诉处理机构应当作出划拨旅行社质量保证金赔偿的决定，或向旅游行政管理部门提出划拨旅行社质量保证金的建议。

第三节 司法救济与仲裁救济制度

一、司法救济制度

旅游法律实践中的司法救济制度主要表现在我国《行政诉讼法》和《民事诉讼法》的制度安排之中。换言之,旅游司法救济制度,是将我国行政诉讼制度和民事诉讼制度引入旅游业运行的实践中,在旅游活动的当事人利益受到损害时,可以通过诉讼方式保护旅游实体权益的实现,因而,也可称为行政诉讼与民事诉讼。

案例导读

司法救济从根本上保障旅游权利的实现

成都某旅行社擅自将游客转让给另一旅行社组团,没想到途中出了事故,两家旅行社为此付出沉重代价。重庆市第一中级人民法院就这起旅游消费人身损害赔偿案作出一审判决,有关旅行社应给予受伤游客宋女士188多万元的赔偿费。

某年7月,来自北京的宋女士等人根据成都某旅行社发布的广告与其签订了旅游合同,参加该旅行社组织的成都、重庆等地旅游活动,并交付定金2500元。成都某旅行社在宋女士等人不知情的情况下,私下将他们转给成都某旅游公司组团,某旅游公司又再次将这些游客转交给了一家并不从事旅游业务的单位——成都某干休所,由这家单位用一辆没有旅游客运资格的大巴车来接送这些旅游者。当这辆车行至成渝高速公路重庆段时,右后轮胎螺丝断裂,后轮胎脱离车体,致使这辆车撞在道路边防护栏上,造成一人死亡多人受伤,其中宋女士受重伤。后经法医鉴定,宋女士伤残等级为一级。次年11月,宋女士将成都某旅行社和成都某旅游公司等单位告上法庭,索赔医疗等费用共计322万余元。在法庭上,两被告都不承认自己与原告存在旅游合同关系。同时,他们认为这起事件应按照交通事故处理办法来处理。法院公开审理了此案后判决:由成都某旅行社赔偿宋女士医疗费、误工费、护理费、精神抚慰金等费用共计188万余元,成都某旅游公司承担连带赔偿责任。成都某旅行社不服一审判决提起上诉。

审理此案的法官在接受记者采访时指出,我国《合同法》规定,因旅行社的原因不能成团,将已签约的旅游者转让给其他旅行社出团时,须征得旅游者的书面同意。未经旅游者书面同意,擅自将旅游者转给其他旅行社的,旅行社要对游客的人身安全承担完全责任。旅行社在与游客签订合同时,合同中应约定旅游者享受的服务内容和标准,并保证旅游者的人身、财产安全不受侵犯。

本案例中，宋女士根据成都某旅行社发布的广告向其缴纳了相关数额的定金，双方已形成旅游合同关系，这是此起事故与普通交通事故本质区别所在。游客与旅行社形成旅游合同关系后，除游客自己故意造成的安全事故外，旅行社要对游客的人身安全承担完全责任。成都某旅行社收取定金后，在未告知宋女士的情况下，擅自将她转给其他旅游公司，因此成都某旅行社应承担赔偿责任；同时，成都某旅游公司不按事先的约定安排交通工具，应对宋女士因交通事故造成的伤残承担连带赔偿责任。有关人士认为，此案是当前旅游市场混乱造成严重后果的一起典型事例，它的成功判决对规范当前旅游市场有着积极作用，当事人采用司法救济模式使自己的合法权益得到了根本性的保护。

（资料来源：http://news.xinhuanet.com/newscenter/2002-08/28/content_541145.htm。）

(二) 行政诉讼

1. 行政诉讼的概念和特征

行政诉讼是解决行政争议的重要法律制度。所谓行政争议，是指行政机关和法律法规授权的组织因行使行政职权而与另一方发生的争议。行政争议有内部行政争议和外部行政争议。行政诉讼与行政复议是我国解决外部行政争议的两种主要法律制度。在我国，行政诉讼是指公民、法人或者其他组织认为行政机关和法律法规授权的组织作出的具体行政行为侵犯其合法权益，依法定程序向人民法院起诉，人民法院在当事人及其他诉讼参与人的参加下，对具体行政行为的合法性进行审查并作出裁决的制度。在旅游纠纷发生后，若旅游者和旅游经营者首先向旅游行政管理部门请求处理，但如果认为旅游行政管理部门的处理方式不正确，或应处理而未处理的，旅游者或旅游经营者可以向人民法院提起诉讼。此时，当事人所针对的是旅游行政管理部门的具体行政行为，因此所提起的诉讼为行政诉讼。

我国的行政诉讼案件由人民法院受理和审理，人民法院审理的行政案件只限于就行政机关作出的具体行政行为的合法性所发生的争议；行政复议不是行政诉讼的前置阶段或必经程序；行政案件的审理方式原则上为开庭审理。

2. 行政诉讼案件的构成要件

根据我国《行政诉讼法》的规定，行政诉讼的旅游案件构成应当具备的要件是：原告是认为行政机关及法律、法规授权组织作出的具体行政行为侵犯其合法权益的公民、法人或者其他组织。行使行政职权的行政机关或者法律法规授权的组织不能充当原告；被告是作出被原告认为侵犯其合法权益的具体行政行为的行政机关及法律、法规授权组织；原告提起行政诉讼必须是针对法律、法规规定属于法院受案范围内及属于受诉法院管辖的行政争议；原告必须在法定期限内起诉；法律法规规定起诉前须经过行政复议的，已进行行政复议；自行选择行政复议的，复议机关已作出复议决定或者逾期未作出复议决定。

3. 行政诉讼与民事诉讼的关系

行政诉讼与民事诉讼是两种相互联系又有重大差异的司法活动。一般说来，行政诉讼是从民事诉讼中分离出来的,其发展之初,往往适用民事诉讼程序。而且许多司法原则是共同的,如公开审判、回避制度、两审终审制、合议制等,所以,二者存在着紧密的联系。

行政诉讼与民事诉讼毕竟是两种不同的诉讼程序,他们之间存在着许多差异,主要有:民事诉讼解决的是平等主体之间的民事争议,行政诉讼解决的是行政主体与作为行政管理相对方的公民、法人或者其他组织之间的行政争议;民事诉讼适用民事法律规范,如《民法通则》等,行政诉讼适用行政法律规范,如行政处罚法、治安管理处罚法等;民事诉讼发生于法人之间、自然人之间、法人与自然人之间,行政诉讼只发生在行政主体与公民、法人或者其他组织之间;民事诉讼中双方当事人诉讼权利是对等的,如一方起诉,另一方可以反诉。行政诉讼双方当事人诉讼权利是不对等的,只能由公民、法人或其他组织一方起诉,行政主体一方没有起诉权和反诉权;行政诉讼要求以存在某个具体行政行为为先行条件,民事诉讼则不需要这样的先行条件;通过调解解决争议,是民事诉讼的结案方式之一,行政诉讼是对具体行政行为的合法性进行审查,因而不可能通过被告与原告相互妥协来解决争议。

(二)民事诉讼

1. 民事诉讼的概念与特征

民事诉讼是指公民之间、法人之间、其他组织之间以及相互之间因财产关系和人身关系提起的诉讼。或者说,民事诉讼是指人民法院、当事人和其他诉讼参与人,在审理民事案件过程中,所进行的各种诉讼活动,以及由这些活动所产生各种关系的总和。旅游者和旅游经营者是具有平等地位的民事主体,发生在双方之间的旅游纠纷属于民事纠纷的范畴,在纠纷发生后,旅游者可以直接向人民法院提起民事诉讼,要求旅游经营者承担民事责任。与调解、仲裁等解决民事纠纷方式相比,民事诉讼具有以下几个特征。

1)民事诉讼具有公权性

民事诉讼是以司法方式解决平等主体之间的纠纷,是由法院代表国家行使审判权解决民事争议。它既不同于群众自治组织性质的人民调解委员会以调解方式解决纠纷,也不同于由民间性质的仲裁委员会以仲裁方式解决纠纷。

2)民事诉讼具有强制性

强制性是公权力的重要属性。民事诉讼的强制性既表现在案件的受理上,又反映在裁判的执行上。调解、仲裁均建立在当事人自愿的基础上,只要有一方不愿意选择上述方式解决争议,调解、仲裁就无从进行,民事诉讼则不同,只要原告起诉符合民事诉讼法规定的条件,无论被告是否愿意,诉讼均会发生。

诉讼外调解协议的履行依赖于当事人的自觉,不具有强制力,法院裁判则不同,当事人不自动履行生效裁判所确定的义务,法院可以依法强制执行。

3)民事诉讼具有程序性

民事诉讼是依照法定程序进行的诉讼活动,无论是法院还是当事人和其他诉讼参与人,都需要按照民事诉讼法设定的程序实施诉讼行为,违反诉讼程序常常会引起一定的法律后果,诉讼外解决民事纠纷的方式程序性较弱,人民调解没有严格的程序规则,仲裁虽然也需要按预先设定的程序进行,但其程序相当灵活,当事人对程序的选择权也较大。

2. 民事诉讼当事人

民事诉讼当事人有狭义当事人和广义当事人之分,狭义当事人仅包括原告和被告。所谓原告,是指以自己的名义起诉,向法院请求保护权利或者解决其他争议,并受法院裁判约束的一方当事人,而被告则系被原告声称侵犯其权利或者与之发生其他争议,从而以自己的名义应诉、并受法院裁判约束的对方当事人。广义的当事人除原告和被告外,还包括共同诉讼人、诉讼代表人及有独立请求权的第三人。

在民事诉讼理论中,共同诉讼人是指诉讼一方或双方为两个或两个以上的当事人。根据共同诉讼人的人数不同,原告为两人以上的共同诉讼称为积极的共同诉讼,被告为两人以上的共同诉讼称为消极的共同诉讼,原告和被告均为两人以上的共同诉讼称为混合的共同诉讼;诉讼代表人是指代表本方当事人参加诉讼的人。

在民事诉讼中,一方或者双方当事人人数众多时,由众多的当事人推选出代表人代表本方全体当事人进行诉讼,维护本方全体当事人的利益,代表人所为诉讼行为对本方全体当事人发生效力;有独立请求权的第三人是指除本诉原告和被告以外的第三方当事人。该第三方当事人是指对他人之间正在争议的诉讼标的有独立的请求权,或者他人之间的诉讼可能给自己的利益带来损失,以本诉中的原告和被告为被告提出独立的诉讼请求,加入到已经开始的诉讼中的当事人。

在旅游权利救济中,当事人是以自己的名义请求人民法院解决旅游纠纷或争议、保护旅游权益,受人民法院裁判约束的起诉方和被起诉方。最高人民法院《关于审理旅游纠纷案件适用法律若干问题的规定》(以下简称《司法解释》)要求原告是与旅游纠纷或旅游案件有直接利害关系的人,而被告只要是"明确的被告"即可。《司法解释》规定,以单位、家庭等集体形式与旅游经营者订立旅游合同,在履行过程中发生纠纷,除集体以合同一方当事人名义起诉外,旅游者个人提起旅游合同纠纷诉讼的,人民法院应予受理;因旅游辅助服务者的原因导致旅游经营者违约,旅游者仅起诉旅游经营者的,人民法院可以将旅游辅助服务者追加为第三人;旅游经营者已投保责任险,旅游者因保险责任事故仅起诉旅游经营者的,人民法院可以应当事人的请求将保险公司列为第三人。这些均是关于民事诉讼中旅游权利救济制度的当事人的规定。

民事诉讼是在利害关系相互对立的两方当事人之间进行,但由于审级和诉讼程序的不同,当事人在诉讼中的称谓也不完全相同。在第一审普通程序和简易程序中,称为原告和被告;在第二审程序中,称为上诉人和被上诉人,其中既包括一审的原告和被告,也包括有独立请求权的第三人和被人民法院判决承担民事责任的无独立请求权的第三人。在特别程序中,称为申请人、债务人等。在审判监督程序中,若适用第一审程序审理,分别称为原审原告、原审被告、原审第三人;若适用第二审程序审理,则分别称为原审上诉人、原审被上诉人、原审第三人;在执行程序中,则称为申请人和被申请人(或申请执行人和被执行人)。

3. 旅游纠纷案件适用法律的《司法解释》

在我国旅游业发展过程中,有些旅游经营者的不诚信行为,既严重损害了旅游者的合法权益,也导致旅游市场的恶性竞争,已经形成社会关注的热点。组团出游,连接着旅游者"吃、住、行、游、购、娱"六大环节,由于其涉及的环节多、链条长、责任主体多元化,加大了旅行社与旅游者之间的纠纷解决的难度,《司法解释》对司法实践中出现的新情况、新问题进行了较为详细的规定。其主要内容有以下几点。

1) 统一旅游纠纷案件裁判标准

《司法解释》规定了旅游纠纷概念及受案范围,并规定旅游者在自行旅游过程中与旅游景点经营者因旅游发生的纠纷可参照该《司法解释》处理。其目的在于解决旅游过程中旅游者权益受到侵害时,由谁来承担责任及承担何种责任的问题,在集体旅游过程中,订立旅游合同的往往是集体推选的代表,而不是每个旅游者单独与旅游经营者签订合同,因此,《司法解释》明确了旅游者个人的诉讼权利,除合同签字的当事人有权提起诉讼外,未在旅游合同上签字的个人,也可以提起合同之诉。

同时,《司法解释》也较为全面地规范了旅游法律关系,明确了旅游者合法权益的保护范围。

2) 法院支持旅游者主张"霸王条款"无效

《司法解释》规定,旅游经营者以格式合同、通知、声明、告示等方式作出对旅游者不公平、不合理的规定,或者减轻、免除其损害旅游者合法权益的责任,旅游者请求依据我国《消费者权益保护法》第24条的规定认定该内容无效的,人民法院应予支持。同时规定,旅游经营者事先设计,并以确定的总价提供交通、住宿、游览等一项或者多项服务,不提供导游和领队服务,由旅游者自行安排游览行程的旅游过程中,旅游经营者提供的服务不符合合同约定,侵害旅游者合法权益,旅游者请求旅游经营者承担相应责任的,人民法院应予支持。但是旅游者在自行安排的旅游活动中合法权益受到侵害,请求旅游经营者、旅游辅助服务者承担责任的,人民法院不予支持。

3) 司法机关将限制转团、挂靠等损害旅游者权益行为

《司法解释》规定旅游经营者将旅游业务转让给其他旅游经营者,旅游者不同意转让,请求解除旅游合同、追究旅游经营者违约责任的,人民法院应予支持。旅游经营者擅自将其旅游业务转让给其他旅游经营者,旅游者在旅游过程中遭受损害,请求与其签订旅游合同的旅游经营者和实际提供旅游服务的旅游经营者承担连带责任的,人民法院应予支持。

《司法解释》还规定,旅游经营者准许他人挂靠其名下从事旅游业务,造成旅游者人身损害、财产损失,旅游者请求旅游经营者与挂靠人承担连带责任的,人民法院应予支持。旅游者要求旅游经营者返还下列费用的,人民法院应予支持:因拒绝旅游经营者安排的购物活动或者另行付费的项目被增收的费用;在同一旅游行程中,旅游经营者提供相同服务,因旅游者的年龄、职业等差异而增收的费用。

4) 维护好旅游者合法权益,也要合理界定旅游经营者责任

《司法解释》规定,人民法院要依法平衡旅游者与旅游经营者的关系。"旅游经营者的责任需要合理界定。支持和促进旅游业的健康发展,是制定这部司法解释的主旨之一。"该解释并没有片面强调旅游者利益的维护,无限扩大旅游经营者的责任,而是通过合理界定不可抗力、自由活动期间以及自由行过程中旅游经营者应承担的责任及责任免除条件等方式,对旅游经营者的权益也进行了合理维护。

《司法解释》在维护旅游者合法权益的同时,规定人民法院也将通过司法手段,注重维护旅游经营者的生存发展。互利共赢是人民法院审理旅游纠纷案件坚持的基本原则之一,既要维护好旅游者的合法权益,也要维护并促进旅游业的健康发展,两者不可偏废。据了解,人民法院下一步将把旅游者权益的保护纳入更为严格规范的制度架构之中,继续加强对消

费者权益保护案件审判工作的调研,适时出台相关司法解释,及时解决侵害消费者权益案件法律适用中的疑难问题。

同时,还将充分发挥多元纠纷解决机制的作用,做好矛盾化解工作,加强与消费者协会的沟通和协调,积极主动地邀请旅行社协会、居民委员会、村民委员会、人民调解员、人民陪审员等社会各方力量参与调解,力争案结事了。

5)我国民事司法解释中首次明确对消费者个人信息保护

《司法解释》规定,旅游经营者、旅游辅助服务者泄露旅游者个人信息或者未经旅游者同意公开其个人信息,旅游者请求其承担相应责任的,人民法院应予支持。这是我国民事司法解释中首次明确了对消费者个人信息的保护。这个司法解释还对旅游消费者权益进行了比较全面的保护性规定,体现了司法保护的人文关怀。同时规定,旅游者在自行安排活动期间遭受人身损害、财产损失,旅游经营者未尽到必要的提示义务、救助义务,旅游者请求旅游经营者承担相应责任的,人民法院应予支持。自行安排活动期间,包括旅游经营者安排的在旅游行程中独立的自由活动期间、旅游者不参加旅游行程的活动期间以及旅游者经导游或者领队同意暂时离队的个人活动期间等。

对消费者提起精神损害赔偿作出了规定,"旅游者提起违约之诉,主张精神损害赔偿的,人民法院应告知其变更为侵权之诉;旅游者仍坚持提起违约之诉的,对于其精神损害赔偿的主张,人民法院不予支持"。《司法解释》还规定,旅游者在旅游行程中未经导游或者领队许可,故意脱离团队,遭受人身损害、财产损失,请求旅游经营者赔偿损失的,人民法院不予支持。

6)司法解释对保护旅游者行李物品、证件安全作出规定

《司法解释》对旅游经营者或者旅游辅助服务者保管旅游者行李物品以及证件安全作出了规定,明确了旅游者合法权益的保护范围。规定,旅游经营者或者旅游辅助服务者为旅游者代管的行李物品损毁、灭失,旅游者请求赔偿损失的,人民法院应予支持,但下列情形除外:损失是由于旅游者未听从旅游经营者或者旅游辅助服务者的事先声明或者提示,未将现金、有价证券、贵重物品由其随身携带而造成的;损失是由于不可抗力、意外事件造成的;损失是由于旅游者的过错造成的;损失是由于物品的自然属性造成的。《司法解释》还规定,旅游经营者因过错致其代办的手续、证件存在瑕疵,或者未尽妥善保管义务而遗失、毁损,旅游者请求旅游经营者补办或者协助补办相关手续、证件并承担相应费用的,人民法院应予支持。因上述行为影响旅游行程,旅游者请求旅游经营者退还尚未发生的费用、赔偿损失的,人民法院应予支持。

案例导读

口头起诉 现场开庭 首选调解化解旅游纠纷

白天审案已司空见惯,夜间开庭却颇为少见。2009年10月,云南省腾冲县人民法院旅游巡回法庭就破了这样一次例,在深夜11点半开庭。原来,不久前,来自江苏的旅游团游客张先生在腾冲县热海景区泡温泉时不小心摔倒,脚趾被擦破流血。热

海公司对其伤口进行了简单处理,建议送张先生到医院检查治疗。但是,张先生则要求热海公司给予赔偿,出具受伤证明,否则拒绝支付全团20人的浴费(浴费属旅游团自费项目,张先生为该团负责人)。接到热海公司的情况反映后,腾冲县旅游局质监所便到热海召集双方进行协商。热海公司同意免去张先生一个人在热海消费的所有费用,张先生不同意,拒绝支付全团浴费,协商未能达成共识。

几日后,根据旅游团行程安排,张先生一行人即将乘飞机离开腾冲,但双方的纠纷仍然没有得到解决。县旅游局质监所负责人想到了今年刚刚挂牌的县法院旅游巡回法庭,于是便和法庭庭长取得了联系。庭长获悉案件情况后,决定多方进行协调,争取在游客离开腾冲前解决纠纷。于是,便有了深夜开庭的一幕,纠纷双方坐在了一起,在巡回法庭、旅游局质监所、旅行社的沟通协调下,自愿达成和解协议,握手言和。

腾冲县法院院长告诉记者,作为一个旅游胜地,腾冲近年来吸引了越来越多的游客,伴随而来的是旅游纠纷逐渐多样化和复杂化。在旅游纠纷中,由于游客流动性大、居留时间短、对旅游地情况不熟,处于相对弱势地位,因而维权难度较大。但是,旅游行政执法因为手段单一和力量薄弱,不能完全适应腾冲旅游发展实际。在这样的背景下,腾冲县法院经过与旅游局等部门沟通协商,在全省法院系统率先设立"旅游法庭",并在4个景区设立巡回点,以及时处理行政执法部门调处无果的涉旅纠纷。

据了解,为了更好地维护游客的合法权益,旅游巡回法庭还采用了一种全新的方式,即把法庭搬到旅游景点的现场,游客之间或者游客与景区之间发生了民事纠纷,不必专门到法院跑一趟进行烦琐的诉讼程序,而是可以立即向设在景区的旅游巡回法庭起诉,紧急情况下还可以口头起诉,游客只需讲明起诉要求和相关事实,即可在重点旅游景区巡回开庭。法庭审查立案后,对具备条件的可以适用速裁程序立即开庭进行审理。经过审理,能够当庭调解的当即送达制式调解书,不能调解的查清事实后当庭裁判,对不适用速裁的案件纳入正常程序进行审理。

根据各类旅游投诉案件的当事人逗留时间短、审判时间紧的特点,旅游巡回法庭把调解结案当成了首选方式。法官基于积极中立的立场,详尽解释案件涉及的法律规定,充分说明可能存在的诉讼风险,用老百姓听得懂的语言,提示和引导当事人全面准确地发表意见,保证当事人的愿望和要求得到及时、妥当的回应,从而有利于促成案件的和解。

(资料来源:http://www.cntour2.com/viewnews/2009/10/27/1027153202.htm。)

二、旅游仲裁救济制度

(一)旅游仲裁的概念

旅游仲裁,是指仲裁机构依照法定程序对当事人在旅游活动中所产生的旅游争议居中调解、进行裁决的活动。旅游仲裁救济制度是将我国《仲裁法》的相关规定运用于旅游权利救济活动中,为旅游实体权利的保障提供依据。在旅游合同履行过程中,由于主客观情况的出现,难免会产生一些问题和争议,如果经过调解不能解决,当事人就可以协商,采用仲裁救济方式处理,以避免造成更大的损失。通过仲裁救济方式,能够阐明事实、分清是非,明确责任,及时解决合同纠纷,使旅游当事人的实体权利得以实现。

(二) 旅游仲裁的原则

1. 自愿仲裁原则

我国《仲裁法》规定,当事人采用仲裁方式解决纠纷,应当双方自愿,达成仲裁协议;没有仲裁协议,一方申请仲裁的,仲裁委员会不予受理。仲裁协议包括合同中订立的仲裁条款和以其他书面形式在纠纷发生前或者纠纷发生后达成的请求仲裁的协议。另外,当事人达成仲裁协议后,依法向人民法院起诉的,人民法院不予受理,但仲裁协议无效的除外。

2. 以事实为根据、以法律为准绳的原则

我国《仲裁法》规定,仲裁应当根据事实,符合法律规定、公平合理的解决纠纷。以事实为根据,就是要实事求是、尊重客观事实,正确查明事实真相。以法律为准绳,就是以法律作为衡量是非的制度和标准,严格依法办事。只有遵循并认真贯彻这原则,才能公证、合理地裁决。

3. 依法独立仲裁原则

我国《仲裁法》规定,仲裁依法独立进行,不受行政机关、社会团体和个人的干涉。依法独立仲裁是指仲裁委员会处于超脱的地位,摆脱外部因素的影响,有助于保证仲裁的客观、公正。

4. 一次裁决原则

我国《仲裁法》规定,仲裁实行一裁终局的制度;裁决作出后,当事人就同一纠纷再申请仲裁或者向人民法院起诉,仲裁委员会或者人民法院不予受理。根据这一规定,当事人不服裁决,不得向上一级仲裁机构申请裁决,也不得向人民法院起诉。这样,有利于节省仲裁时间,又能及时解决旅游纠纷。

5. 选定仲裁委员会原则

我国《仲裁法》规定,仲裁委员会应当由当事人协议选定,仲裁不实行级别管辖和地域管辖。这一原则的确定,充分体现了中国仲裁法的民主精神和对当事人权利的尊重。

6. 回避原则

我国《仲裁法》规定,仲裁员有下列情形之一的,必须回避,当事人也有权提出回避申请:当事人或者当事人代理人的近亲属;有直接的利害关系;与本案当事人、代理人有其他关系,可能影响公正仲裁的;私自会见当事人、代理人,或者接受当事人、代理人请客送礼。这既是保护当事人合法权益的一项重要原则,也是保证仲裁委员会能够依法公正处理旅游纠纷的一项重要制度。当事人提出回避申请,应当说明理由,在首次开庭前提出。回避事由在首次开庭后知道的,可以在最后一次开庭终结前提出。仲裁员是否回避,由仲裁委员会主任决定,仲裁委员会主任担任仲裁员时,由仲裁委员会集体讨论决定。

(三) 仲裁程序

1. 提出仲裁申请

我国《仲裁法》规定,当事人申请仲裁应当符合下列条件:有仲裁协议;有具体的仲裁请求和事实、理由;属于仲裁委员会的受理范围。申请仲裁应当向仲裁委员会递交仲裁协议、仲裁申请书及副本。提出仲裁申请的时效,应从知道或应当知道权利被侵害之日起计算,法律有规定的适用该规定;法律对仲裁时效没有规定的,适用诉讼时效的规定,一般为2年。

2. 接受仲裁申请

接受仲裁申请,又叫受理。仲裁委员会收到仲裁申请书之日起5日内,认为符合受理条件的,应当受理,并通知当事人。同时通知申请方按争议金额的5‰预交案件受理费。案件处理终结,仲裁费(包括案件受理费和处理费)由败诉方承担。

3. 仲裁前的准备工作

1)组成仲裁庭

仲裁机关受理案件后,应组成仲裁庭。仲裁庭可以由3名仲裁员或1名仲裁员组成。由3名仲裁员组成的、设首席仲裁员。当事人约定由3名仲裁员组成仲裁庭的,应当各自选定或各自委托仲裁委员会主任指定1名仲裁员,第3名仲裁员由当事人共同选定或者共同委托仲裁委员会主任指定。

2)送达规则和名册

仲裁委员会受理仲裁申请后,应当在仲裁规则规定的期限内将仲裁规则和仲裁员名册送达申请人,并将申请书副本和仲裁规则、仲裁员名册送达被诉方。被诉方收到仲裁申请书副本后,应当在仲裁规则规定的期限内向仲裁委员会提交答辩书。仲裁委员会收到答辩书后,应当在仲裁规则规定的期限内将答辩书副本送达申请人。被诉方未提交答辩书的,不影响仲裁程序进行。

3)技术鉴定

仲裁庭对专门性问题认为需要鉴定的,可以交由当事人约定的鉴定部门鉴定,也可以由仲裁庭指定的鉴定部门鉴定。鉴定部门根据当事人的请求或者仲裁庭的要求,应当派鉴定人参加开庭。当事人经仲裁庭许可,可以向鉴定人提问。

4)证据保全

在证据可能灭失或者以后难以取得的情况下,当事人可以申请证据保全。当事人申请证据保全,仲裁委员会应当将当事人的申请批交证据所在地的基层人民法院,由人民法院根据情况采取保全措施。

4. 和解与调解

当事人申请仲裁后,可以自行和解。达成和解协议的,可以请求仲裁庭根据和解协议作出裁决书,也可以撤回仲裁申请。如果当事人达成和解协议,撤回仲裁申请后反悔,仍然可以根据仲裁协议申请仲裁。

仲裁庭在作出裁决前,可以先进行调解。当事人自愿调解的,仲裁庭应当调解;调解不成的,应当及时作出裁决。调解达成协议的,仲裁庭应当制作调解书或者根据协议的结果制作裁决书。调解书与裁决书具有同等法律效力。调解书经双方当事人签收后,即发生法律效力。

5. 仲裁

当事人不愿调解或调解不成的,仲裁庭应及时作出裁决。仲裁员应当开庭进行。当事人协议不开庭的,仲裁庭可以根据仲裁申请书、答辩书以及其他材料作出裁定,仲裁不公开进行。当事人协议公开的,可以公开进行,但涉及国家秘密的除外。

当事人在仲裁过程中有权进行辩论。辩论终结时,仲裁员应当征询当事人的最后意见,将开庭情况记入笔录。裁决应当按照多数仲裁员的意见作出。仲裁庭不能形成多数意见时应当按照首席仲裁员的意见作出,裁决书自裁决作出之时发生法律效力。

6. 申请撤销裁决

裁决书送达后,当事人提出证据证明裁决有下列情形之一,可以向仲裁委员会所在地的中级人民法院申请撤销裁决:没有仲裁协议的;裁决的事项不属于仲裁协议的范围或者仲裁委员会无权仲裁的;仲裁庭的组成或者仲裁的程序违反法定程序的;裁决所依据的证据是伪造的;对当事人隐瞒足以影响公正裁决的证据的;仲裁员在仲裁该案时有索贿受贿、徇私舞弊、枉法裁决行为的。人民法院应当组成合议庭对裁决进行审查核实,如果有一项规定情形之一的,应当撤销裁定。

另外,如果裁决是违背社会公共利益的,人民法院应当撤销。当事人申请撤销裁决,应当自收到裁决书之日起6个月之内提出。人民法院应当在受理撤销裁决申请之日起2个月内作出撤销裁决或者驳回申请的裁定。

7. 仲裁的执行

仲裁裁决生效后,当事人应当自觉履行。一方当事人不履行的,另一方当事人可以依照民事诉讼法有关规定向人民法院申请强制执行。

综上所述,救济权对保障和实现权利来说至关重要,但并不意味着有了救济权就一定能够能获得理想的救济。它只是提供给我们救济权利的途径。因此,当事人应持有以下正确的法律观念:

一是具有权利意识。当自身合法权益受到威胁、侵害时,主动运用法律武器维护自身权利。

二是情感缓冲。权利受到侵害的当事人要理性看待问题,清醒地对待问题,给情感留下缓冲的"地带"。

三是救济途径要适当。要寻求正当、有效的解决途径,不适当的救济方式不仅无法保障权利的救济实现,反而会进一步加害当事人。也就是说,当权利受到损害时,当事人应该采取及时、恰当、有效的救济途径维权。当然这还要依赖于前面两个因素:权利救济法律制度体系,执行保障的切实实施。

基于旅游权利救济的现实状态,旅游者有必要建立起这样的法律意识,即以还原法律事实为准则的法律自保措施。它并不是对权利的破坏、侵害,而是对已经存在事实的"复现"。通过这种自我法律保护措施,还原法律事实存在及过程,有利于旅游者权利的维护与保障。

旅游权利救济既可能是一种制度化、社会秩序能够承受的救济,也可能是一种非制度化、社会秩序难以承受的救济;既可以是事先救济,也可以是事后救济。当权利救济机制缺失时,权利救济途径和利益伸张渠道被人为地割裂或者阻塞,权利诉求难以得到充分实现,愿望和现实的反差过于强烈,极易引发强烈的社会混乱和冲突;相反,在权利救济机制比较发达、救济制度比较完善的情况下,当公民的合法权益受到公共权力的侵害时,公民不是诉诸暴力或其他非制度化的参与和表达形式,而是便捷地选择法定的权利救济方式,通过既定的救济程序解决纠纷和请求补偿。这样,因为权利受到损害导致的对社会、对公共权力机构的不满和反抗就可以迅速消解,社会秩序中潜在破坏力和冲击力就可以控制在最低程度。从这种意义上讲,健全的权利救济机制也是社会的必不可少的"安全阀"机制,是社会和谐发展的组织制度保障。救济机制越发达,社会就越会和谐和稳定;权利救济机制不发达,救济诉求难以满足,社会和谐就会缺乏有效的制度保障。

随着旅游业快速发展,旅游者的权利诉求随之增长。其主要原因在于:利益格局重新分化和组合,利益冲突不断增加。政府与企业、政府与公民、企业与公民之间的利益关系出现广泛而深刻的调整。在权利诉求增长的情况下,如果及时拓宽权利救济渠道、创新权利救济机制,各种矛盾和冲突就会迎刃而解。近年来,虽然旅游权利的救济取得了前所未有的发展,但现有的救济机制与模式的效能在旅游权利救济中尚未得到充分发挥,无法满足旅游者日益增长的权利救济需求。

因此,必须借鉴发达国家先进的制度和经验,结合我国的国情,不断完善、拓宽权利救济渠道,创新权利救济机制,发挥各种救济机制的整体效能,才是切实维护和发展旅游主体的正当权益,创新社会管理、促进社会和谐的理性选择。

本章小结

(1)在介绍旅游权利救济理论依据的基础上,分析了旅游权利及其救济的性质。

(2)以旅游权利救济请求权基础为切入点,分析了旅游权利救济的前提、方式和原则。

(3)阐述了旅游权利救济的价值追求与法律方法。

(4)以《旅游投诉处理办法》为依据,介绍旅游行政救济制度。

(5)介绍了司法救济制度中的行政诉讼和民事诉讼,介绍了旅游仲裁救济制度。

核心关键词

权利救济	right relief
博弈论	game theory
旅游纠纷	travel dispute
旅游实体权	tourism entity right
旅游救济权	tourism relieve right

第十章
旅游权利救济法律制度

思考与练习

1. 简述旅游权利救济的性质。
2. 简述旅游权利救济的方式和原则。
3. 结合实际,谈谈对旅游行政救济制度的理解。
4. 结合司法救济中民事诉讼制度,谈谈对旅游纠纷案件审理的法律适用。
5. 试分析仲裁救济制度解决旅游纠纷的优势。

案例分析

品质宣言:如何做出引以为傲的品质

日本航空株式会社(简称"日航")的目标之一就是要让顾客留下"因为是日航,我们才放心"的印象。"日航——安心之旅",早已清楚地写在日航的宣传册和海报上。而且在旅行团出发前,日航会寄出下面的寒暄信件。

尊敬的顾客:

您好!感谢您能参加此次旅行!

在此次旅程中,您会体会到在异国的邂逅、再次回到魂牵梦绕之地的喜悦,若我们能为此搭桥牵线,则荣幸至极!

我公司一直朝着能为顾客创造超出生活之外的温馨之旅而不懈努力。如果您在此次旅程中对我们的服务或计划内容有不满之处,请在一同寄出的调查问卷上填写您的意见。您的宝贵意见将是我们提供更好服务的源泉。

最后,我祝愿您旅途愉快、身体健康!并期待您的再次眷顾!

此致

敬礼

日本航空株式会社董事长:××××

"顾客对日航的期望值很高,如果不能全身心地投入到工作,将会辜负顾客的信赖。"日航全体成员必须清楚地认识这一点。非常遗憾,日航曾多次被顾客训斥:"哪里是给我带来欢乐,简直是对我的侮辱!"

旅客服务部部长分析其原因是:即使同一旅游路线,仅因出发日期不同,服务质量就出现了很大的差别。"我们必须做到保持同一路线的服务质量一致。品质管理要从排除因品质差距而产生的负面因素抓起。"日航以前在基础服务层面存在不少问题,其中的典型事例为:不能兑现对顾客的承诺。这在其他行业是不可能发生的,因为这种行为是违约的,而避免违约事件发生是商业运行中最基本的常识。在讨论这类问题时,竟有领导者反问道:"来投诉的顾客才占多大比例?不要一叶障目,要看整体嘛。"

投诉分为显性投诉和隐性投诉。显性投诉由于顾客的提出，很少被搁置。但隐性投诉则不易被发觉，由于有悖于顾客的期望值而失去这部分顾客，还有可能因为口碑传播而丧失潜在顾客。根据美国关于投诉的调查报告结论显示：

1. 向公司吐露对商品或服务不满之情的顾客只有9%。
2. 商品与自己期待有偏差时，顾客会向8~16人诉说自己的"不幸"（而5人中有1人会向20人以上诉苦）。
3. 商品有悖于自己期待的顾客中，91%都不会再次购买该公司的商品或服务。
4. 真诚解决顾客的投诉，82%~95%的顾客还会继续维持两者的买卖关系。
5. 解决顾客的抱怨与不满并使顾客满意的话，他们会向5人来宣传此事。
6. 开发新客户的成本比维护老客户的成本高出5倍。

因此，生产部的领导者不可能离开顾客而谈品质。作为领导者，不必去考虑如何使梯子快速上升，而要重视是否搭建了正确的梯子。旅客对日航提供旅行服务的整体评价很高，包括由于条件艰苦而感到不满，但经过导游废寝忘食的努力，对旅程整体满意。"但我们不能因为整体评价不错而掉以轻心，如果不改善不足，如何向顾客提供放心、值得信赖的旅程呢？"

从日航人工服务的评价可以看出：在夏威夷，旅客对导游的满意度为92%，这在整个日航的服务中是出类拔萃的。在导游不跟团情况下，旅客为什么可以安心地去夏威夷？是因为日航夏威夷事务所在对待来自顾客的投诉时，哪怕区区一件小事，也会认真对待，经过详细调查，在"不周到之处"加以改善。

而在日航本部，顾客普遍感到不满的是该地区的领导者始终在找借口。如果仅因为地区差异，那么麦当劳为什么能做到标准一致？麦当劳在任何国家和地区都能做到它的标准，各地店长都按照总部的守则行事。麦当劳认为履行公司守则是领导者的义务，对于不能尽到义务的领导者，也只能对他说抱歉。

领导者的工作是将不可能变为可能，而不是去找借口、理由。只有贯彻自己的坚定信念，才能消除这种差距。因地区不同而产生的服务差距，大部分是领导者的责任。

日航夏威夷事务所在没有收到日航本部指示的情况下，采纳经营主管的建议设立了提升品质委员会。这在日航所有国外事务所中也是首创。长期以来，该委员会每月召开相关领导全员参加的委员会议。委员会积极应对顾客的不满，确保品质改善。有时根据需求，该委员会请求日航本部派遣培训师来培训员工，并以顾客的满意度作为是否撤换领导的先决条件。正是因为这顺应时代潮流的果断决策和不懈努力，才换来了它今天的成就。

经营主管坚持贯彻正确的运营方针，也是成功企业的共同点。也只有这样的企业才能培养出更多的优秀人才。而这些优秀人才可以进而去引导部下，日航夏威夷事务所是领导者自身的成功与企业整体成功相结合的范例。

日航公司成立以来，日航的导游一直备受各界的好评。这是日航品质的核心所在，也是公司优良传统的结晶。1992年，日航外派公司的导游比例仅为20%，但公司高层管理认为只有保持成本与供需平衡,建立以不变应万变的体制,才能不被时代的潮流所淹没。

为了能使骨干职员贯彻日航的理念并与之相互协助,公司推出了以下政策:

(1) 在录用外派导游时,举行接待和技巧的测验。

(2) 录用后实行定期培训。

(3) 对外派导游公平公正、赏罚分明。

另外,不能搁置任何一个顾客的投诉,被顾客投诉累计三次者,将解除聘用。

为什么要对不影响整体评价又不造成任何影响的鸡毛蒜皮之事要求如此严格、如此无情呢?首要原因就是要表达对顾客的歉意。其次,不能伤害长期以来维护日航好品质并以作为日航一员而引以为傲的导游的感情,另外,无论导游如何优秀,该提醒时也要提醒,不知改进者一律辞退,这也是一种公平。

在激烈的竞争中,日航形成了一整套以顾客为中心的服务体系。在出现航班延迟、取消而导致顾客滞留等特殊情况时,依照日本国内法律和国际惯例,日航首先及时、准确地发布相关信息,严格按照承诺为顾客提供满意的服务,并与顾客各自承担相应责任和费用,无不体现为顾客着想的服务理念,因此双方很少发生争执。

现在的消费者,越来越看重企业的品质。日航本部、各分部以及国外各事务所必须确保稳定、无差别的服务品质,正视自己的不足、排除影响品质的负面因素,以正直、问心无愧为目标来经营,日航的明天注定辉煌!

问题:

1. 结合案例,分析游客权利救济的方式或途径。
2. 结合我国《旅游法》分析旅游服务质量提高的关键因素。

(资料来源:杨晓钟、周小臣根据岛村正昭著《翔ばたけジャルパック》,以及2009—2010年对日航的调研报告整理并翻译。)

本课程阅读推荐

Reading Recommendation

1. 推荐书目:《法理学:法律哲学与法律方法》

作者:埃德加·博登海默著;邓正来译

在法律哲学领域,人、自然和社会在法律架构下的关系,人、法律人与法律在知识上的关系的正当性等问题极为复杂。本书第一部分"法律哲学的历史导读"是对法律哲学思想发展的阐释;第二部分"法律的性质与作用"是本书的核心,是对法律的心理根源、正义观念、价值取向、法律的有效性标准等给予的分析,是对一般法律理论的实质性问题所作的论述;第三部分"法律的渊源和技术",是关于法律方法论问题的讨论,是以某些蕴含在我国研究法理学问题的进路中的哲学假设和方法论假设为基础的法律推理程式(modes of legal reasoning)所做的详尽探究。

2. 推荐书目:《法社会学原理》

作者:欧根·埃利希著;舒国滢译

法律是一个系统工程,是一个由许许多多具体制度相互衔接而构成的庞大工程,"在当代以及任何其他的时代,法的发展的重心既不在于立法,也不在于法学或司法判决,而在于社会本身",这句话包含了任何一种法社会学原理的精髓。

本书作者运用观察的方法,通过对实用的法概念、社会团体的内部秩序、社会规范、社会的规范强制与国家的规范强制、法的事实、裁判规范、国家与法、法条的形成和构造等的研究,提出了"法律的本质即是社会团体秩序"的观点,即法律的重心在于社会本身。在此基础上,作者提出了一阶秩序与二阶秩序共存是社会选择的必然结果,并对法社会学的方法进行了探究。

3. 推荐书目:《法和经济学》

作者:罗伯特·考特,托马斯·尤伦;张军等译

"法和经济学"作为一种当今被广泛应用的法律分析工具,发源于美国,随着研究的深入,其概念和理论也得到完善。本书将经济学基本概念和基本理论应用到五个法律的核心领域:财产、侵权、合同、法律程序和刑事犯罪,同时对经济学原理与规则作了清晰的分析。作者阐明了微观经济理论是如何用来批判性地评价公共政策的,并对法学和经济学两大学科的交互关系提出了许多理论观点和实践应用,具有创新性。

4. 推荐书目:《法律的博弈分析》

作者:道格拉斯·拜尔,罗伯特·格特纳,兰德尔·皮克著;严旭阳译

博弈理论作为法学重要的分析工具,必将为法学的研究注入新的血液。本书围绕博弈理论的主要概念来组织内容,最为综合和最为概括的方面是首次运用博弈理论和信息经济学的理论工具,利用真实案例或假设前提,对于现代博弈理论如何特定地应用于法律问题分析作出了非技术性现代指导,阐明了许多不同种类的法律问题,提高了读者对法律作用机制的理解,并展示了博弈概念及相关法律问题自然的递进过程。

5. 推荐书目:《旅游学:原理与实践》

作者:克里斯·库珀等编著;张俐俐,蔡利平主译

本书是国外旅游管理前沿教材译丛之一,是由国内外知名旅游研究学者根据我国的现状需要,从不同的系列图书中精选出来的。全书以雷珀的旅游体系模型为基础,将旅游作为一个完整的系统框架加以拓展,重新打造了旅游学这一新型交叉学科的结构。本书将旅游的理论研究引入了一个更加理性和实事求是的领域,是在国内外各类旅游学或旅游概论类教科书中最为创新的一本。本书为读者提供了一个旅游学全面准确的概览,更为旅游专业和从业人员提供了许多简明的工具和实用方法。

6. 推荐书目:《旅游合同》

作者:刘劲柳著

本书根据合同法的基本原理和理论,结合大陆法系和英美法系具有代表性的国家、地区的旅游合同立法、司法实践以及相关的国际公约,从研究旅游合同的法律性质入手,力求详尽研究旅游合同法律关系的重要问题及其实质内容。作者特别对包价旅游合同的性质、内容以及归责原则进行了较为深入的研究,并对我国如何构建相关制度提出了一些积极的建议,期望对中国建立具有本国特色的旅游合同制度提供理论上和实践上的支持。

7. 推荐书目:《旅游法规理论与实务》

作者:王莉霞主编

本书为国家"十一五"、"十二五"规划教材修订版,其特点注重旅游法规基础理论的框架结构体系,以大量具有时效性和针对性的案例为切入点,突出应用性,有利于激发读者的学习兴趣,提高旅游专业学生运用法律理论分析问题、解决问题的能力。

8. 推荐书目:《旅游法教程》

作者:韩玉灵主编

本书为国家"十一五"规划教材修订版。作者以广义的旅游法为出发点,以旅游业的六大要素为基础,阐述了旅游法的基本理论。在内容选择和编排上注重从实际出发,注重理论联系实际,注重开阔学生视野和提高学生运用相关法律制度的能力。

参考文献

[1] 魏小安,韩健民.旅游强国之路:中国旅游产业政策体系研究[M].北京:中国旅游出版社,2003.

[2] 吴必虎.全域旅游视野下互联网+与旅游+的系统应用[J].大地风景旅游研究院,2015,9(14).

[3] 郑国全.日本旅游法规体系的特征及其对我国旅游立法的启示[J].法治研究,2008(11).

[4] 李永乐,张雷,陈远生.澳大利亚可持续旅游发展举措及其启示[J].改革与战略,2007(3).

[5] 安东尼奥·维拉纽瓦·奎瓦斯.旅游业视角下的欧盟立法[J].企业信息系统研究,2011(5).

[6] 中共中央马恩列斯著作编译局.马克思恩格斯全集(第六卷)[M].北京:人民出版社,1961.

[7] 李锋,唐晨.中国旅游产业政策研究:进展、争论与展望[J].北京第二外国语学院学报,2015(3).

[8] 李锋.国外旅游政策研究:进展、争论与展望[J].旅游科学,2015(1).

[9] Kevin Meethan. New Tourism for Old Policy Developments in Cornwall and Devon[J]. Tourism Management,1998(6).

[10] 彼得·斯坦,约翰·香德.西方社会的法律价值[M].王献平,译.北京:中国法制出版社,2004.

[11] 戴斌.论旅游权利应是旅游立法的宗旨和目标[J].旅游学刊,2011(3).

[12] 蒋冬梅.旅游法若干理论问题探析[J].广东社会科学,2015(6).

[13] 万国华.论我国旅游立法中亟待解决的几个问题[J].旅游学刊,2006(3).

[14] 王莉霞.基于公民权利实现与保障的旅游法构建思考[J].旅游学刊,2011(1).

[15] 增坚.略论旅游法的立法定位[J].旅游学刊,2011(1).

[16] 胡俊青,董燕.和谐社会背景下对旅游者权益保护问题的探讨[J].中国市场,2010(41).

[17] 郑海明,陈智容.中日旅游立法比较研究[J].旅游经济,2009(12).

[18] 罗伯特·麦金托什,夏希肯特·格波特.旅游学:要素、实践、基本原理[M].蒲红,等

译.上海：上海文化出版社,1985(7).

[19] 诺曼·库纳耶.旅游业法律与案例：饭店餐厅旅行社法律实务[M].张凌云,译.北京：旅游教育出版社,2006.

[20] 刘劲柳.旅游合同[M].北京：法律出版社,2004.

[21] 郑海明,陈智容.中日旅游立法比较研究[J].旅游经济,2009(12).

[22] 韩玉灵.基于比较的中国旅游立法模式选择[J].旅游学刊,2011(1).

[23] 曹雯.对中国旅游立法模式的研究[J].经济研究导刊,2013(7).

[24] 张嵩,宋会勇.试论旅游合同立法[J].法学,1998(4).

[25] 王保顺,葛学峰.旅游合同及风险承担[J].北京第二外国语学院学报,2006(5).

[26] 王玉松.情势变更原则在旅游合同中的应用[J].旅游学刊,2009(12).

[27] 王莉霞.基于旅游合同视角的第三人侵害债权制度之构建探析[J].旅游学刊,2011(7).

[28] 符信新,王健.旅游合同立法初探[J].山西省政法管理干部学院学报,2003(2).

[29] 王惠静,汪立宏.包价旅游营业人的违约责任初探[J].政治与法律,2005(1).

[30] 杨富斌.旅游法的十大制度创新[J].法学杂志,2013(10).

[31] Jackie Clarke. A Framework of Approaches to Sustainable Tourism[J]. Journal of Sustainable Tourism,1997(3).

[32] Trevor Atherton. Package holidays:legal aspects[J]. Tourism Management,1994(3).

[33] 杨富斌.国外旅游立法对我国旅游立法的启示[J].观察与论坛,2007(4).

[34] 赵雅萍,吴丰林.国内外中长期旅游业发展政策的比较、借鉴与对策[J].发展研究,2015(10).

[35] 欧根·埃利希.法社会学原理[M].舒国滢,译.北京：中国大百科全书出版社,2009.

[36] 王莉霞,高霄.旅游法学[M].北京：世界图书出版公司,1996.

[37] 杨富斌.旅游法学研究对象刍议[J].法学杂志,2005(5).

[38] 埃德加·博登海默.法理学：法律哲学与法律方法[M].邓正来,译.北京：中国政法大学出版社,2010.

[39] 刘志云.复合相互依赖：全球化背景下国际关系与国际法的发展路径[J].中国社会学,2007(2).

[40] 帕特里斯·特基尼.当前和未来的世界旅游立法[N].中国旅游报,2011-06-01(3).

[41] 葛洪义.法理学导论[M].北京：法律出版社,1996.

[42] 文森特·奥斯特罗姆,菲尼·皮希特.制度分析与发展的反思：问题与抉择[M].王诚,等,译.北京：商务印书馆,1992.

[43] 史晋川.法经济学[M].北京：北京大学出版社,2014.

[44] B.H.库德来夫采夫,A.M.瓦西里耶夫.法的一般概念的发展[J].环球法律评论,1986(1).

[45] 尤金·埃利希.法律社会学基本原理[M].叶名怡,等,译.北京：中国社会科学出版社,2009.

[46] P.诺内特,P.塞尔兹尼克.转变中的法律与社会[M].张志铭,译.北京：中国政法大学

出版社,1994.
[47] 冯玉军.法理学[M].北京:中国人民大学出版社,2012.
[48] 《中国大百科全书》总编辑委员会.中国大百科全书(法学)[M].北京:中国大百科全书出版社,2006.
[49] 桂世镛.社会主义市场经济体制中计划的作用[J].求是,1992(23).
[50] 沈宗灵.现代西方法理学[M].北京:北京大学出版社,1992.
[51] 舒国滢.法理学导论[M].北京:北京大学出版社,2012.
[52] 罗伯特·吉尔平.国际关系政治经济学[M].北京:经济科学出版社,1998.
[53] 弗兰茨·冯·李斯特.德国刑法教科书[M].徐久生,译.北京:法律出版社,2006.
[54] 张明楷.法益初论[M].北京:中国政法大学出版社,2003.
[55] 林山田.刑法特论[M].台北:三民书局,1979.
[56] 史尚宽.债法总论[M].台北:三民书局,1983.
[57] 洪逊欣.中国民法总则[M].台北:三民书局,1979.
[58] 曾世雄.民法总则之现在与未来[M].台北:三民书局,1993.
[59] 于飞."法益"概念再辨析[J].政法论坛,2012(4).
[60] 古斯塔夫·拉德布鲁赫.法学导论[M].米健,等,译.北京:中国大百科全书出版社,1997.
[61] 金玄卿.论中国第三人侵害债权制度[J].法苑,2006(8).
[62] 王利明.侵权行为概念之研究[J].法学家,2003(3).
[63] 王利明,杨立新.侵权行为法研究[M].北京:中国人民大学出版社,2004.
[64] 连昌松.论第三人侵害债权的制度构造[J].司法天地,2004(12).
[65] 张民安.现代法国侵权责任制度研究[M].北京:法律出版社,2003.
[66] Gwny·Stephen. Third party's rights in English law[J]. The Review of Foreign Law,2000(1).
[67] 陈小君.合同法学[M].北京:中国政法大学出版社,2014.
[68] 邓曾甲.日本民法概论[M].北京:法律出版社,1995.
[69] 王泽鉴.债法原理[M].北京:中国政法大学出版社,2001.
[70] 王莉霞.旅游法理论与实践[M].西安:陕西人民出版社,2005.
[71] 孙笑侠.法理学[M].北京:中国政法大学出版社,1996.
[72] 孙森焱.旅游契约之研究[J].台湾东吴大学法律学报,1998(1).
[73] 史尚宽.债法总论[M].北京:中国政法大学出版社,2000.
[74] 王亚宁.对第三人侵害债权的见解[J].法学论坛,2006(4).
[75] 朱世文.论违约责任中的精神损害赔偿问题[J].商业时代,2010(11).
[76] 王雪丹.对第三人承诺代为清偿的法律定位[J].法制与社会,2010(7).
[77] 王静.第三人侵害债权制度的存在合理性分析[J].法制与社会,2009(3).
[78] 刘璐.旅游合同纠纷的法律适用[J].法律适用,2003(7).
[79] 张分,孙洽.论第三人侵害债权[J].法制与社会,2007(1).
[80] 江平.民法学[M].北京:中国政法大学出版社,2007.

[81] 王全弟.民法总论[M].上海:复旦大学出版社,2010.

[82] 孙国华.法学基础理论[M].北京:法律出版社,2012.

[83] 周永坤.法律责任论[J].法学研究,1991(3).

[84] 张文显.法学基本范畴研究[M].北京:中国政法大学出版社,1993.

[85] 马朱炎,葛洪义.法律责任若干理论问题的探讨[J].法律科学,1990(4).

[86] 汉斯·凯尔森.法与国家的一般原理[M].沈宗灵,译.北京:中国大百科全书出版社,1996.

[87] 刘作翔,龚向和.法律责任的概念分析[J].法学,1997(10).

[88] 郭来喜,吴必虎,等.中国旅游资源分类系统与类型评价[J].地理学报,2000(3).

[89] 陈传康,等.旅游资源鉴赏与开发[M].上海:同济大学出版社,1990.

[90] 申葆嘉.旅游学原理[M].北京:中国旅游出版社,2010.

[91] 田里.旅游学概论[M].天津:南开大学出版社,1998.

[92] 李天元.旅游学概论[M].天津:南开大学出版社,2009.

[93] 俞孔坚.景观:文化、生态与感知[M].北京:科学出版社,2008.

[94] 俞孔坚.论景观概念及其研究的发展[J].北京林业大学学报,1987(4).

[95] Gary Vallen K,Jerome Vallen J.现代饭店管理技巧:从入住到结账[M].潘惠霞,等,译.北京:旅游教育出版社,2002.

[96] 李俊,南曙光.解读旅游法的实施对旅游行业的影响[J].企业导报,2014(3).

[97] 鲁凯麟.中外饭店业分级体系比较研究[N].中国旅游报,2012-03-14(7).

[98] 肖海婷.我国户外探险旅游意外伤害事故的规避及法律问题研究[J].广州体育学院学报,2016(5).

[99] 李飞,邵琪伟.中华人民共和国旅游法解读[M].北京:中国法制出版社,2013.

[100] 程燎原,王人博.权利及其救济[M].济南:山东人民出版社,1998.

[101] 张维迎.博弈论与信息经济学[M].上海:格致出版社,2012.

[102] 道格拉斯·泽尔,等.法律的博弈分析[M].严旭阳,译.北京:法律出版社,1999.

[103] 任红阳.我国旅游环境保护法律法规存在的问题及对策研究[J].经济研究导刊,2015(25).

[104] 王莉霞.旅游法规理论与实务[M].长春:东北财经大学出版社,2014.

[105] 葛洪义.法理学导论[M].北京:法律出版社,1996.

[106] 孙笑侠.法理学[M].北京:中国政法大学出版社,1996.

[107] 胡康生.合同法释义[M].北京:法律出版社,1999.

教学支持说明

全国普通高等院校旅游管理专业类"十三五"规划教材系华中科技大学出版社"十三五"规划重点教材。

为了改善教学效果，提高教材的使用效率，满足高校授课教师的教学需求，本套教材备有与纸质教材配套的教学课件（PPT电子教案）和拓展资源（案例库、习题库视频等）。

为保证本教学课件及相关教学资料仅为教材使用者所得，我们将向使用本套教材的高校授课教师免费赠送教学课件或者相关教学资料，烦请授课教师通过电话、邮件或加入旅游专家俱乐部QQ群等方式与我们联系，获取"教学课件资源申请表"文档并认真准确填写后发给我们，我们的联系方式如下：

地址：湖北省武汉市东湖新技术开发区华工科技园华工园六路

邮编：430223

电话：027-81321911

传真：027-81321917

E-mail：lyzjjlb@163.com

旅游专家俱乐部QQ群号：306110199

旅游专家俱乐部QQ群二维码：

群名称：旅游专家俱乐部
群　号：306110199

教学课件资源申请表

填表时间：＿＿＿＿年＿＿月＿＿日

1. 以下内容请教师按实际情况写，★为必填项。
2. 学生根据个人情况如实填写，相关内容可以酌情调整提交。

★姓名		★性别	□男 □女	出生年月		★职务		
						★职称	□教授 □副教授 □讲师 □助教	

★学校		★院/系	
★教研室		★专业	
★办公电话		家庭电话		★移动电话	
★E-mail（请填写清晰）			★QQ号/微信号	
★联系地址		★邮编	

★现在主授课程情况	学生人数	教材所属出版社	教材满意度
课程一			□满意 □一般 □不满意
课程二			□满意 □一般 □不满意
课程三			□满意 □一般 □不满意
其他			□满意 □一般 □不满意

教材出版信息						
方向一		□准备写	□写作中	□已成稿	□已出版待修订	□有讲义
方向二		□准备写	□写作中	□已成稿	□已出版待修订	□有讲义
方向三		□准备写	□写作中	□已成稿	□已出版待修订	□有讲义

请教师认真填写表格下列内容，提供索取课件配套教材的相关信息，我社根据每位教师/学生填表信息的完整性、授课情况与索取课件的相关性，以及教材使用的情况赠送教材的配套课件及相关教学资源。

ISBN(书号)	书名	作者	索取课件简要说明	学生人数（如选作教材）
			□教学 □参考	
			□教学 □参考	

★您对与课件配套的纸质教材的意见和建议，希望提供哪些配套教学资源：